家づくり はじめから おわりまで

鈴木敏彦
萱沼宏記

X-Knowledge

家づくりにかかわる人（桜上水の家）

設計者
プラスデザイン1級建築士事務所、萱沼宏記。基本設計から実施設計を行い、着工後は現場の監理を行います。設計だけでなく建て主や施工者との調整や予算の検討など、業務は多岐に渡ります。

建て主
Mさん夫婦と幼い娘の3人家族。娘が生まれたことをキッカケに家づくりを開始。理想の家を建てるには建築家に依頼するのがよいと思い、コンサルタント会社を通じて設計コンペで設計者を決めることに。

構造設計者
MAY設計事務所、杉山逸郎。桜上水の家の構造図や構造計算書など構造にかかわる設計を担当。

施工者
施工を担当する工務店（匠陽）で工事監督。現場で施工業者（職人）の調整や段取りを行い、元請けになるため、工程・品質の管理を行います。

施工業者
住宅の現場では様々な業種の人たちが工事を行います。大工・電気業者・水道業者・ガス業者、基礎業者、板金業者、左官・クロス・塗装業者、造園・外構業者などがいます。

行政・確認検査機関
地区計画の届け出や確認申請・検査を各機関で行う必要があります。

お断り
本書は、一部署名のある頁については「桜上水の家」の構造設計者である杉山逸郎氏による執筆・監修です。

本書で紹介している事例・図面は施工上の都合により実際に立てられた建築物と異なる場合があります。

設計および工事の内容や進み方は、物件ごとに異なる場合があります。

各図面は縮小されているため、記載されている縮尺と実際の縮尺は異なります。

デザイン：O design
写真：石井雅義（p6、p10_1、p12、p13_2・5、p162）
山田新治郎／山田新治郎写真研究室（p7〜9、p11_2・3、p13_3・4、p14、p50、p120、カバー写真）
イラスト：カズモイス
印刷：シナノ書籍印刷
協力：株式会社匠陽・リビングデザインセンター OZONE

はじめに

本書は、工学院大学建築学部の「建築プロセス論」の講義内容をまとめたものです。施主から住宅の依頼を受けるはじまりから、竣工しておわりではなく、20年、30年後の長期保全計画までのプロセスで、設計者がどのように一軒の住宅の設計と施工に関わるかを、イラストや図表を交えてわかりやすく整理しました。大学での講義の受講者は、将来、建築士になる3～4年生でしたが、本書は、施主や施工者の立場からも、実務の全体を俯瞰できるように記しました。家づくりにまつわる不安をできるかぎり解消し、希望を実現していくための基本設計、実施設計、現場監理とコミュニケーションの段取りを示しています。

授業では企画、構成、司会、進行を鈴木が担当し、工学院大学建築学部のＯＢであり、講師であり、住宅設計の達人である建築家の萱沼宏記氏が自らの経験に基づき進行していきました。題材には２０１９～２０２０年に萱沼氏が実際に設計、現場監理を手掛けた「桜上水の家」を選びました。この一連のプロセスには、住宅を建てたい施主と、その夢をかたちにする建築家と、建築家の作成した図面にもとづき工事を請け負う施工者が登場します。それぞれが理想を追求し、真摯に最善を尽くす姿はひとつのドラマに値します。設計者は施主や施工者との密な関わりを避けて通ることはできません。萱沼氏の含蓄に富む講義は、私にとっても施主や施工者との付き合い方を振り返る機会となり、学生たちには建築家のあるべき姿を示す場となりました。

本書では一軒の住宅の完成プロセスを基本設計、実施設計、現場監理の3章に色分けし、各ページの上部に時間軸の帯を示しました。また、設計者、施主、施工者が果たす役割をイラストと吹き出しで説明しています。三者の登場で臨場感をもって設計の各段階を疑似体験できるように構成しました。巻頭に完成した住宅の写真と施主のインタビューを、また、巻末には目安となる工事費の比較表を掲載し、机上の学問ではなく実際に役立つ一冊となったのではないかと自負しています。本書が、建築を学ぶ学生と、社会で悪戦苦闘している建築家の責任と覚悟と勇気を後押しする役割を担うことを願っています。

最後に、コロナ禍に長い間リモートで編集し、常に筆者を励まして下さったエクスナレッジの編集者の筒井美穂氏にお礼を申し上げます。

工学院大学建築学部教授　鈴木敏彦

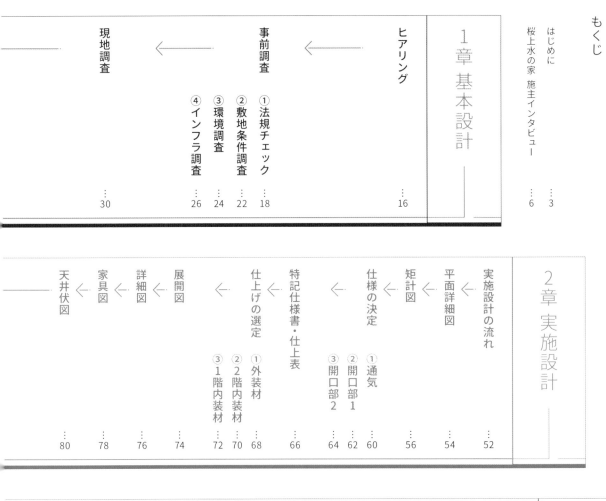

もくじ

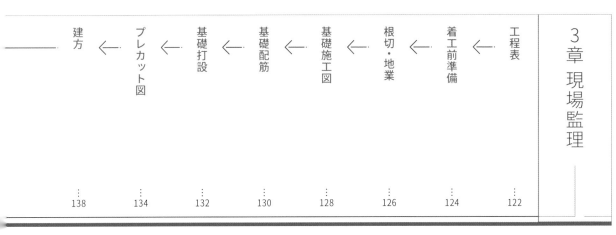

実際の工程

2019年

- 1月　**コンペ案作成**
- 2月　・設計コンペ　8日
- 3月　・コンペ結果通知　3日
- 4月　・設計契約　6日　**基本設計**
- 5月
- 6月　・概算見積受領　4日　実施設計
- 7月
- 8月　・構造計算終了　26日
- 9月　見積調整・確認申請など

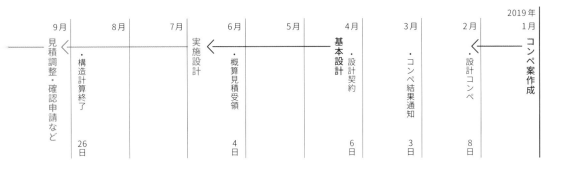

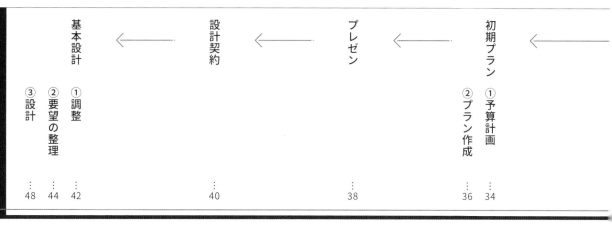

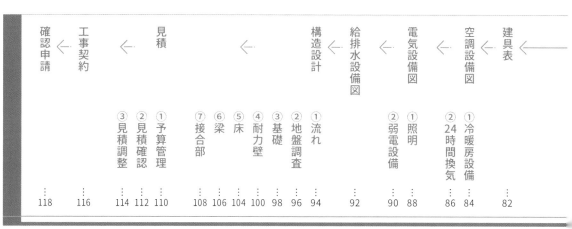

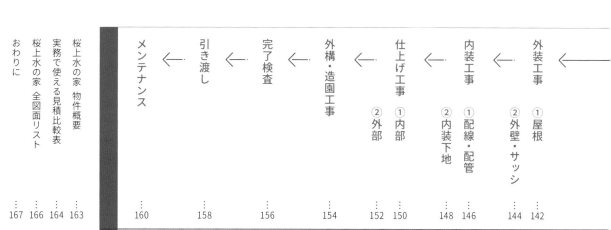

月	日	内容
10月		
11月	17日	・工事契約
12月	9日	・解体工事（着工）
2020年 1月	7日	・配筋検査
2月	18日	・上棟
3月	17日	・中間検査
3月	24日	・サッシ取り付け完了
4月		
5月	20日	・大工工事完了
6月	30日	・足場解体
7月	6日	・完了検査
7月	25日	・施主検査
7月	31日	・引き渡し

工事（12月〜）

桜上水の家

施主インタビュー

Mさん夫婦が家づくりを考え始めたきっかけは、子供が生まれたこと。当時の家が手狭になり、そろそろ家を購入しようとMさん夫妻の家づくりが始まった。土地は夫の実家が代々引き継いできた土地の一角。都心にありながらも閑静な住宅街。敷地のなかに高低差があることを除けば懸念点もなく、落ち着いた暮らしは望めそうだった。

2 1

1｜閑静な住宅街の角地の建物。黒いガルバリウム鋼板の外壁に杉板をアクセント使用。街並みの中で目立ち過ぎず落ち着いた印象の外観になっている。

2｜引き戸を多用した1階は廊下から寝室・子供室・書斎まで回遊できる動線。戸を開け放てば開放的に。子供の恰好の遊び場になっている。

2
3
1

1｜登り梁がアクセントになった天井の高いリビング。自然光が入り込む明るい空間でありながらも人の視線は気にならず、家族でリラックスして過ごせる。

2｜大開口のリビングに対して、ダイニングは明るさも十分のため窓の高さも天井も抑えめに。視線を気にすることなく、落ち着いて食事ができる。晴れた日は広々としたバルコニーで一息つくのも。

3｜スキップフロアで1段上がったキッチンでは、リビングで遊ぶ子供を見守りながら料理もすることができる。パントリーからキッチン、ダイニングまでは一直線となっていて家事動線も考慮。

家を建てようと思ったものの、何から始めればよいか分からなかったというMさん夫婦は、まずは住宅展示場へ向かった。「軽い気持ちで行ったのですが、営業の押しに負けてプランの作成や見積までお願いすることに。プレゼンされた間取りは悪くはなく、一流のハウスメーカーが考えているので、暮らしやすさやデザインもよくできていて流石と思いました。でも予算が合いませんでした」

しかし、それ以上にMさん夫婦が躊躇《とまど》いを感じていたのは、どんな家をつくるのか「家の話」をしたかったのに、契約をするのが優先で、これからどんな家に暮らし、どんな生活をしていくのか、家づくりについて話すことができていないことだった。「家づくりの本質から離れていっているように感じました」

そうして、これからの自分たち暮らしを一緒に考えてもらえる建築家と家づくりをしたいと思い直し、住まいの要望から建築家の紹介などを含めた家づくりのコンサルティングを行うリビングデザインセンターOZONEにお願いすることにしたのだった。「初めての家づくりで夫婦ともにどんな家に暮らしたいのか、どんなことを考えればよいのかまったく分からなかったのですが、コンサル

2 1
3

1｜リビングに直接つながるスチール階段。目立つ場所にあるので美しく見えるようにこだわった。

2｜広々としたリビング。階段の手すりは視線の抜けるガラスの腰壁に。

3｜リビングの収納扉を開けると書斎コーナーが。家事の合間や子供が遊んでいる隙に、ちょっとしたパソコン仕事をするのに使いたいという要望から設けたもの。

タントの方がそれぞれの家に対する希望を整理してまとめていってくれました。コンサルタントとの打合せを重ね、また夫婦で話し合っていくことでようやく自分たちの住みたい家の骨格が見えてきました」

丁寧に時間をかけて住まいのイメージができた段階で3組の建築家（設計事務所）がそれぞれ案を出し合い、その中から依頼する建築家を選ぶコンペが行われることになった。「3組の案はどれも素晴らしいものでした。ですが、想像してた以上の案を萱沼さんのプラスデザイン事務所からプレゼンされ、即決でした。敷地の高低差に対して、最初のハウスメーカーからは土地を削って高低差を解消する造成工事を提案されたのですが、予算がそこに掛かってしまっていました。この高低差はずっと気掛かりだったのですが、プラスデザイン事務所は高低差に沿って、スキップフロアにする提案で、造成工事を行わない分、建物にコストも掛けられるという土地の形をうまく利用している点にとても引かれました。2階の広いリビングに、寝室や書斎が並ぶ落ち着いた1階、街並みに馴染みながらも洗練された外観、これこそ自分たちの暮らしたい家だと思えました」

設計契約後は着工に向けて2、3週間に1度打合せを行い、案を詰めていく作業。「コンペの段階から間取りや予算など細かい部分まで考えられていたので、大きく変更するようなことはなく、たとえば床材は何にするか、設備機器はどれにするかなどの細かい仕様を決めていくことが中心でした。仕様をよくすればもちろんコストも上がるので、予算に合うように取捨選択をしていく必要がありました。採用したい建材や設備を諦めなければならないこともあったのですが、萱沼さんが代替案を出してくれたり、諦めても仕上がりに大差はないなどのことを

1｜広々とした玄関。人を迎え入れるにも、ベビーカーで出かけるにも使い勝手もよく、また坪庭と階段が洗練された空間に仕立ててくれている。

2｜1階の寝室と書斎は、庭の緑が目隠しとなり、落ち着いた空間になっている。引き込み戸が閉めれば寝室と書斎は分離できる。

3｜ガラスで仕切られた浴室と洗面室。洗面室と連続して洗濯室もある。洗濯は洗って干してしまうまで、洗濯動線が1階で完結できる。

4｜寝室からスキップフロアで下がった部分は子供部屋。小さいうちは寝室と一部屋で使い、必要になったら階段を撤去して壁をつくることができる。

5｜建物ファサード。玄関の灯りが木製のルーバーから漏れる。


分かりやすく説明してくれたりしたので、安心して進むことができました。着工後も決断が迫られる要所要所で萱沼さんがリードしながら進めていってくれたのはありがたかったです」

コロナ禍になり工期が遅れたものの、それ以外の大きな問題はなく、無事竣工することができた。「竣工した家は、これこそ自分たちの住まいだと感じられる納得の出来上がりでした。萱沼さんと一緒に家づくりの思いやプロセスを共有できたからこそ、たどり着いた形だったと思います」

暮らし始めると想像以上に暮らしやすく、また居心地のよい空間だと二人は口を揃える。「開放感がありながらも人の視線は気にならないような住まいにしたいと思っていたのですが、2階リビングとしたことでまさに希望どおり、大きな窓から外の景色が見えて、天井も高くて開放的です。1階の寝室や書斎は、扉を開け放てば玄関まで一体となった大きなワンルームのようにもなるのですが、リビングとは階が異なるので適度な距離が保て、書斎で仕事をしている時も開け放しているのが気にならないのは、住んでみて分かった嬉しい発見です。2階をリ

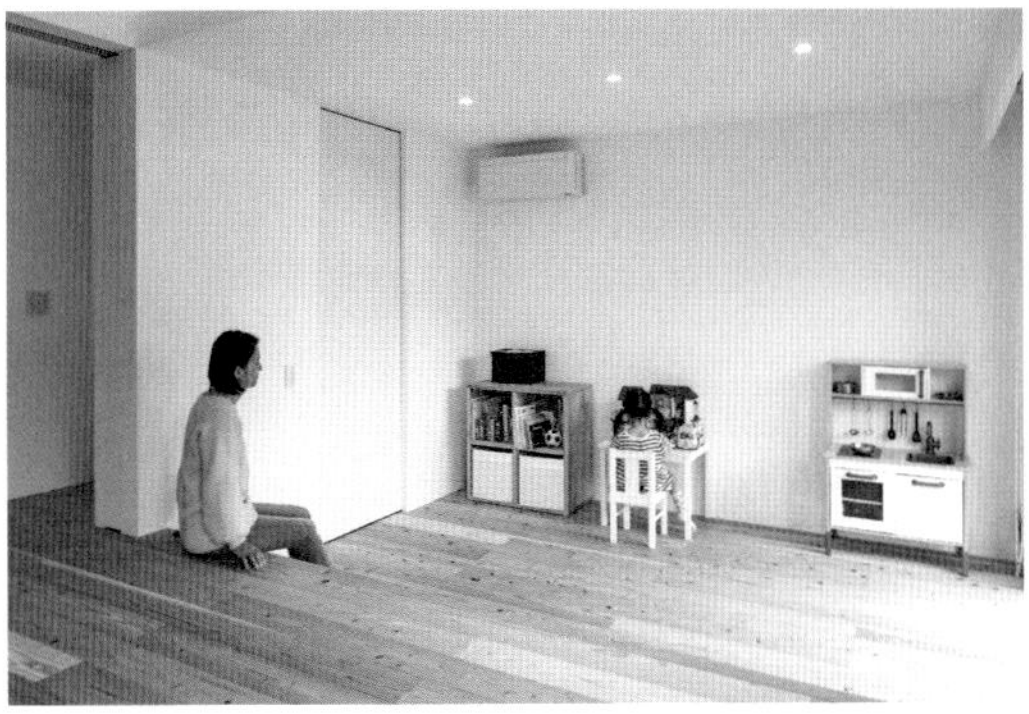

ビングにすると夏は暑くなるのではないかと心配していましたが、杞憂に終わりました。断熱性能もしっかり確保され、また風が家を通りぬけるので夏は涼しく過ごすことができ、一方で冬は大きな窓から光をたくさん取り込めるので温かく過ごせるのもうれしかったです」

手探りから始まったMさん夫婦の家づくり、当初は本当に自分たちの住みたい家に暮らせるのか不安になったこともあったものの、こうして出来上がった家で暮らしていると家族との楽しく、穏やかな時間を過ごせ、とても満足しているという。

1章 基本設計

設計の依頼はホームページからの問合せや紹介など様々ですが、依頼が来たらまずは建て主の要望や敷地条件などの設計条件を整理し、それから具体的な案を練っていきます。基本設計では建て主と計画の目標や課題を共有し、同じ方向に向かって進んでいくことが大切です。計画内容は図面や模型、パースなどを使ってきちんと理解を深めなければなりません。

建て主と価値観を共有することが重要

聞き出すだけではなく、伝えることも重要

ヒアリングというと建て主から要望や暮らし方などを聞き出すことと思いがちですが、それだけでなく建て主が気になっているであろうことや不安に感じていることなどを把握して、解消できるように事実や設計者としての考えを伝えていくことも重要です。

聞き出す

ヒアリングシートをもとに住まいの要望を聞き出していきます。どんな住まいを求めているのか、どんな住まいが適しているのか、建て主にとっての優先順位を整理していくつもりで聞き出していきます。

伝える

自分の設計の特徴を伝えたり、過去の作品を見せたりすることで、価値観を共有できそうか、依頼者（建て主）側は判断できます。また、どんな住まいに住みたいか話のキッカケにもなります。

設計事務所に依頼してくる建て主は、ハウスメーカーも検討している（検討していた）人が多くいます。そのため、それぞれのメリットデメリットを伝えたうえで、設計事務所に頼むにあたって不安に思っていることは何かを把握し、その不安を解消できるように説明をしていくことが重要です。

建て主は自分の要望や優先順位がよくわからず、整理してもらいたいという思いを持っています。ヒアリングでは優先順位見極め、建て主の想像以上のものを提案できるように心がけています。

設計の始まりとなる建て主とのヒアリングには一つの目標があります。それは建て主の意図とその背景を把握することです。「いまの暮らしの問題点は何なのか」「暮らしの中で何を大切にしているのか」「どんな暮らしがしたいのか」を整理していくことは、建て主本人ではなかなか難しいものです。ヒアリングでは設計条件の確認や、具体的な要望の聞き取りを行います。

家づくりは家族の将来を考えることであり、家族の間で様々な話をする機会にもなります。設計者にはこれまでの家づくりの経験から、論点を整理してアドバイスをすることが求められます。住宅設計の議論を深めることで住宅の満足度が上がることはもちろんですが、どんな暮らしをしていきたいのか整理されることは建て主にとってよいことです。設計者は様々な議論を建て主としていくことになりますが、最終的には建て主と設計者で価値感を共有することが大切です。

建て主によって設計者に求められることは変わります。細かく要望を伝え、整理した設計を求める方もいれば、大まかな要望だけ伝え、設計者の提案を期待される方もいます。いずれの場合もコミュニケーションをよく取ることが重要です。

建て主が不安に思っていることを払拭する

工期

例えばハウスメーカーの場合は、一定のルールのなかでの設計で仕様が決まっているため工期も短くでき、そのルールの中であればコスト・性能もよいものをつくることができます。一方で設計事務所の場合は設計の自由度は上がり、細部までその家族に沿って建てることができますが、その分全体の工期は長くなってしまうことを伝えています。

性能

温熱環境の性能を不安に思う建て主もいます。窓を小さくすればもちろん性能は上がりますが、住まいの指標は温熱環境だけでなく、開放感や暮らしやすさなど、様々な指標があることを伝えています。またサッシや断熱の仕様で十分性能の高い住まいは実現できます。

構造

構造のことを不安に思う建て主も多くいます。ハウスメーカーも工務店も設計事務所も同じ基準で構造設計をしているため、安全性が劣ることはないことを伝えています。

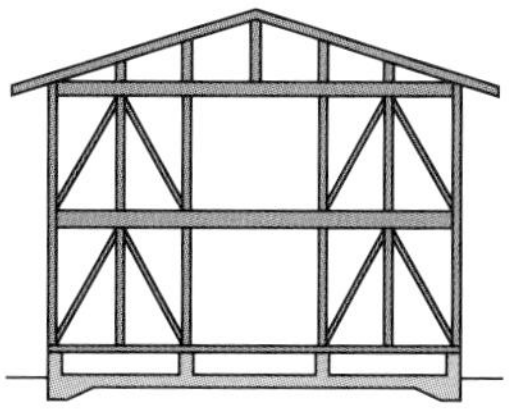

ヒアリングシートで要望漏れを防ぐ

家づくりは多くの人が初めての経験になります。設計者に何を伝えればよいのか分からない人もいます。そこでヒアリングシートに沿って聞き取り、要望の漏れを防ぎます。もちろん案件ごと重要になる項目は異なるので、臨機応変に適用して使います。

収納量は特に全体の計画を左右するので、現在どれくらいの物を持っているかの把握は重要です。現在戸建てに住んでいる人は多くなりがちなのでヒアリングでしっかり聞き出します。

要望	必要諸室	リビング、ダイニング、キッチン、2寝室、ゲストルーム、書斎
	ほしい部屋の広さ	LDK 25帖程度（天井高く） 寝室8帖、子供部屋6帖程度
	全体の希望面積	35～40坪
	予算	4500万円（土地含まず）
	駐車場台数	車1台　自転車4台
	家相	考慮する必要なし
	構造計算	構造計算を希望
	公的制度の利用 （フラット35/性能評価など）	利用希望あり（住宅性能評価）
	入居希望時期	3月（子供の保育園の入園に間に合わせたい）
家族のこと	家族で大切にしていること	それぞれの居場所があるようにしたい
	家族でいるときの過ごし方	子供と遊ぶ、食事をする、テレビを見る
	家族間の プライバシーについて	仕事や勉強するときは集中できるようにしたい
	子育てについて	成長しても子供と自然と会話ができるようにしていきたい 小さい内は目が届く環境としたい
今の暮らしのこと	建物について	築4年の木造集合住宅。夏は暑く、冬は寒い。風通しが悪い
	収納について	子供のおもちゃ、妻の趣味、夫の仕事道具の収納場所が足りない
	来客について	妻：人を招くことが好き、夫：来客が来ると居場所がなくなる 子供：遊び場所が狭い
	勉強や仕事について	夫：自宅で仕事に集中したい、妻：家事の合間に仕事をしたい
	料理について	主に妻。買い置きしたものが見やすい場所に保管できないので手間がかかっている 狭いので調理器具や食器の購入を諦めている
	掃除について	物にあふれていて掃除がしにくい
	洗濯について	バルコニーがリビングの前にあるうえ、狭い 洗濯物が干しきれずあふれかえっている
	趣味について	夫：サイクリング・ドライブ・旅行、妻：アクセサリー等の製作・雑貨や食器の収集
	その他	妻：座って化粧する場所がない
敷地のこと	建て替え	実家の敷地の一部を分筆し住宅を建てる
	近隣の状況	特に注意が必要な近隣はいない。計画地西側は両親の住宅

事前にインターネットで情報を集める

建築条件の8割が決まる都市計画図

多くの自治体では、名称は各自治体により異なりますが、都市計画の情報をインターネットで公開しています。地図から用途地域などを確認します。

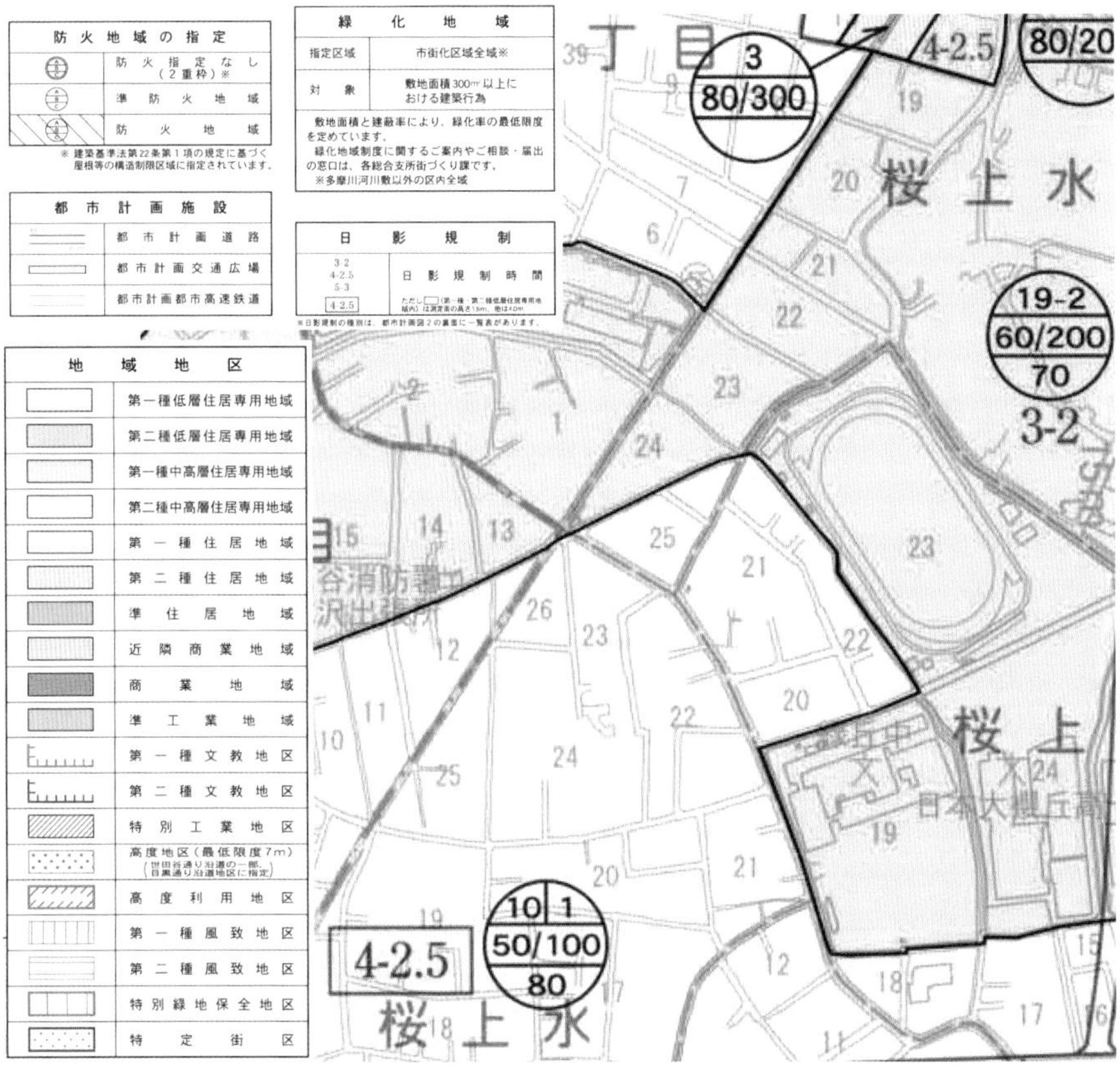

事前調査は建物を計画する敷地がどのような地域に指定されているのかなどの敷地の条件を調べる作業です。設計条件としては基礎的な内容になるため、よく理解して計画を進めていかなければなりません。近年、多くの市区町村では自治体ホームページに都市計画図の情報を出しています。まずはインターネットで情報収集を行います。

用途地域は、計画的な街づくりを行うため、その地域にどんな建物を建てるか建物用途を制限するもので、建蔽率・容積率は建物の規模を制限するものです。建蔽率・容積率が高い地域では、自然と建物は高く、密集して建つことになるので都市的な町並みが生まれ、逆に低い地域では閑静な住宅街が形成される事になります。都市計画図を見れば、現在の敷地の建築規制だけでなく、敷地周辺が将来的にどのような町並みになっていくのか、傾向を知ることにもつながります。

用途地域は都市計画で住居系・商業系・工業系など13種類に分けられています。今回の第一種低層住居専用地域では、大きな建物が建てられない制限があるので住宅街として良好な環境が保たれています。

一目で分かる敷地の概要

計画地にはどのような指定がされているか、凡例をもとに確認していきます。

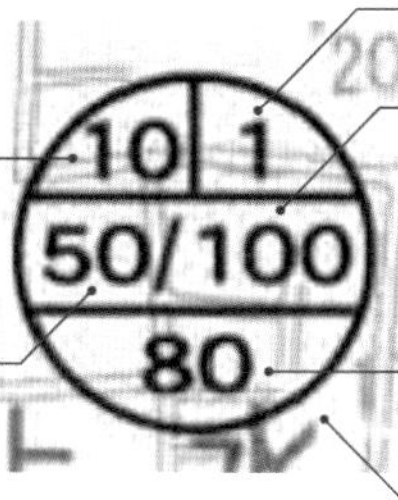
10
1
50/100
80

高度地区：第1種高度地区

最高高さ：10m
最高高さが10mより高い建物は建てられません。

容積率：100%
住居系の用途地域では、ここで定められた数値と、前面道路の幅員×0.4の厳しい方が適用されます。

建蔽率：50%
敷地が角地にある場合や、防火地域・準防火地域であれば、建築する建物を耐火・準耐火建築物とすることで、10%の緩和があります。

最低敷地面積：80㎡
規制のない地域もあります。

用途地域：第一種低層住居専用地域
塗られた色から判断します。低層住居専用地域であれば、高い建物が建たないので、将来に渡って良好な住宅街が期待できます。

建物ボリュームを左右する「建蔽率」と「容積率」

限られた敷地面積においてはできる限り大きく建物を建てる事になります。建築面積・床面積は単純に室内の面積ではなく、バルコニーやポーチなど面積に入れる条件など違いがありますので注意が必要です。もし不安な場合は行政・確認検査機関に事前に確認しておくとよいでしょう。

容積率とは？

敷地面積に対する延べ床面積（各階の床面積の合計）の割合です。今回の場合は都市計画では100%ですが、地区計画で80%に制限されるので80%が適用されます。

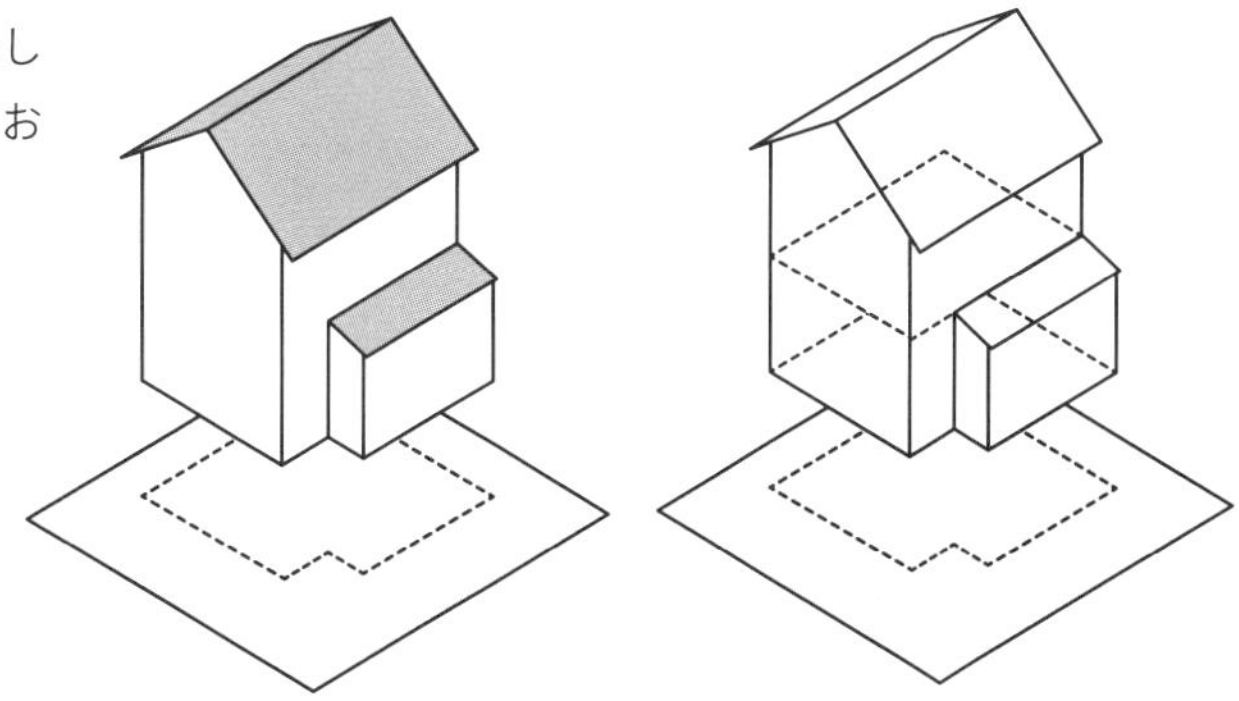

建蔽率とは？

敷地面積に対する建築面積（建物を真上から見たときの面積）の割合です。今回の場合は都市計画では50%ですが地区計画で40%に制限され、角地緩和を適切（+10%）し、最終的には50%に。

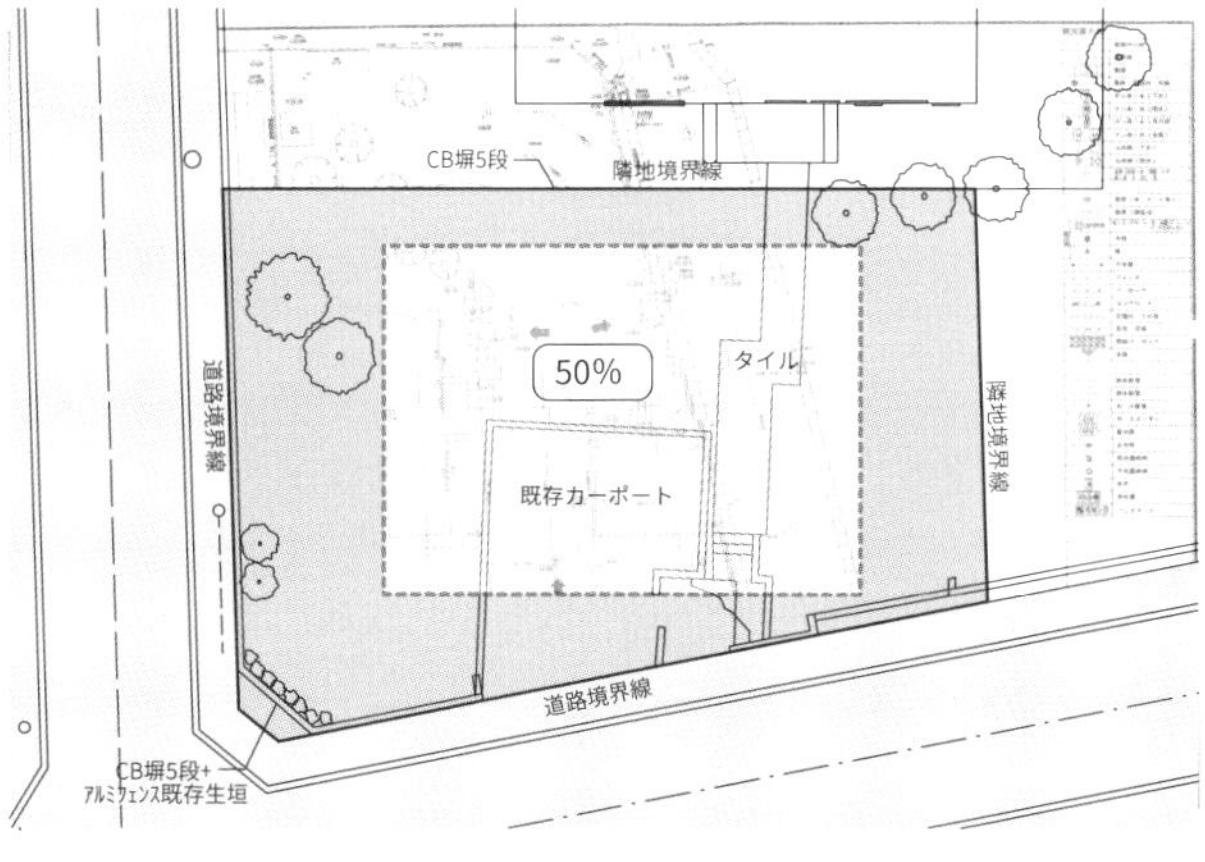
CB塀5段
隣地境界線
50%
タイル
既存カーポート
道路境界線
隣地境界線
道路境界線
CB塀5段+
アルミフェンス既存生垣

建物以外の場所をどう取るか

設計する際、まずは敷地のどこに建物を配置するのかを考えます。建蔽率50%ということは、配置計画の半分は地面という事になりますが、建物が敷地の外の環境とどのような距離を置くのかは重要なポイントになります。隣地と距離を確保すれば採光や通風が期待できますが、庭でくつろぎたい。庭木を植えて植栽を楽しみたい、駐車スペースを確保したいなどある程度まとまったスペースが求められることがあります。建物以外の場所をどう取るのか、環境をどうつくるのか、建蔽率を考慮しながら設計しなければならなりません。

住宅の計画では特に道路斜線と高度地区制限に注意

道路斜線制限

建物の高さを規制する法規のひとつで、前面道路と建物の関係を制限する規定です。用途地域ごと異なる内容が定められています。前面道路から建物を後退（セットバック）することや、道路との高低差がある場合などで緩和規定があります。

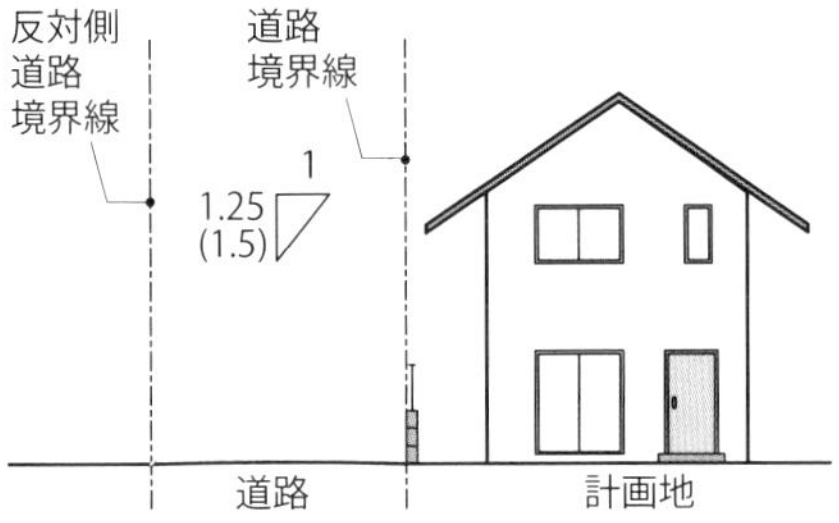

住居系の用途地域では、1.25勾配の斜線を越えて建物を計画することはできません（住居系以外の用途地域では1.5）。今回の計画地は2つの道路に接するため、二方向（それぞれの道路）からの斜線制限に当たらないように計画する必要がありました。

隣地斜線制限

隣地境界から距離に応じて建築物の高さを制限する法規ですが、制限が高さ20mまたは31mからになるので戸建て住宅で制限を受けることはまずありません。また低層住居専用地域には絶対高さ制限（原則高さ10mまたは12m以下としなければならない規定）があるので、隣地斜線制限の規定はそもそもありません。

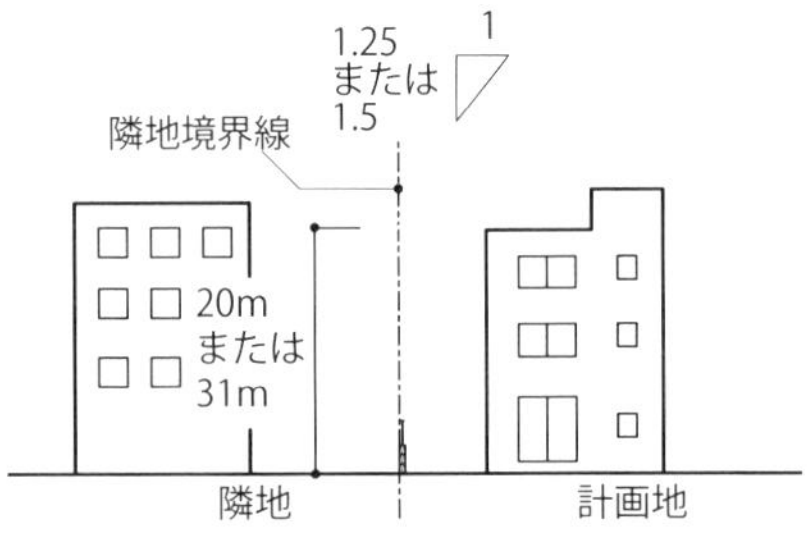

20mまたは31mの高さから、1.25または1.5勾配の斜線を越えて建物を計画することはできません。今回の敷地は（第1種）低層住居専用地域のため規定から外れました。

高度地区と北側斜線

北側隣地への日照を確保するための制限です。高度地区制限は自治体ごと異なります。限られた敷地で木造2階建ての建物を建てる時は、この規制によって建物の形が決まってしまうことが多いので、よく確認しながら計画を進めていかなければなりません。

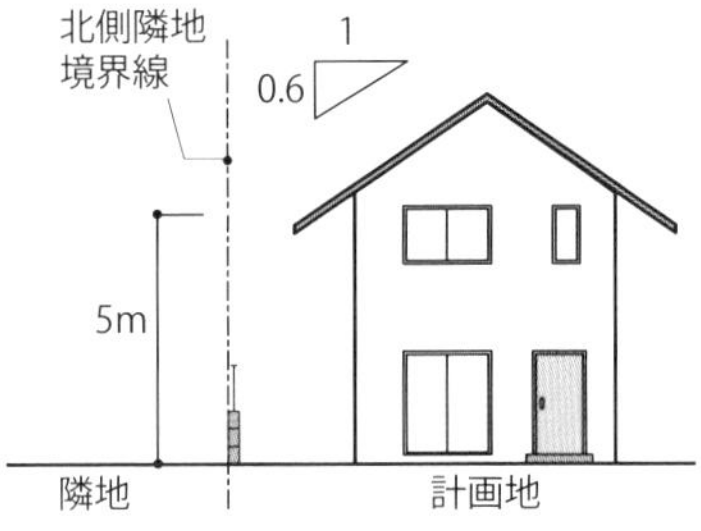

自治体ごとに勾配などの規定も異なりますが、一般的に北側斜線よりも高度地区の方が厳しい規定となっています。今回の敷地は第1種高度地区に指定されており、5mの高さから0.6勾配の斜線を越えて建物を計画することはできませんでした。

建物の形と位置を左右する高さの制限

道路斜線や北側斜線などは用途地域により定められているので、用途地域が分かれば計画地の高さ制限も分かります。高度地区の制限は都市計画図に記載があるので、そこから確認します［前頁参照］。都市部では、道路斜線と高度地区制限によって建物の外形が決まってしまうことがほとんどです。今回、母屋のある西側からはできる限り距離を確保するために、東側の道路に建物を寄せているので、道路斜線に当たらないように特に注意しました。高度地区制限を受ける北側は、将来、施主の家族が住宅を建てる可能性もあると聞いていたので、それを配慮して平屋のガレージとし、高度斜線にも当たらない計画としていました。

また、今回は「第一種低層住居専用地域」に2階建ての住宅を計画することになったので、一見、日影規制は関係ないよう思われますが、屋根形状に片流れを採用する際は注意が必要です。確認審査機関によっては、片流れの高い方の棟の高さを軒高と見なすこともあり、低層住居専用地域で日影規制を受ける「軒高7m」の制限を超えてしまうからです。

3階建てを考えるなら日影規制に注意

日影規制は「4時間、2.5時間」と指定されています。日影規制とは計画建物が近隣の敷地に落とす影を規制し、近隣の日照条件の悪化を防ぐものです。計画地の「用途地域」と「高さ」から決められており「第一種低層住居専用地域、第二種低層住居専用地域」は「軒の高さ7mを超える建物、または地階を除く階数が3階建ての建物」、それ以外の地域については「建築物の高さ10mを超える建物」はこの規制を受けます。

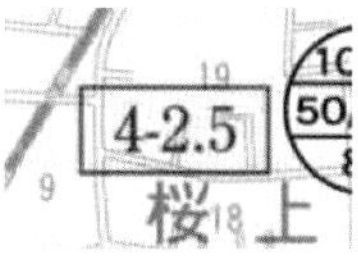

都市計画図に示された日影規制「4-2.5」（4時間、2.5時間）。このほか「3-2」（3時間、2時間）や5-3（5時間、3時間）などが。

床面積を多く取りたくて3階建てにしても、日影規制で逆に建てられる面積が減ってしまうこともあるので、3階建てや10mを超える建物を計画する時は注意が必要です。計画地では隣地境界から5m超～10mの範囲に4時間以上、10m超の範囲に2.5時間以上影を落とす建物は建てられません。

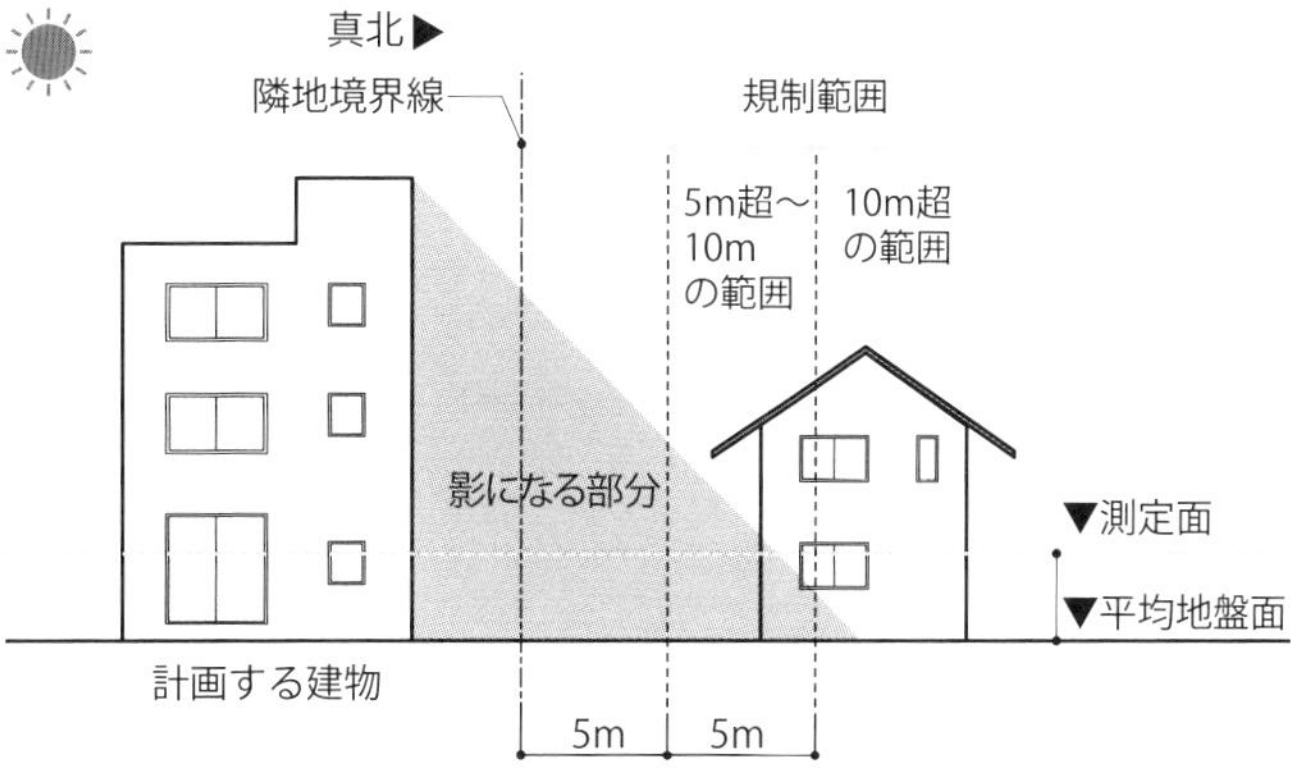

地区計画がある場合は注意

地区計画とは用途地域などの規制だけでは対応できない可能性がある地区に土地利用規制と公共施設整備（道路、公園など）を組み合わせて街づくりを誘導する制度です。今回の敷地は地区計画が策定され、建蔽率・容積率が40%・80%と指定されていましたが、道路拡幅事業に協力すればこの制限を緩和するというものでした。地区計画については、行政へ直接連絡して確認しておくとよいでしょう。

地区計画を定めている各自治体では、パンフレットなどを用意しています。制限の内容や届け出の期日などを確認できます。今回の敷地は、都市計画図では建蔽率・容積率が50%・100%となっていましたが、地区計画では40%・80%と厳しい制限となっていました。計画に大きく関わる事項なので見落とさないようにしましょう。

街づくりガイド

面積		約704.8ha（17地区　総面積）	
用途地域		第1種低層住居専用地域等	
高度地区		第1種高度地区等	
防火指定		準防火地域	
高さの限度		10m以下	
日影規制	規制される日影時間	5m<L≦10m：4時間以上等 10m<L：2.5時間以上等	測定水平面 1.5m等／制限を受ける建築物：軒高が7mを超える建築物又は、地上3階以上の建築物
地区整備計画	地区施設の配置及び規模（道路）	建築基準法（昭和25年法律第201号）第42条第1項第1号に該当する道路（公道で幅員4m以上）及びこの地区計画の告示以降に同号に該当することとなる道路を区画道路の対象とします。 なお、区画道路に該当する道路の現況幅員が6m未満の場合については、その計画幅員を6mとします。	
地区整備計画	敷地面積	100㎡以上とします。 ただし、右記の①、②、③のいずれかに該当する場合は、この限りではありません。	①建築物の敷地に接するすべての区画道路の部分及び都市計画道路の部分が、道路として整備された当該敷地の場合。 ②道路の築造を伴う開発行為で開発許可*2の工事完了公告のあった区域の場合。 ③土地区画整理事業*3の認可等の公告のあった区域の場合（区長の許可が必要な場合があります）。
地区整備計画	建ぺい率	40%以下とします。 ただし、右記の①、②、③のいずれかに該当する場合は、この限りではありません。（なお、風致地区内で許可基準*1を超える場合は、別途、許可が必要になります。）	
地区整備計画	容積率	80%以下とします。 ただし、右記の①、②、③のいずれかに該当する場合は、この限りではありません。	
地区整備計画	建築物の形態又は意匠の制限	建築物等の形態及び意匠は、周囲と調和の取れたものとしてください。	
地区整備計画	垣又はさくの構造の制限	建築基準法第42条第1項第1号及び第2号の道路に面して垣又はさくを設ける場合は、生垣、又はフェンス等に緑化したものなどとしてください。ただし、高さが60cm以下のブロック塀等については、この限りではありません。	
右の都市計画が決定されている場合	風致地区（東京都風致地区条例内容の抜粋）	建築物の建築（下記参照）、宅地造成、木竹の伐採等には制限があり、許可が必要になります。	
右の都市計画が決定されている場合	土地区画整理事業を施行すべき区域（都市計画法第53条の適用）	建築物を建てる場合、都市計画法第53条の許可が必要です。許可の基準は、原則、次の(1)、(2)の要件に該当する必要があります。 [許可の基準] (1)階数が3、高さが10m以下であり、かつ地階を有しないこと (2)主要構造部が木造、鉄骨造、コンクリートブロック造、その他これらに類する構造であること	➡ ただし、同法第54条の許可基準を満たさない堅牢な建築物についても、将来事業化により整備が見込まれる道路の位置を示した「市街化予想図」と照合して支障がないと認められる場合は、事業の施行の際には協力していただくことを条件として制限を緩和しております。

*1許可の基準 種別	建ぺい率	壁面後退距離 道路側	壁面後退距離 他の部分
第一種風致地区	20%以下	3m以上	1.5m以上
第二種風致地区	40%以下	2m以上	1.5m以上

*2開発許可制度

開発許可制度とは、都市の発展と秩序ある整備を図るために開発行為をはじめとして、建築行為や用途変更を規制している制度です。

開発行為とは、主として建物を建てることなどを目的として行われる土地の区画または形質の変更をいいます。具体的には、土地が500㎡以上ある場合で、次のようなときは、事前に区長の許可を受けなければなりません。

①道路などによる区画の変更（道路の新設・廃止・付替）

②切土、盛土などによる土地の形質の変更

③ ①と②を同時に行う土地の区画・形質の変更

開発許可制度では、土地の取引で、第三者が不測の損害を受けないよう、またその保護を図るために、開発行為の内容などを開発登録簿に記載して、一般の閲覧に供することになっています。

ただし本計画では、道路の築造を伴わない開発行為については建ぺい率や容積率の適用除外にはなりません。

*3土地区画整理事業

土地区画整理事業は、良好な環境の市街地を計画的に開発することにより、地域の住環境改善や土地の有効利用を図るために行われる事業です。

事業が行われている区域内では、土地所有者等が少しずつ土地を出し合い、将来の土地利用計画に合わせ、道路・公園などの公共施設を整備するとともに、個々の宅地を交換分合して整形します。

一般に、この事業は、個人または数人の地主が共同して、土地区画整理法に基づいて、都市計画事業として行います。

❺

出典：世田谷区「世田谷西部地域の街づくり」パンフレット

地盤データ確認して地盤改良の予算を確保

土質図で地盤を確認する

地面の上から眺めていてもよく分かりませんが、地面は様々な種類の土質で構成されています。インターネットでも公開されている「土質図（土地条件図）」でその場所の土質を確認することができます。土質は地形に大きく関係しているので、今は造成されて平らな場所も、昔は川の氾濫域だったりすると、地盤が弱いことがあるので注意して見るとよいです。

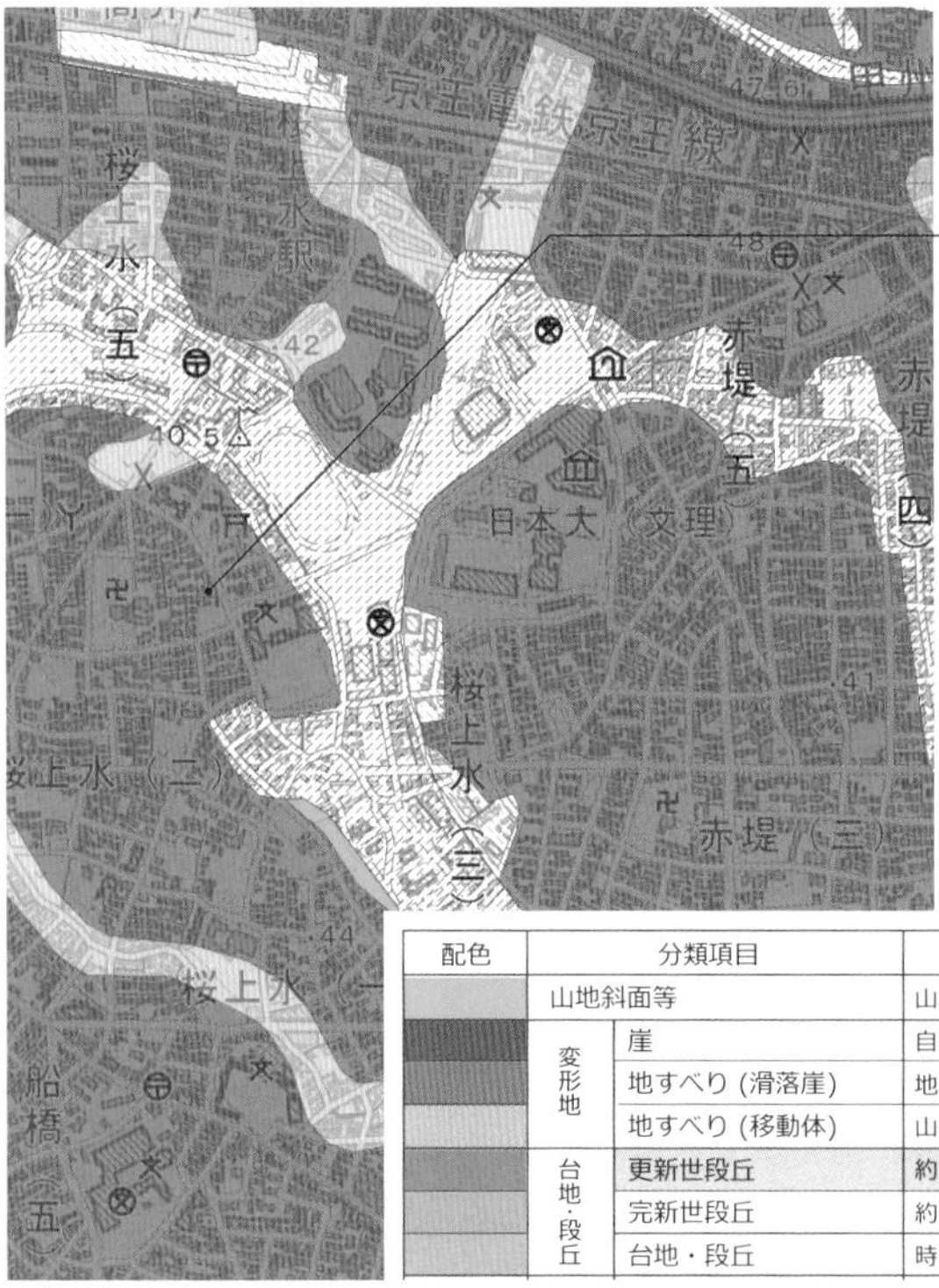

計画地は比較的安定した地盤が予想される「台地・段丘」に位置していましたが、不安定な「盛土地・埋立地」と近接していました。その境界が前面道路なのか、少し敷地入ってしまっているのか難しい判断になりました。

一般に古い洪積層は安定していて、新しい沖積層の場合は注意が必要です。液状化の検討も必要になる場合もあります。また、盛り土には注意が必要です。

配色	分類項目		説明
	山地斜面等		山地・丘陵または台地の縁などの傾斜地。
	変形地	崖	自然にできた切り立った斜面。
		地すべり（滑落崖）	地すべりの頭部にできた崖。
		地すべり（移動体）	山体の一部が土塊として下方に滑動してできた地形。
	台地・段丘	更新世段丘	約1万年前より古い時代に形成された台地や段丘。
		完新世段丘	約1万年前から現在にかけて形成された台地や段丘。
		台地・段丘	時代区分が明瞭でない台地や段丘。

出典：地理院地図

設計依頼がきたら、まず地盤調査会社から近隣の地盤調査データを集めて、地盤に対して考察してもらうように依頼しています。計画の最初の段階で地盤を確認する理由は、地盤を確認せず基本設計を進め、時間をかけて計画内容と予算を合わせても、地盤が悪ければ地盤改良や杭に費用がかかるため、建物にかけられる予算が変わり、設計をやり直すことになりかねないからです。

データの結果、地盤が悪い場合は地盤改良費をその建物を建てるためにかかる「固定費」として考えなければなりません。まず、地盤調査や近隣の地盤データから地盤にどのくらい予算が取られるのか、おおよその金額を把握し、それから建物全体の規模を決めていきます。また、ほんの数メートル場所が変わると地盤が変わってしまうのはよくあることです。計画が進み建物の配置が確定したら、建物の直下で必ず地盤調査を行い、地盤の状況を確認します。

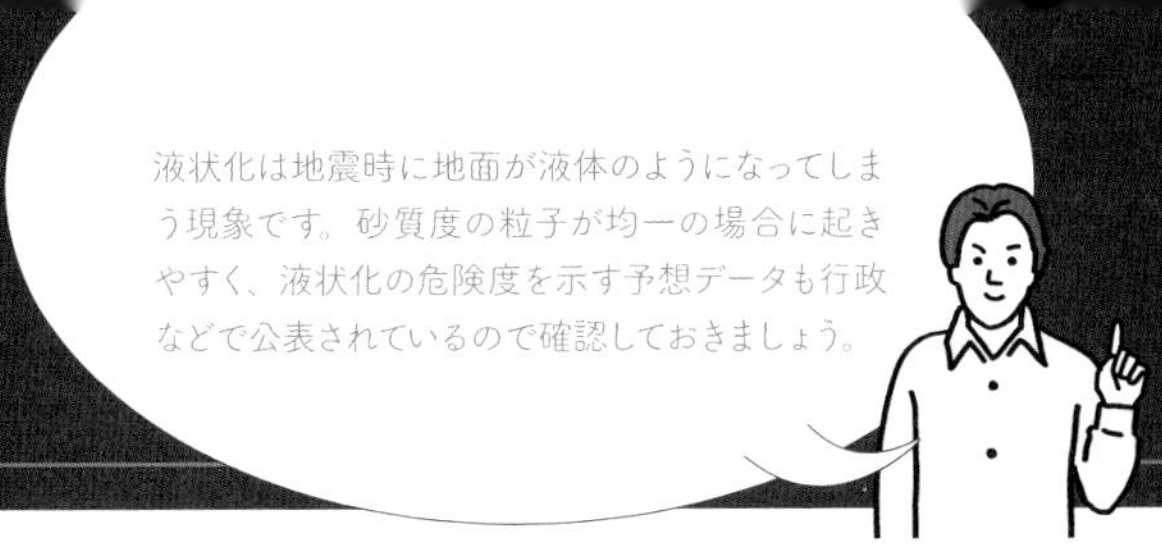
液状化は地震時に地面が液体のようになってしまう現象です。砂質度の粒子が均一の場合に起きやすく、液状化の危険度を示す予想データも行政などで公表されているので確認しておきましょう。

近隣の地盤調査データも活用

今回は近隣5カ所の標準貫入試験による地盤データが集まりました。それぞれ異なるデータですが、どのデータを参考にするのかが重要です。単純に敷地に一番近い場所のデータではなく、土質図を参考に同じ土質が予想される中で、最も近い場所を参考にするのがよいでしょう。

N値

地盤の強度を測る指標です。住宅を建てるのにどのくらいあれば十分かは土質や場所によっても変わりますが、5以上あれば一般的な木造住宅ならそのまま建築できると考えてよいでしょう。ただし、新しい盛土や礫(小石)混じりの土はN値が大きくても地盤改良が必要になる場合もあるので注意が必要です。

土質区分

地面は様々な種類の土質の堆積で構成されています。地面の浅い部分が弱い地盤で、深い部分に安定した地盤がある場合は、そこまで何らかの地盤改良が必要になります。

表示座標 ※1 :北緯＝35度39分42秒　東経＝139度37分51秒

孔口標高 ※2 :T.P. +42.32 m　　孔内水位:GL. -2.60 m

標尺 m	層厚 m	深度 m	柱状図	土質区分	色調	標準貫入試験 開始深度 m	打撃回数	貫入量 cm	N値 ─○─
1						1.15	4	36	
2						2.15	4	31	
3						3.15	5	33	
4				ローム	暗茶褐～暗灰	4.15	3	34	
5						5.15	9	31	
6						6.15	4	34	
7	7.45	7.45				7.15	2	40	
8						8.15	1	60	
9				粘土質ローム	灰	9.15	5	30	
10	2.70	10.15				10.15	50	22	
11						11.15	40	30	
12				砂礫	青灰	12.15	38	30	
13	2.95	13.10				13.15	23	30	
14						14.15	49	30	
15				細砂	暗黄灰	15.15	50	18	
16	3.35	16.45				16.15	53	30	
17									
18									
19									

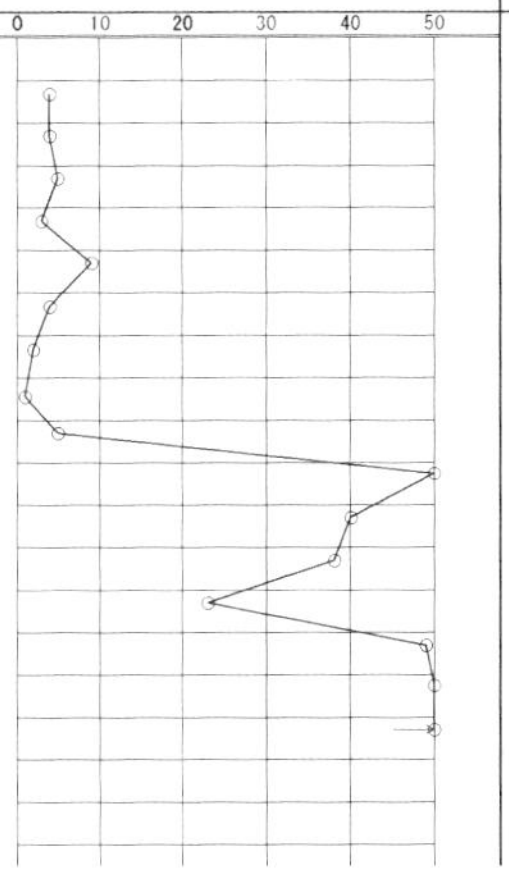
0
10
20
30
40
50

データはあくまで数字だけなので、その数字をどう読むのかは構造設計者など専門知識を持つスペシャリストと協議して、最終的な地盤評価をすることが大切です。

近隣の地盤調査を活用しつつ実際の敷地での調査は必須

地盤調査により判断した地盤種別を色分けして表示した図です。安定した地盤のすぐ近くで地盤改良が必要になってしまうことはよくあります。右図のように青系の良好なデータが密集している地域でも、ポツポツと赤い軟弱地盤のデータがあることが分かります。地盤調査を建物直下で行わなければならない理由がよく分かるでしょう。

地盤調査会社のジオテック（https://www.jiban.co.jp/）が提供する住宅地盤情報提供システムの「地形で見る軟弱地盤マップ」では、地盤調査の結果などを色分けした図を無料で確認することができます。

出典：ジオダス 地形で見る軟弱地盤マップ（ジオテック）

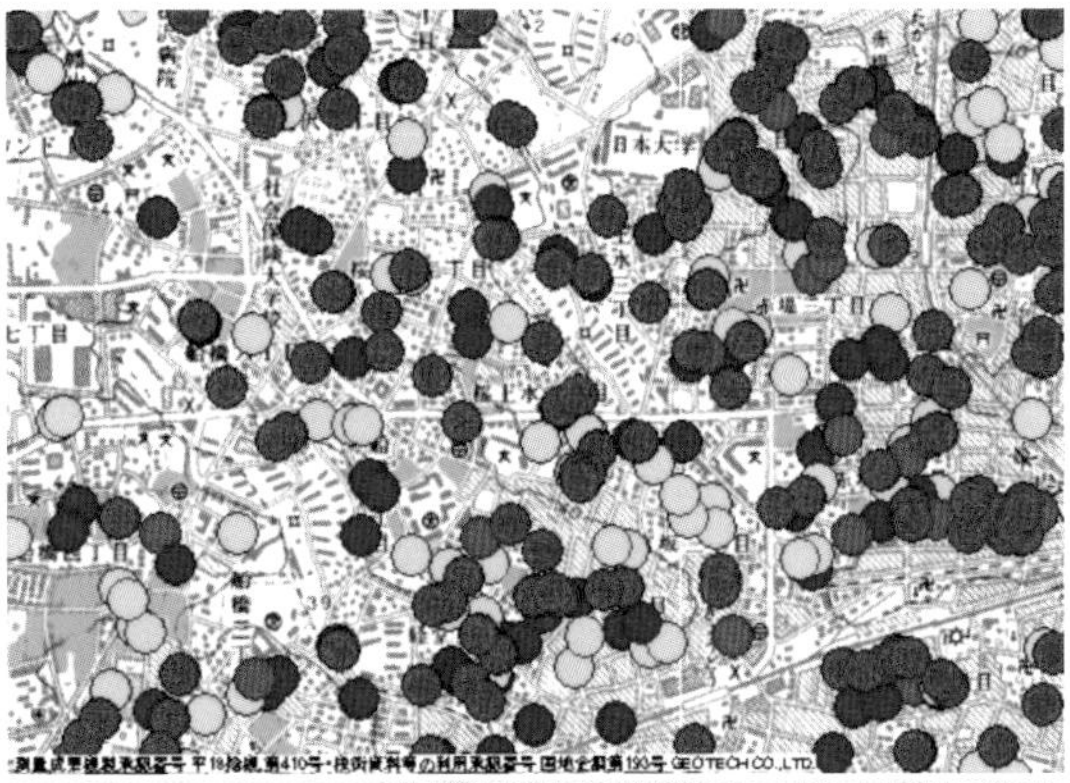
日本大学
GEOTECH CO.,LTD.

↑地形図の長辺の距離は約2.5kmです。【提供：総て】

○ ◇ 地盤調査を行なった結果**「良好地盤」**と診断された場所
● ◆ 地盤調査を行なった結果**「軟弱地盤」**と診断された場所
● ◆ 地盤が軟弱なため**「地盤補強工事」**をした場所
▲ ▼ **「腐植土」**が確認された場所
● ◆ ボーリング調査のデータがある場所

災害リスクと気象条件を設計へ反映

一目で危険度が分かるハザードマップ

市町村が作成した洪水ハザードマップは、下水施設の処理能力などをもとにしたシミュレーションからつくられ、浸水深さの予想が色分けで表示されています。

今回の敷地は高台に位置しており、色がついていないリスクの低い場所でしたが、もし浸水リスクのある場所なら、寝室は1階それとも2階がよいのかなど、建て主と議論して決めていく必要があります。

国道20号
八幡山駅
上北沢まちづくりセンター
上北沢小学校
上北沢駅
京王電鉄京王線
上北沢区民センター
桜上水駅
松沢区民集
上北沢地区会館
世田谷消防署 上北沢出張所
八幡山小学校
桜丘中学校
希望丘複合施設
（区民集会所）
希望丘小学校
船橋まちづくりセンター
船橋希望中学校
経堂小学校
船橋小学校
船橋地区会館
経堂地区会館

土砂災害のハザードマップや地盤の揺れやすさについても、調べることができます。東京都が公開する「地震に関する総合危険度ランク図」などをもとに、地震に対するリスクを調べておき耐震等級などの参考にします。

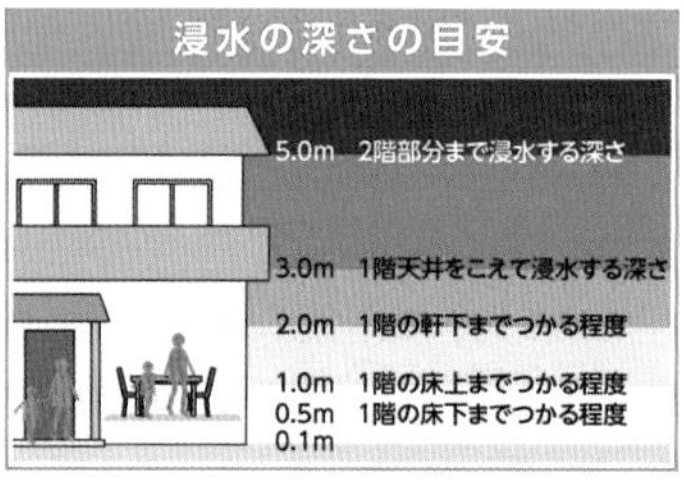
浸水の深さの目安
5.0m 2階部分まで浸水する深さ
3.0m 1階天井をこえて浸水する深さ
2.0m 1階の軒下までつかる程度
1.0m 1階の床上までつかる程度
0.5m 1階の床下までつかる程度
0.1m

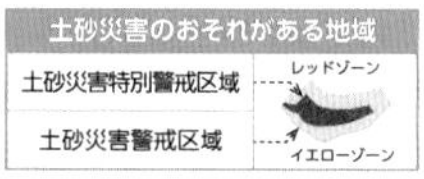
土砂災害のおそれがある地域
土砂災害特別警戒区域
土砂災害警戒区域
レッドゾーン
イエローゾーン

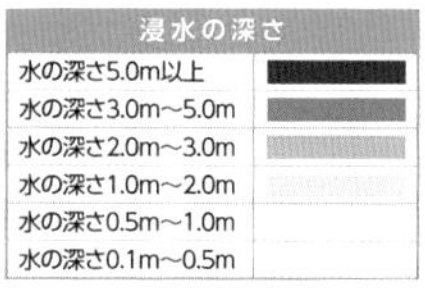
浸水の深さ
水の深さ5.0m以上
水の深さ3.0m～5.0m
水の深さ2.0m～3.0m
水の深さ1.0m～2.0m
水の深さ0.5m～1.0m
水の深さ0.1m～0.5m

出典：世田谷区洪水・内水氾濫ハザードマップ（令和3年8月版）

地震などの災害に関する情報も収集しておく必要があります。ほとんどの地方自治体でハザードマップが作成され、公開されています。津波や土砂災害などの自然災害による被害予想を地図にしたものですが、特に洪水ハザードマップの確認は重要です。災害過去の浸水履歴などから、浸水深さの予想が色分けして表示されています。

日頃、街の高低差を意識することはあまりないと思いますが、広域の地図や古地図などを見ると高低差が見えてきます。計画地のエリアにどんなリスクがあるのか把握して、万が一洪水被害が起きても被害を最小限に抑えるような計画を考えなければなりません。地下室は避けるべきかを考える必要もありますが、半地下の駐車場やドライエリアを設ける場合、高さが道路の下水道本管より低くなる際は注意が必要です。駐車場などに入ってきた雨水を配水ポンプでポンプアップを行いますが、大雨時に下水道管が一杯で

近年ゲリラ豪雨や大型台風など、予想外の大雨に見舞われることが増えています。行政資料で水害リスクを調べて、建て主と情報共有します。

季節ごとの風を知って計画に生かす

暑い季節には涼しいそよ風がほしいけれど、寒い季節には強風は避けたい。住宅設計において風を味方にすることができれば快適な住まいが生まれます。風の向きと量をチェックして配置計画に生かします。

気象庁の東京管区気象台が公開している風配図。３時間ごとの風を風向別に集計し、全体からの割合で表しています。強い局地性はないので、計画地の最寄りの観測所のデータを確認すればよいでしょう。東京では1月は北西から、8月は南からの風が多いことが読み取れます。

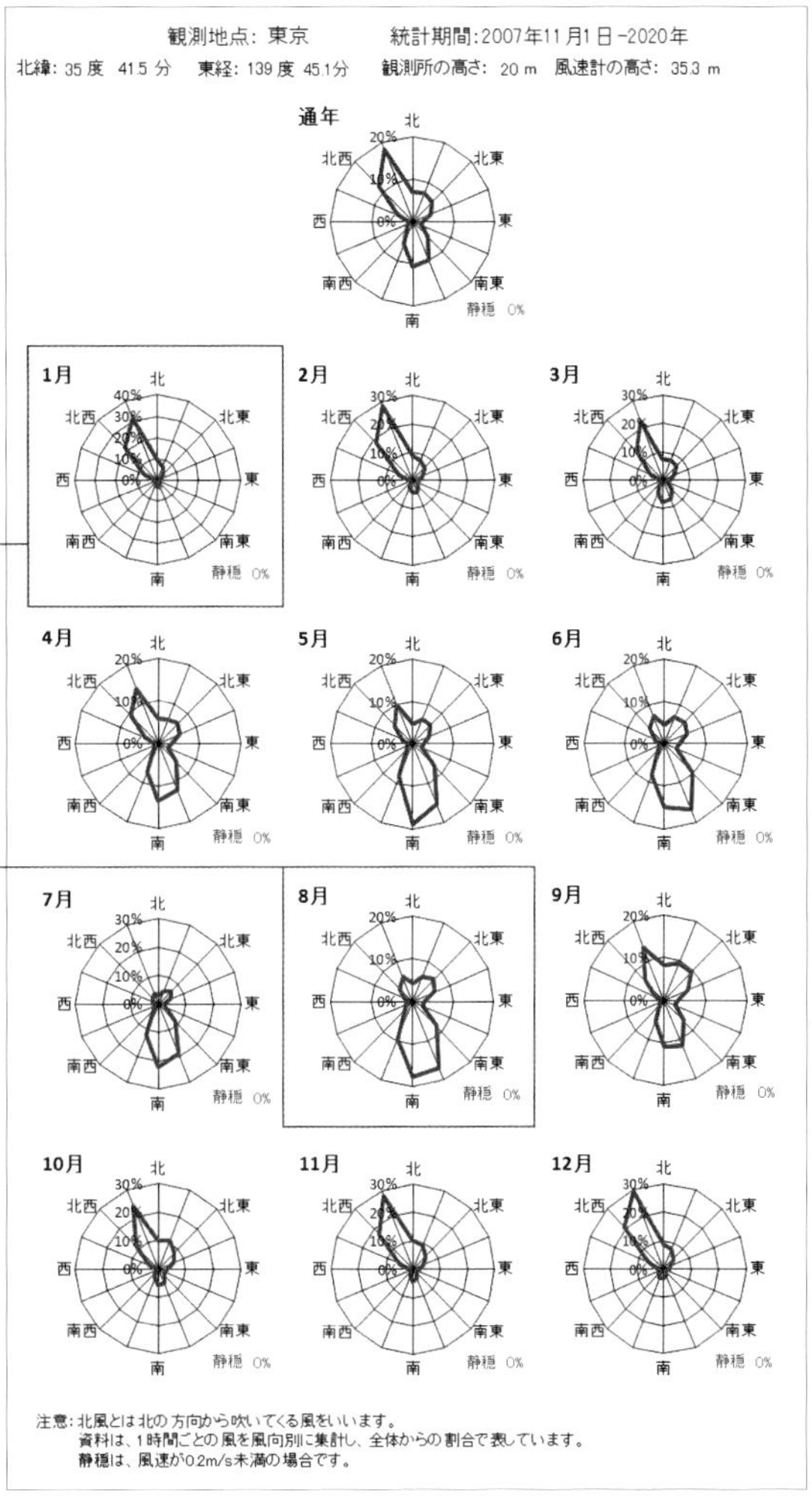
観測地点：東京　統計期間：2007年11月1日-2020年
北緯：35度 41.5分　東経：139度 45.1分　観測所の高さ：20 m　風速計の高さ：35.3 m
通年
1月
2月
3月
4月
5月
6月
7月
8月
9月
10月
11月
12月
北　北東　東　南東　南　南西　西　北西
静穏 0%
注意：北風とは北の方向から吹いてくる風をいいます。
資料は、1時間ごとの風を風向別に集計し、全体からの割合で表しています。
静穏は、風速が0.2m/s未満の場合です。

出典：気象庁東京管区気象台

卓越風の向きに窓を設けても、隣家との距離が短いと、効率的に風を取り込むことができないこともあります。

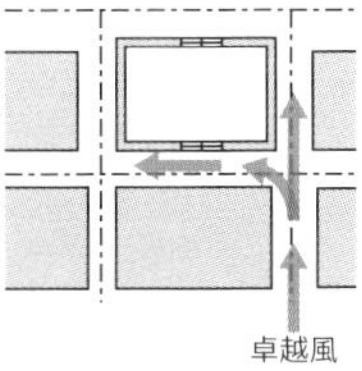
卓越風

都市部でも卓越風が分かっていれば、配置や窓の位置で効果的に風を取り込むことができます。

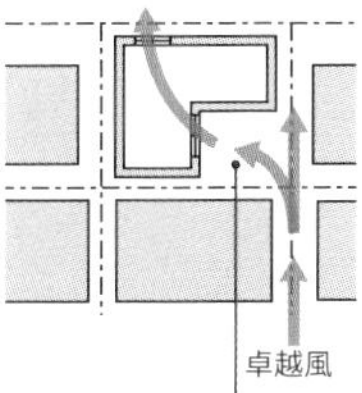
卓越風

中庭を介して、室内に効果的に卓越風を取り込むなど、計画には卓越風の向きや周辺環境をよく知っておくと役立ちます。

排水できない問題も起きています。設計時に水害リスクに対してどう考えて対応するのかも設計者の重要な役割です。

地域の気候を知って風を生かす

設計者は建物を建てる場所に応じた設計が求められます。断熱性能の基準も東京都と新潟と鹿児島では異なり、同じ仕様というわけにはいきません。そのため、地域の気候を知ることも重要です。気象庁の公開しているデータから、その地域の気温や雨量、風についての情報も得ることができるので、確認しておきましょう。

風配図では、この地域は各季節でどこから風が吹くことが多いかをつかむこともできます（「卓越風」と呼ばれます）。日本では、卓越風を意識した住まいづくりが昔から行われてきました。例えば、群馬県などでは冬季の空っ風対策として、防風目的で屋敷林「かしぐね」を持つ農家もまだ残っています。都市部での設計においても、卓越風が分かっていれば建物の通風に適した建物配置や窓の位置などを計画し、自然の力で心地よく暮らす住まいを提案することができます。

住まいの生命線インフラの敷設状況を確認

「道路台帳」で前面道路をチェック

自治体には道路台帳があり道路幅員についての記録があり、また1項道路・2項道路などの道路種別［左頁参照］についての記録もあります。新築できるか、道路後退が必要かなど、計画に大きくかかわるため、必ず確認が必要です。インターネットで確認できる行政もあれば、窓口に行かないと確認できない行政もあります。

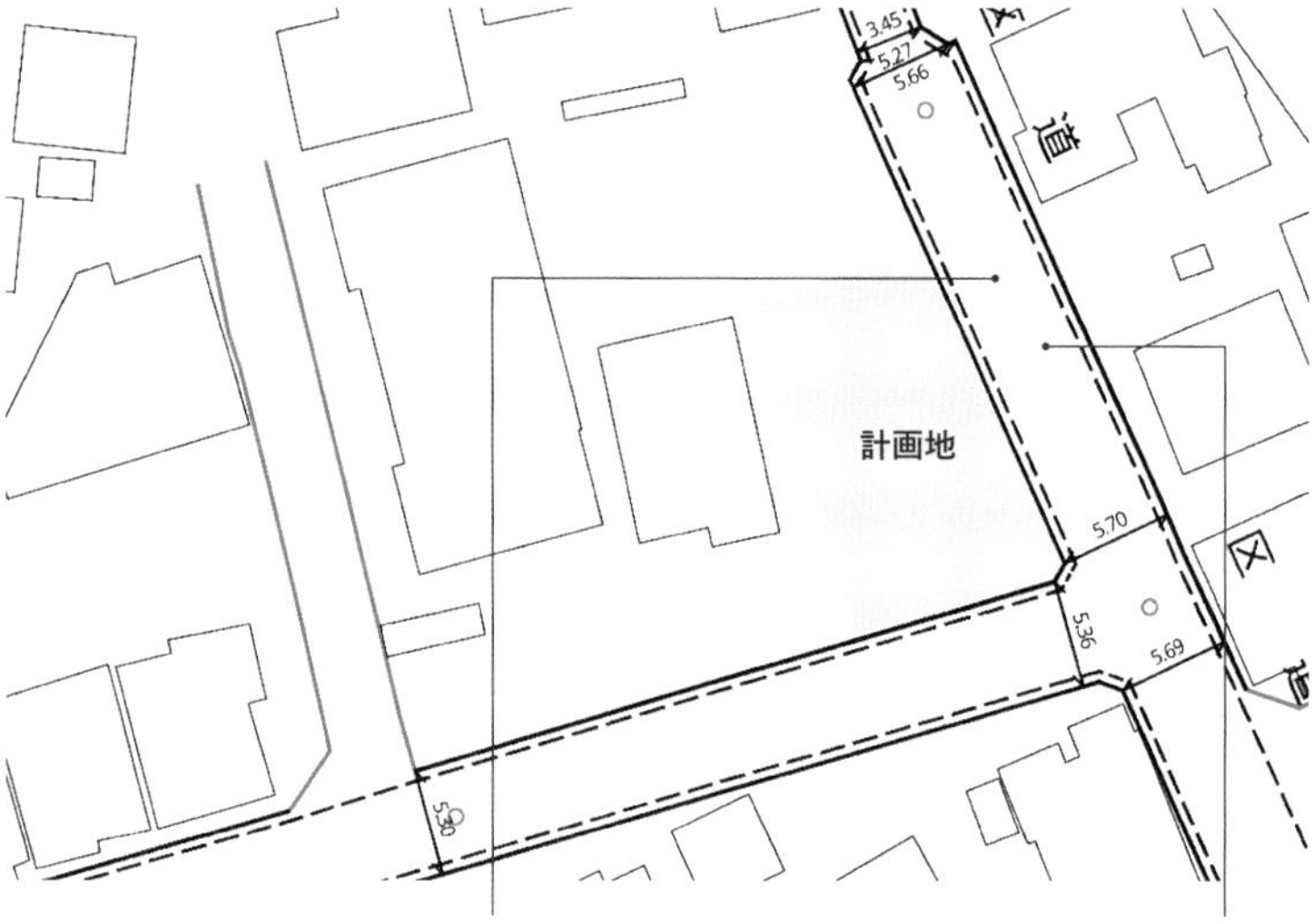

道路指定図で建築基準法上の道路種別も確認する必要があります。建物は幅員4m以上の道路に接していないと新築することができません。4mに満たない建築基準法42条2項道路の場合、道路境界線を道路中心線から2mセットバックしなければなりません。

出典：せたがやi-Map（道路現況平面図）

道路台帳平面図を見ると、敷地東側道路で道路幅員が変わっています。3.45mになっている部分は2項道路。今回の敷地はちょうど切り替わりの部分で幅員は4m以上あります。2つの道路とも1項1号道路であるため、新築が可能なことを確認しました。なお、実際の道路の状況を正確に表したものではない場合があるので注意が必要です。

新築できる道路か、敷地内に給水管が引き込まれているか、前面道路に下水道が完備されているか、都市ガスがあるかなど、住まいに不可欠なインフラ設備の状況も設計前に確認しておく事項です。敷地内の状況と敷地外（道路）状況を把握します。実際に現地調査で確認することと併せて、敷設状況の分かる台帳を行政などから入手して確認します。最近では、水道台帳をネットで公開している行政もあります。

今回は住宅地で上下水道とも整備された場所だったので、上下水道とも問題なく接続できることを確認しました。公共下水道がない場合は浄化槽を設けなければならず、また上水道が完備されていない場所では引き込みをどうするかなど、あらかじめ行政と相談しておいたほうがよいことがあるので注意が必要です。また上下水道が完備されていても、敷地内には引き込まれていないこともあるので、新規で引き込みが必要かも確認します。

建物を新築するときには、敷地が建築基準法上の道路と2m以上接している必要があります。道路種別、幅員、接道長さを確認しましょう。なお、いわゆる旗竿敷地は接道長さだけでなく竿部分の長さにも基準があるので注意が必要です。

給水管の敷設状況を確認

自治体には道路の水道管と、そこから敷地内への引き込みの状況が確認できる台帳があります。台帳で道路に埋設されている水道本管と敷地に引き込まれている水道管の太さを確認します。水道業者に依頼して敷設状況がわかる図面を水道局から入手する方法もありますが、各自治体の水道局で確認することができます。最近の住宅は水回りが増えているので、敷地内に引き込まれている水道管の太さが足りず、太くする工事が必要になることが多いです。

水道局の窓口で台帳を確認します。台帳には前面道路の水道管敷設状況と計画地への水道管引き込み状況が書かれています。給水管の径も記載されており、前面道路には直径100㎜水道本管が敷設されていて、そこから20㎜管が母屋も含めた敷地内に引き込まれていることを確認しました。

今回の敷地は大きな敷地を分割して建物を建てます。敷地内にある給水管はすでに両親が住む母屋に繋がっているので、新たに道路から20㎜の給水管を引き込み、メーターも母屋とは別に設置する必要があります。

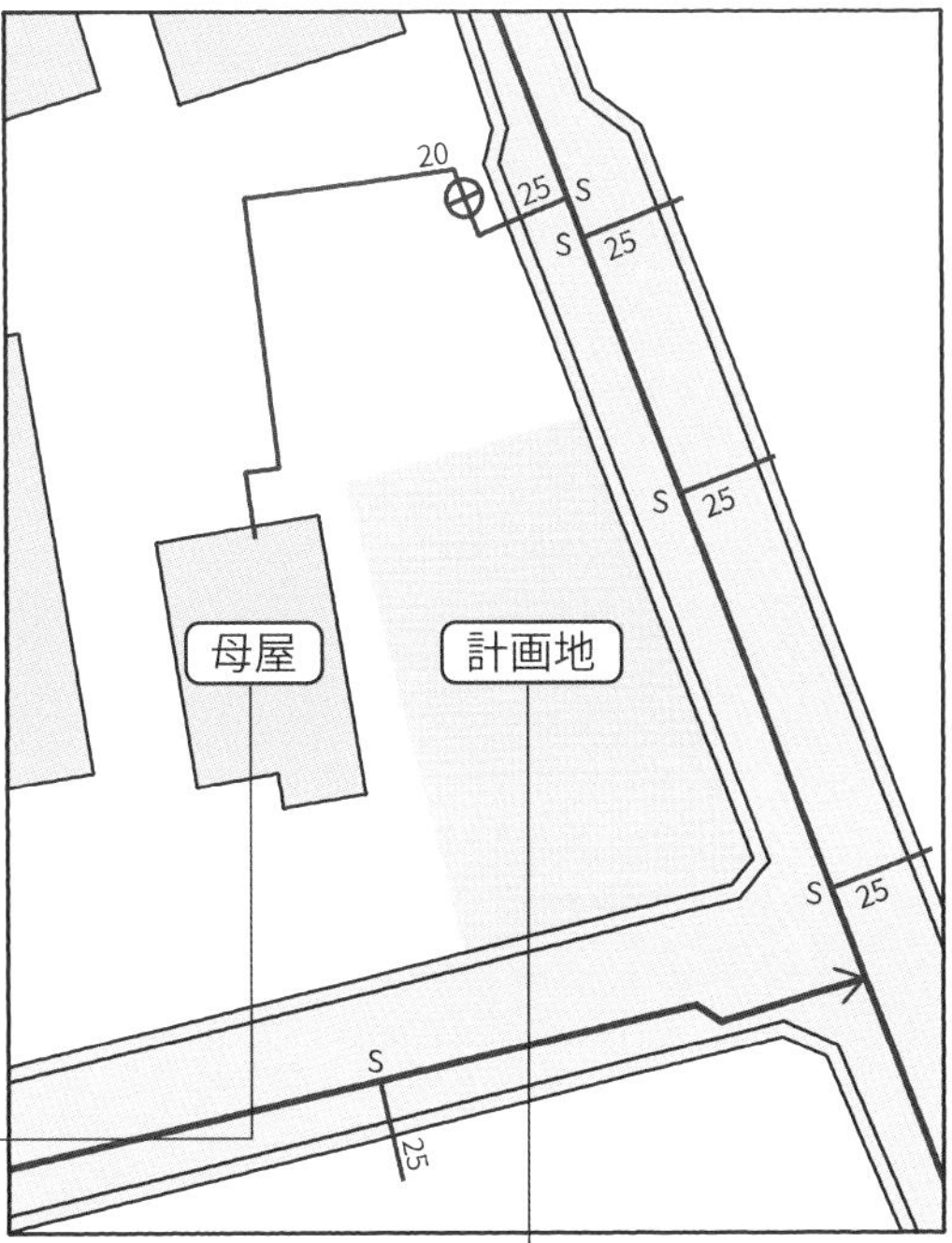
20
25
S
S
25
S
25
母屋
計画地
S
25
S
25

建替えなどの場合、引き込まれている給水管が細い場合があります。最近の戸建て住宅はトイレが2カ所あるのが当たり前など、多くの水を使うので、細いと給水量が足りなくなる場合があります。その場合、新しく引き込み直す必要があります。

水道局

建築基準法上の道路種別

建築物は接道義務が建築基準法で定められています。道路にはいくつかの種類があり、これらの道路に接していない敷地は新築することができません。

道路	概要
法42条1項1号	道路法による道路(国道・都道府県道・市道・区道などの公道)。幅員4m以上の道路
法42条1項2号	都市計画法、土地区画整理法、都市再開発法などによってできた道路(開発道路)
法42条1項3号	建築基準法施行時(昭和25年11月23日)にすでに存在していた道路(既存道路)
法42条1項4号	都市計画法などの法律により2年以内に事業が行われる予定のものとして特定行政庁が指定したもの(計画道路)
法42条1項5号	土地を建築敷地として利用するために新たにつくる道で、特定行政庁から指定を受けたもの(位置指定道路)
法42条2項	建築基準法施行時にすでに存在する幅員4m未満の道路で、特定行政庁が指定した道路
法附則5項	市街地域建築物法により指定された建築線で、建築線間の距離が4m以上のものは法42条1項5号による位置指定道路とみなされる

下水道の敷設状況を確認

下水道が敷設されている地域は建物から出る雑排水を流すことができます。自治体には地域の下水道台帳があり、道路に埋設されている下水本管の太さや深さ、マンホールの位置が記載されているので、計画の敷地の下水の状況を確認します。東京都では東京都下水道局がインターネットで公開しています。

出典：東京都下水道局

今回の敷地は合流式です［次頁参照］。道路境界付近を見ると汚水桝があることが分かり、図には記載されていませんが実際にはこの汚水桝は下水道管につながっています。

今回の敷地は、大きな敷地を分筆して母屋とは別に建物を建てるため、既設の汚水桝がありますが、新しく最終枡を設ける必要があります。前面道路の下水道管への接続の申請手続きが必要になります。

下水町台帳の見方

太い線が下水本管を示し、矢印が下水の流れる向きを示しています。下図は東京都下水道局の合流式を例にしています。各行政によって書き方が異なることがありますが、基本的な見方は共通です。合流式の場合は道路に雨水管がある場合と、側溝がある場合があり、いずれかに敷地内の雨水管を接続します。

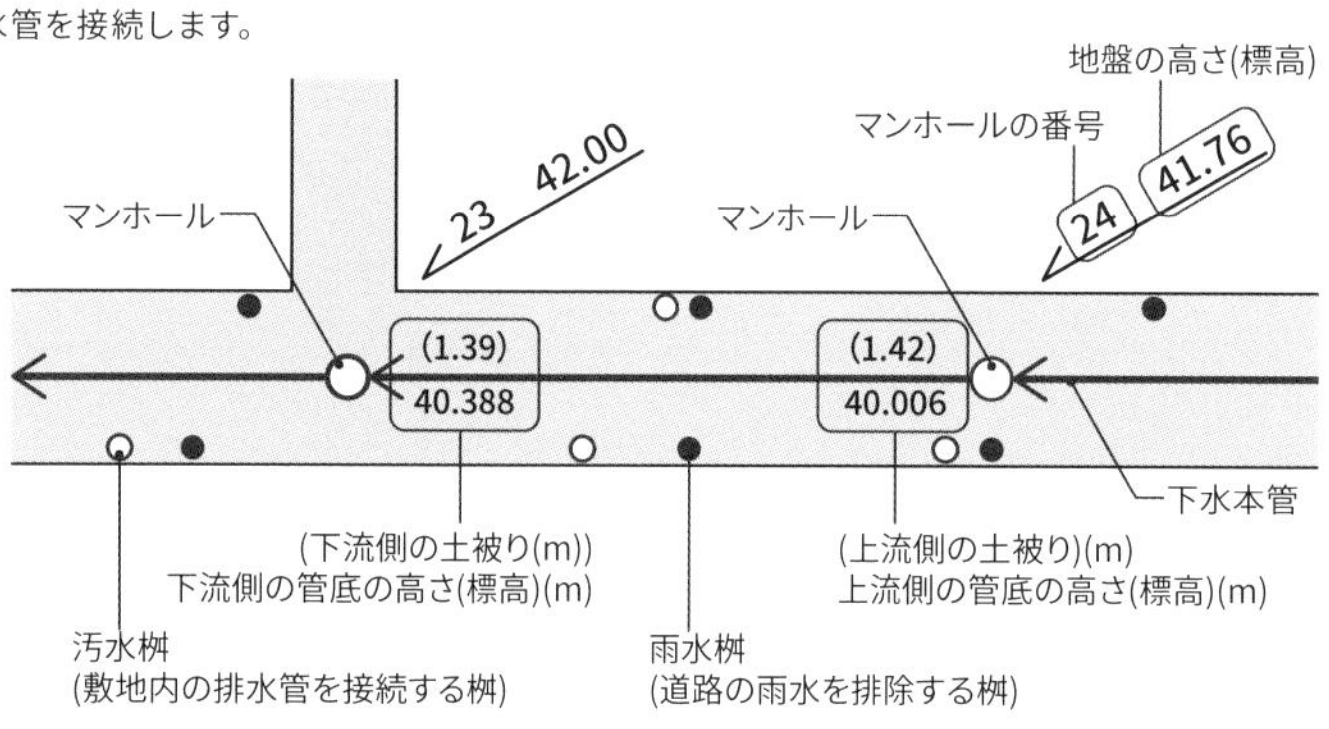
地盤の高さ(標高)
マンホールの番号
23 42.00
24 41.76
マンホール
マンホール
(1.39)
40.388
(1.42)
40.006
下水本管
(下流側の土被り(m))
下流側の管底の高さ(標高)(m)
(上流側の土被り)(m)
上流側の管底の高さ(標高)(m)
汚水桝
(敷地内の排水管を接続する桝)
雨水桝
(道路の雨水を排除する桝)

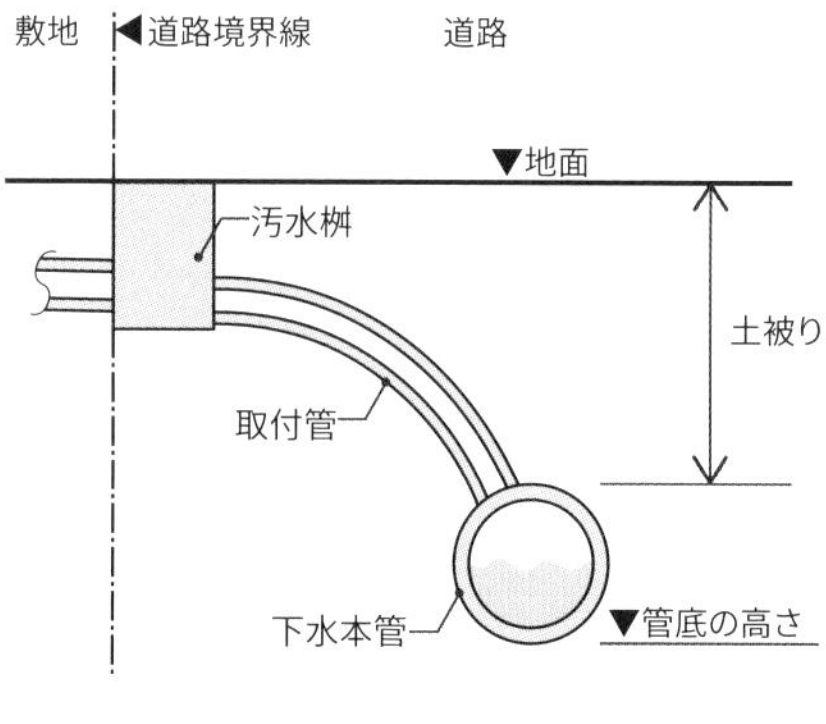
敷地
道路境界線
道路
▼地面
汚水桝
土被り
取付管
下水本管
▼管底の高さ

敷地が道路より低いような場所では、下水道本管の深さを調べて放流できるか特に注意しなければなりません。もし下水道本管が敷地内の雑排水管より高い場合は、電気の力を借りポンプアップして下水道管に流すことになります。

都市ガスの敷設状況を確認

敷地に面する道路に都市ガスが埋設されているかも確認しておきます。前面道路に都市ガスが埋設されていれば、管轄のガス会社によって埋設されているかどうかの調査の流れなどは異なるため、注意が必要です。管轄のガス会社は日本ガス協会のホームページなどで確認できます。道路に家庭用の低圧の管（50㎜）が埋設されていれば、敷地内に都市ガスを引込むことができます。都市ガスが来ていない場合は、ガスボンベに入ったプロパンガスになります。

今回の場合は、管轄のガス会社が東京ガスでした。東京ガスは埋設状況をインターネット上で確認できる事業者向けのサービスを行っており、既定の情報を入力すると、ガスの埋設状況が分かる図面を発行してもらえます。この図面で、敷地・建物周辺のガス本管（低圧）の埋設状況と、指定した敷地・建物にガス管が引き込まれているかどうかの確認ができました。

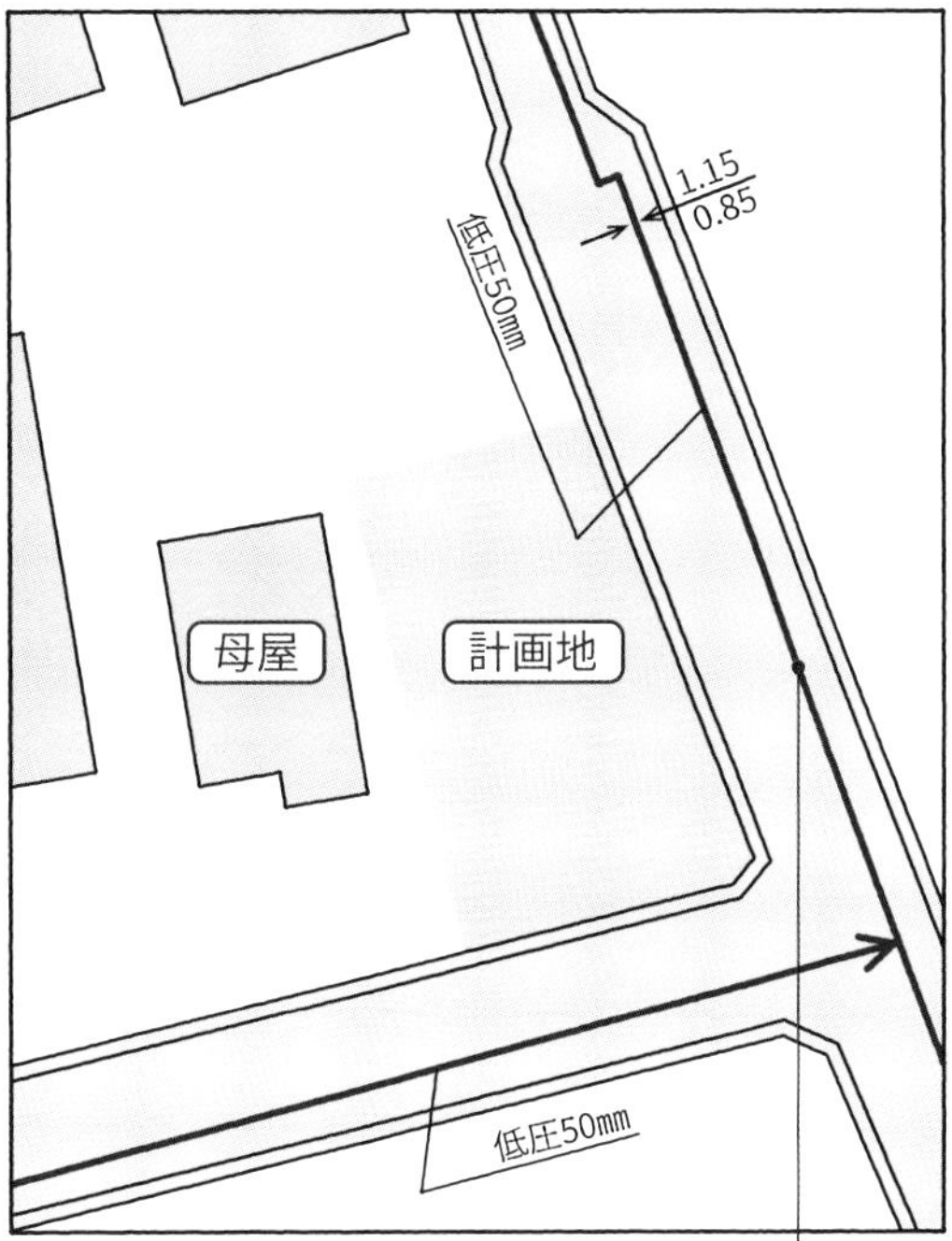
1.15
0.85
低圧50㎜
母屋
計画地
低圧50㎜

今回の敷地は、東側も南側も低圧50㎜の管が埋設され、都市ガスがきていたことを確認できました。敷地内には引き込まれていなかったので、ガス引き込み工事は必要でした。

地方など都市ガスがない地域ではプロパンガスになります。プロパンガスボンベは定期的に補充交換になるため、搬出入のルートを考慮してボンベ置き場を決める必要があります。また、車などによる損傷を受けない場所とすること、ガスボンベは給湯器など火気から2m以上離すことなど設置基準があります。

下水の仕組みを知る

下水には汚水と雨水を同一の管で排水する「合流式」と、汚水と雨水を別々の管で排水する「分流式」があります。合流式の場合、汚水と雨水は下水処理場へ運ばれていき、分流式の場合、汚水は下水処理場へ運ばれ、雨水は川や海に放流されます。

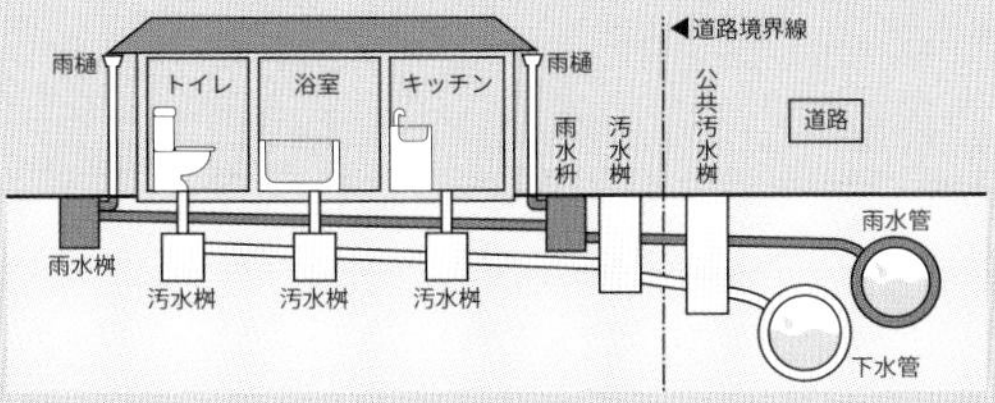
道路境界線
雨樋
トイレ
浴室
キッチン
雨樋
雨水桝
汚水桝
公共汚水桝
道路
雨水管
雨水桝
汚水桝
汚水桝
汚水桝
下水管

分流式

分流式は敷地内の排水管が2本になるためコストが高くなる傾向。合流式のように川や海に汚水が放流されることはないので環境にはよいです。

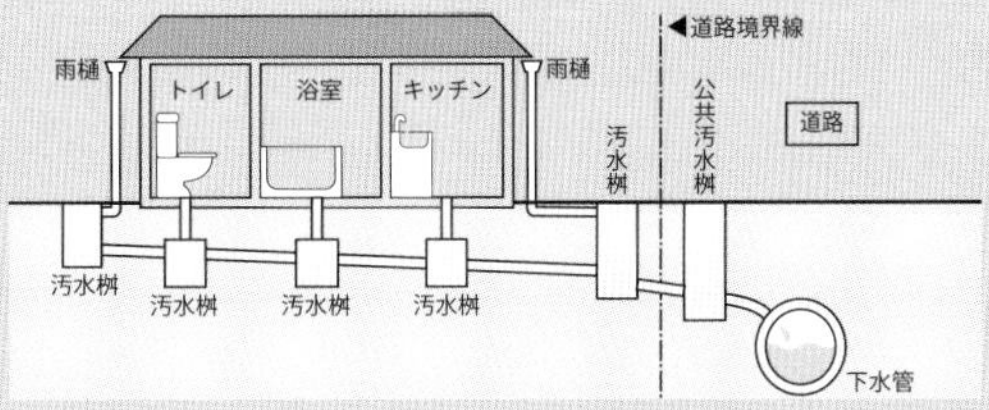
道路境界線
雨樋
トイレ
浴室
キッチン
雨樋
汚水桝
公共汚水桝
道路
汚水桝
汚水桝
汚水桝
汚水桝
下水管

合流式

合流式は敷地内の排水管が1本でよいためコストが比較的抑えられます。大雨の際は下水処理場で処理できなくなり、一部が処理されずに川や海に放流されてしまうことも。

現地に行って設計の手掛かりを見つける

初めて計画の敷地に行くときは、事前に駅から敷地までの最短ルートを調べて、ここで暮らす生活動線をなぞるように行くとよいでしょう。町を色々歩いてみるとどんな建物がよいのかが、何となく見えてくることもあります。敷地が近づくとそこに立つ建物見え方や、玄関の窓の位置をどこにすればよいかなども検討することができます。

現地調査では敷地の様子を写真で撮ったり、メジャーで高さを測ったり、電柱の位置などを確認したりするなど、現状を把握し、敷地の良いところや抱えている課題を的確に把握することを目指します。

既存建物があるときにはそのメリットをいかします。既存の建物が2階建ての場合、可能であれば2階からの景色を確認しておくべきです。また、既存建物の基礎のひび割れや床下の乾燥状態を見ておくと、地盤の強さや湿気が多い場所なのかも知ることができます。

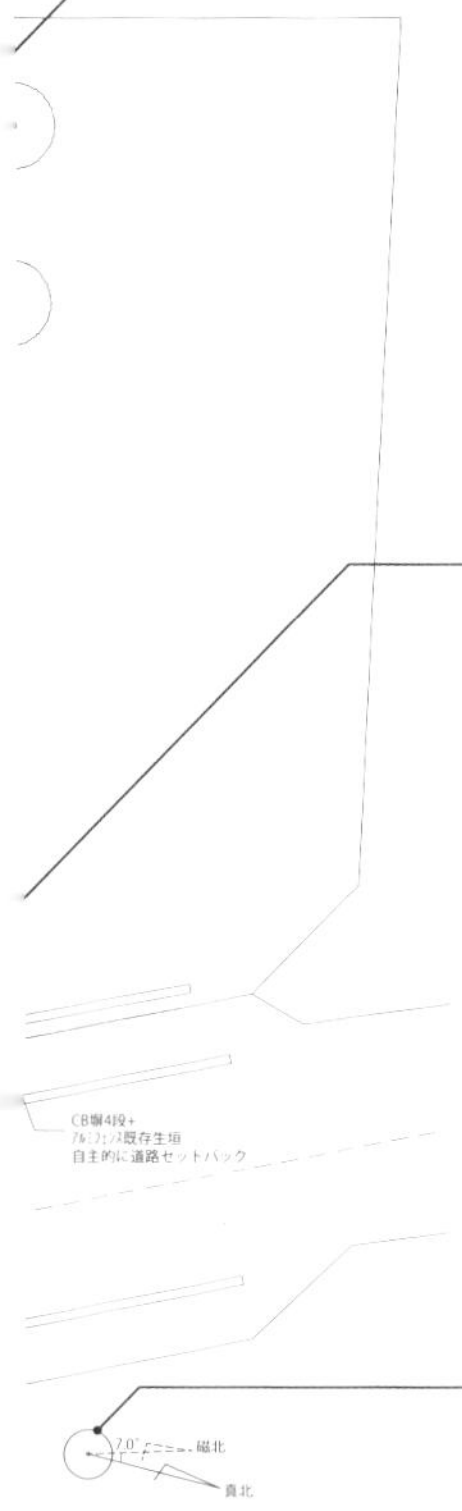

既存樹木

計画する敷地に樹木がある場合は、位置や大きさなどを確認します。樹木を生かすのか、伐採するのかもプランニング時に重要になります。また樹木が隣家へ越境していないか、あるいは隣家の樹木が越境していないかも見ておきましょう。

前面道路の状況

道路幅員を図ります。基本的に4m以上の幅員が必要です［26頁参照］。また、人通りや車通りの多さや、道路から敷地がどう見えるかなども気にしておくとよいでしょう。

方位

方位を調べて太陽の動きをシミュレーションしてみるのも、窓の位置をはじめプランニングに生かせるのでよいでしょう。

初期プラン ← プレゼン ← 設計契約 ← 基本設計

古い塀は基準を満たしていないものが多いので注意が必要です。古い塀は基準を満たすようにつくり変えたり、補強をしたりする必要があります。

敷地図をもとに写真を撮りながら確認

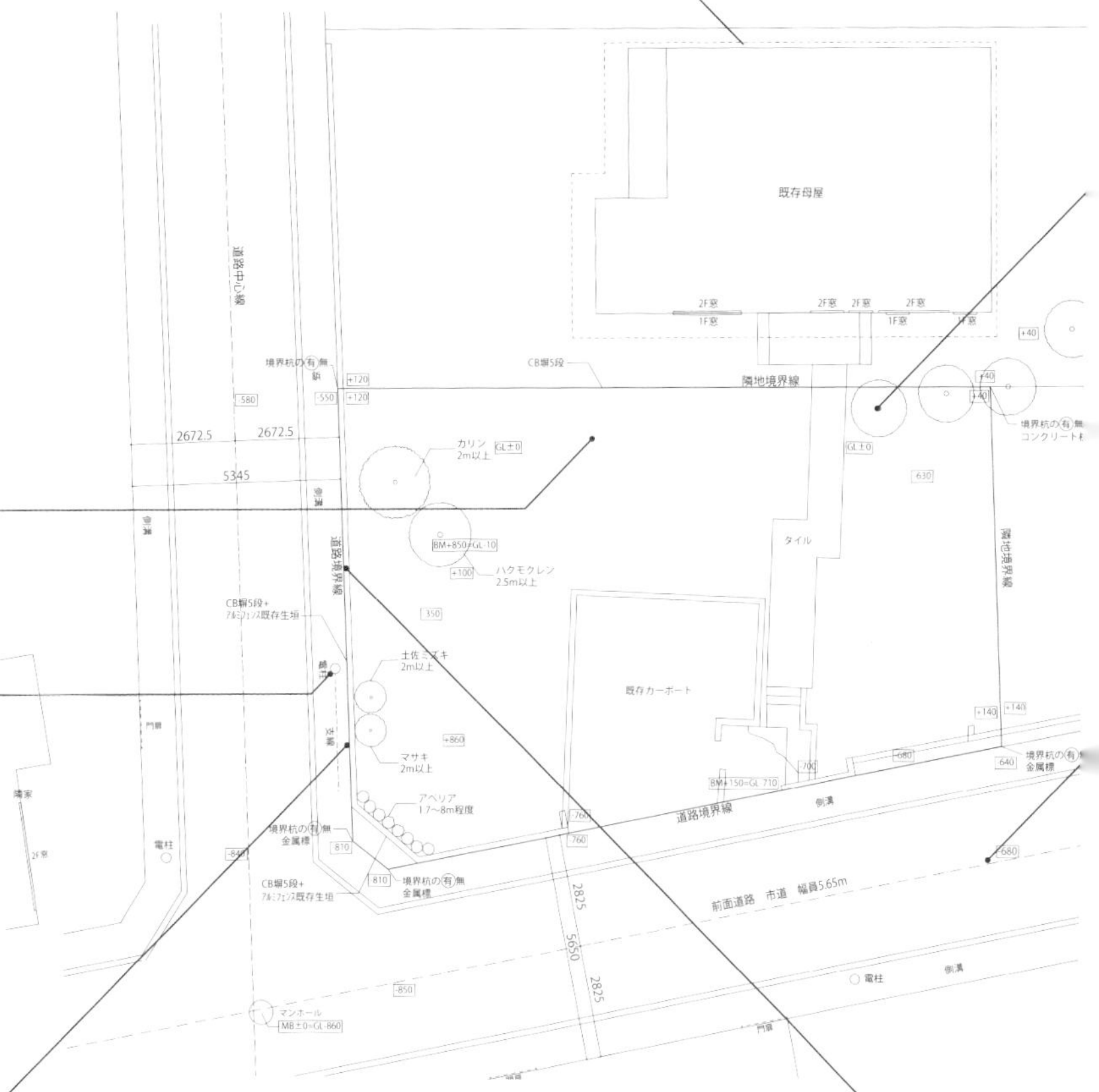

隣家との関係

隣家の窓や玄関の位置、駐車場の出入口がどこにあるか、給湯器やエアコン室外機の位置も確認し、プランニング時の参考にします。

既存メーター

水道・ガス引き込み位置や、下水道につながる最終升の位置やその有無を確認します。

電柱の位置

電気・電話などの引き込みがどこからできるか、電線の確認と、電柱が車の出入りに邪魔にならなそうな位置かを確認します。

既存塀

劣化していないか、倒れがないかチェックします。ブロック塀の場合は高さ2.2m以下、控え壁を長さ方向3.4m以内ごとに設けなければならないなど、細かい基準があります。今回の敷地には高低差がありブロック造の土留めが築造されていました。土地の高低差が1m以下でした。土留めに建築物の荷重が伝わらないように基礎の設計をしています。

高低差

道路の高低差、道路と敷地の高低差、隣地と敷地の高低差の確認を行い、大雨時に雨水がどう流れるのかを検討します。高低差がある場合は段差の処理の方法（ブロックや擁壁を設けるなど）を考える必要があります。

敷地境界杭

隣地・道路との境界杭の有無、境界杭の種類（石やコンクリート、鋲などがある）、また敷地境界周りの塀がどちら側（施主の持ち物なのか、隣地の持ち物なのか）も確認します。

地図や航空地図でも現地を調査

Googleなどの地図アプリや航空写真で現地の状況や、周りの環境を確認しておき、設計の際の手掛かりにします。

出典：国土地理院地図

今回は角地に立つ敷地なので玄関の位置も2方向考えられます。地図を見て駅や学校、普段買い物に行くスーパーまでのルートや、幹線道路までの車の出方などを確認して、暮らしをイメージすることが大切です。

工事では敷地まで資材を搬入する大きなトラックが入ることができるのかも確認しておくことが重要です。道路が狭い場合や高低差があり車の搬入が難しい敷地では、工事費用が余計にかかるからです。また、幹線道路から敷地までの道路事情は問題ないかなどの確認も行います。

現地に行かない 現地調査で分かることもある

たとえ小さな住宅の設計においても、都市を見る視点で敷地を見ていきます。街の中でどんな場所なのか、交通量の多い道路の位置やそこからの距離が分かれば、車の騒音がどのくらいありそうか知ることができますし、敷地に行ってもなかなか気づくことのできないことも、地図情報や上のような航空写真から分かることもあります。例えば、敷地北東のグラウンド。敷地からは間に住宅があるので見えません。ですが、風向きによっては砂が飛散することもあるかもしれません。洗濯物をどこに干すのかということを、設計時に検討する必要があるでしょう。

また、敷地を見に行って近隣の様子を確認する際、1階の高さの情報であれば私たちの目の高さからで十分ですが、航空写真があれば2階の窓からの景色を想像する時にも役立ちます。アイレベルでは気がつかなかった近隣の借景が見つかるなど、思わぬ発見や課題が判明するかもしれません。現地調査とあわせてインターネットでの調査も活用します。

敷地の特徴を１枚にまとめる

敷地調査では、道路から敷地を、敷地の中から隣地や道路を見ていきますが、その時気になったこと、印象なども設計する際に思い出せるよう、持参した敷地図に書き込んでいきます。

前面道路は交通量も少なく静かな環境。敷地が前面道路から少し高いためプライバシーも確保しやすく落ち着いた暮らしが望めそうでした。

建て主は道路と敷地の約1mの高低差を気にしていたので、この高低差をどのように処理するか検討する必要がありました。

隣に両親の住む母屋があるので、どのような関係（距離感）にするかは判断に迷うところ。建て主へのヒアリングを行い良好な関係づくりに配慮します。

既存の駐車場が道路と同じレベルで、しかもちょうど敷地の真ん中にあるのがとても気になり、この高低差を利用した提案ができないかと考えました。

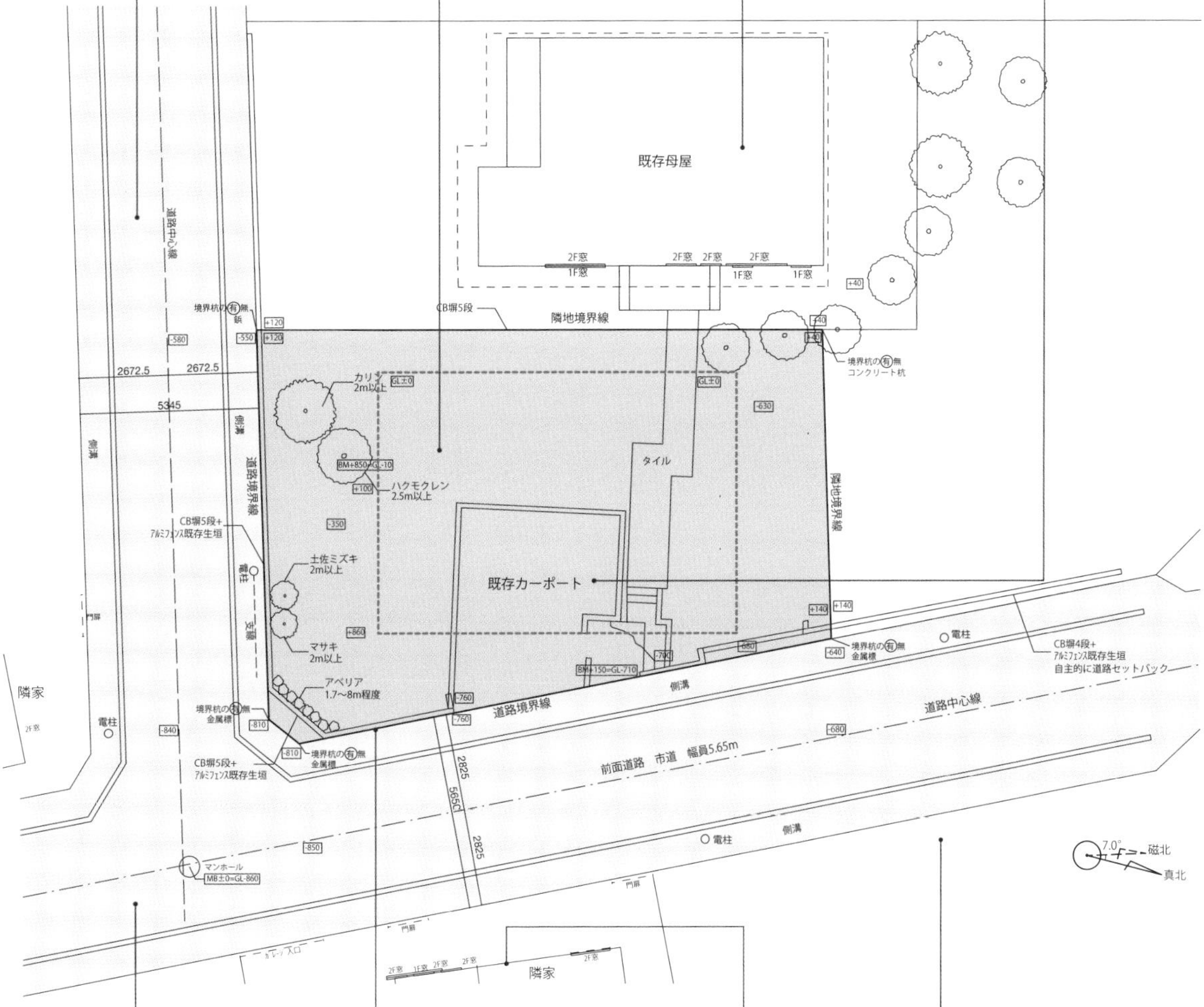

東と南側に道路のある角地のため、近隣の建物の影が落ちることもなく、明るい開放的な敷地という印象。設計でもこの開放感を活かしたいと考えました。

コンクリートブロック造の土留めが築造されていました。土地の高低差が1m以下とし、建築物の荷重が伝わらないようにする必要があります。

近隣の住宅の窓を確認し、位置や形状からその建物の間取りを推測し、その窓からの視線を意識した建物にしようと検討しました。

近隣の玄関の位置、ガレージの位置も気になるところです。近隣の方と玄関扉同士が向き合ってしまわないように入口位置は配慮します。

実現可能な計画規模を押さえることから

どんな建物を提案するのか計画を始めるにあたってまず提案する住宅の規模決めます。設計事務所はハウスメーカーと違って自分でその建物の価格を決めることができません。建物を設計した後、その図面を元に施工者に見積りをしてもらい、建物の価格が決まります。予算は建物の規模と仕様で決まるので、まず計画する建物の規模を決めるために、おおまかな予算を立てます。

予算に収まる建物を提案し「実現可能な規模」とすることが大切です。特に他に競合がいるコンペでは、よい提案に見せるために予算を度外視した提案をしがちです。しかし、実現不可能な提案をして、無理して受注してしまうと最終的には自分の首を絞めることになりかねないので、規模の決定は慎重に行わなければなりません。都道府県ごとの工事費の違いとこれまでの工事費をまとめた表をもとに、今回の予算ではどれくらいの規模・構造形式が可能かを検討しました。

地域の平均から建設費を逆算する

住宅金融支援機構が公表する都道府県ごとの平均建設費と坪単価を表した図です。注目してもらいたい点は、工事単価は地域格差があるという点。平均的にどのくらいかかるのかを把握し、提案する建物の規模やグレードを考えます。

今回の場合は東京都で坪単価約110.1万円に、予算4,000万円（税込）ということで、おおまかな規模になりますが、35～40坪程度の住宅が建つと想定しました。

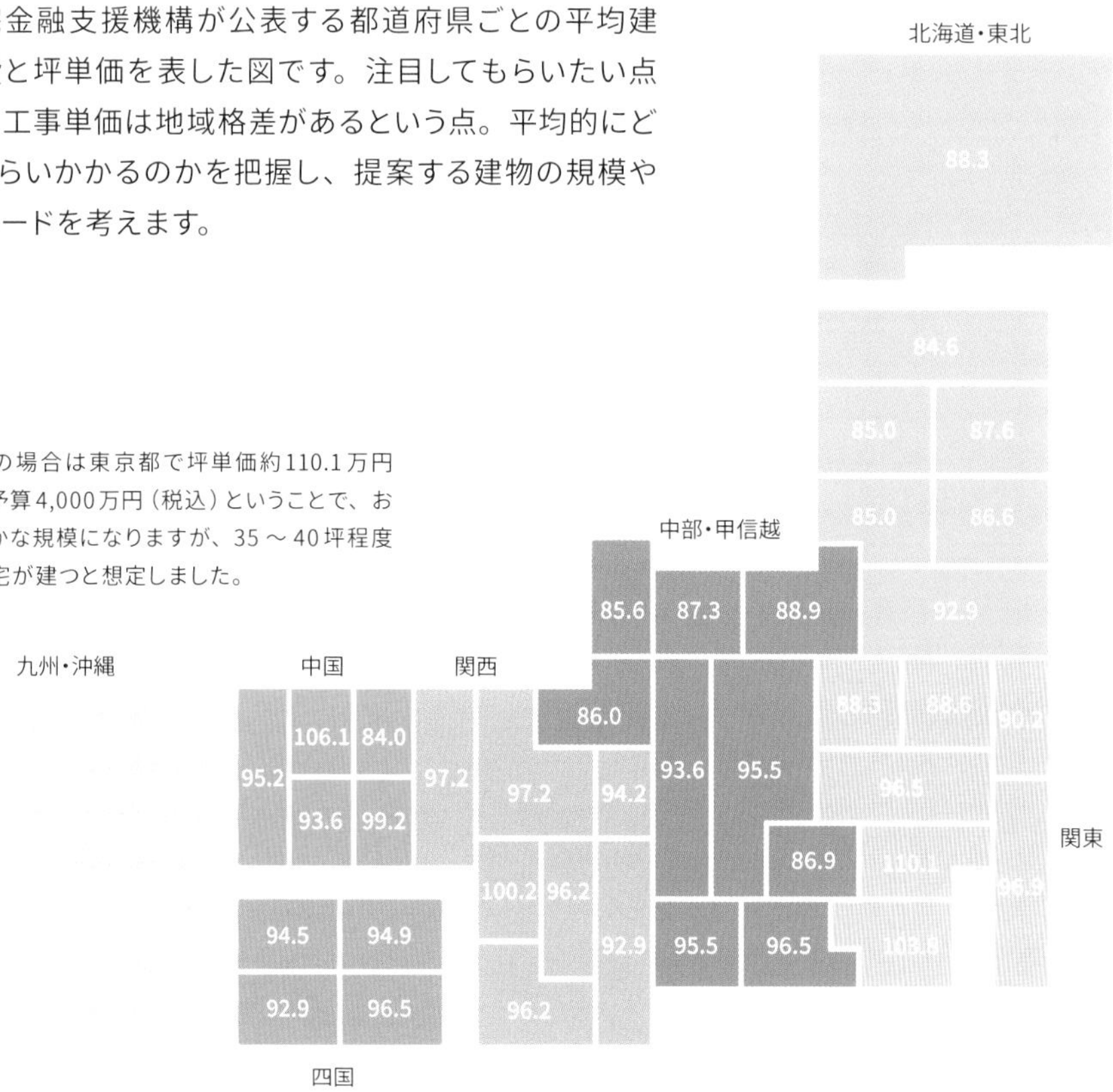

住宅支援機構「フラット35利用者調査」の2020年度注文住宅の調査結果をもとに作成。

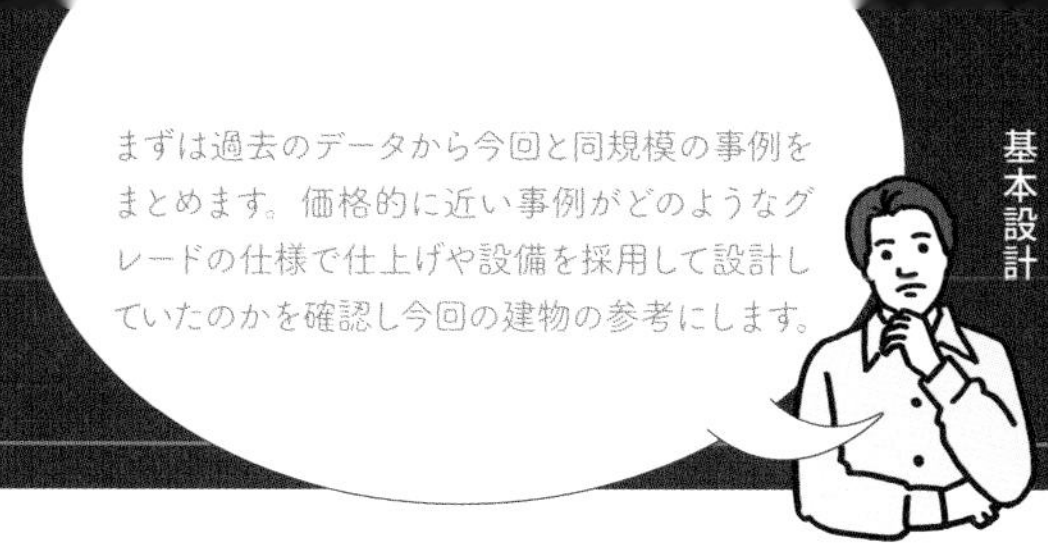
まずは過去のデータから今回と同規模の事例を
まとめます。価格的に近い事例がどのようなグ
レードの仕様で仕上げや設備を採用して設計し
ていたのかを確認し今回の建物の参考にします。

自分の物差しとなる資料を持っておく

過去に設計した建物とその時の予算を見ながら、今回の建物をどんな仕様・グレードで仕上げるのかを検討します。建てた時期や地域がそれぞれ異なり、施工した業者も違うので単純に比較はでませんが、過去の同規模の建物を参考に、今回の予算がその時より少なければ、造作家具を少なく設計しよう、キッチンのグレードを下げておこうなど計画を進める上で1つの目安になります。

見積比較表

単位：万円

項目／名称		N邸新築工事	T邸新築工事	U邸新築工事	O邸新築工事
建設地		山梨県都留市	長野県北佐久郡	山梨県 鳴沢村	東京都狛江市
構造		木造2階建	木造1階建	木造2階建	木造2階建
敷地面積㎡(坪)		260.96(78.94)	851.92(257.71)	704.66(213.16)	177.1(53.57)
建築面積㎡(坪)		76.18(23.04)	111.79(33.82)	92.60(28.01)	70.14(21.22)
延床面積㎡(坪)		143.92(43.54)	111.79(33.82)	118.52(35.85)	133.16(40.28)
坪単価(延床)		89.57	95.65	99.58	100.30
工事金額(税抜)		**3,900.00**	**3,234.93**	**3,570.00**	**4,040.00**
消費税(10%)		390.00	323.49	357.00	404.00
工事金額(税込)		4,290.00	3,558.42	3,927.00	4,444.00
A.　共通仮設工事					71.44
B.　建築工事		2,658.20	2,847.32	2,076.85	2,345.72
仮設工事	仮設工事	129.90	114.62	93.30	56.43
躯体工事	基礎工事	203.70	398.51	226.60	216.27
	鉄骨工事				37.00
	木工事	652.90	871.03	599.30	729.12
	大工手間				302.25
	組積工事				
	合計	856.60	1,269.54	825.90	1,284.64
外装工事	外装工事	292.80		84.90	75.74
	屋根工事	116.60		68.90	76.18
	防水工事	42.10	91.70	23.70	22.42
	板金工事				12.93
	金属工事			44.70	59.11
	タイル工事	15.20	108.41	52.80	30.23
	左官工事				
	その他工事				
	合計	466.70	200.11	275.00	276.61
内装工事	内装工事	397.70	16.20	245.25	57.15
	塗装工事	142.30	137.57	79.60	80.96
	その他工事				
	合計	540.00	153.77	324.85	138.11
建具工事	鋼製建具工事	91.30		65.10	139.08
	木製建具工事	141.90	359.19	198.60	61.60
	ガラス工事		274.88	180.80	42.78
	合計	233.20	634.07	444.50	243.46
その他工事	家具工事	390.30	263.76	36.60	338.55
	雑工事	41.50	211.45	76.70	7.92
	合計	431.80	475.21	113.30	346.47
C.　電気設備工事		206.70	109.94	211.50	212.20
D.　給排水衛生工事		564.30	437.00	380.95	343.76
E.　空気調和設備工事		124.60	70.00	119.10	138.02
F.　床暖房設備工事		139.60	211.11	207.10	37.05
G.　ガス設備工事				16.30	15.90
I.　その他					8.37
J.　外構工事			31.14	190.50	258.54
H.　諸経費		400.00	278.42	495.00	627.08
K.　値引		-193.40	-750.00	-127.30	-18.08

基礎にどのくらい予算がかかっているのかなど、躯体・軸組、屋根の板金、アルミサッシ、室内ドア、空調……と工事項目ごと金額をまとめてあります。建物のコスト感覚を養ううえでも役立ちます。

基礎工事は地盤が弱い場合も地盤改良費がかかるので高くなります。また、特に地域差があり、寒冷地では地面の凍結深度まで基礎を深くするので費用がかかる傾向があります。

設備は建物のグレードによって大きく価格が変わるところです。

ヒアリング ← 事前調査 ← 現地調査

建て主とのヒアリングの話題や敷地条件の課題など、設計条件を整理する中で生まれたアイデアはプレゼンで非常に強い説得力を持ちます。そのため、初期段階できちんと設計条件を整理したうえでプランの作成に入るとよいです。

いい計画はスケジュール管理をしてこそ

プレゼンの日付が決まったら、そこへ向けて初期プランを作成していきます。覚えておいてほしいのは、いくらいいプランでも、プレゼンの質がよくなければ、建て主に魅力を感じてもらえず、仕事を取るのは難しいということです。そこでプレゼンまでのスケジュールをたてて、プレゼンの完成度を高められるようにします。私は大きく「構想を練る」「案をつくる」「プレゼン準備」の3段階に分けて考えます。今回はプレゼンまで3週間あったので、上の表のように各週で分けて予定を立ててから初期プランに取りかかりました。

初期プランの作成は、諸条件を整理しながら進めていきます。まずは建て主へのヒアリングと敷地調査から、計画での課題と目標が何かを探します。それから予算計画からだいたいの建物規模を決定して間取りなどを考える作業になります。

多くの場合は「確保したい面積と限られた予算」「明るい空間とプライバシー

A案 1階リビング南側アプローチ案 → **B案**（省略）→ **C案** 2階リビング案

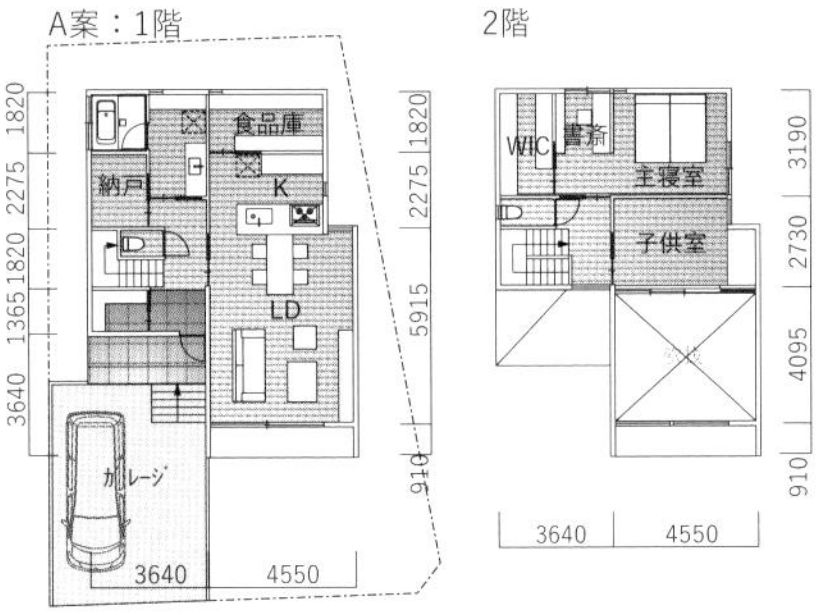

アプローチを南側道路から取るパターンとして検討。リビングと庭との関係はよいものの、2階寝室群が南に面しにくいため、アプローチを東側から取る案を考えることにしました。

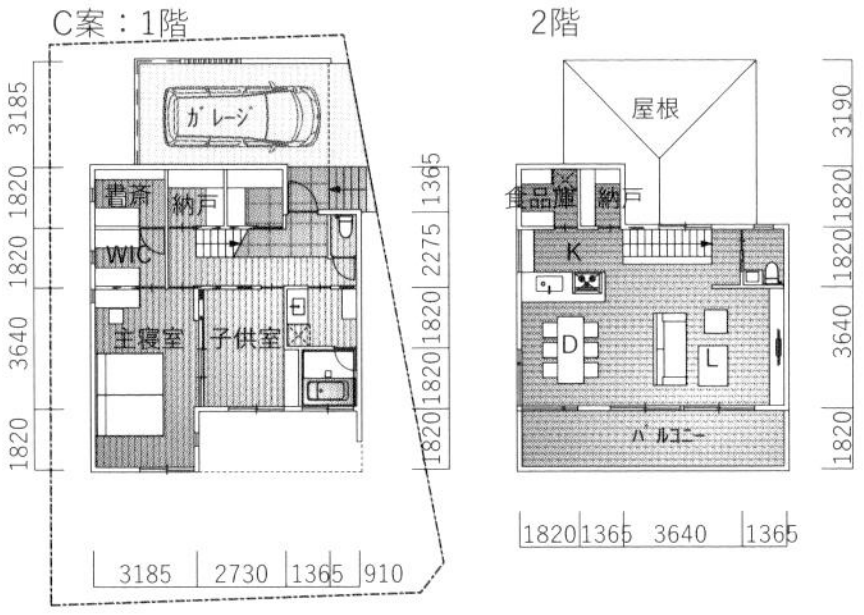

2階リビングは屋根に沿って勾配天井すれば高い天井を確保などのメリットを生かして計画。敷地に高低差があり、この計画だと既存駐車場部分は埋め戻しが必要になってしまいます。

D案 2階リビング・スキップフロア案

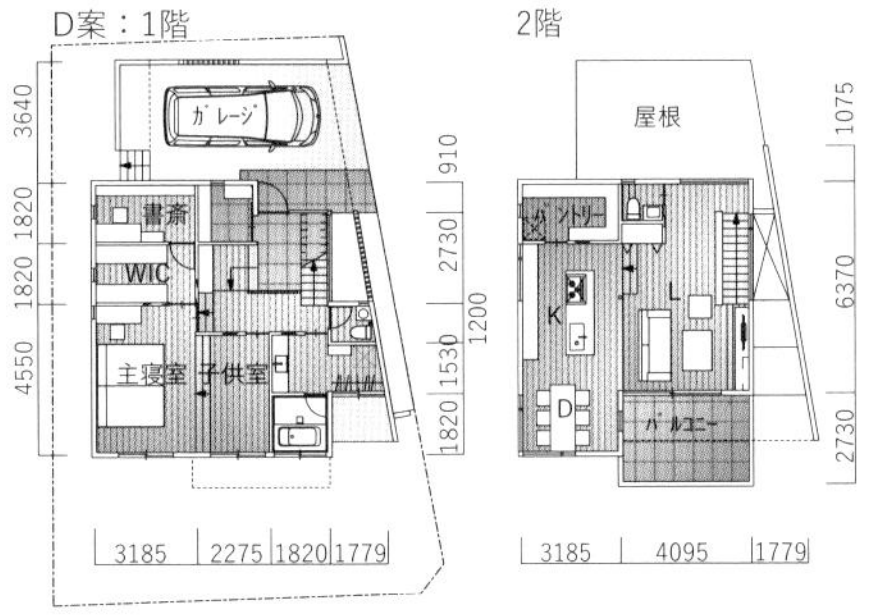

C案で課題だった敷地の高低差をスキップフロアで解消する案。空間的に変化が生まれ、課題だった高低差の処理が空間的な魅力に変わりました。地盤改良のコストが不要のこの案で進めることにしました。

予算計画

工事費	本体工事費	3,400万円
	外構工事費	200万円
	既存建物解体処分費	50万円
	消費税	365万円
	合計	4,015万円
設計料	設計料（13%）	475万円
	消費税	47万円
	合計	522万円
総合計		**4,537万円**

このほか、別途諸経費として、給排水引込み工事、植栽・造園工事、置き家具、カーテン、祭事費用、諸税関係等（登記・保険料など）、各種調査費用（敷地調査・地盤調査など）、各種申請費用（建築確認申請、住宅性能表示など）、住宅ローンに関する諸費用、収入印紙代などが掛かります。予算の10%ほどは掛かると考えておく必要があります。

プレゼンまでのスケジュールをたてる

ヒアリングからプラン提案までの時間をどのように使うのか、計画性が大切です。進め方は人それぞれですが、最後にどう相手に説明すると計画の魅力を伝えることができるのか、しっかりとプレゼンの準備を行えるようにスケジュールをたてるようにします。

第1段階

今回の場合、プレゼンまでは3週間あったので、1週目は課題を整理したり、方向性を決めたりと、構想を練る週としました。まずは建て主の予算と想定した規模などから、前項［34頁］の資料などをもとに予算の計画を立てました。設計料は10〜15%が一般的です。

第2段階

2週目は実際に手を動かしてプランを作成する週。集中して1日1案×4日で、合計4案をつくり、その中から最もよい案を選ぶことにしました。

第3段階

3週目はプランを決定し、プレゼンへ向けて各図面の精度をあげたり、模型やパースを作成したりと、仕事を取るために計画案の質を上げていきます。

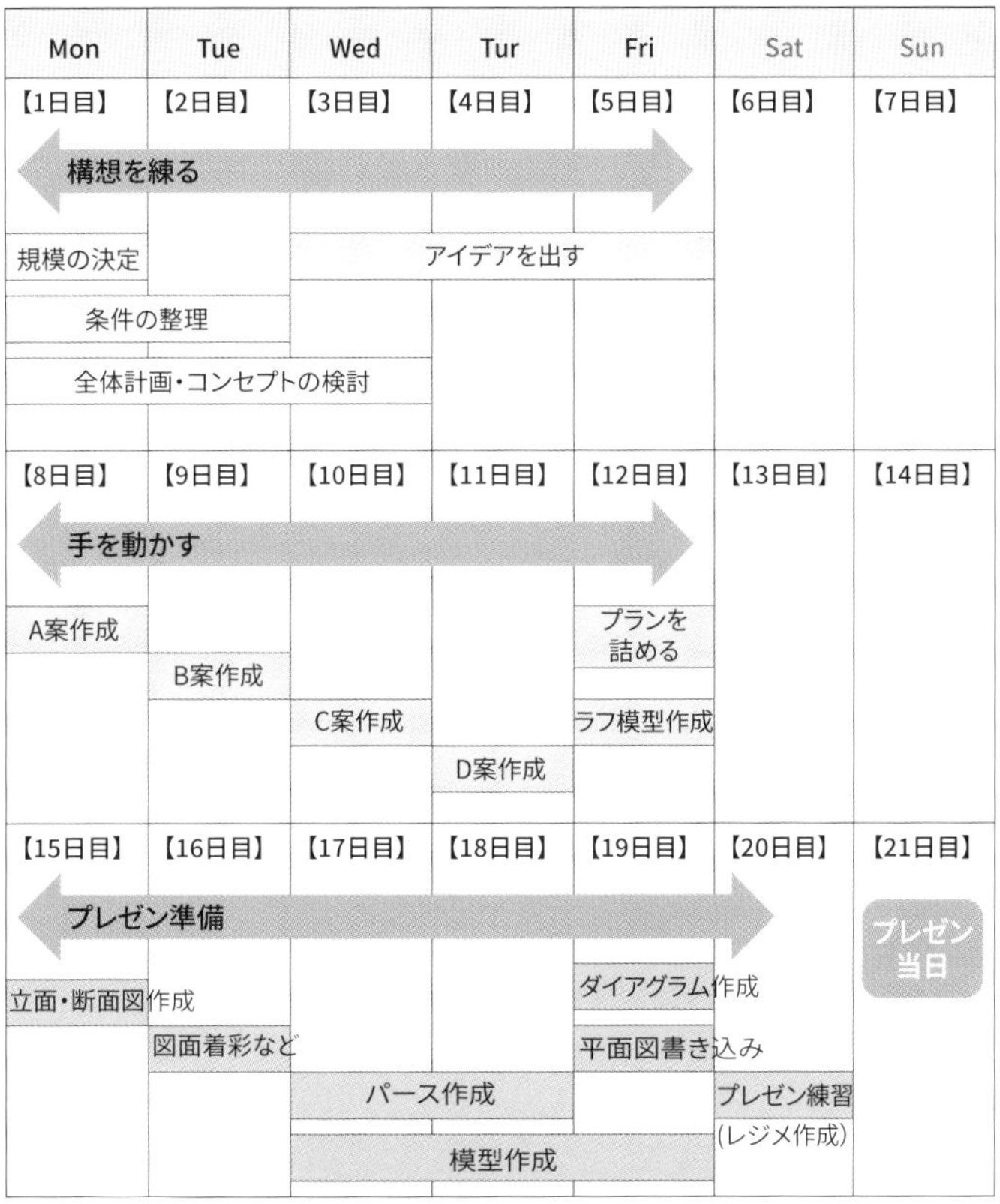
Mon
Tue
Wed
Tur
Fri
Sat
Sun
【1日目】【2日目】【3日目】【4日目】【5日目】【6日目】【7日目】
構想を練る
規模の決定
アイデアを出す
条件の整理
全体計画・コンセプトの検討
【8日目】【9日目】【10日目】【11日目】【12日目】【13日目】【14日目】
手を動かす
A案作成
B案作成
C案作成
D案作成
プランを詰める
ラフ模型作成
【15日目】【16日目】【17日目】【18日目】【19日目】【20日目】【21日目】
プレゼン準備
プレゼン当日
立面・断面図作成
図面着彩など
パース作成
模型作成
ダイアグラム作成
平面図書き込み
プレゼン練習
(レジメ作成)

の確保」など、矛盾を抱えています。設計者の役割は、これらを設計上の工夫で解決することではありますが、この計画での優先順位を整理し、取捨選択を提案することも求められます。ヒアリングで出てきた要望の中で、なにが最も重要な要望（価値観）なのかを探り、建て主に寄り添った視点と設計のプロとしての客観的な視点の2つの視点で判断していく必要があります。

今回の計画ではリビングを1階と2階のどちらにするのかが最初の大きな選択でした。奥様は庭での生活を夢見ている様子がうかがえるうえ、プランニング上も適度な広さの庭が取れそうでした。また、要望は1階リビングの生活を想定して整理をされていたことなどから、要望通り1階リビングとするのが自然の流れでした。しかし、近隣建物の窓の位置などから、プライバシーを確保しながら屋外と一体になった生活を提案した方がよいのではないか。さらに2階リビングとすると、天井高さが確保しやすくなり「明るく開放的な住まい」を求めている建て主のコンセプトに応えられると考え、思い切って2階リビングの案で提案することにしました。

いかに建て主の共感を得られるかが重要

プレゼンの秘訣は設計内容の素晴らしさを伝えることではなく、いかに建て主に計画内容について共感が得られるかが最も大切だと思います。3者の競合でしたが、提案に共感が得られ、受注ができました。

ヒアリング ← 事前調査

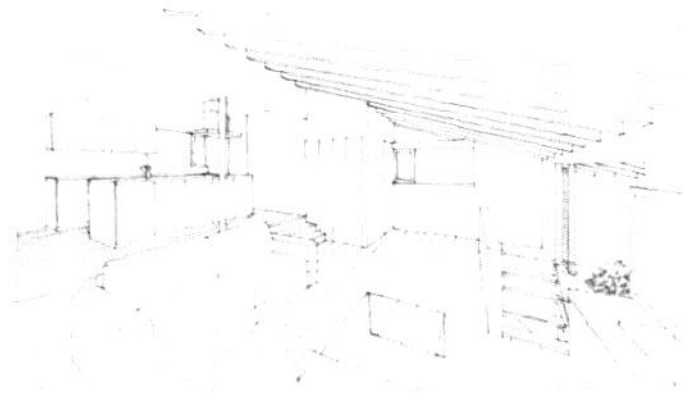

LDKや寝室、玄関など特に重要な部分は、平面図と同時にスケッチを使ってより暮らしがイメージしやすいようにしています。

建て主は1階LDKを想定していましたが、前面道路との関係で開放的な気持ちで過ごせるのか、また庭の植栽によってLDKが暗くなったりしないかといった懸念から、2階LDKを提案。バルコニーを大きくとって外とのつながりをつくることをプレゼンでは強調しました。

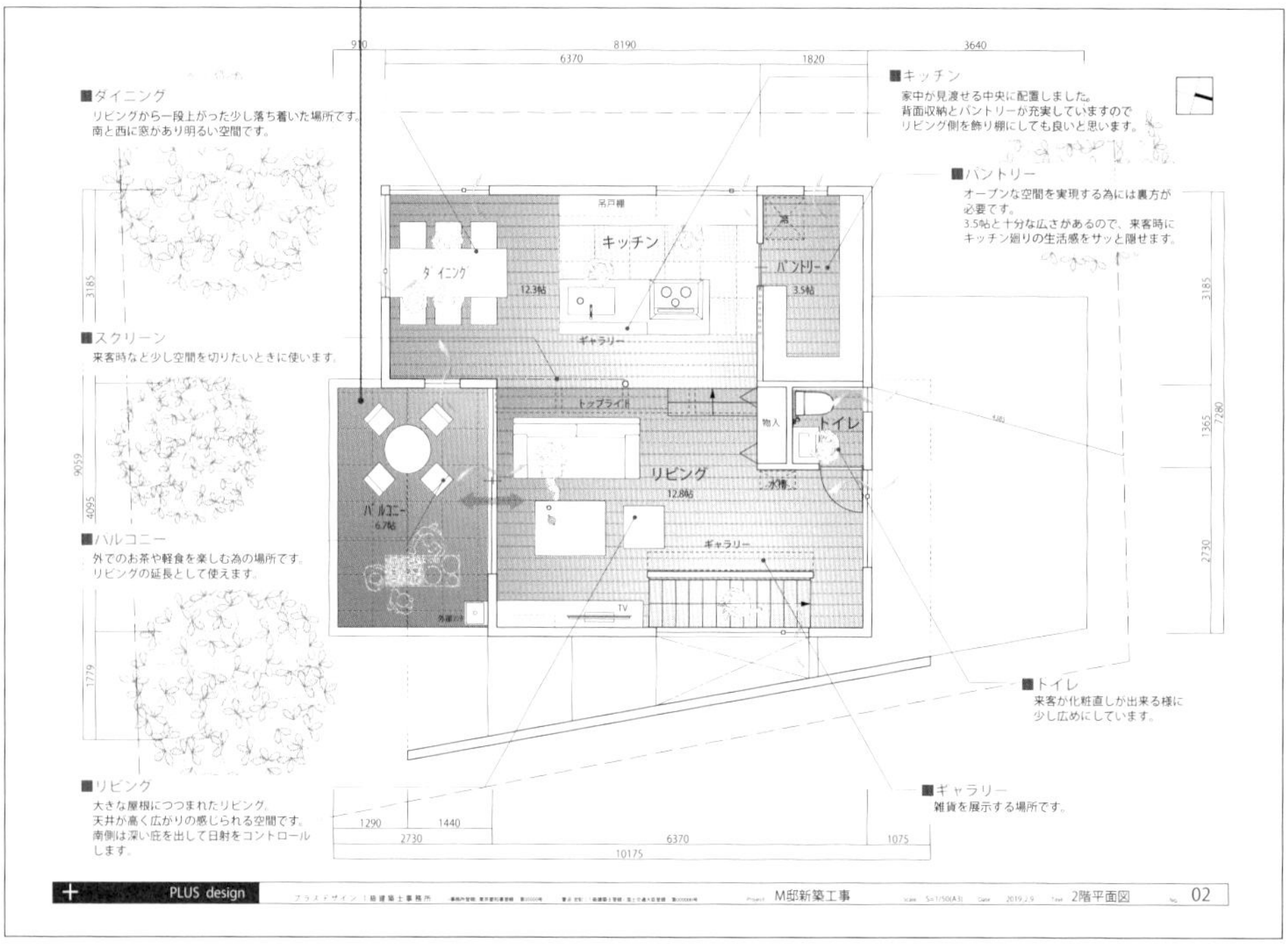

設計者が自分の主義主張やコンセプトを持って設計することも大切ですが、提案する計画に建て主が共感できるポイントがないと受け入れてはもらえません。プレゼンでは建物のデザインがよく、機能的で住みやすそうな家という説明で終わらないようにします。図面から伝わる生活の様子が自分に当てはまると感じてもらい、新しい生活に夢が持てるような提案をすることが重要です。

今回はヒアリングで「子供と一緒に楽しく過ごしたい」という建て主の思いを感じたので、料理をしながらリビングで遊ぶ子供の様子を見ることができる間取りとしたり、寝室で遊ぶ子供の絵を図面に書き込みしたり、子供と過ごす様子がイメージしやすいプレゼンとしました。また、実家の隣に住むことについて、両親・本人へどう配慮するかは特に要望にありませんでしたが、適度な距離を保てるように、建て主の暮らしを想像してこちらから提案しました。

プレゼンは平面図の見せ方がキモ

建て主は図面を見慣れているわけではありません。そのため、最も分かりやすい図面である平面図（間取り図）を通して、どんな暮らしが実現するのかを伝えていきます。着色で分かりやすく、またポイントを文章で入れて、リアリティを持ってこれからの生活を想像してもらえるようにすることが大切です。

図面の中の文章やプレゼンで話す言葉は、できる限り簡単で、理解しやすい言葉を選びます。

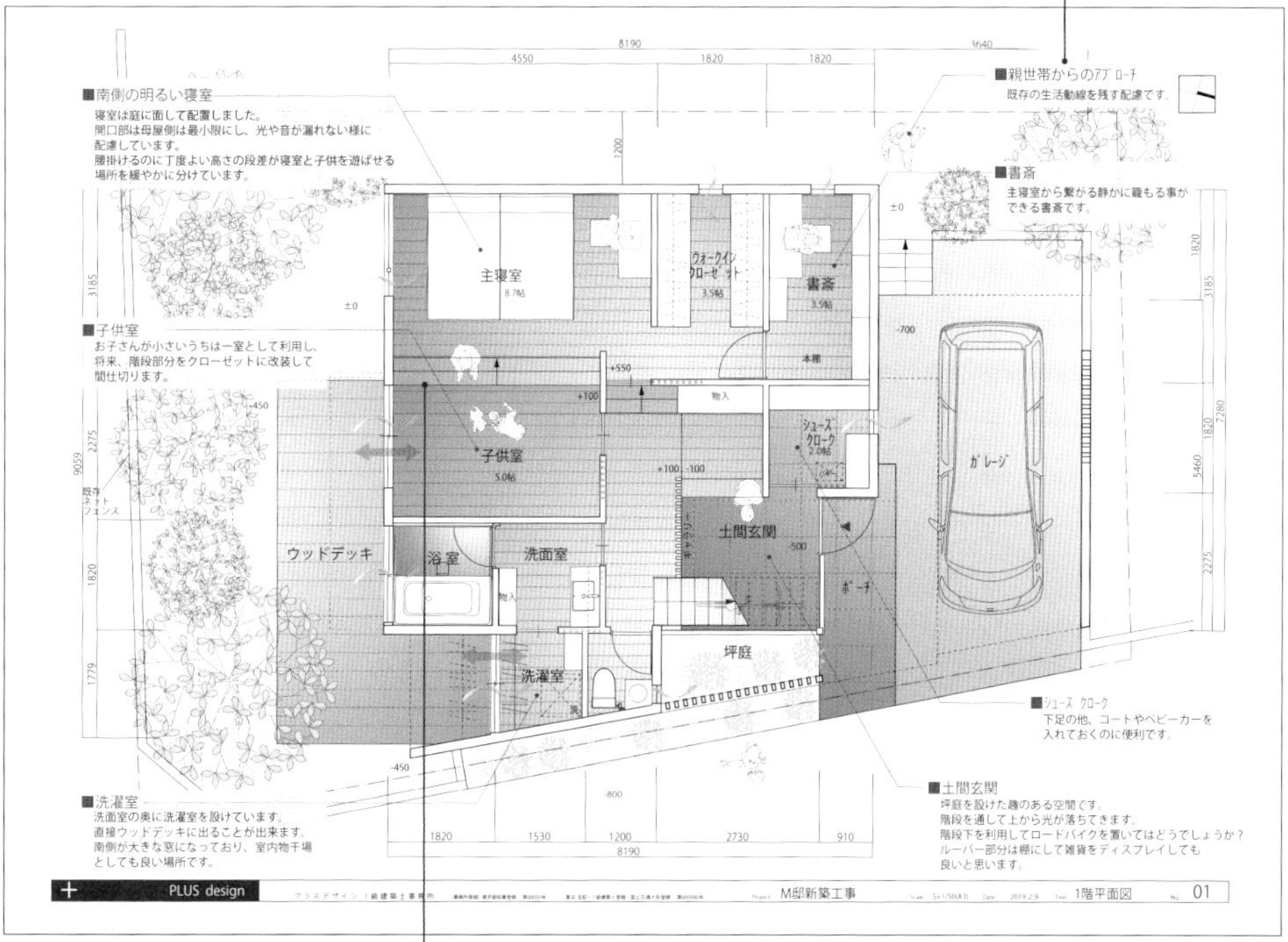

建て主が最も不安に考えていた道路との高低差については、スキップフロアとし、簡単なイメージ図を添えて建物の構成を伝えました。

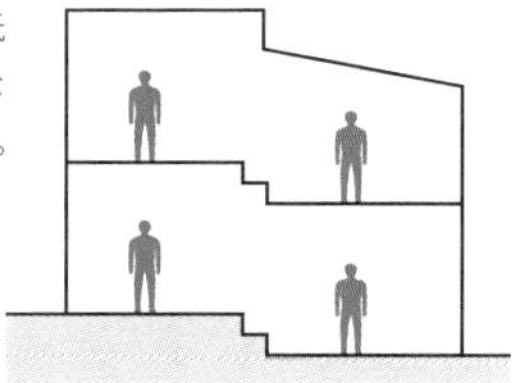

高低差については、これ以前に他社から盛土して敷地を平らにする案がだされ、その費用に700万円かかると言われていました。無駄なお金に感じていたようなので、高低差はうまく活用してスキップフロアにする提案に。無駄なお金を使うよりは、空間にお金を使った方がよいのではないかという提案をしました。

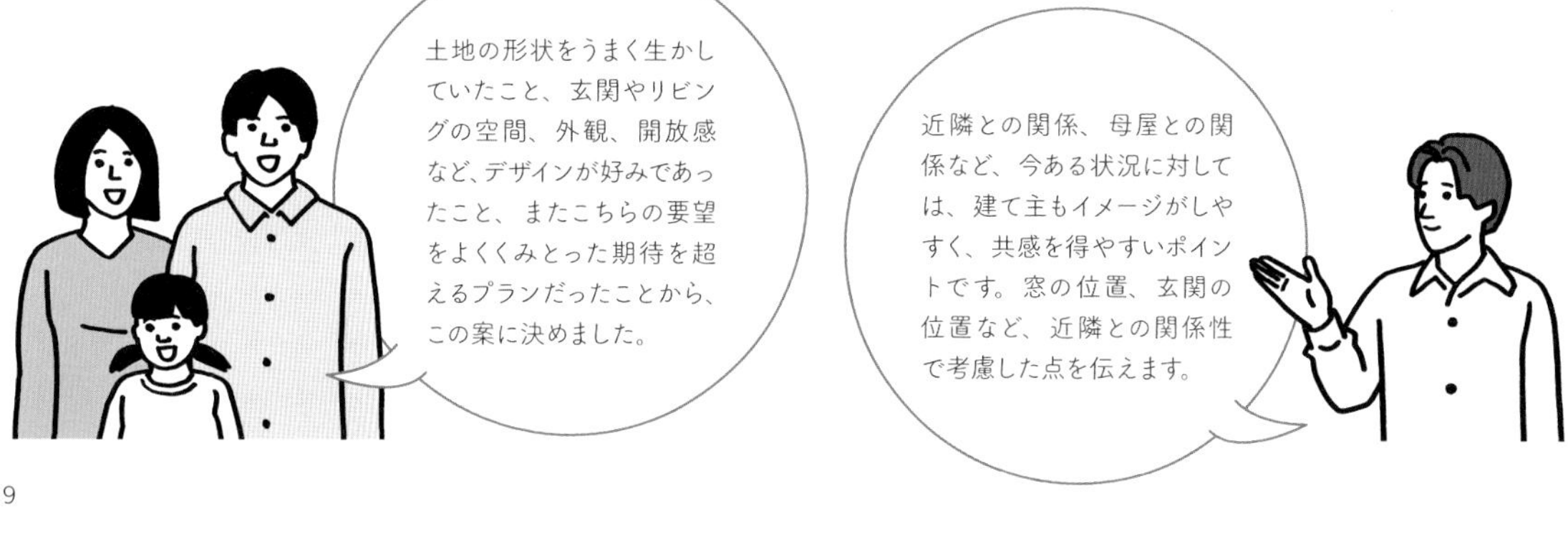

契約内容を建て主へしっかりと説明

設計契約で必要な書類

建築設計・監理業務委託契約書

設計と併せて工事監理業務も行うため、「監理業務委託」も含めた契約を結びます。広く使われている「四会連合協定 建築設計・監理等業務委託契約約款調査研究会」の契約書を参考につくるとよいでしょう。

重要事項説明書

設計契約では建築士による説明が必須です。建築士法で定められています。設計図書（図面）と実際の工事との照合方法や、工事監理報告書を提出し実施状況を報告すること、報酬額、設計業務の委託先などを記載します。契約解除問題が起きてしまった場合の対処方法についても、契約時に伝えておくことは両者にとって重要です。

工程表

今後の基本設計から実施設計や確認申請提出に至り、着工し竣工するまでの全体のスケジュールを記載した工程表です。

建築設計・監理業務委託契約約款

契約に定められているそれぞれの条項です。基本的には定型のものを使用しています。

設計事務所との家づくりでは、建て主は設計事務所との「建築設計・監理業務委託契約」（設計契約）と、施工者との「工事請負契約」の2つの契約を行うことになります。建て主と設計事務所は、基本設計前にお互いの権利や義務を明確にして、お互いの立場を守るために契約を結びます。今回もコンペが終わり、設計者として選ばれた段階で設計契約となりました。

設計契約前に設計者は「重要事項説明書」のほか、「契約書」「契約約款」「工程表」を準備します。契約では、設計者（建築士）から建て主へ書面を交付して、工事監理の方法や報酬支払時期など、契約内容における重要事項の説明をすることが建築士法で義務づけられています。①設計業務で作成する設計図書の種類、②工事監理の図面照合方法と報告の方法、③建築士や建築物の概要、④報酬と支払い時期、⑤契約がキャンセルになった場合の対応について説明します。

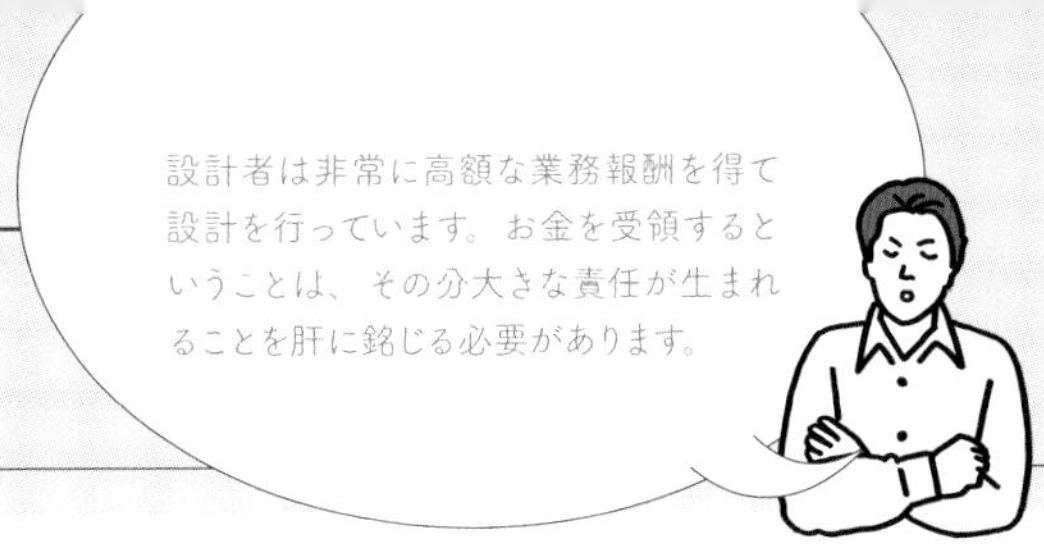

書面をもって説明する「重要事項説明」

重要事項説明では、書面に書かれたことは必ず伝えなければならない内容になるので、省略せずに説明し、不明な点がないかを確認しながら進めていきます。

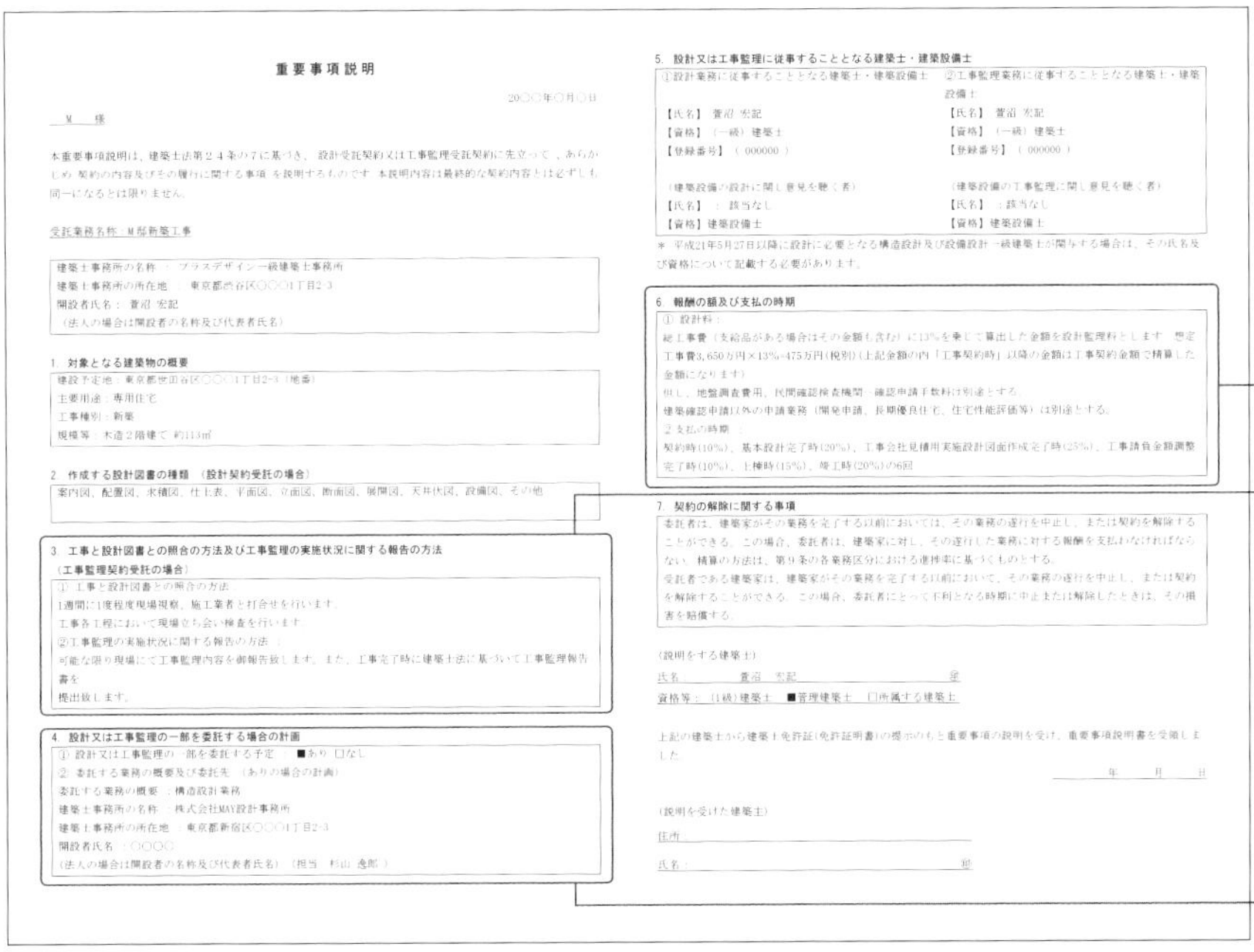

重要事項説明

20○○年○月○日

M　様

本重要事項説明は、建築士法第２４条の７に基づき、設計受託契約又は工事監理受託契約に先立って、あらかじめ 契約の内容及びその履行に関する事項 を説明するものです 本説明内容は最終的な契約内容とは必ずしも同一になるとは限りません。

受託業務名称：M邸新築工事

建築士事務所の名称　：　プラスデザイン一級建築士事務所
建築士事務所の所在地　：　東京都渋谷区○○○1丁目2-3
開設者氏名：　萱沼 宏記
（法人の場合は開設者の名称及び代表者氏名）

1. 対象となる建築物の概要
建設予定地：東京都世田谷区○○○1丁目2-3（地番）
主要用途：専用住宅
工事種別：新築
規模等：木造２階建て 約113㎡

2. 作成する設計図書の種類　（設計契約受託の場合）
案内図、配置図、求積図、仕上表、平面図、立面図、断面図、展開図、天井伏図、設備図、その他

3. 工事と設計図書との照合の方法及び工事監理の実施状況に関する報告の方法
（工事監理契約受託の場合）
① 工事と設計図書との照合の方法
1週間に1度程度現場視察、施工業者と打合せを行います。
工事各工程において現場立ち会い検査を行います。
②工事監理の実施状況に関する報告の方法　：
可能な限り現場にて工事監理内容を御報告致します。また、工事完了時に建築士法に基づいて工事監理報告書を
提出致します。

4. 設計又は工事監理の一部を委託する場合の計画
① 設計又は工事監理の一部を委託する予定　：　■あり　□なし
② 委託する業務の概要及び委託先　（ありの場合の計画）
委託する業務の概要　：構造設計業務
建築士事務所の名称　：株式会社MAY設計事務所
建築士事務所の所在地　：東京都新宿区○○○1丁目2-3
開設者氏名　：○○○○
（法人の場合は開設者の名称及び代表者氏名）（担当　杉山 逸郎）

5. 設計又は工事監理に従事することとなる建築士・建築設備士
①設計業務に従事することとなる建築士・建築設備士
【氏名】 萱沼 宏記
【資格】 （一級）建築士
【登録番号】 （ 000000 ）
（建築設備の設計に関し意見を聴く者）
【氏名】　：　該当なし
【資格】建築設備士

②工事監理業務に従事することとなる建築士・建築設備士
【氏名】 萱沼 宏記
【資格】 （一級）建築士
【登録番号】 （ 000000 ）
（建築設備の工事監理に関し意見を聴く者）
【氏名】　：該当なし
【資格】建築設備士

＊ 平成21年5月27日以降に設計に必要となる構造設計及び設備設計一級建築士が関与する場合は、その氏名及び資格について記載する必要があります。

6. 報酬の額及び支払の時期
① 設計料：
総工事費（支給品がある場合はその金額も含む）に13%を乗じて算出した金額を設計監理料とします 想定工事費3,650万円×13%=475万円（税別）（上記金額の内「工事契約時」以降の金額は工事契約金額で精算した金額になります）
但し、地盤調査費用、民間確認検査機関・確認申請手数料は別途とする。
建築確認申請以外の申請業務（開発申請、長期優良住宅、住宅性能評価等）は別途とする。
② 支払の時期　：
契約時(10%)、基本設計完了時(20%)、工事会社見積用実施設計図面作成完了時(25%)、工事請負金額調整完了時(10%)、上棟時(15%)、竣工時(20%)の6回

7. 契約の解除に関する事項
委託者は、建築家がその業務を完了する以前においては、その業務の遂行を中止し、または契約を解除することができる。この場合、委託者は、建築家に対し、その遂行した業務に対する報酬を支払わなければならない。精算の方法は、第９条の各業務区分における進捗率に基づくものとする。
受託者である建築家は、建築家がその業務を完了する以前において、その業務の遂行を中止し、または契約を解除することができる。この場合、委託者にとって不利となる時期に中止または解除したときは、その損害を賠償する。

（説明をする建築士）
氏名：　　萱沼　宏記　　㊞
資格等：（1級）建築士　■管理建築士　□所属する建築士

上記の建築士から建築士免許証（免許証明書）の提示のもと重要事項の説明を受け、重要事項説明書を受領しました。

年　　月　　日

（説明を受けた建築士）
住所：
氏名：　　㊞

報酬額（設計料）がいくらか、また進捗に応じて分割で支払う時期も伝えます。契約時の設計料は想定工事費の13%とし、実際の工事費が分かる施工業者との工事契約時に再度精算することも記載しています。

1週間に1回程度現場を視察し、施工業者と打合せを行うこと、各工程で現場の立ち合い検査を行うことなど工事監理について説明します。

再委託（外部に委託）する業務がある場合はその内容と再委託先がどこなのかを説明します。今回は構造計算を構造設計事務所に委託するため、構造計算事務所・構造設計者を記載しています。

設計料の算定の方法と支払い時期

報酬の額（設計料）は国土交通省告示15号による算定方式もありますが高額になってしまうため、工事費の10～15%程度としている設計事務所が多いようです。設計料は業務の進捗に応じて出来高払いで受領します。「設計契約時・工事契約時・引き渡し時」の3回の場合や、今回のようにより細かく6回に分ける場合もあります。

告示15号による

報酬(設計料) ＝ 直接人件費(P) ＋ 特別経費(R) ＋ 技術料(F) ＋ 諸経費(E)

工事費に対する割合による

報酬(設計料) ＝ 工事金額 × 10～15%

例：工事費(4000万円) × 設計料率(13%) = 報酬 520万円

建築面積に対する割合による

報酬(設計料) ＝ 床面積(坪) × 8～12万円

例：床面積(35坪) × 設計料率(12万円) = 報酬 420万円

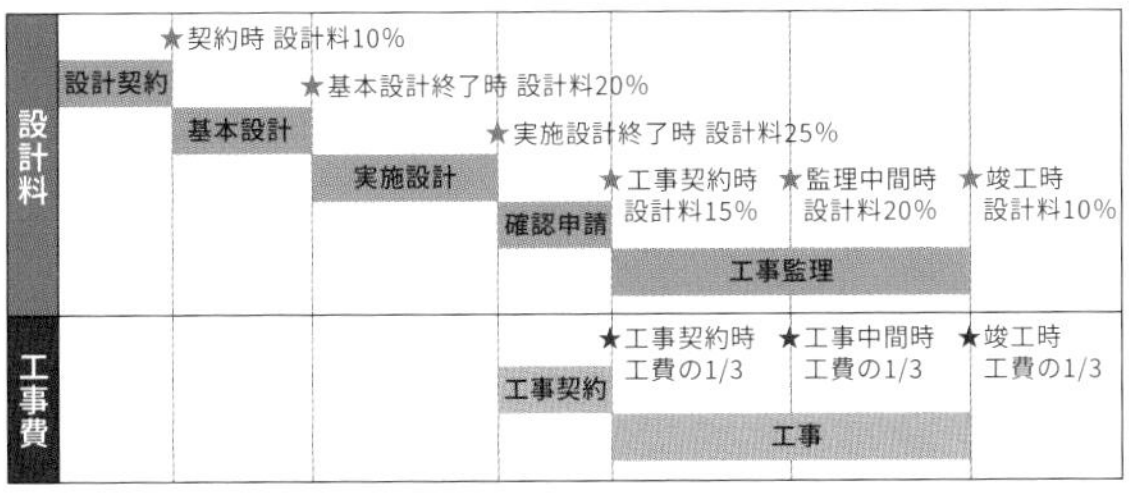

住宅の場合は工事費に対する割合で算出する場合が多いですが、設計業務であるコスト管理で工事金額を抑えれば抑えるほど設計料も下がるという矛盾があり、工事費によらず床面積に対する割合で算定している設計事務所もあります。

今回は10～25%の割合で右のように計6回に支払いを分けています。多くの場合、引き渡し時を設計料の支払いの最後とするので、工事契約以降は、建て主は支払い先が設計事務所と施工業者の2カ所に支払うことになります。

ヒアリング ← 事前調査 ← 現地調査 ← 初期プラン ←

基本設計では関係者とも事前に協議を行う

設計は「基本設計」と詳細な設計を行う「実施設計」の2段階で行います。基本設計では計画の間取りや外観、仕様など決めて概算見積もりを取ります。予算的な裏付けが取れたら詳細な設計を行う実施設計に入っていく流れになります。

基本設計ではプレゼン段階では詰めれていなかった計画内容について打合せを行い、打合せの中で建て主の要望をさらに整理し、プランを詰めていきます。設計者は図面以外にも模型やパースなども作成し、道路からの建物の見え方や室内への日射の入り方なども検討します。

また、建て主とだけではなく、構造設計者、施工業者、行政などとも打合せを行い、計画の実現の準備をしていかなければなりません。設計契約時に提出した工程表のとおり、スムーズに着工・竣工まで進めるには事前に懸念事項などを洗い出し、早めに対処しておくことが重要です。

実施設計・着工へ向けての打合せ

基本設計の打合せは1〜2週間に1度程度の頻度で行って行きます。基本設計期間は建て主によって異なりますが、3カ月程で設計をまとめます。ある程度内容が固まった段階で、構造設計者や施工者とも打合せを行います。

建て主

コンペ時には伝えきれなかった細かい要望やその優先順位などを整理してもらいます。また、家具や家電、その他新居に持ち込む物リストの作成も依頼します。

設計者

打合せをもとに間取りの調整や窓・天井の高さなど細かい寸法やデザインを行います。また快適性や住みやすさを考えて、仕様を検討します。

構造設計者

壁量や梁せいなど、計画の根本的な変更が生じる可能性のある部分や、その他に課題がないかについて早い段階で確認しておきます。

施工者

工事費が予算からオーバーしないか、概算見積を依頼して確認します。また工期がどれくらいかかりそうかも打合せをしておきます。

行政・確認検査機関など

必要な届け出について、詳細や提出期限などを確認しておきます。計画の内容が地区計画や法的に問題ないかなど、不安な部分を解消しておくとよいです。

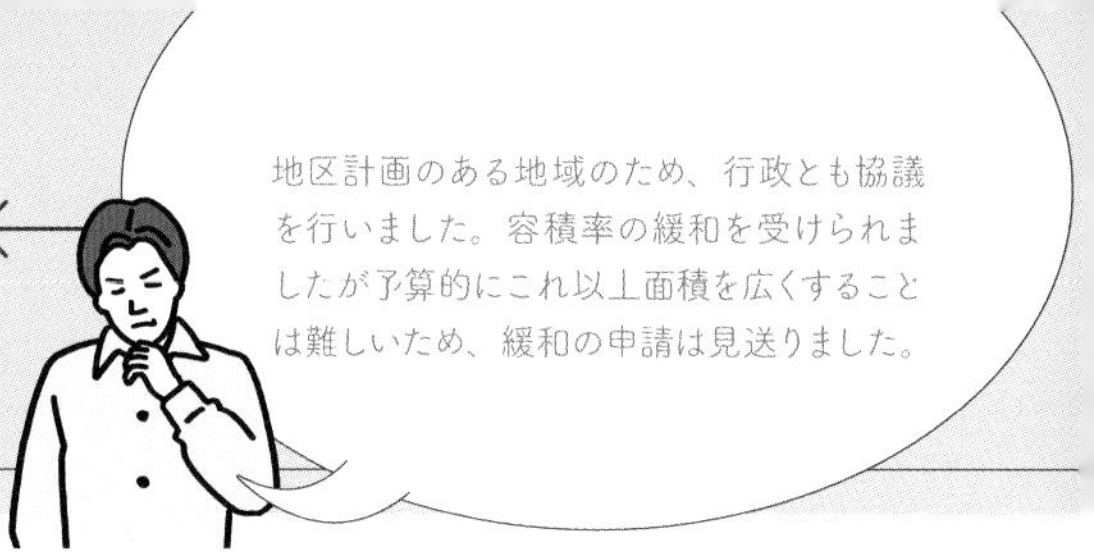
地区計画のある地域のため、行政とも協議を行いました。容積率の緩和を受けられましたが予算的にこれ以上面積を広くすることは難しいため、緩和の申請は見送りました。

確認検査機関との協議

確認検査機関には計画の概要が固まった段階で、延焼のおそれのある範囲について確認しました。その他、建物の軒高として見られる構造部材の位置を確認し、日影規制にかからないように、打合せを行いしました。

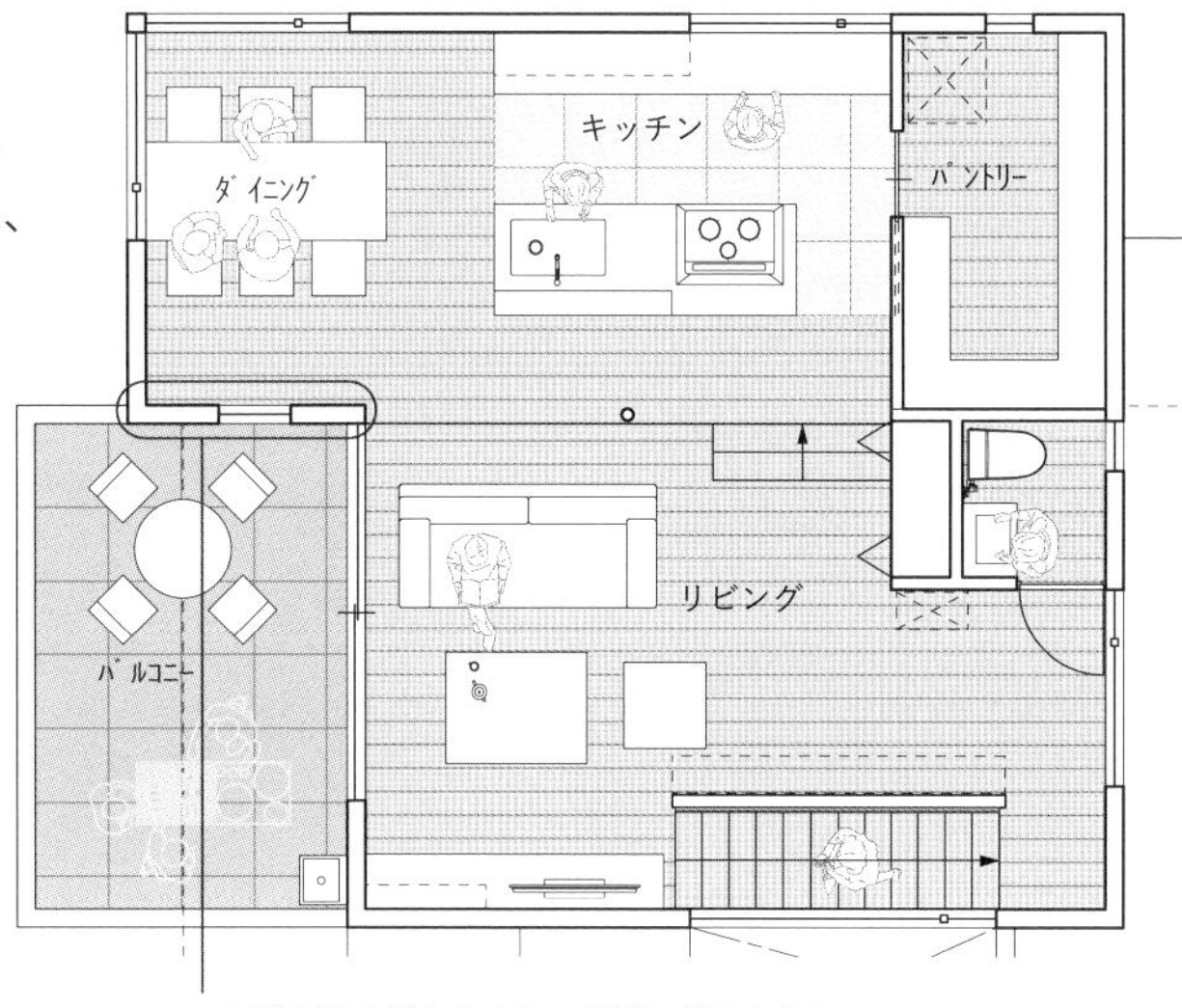
キッチン
ダイニング
パントリー
リビング
バルコニー

延焼のおそれのある部分（基準法2条6号）の範囲内の開口部は防火設備にしなければなりませんが、防火設備のアルミサッシが製作できる大きさに制限があります。リビングの大きな窓が防火壁の緩和を使って、延焼のおそれのある範囲にかからないかを確認しました。

この壁を防火壁とみなし、リビングの大きな窓は防火設備としなくてよいことを確認

構造事務所（構造設計者）との打合せ

構造事務所とは、床をスキップフロアとしたため、その部分が1フロアとしてみなせるのかと壁量の考え方を打合せしました。その他、跳ね出し（片持ち）部分の梁せいや軸組の組み方などについてもアドバイスをもらいながら設計を詰めていきました。

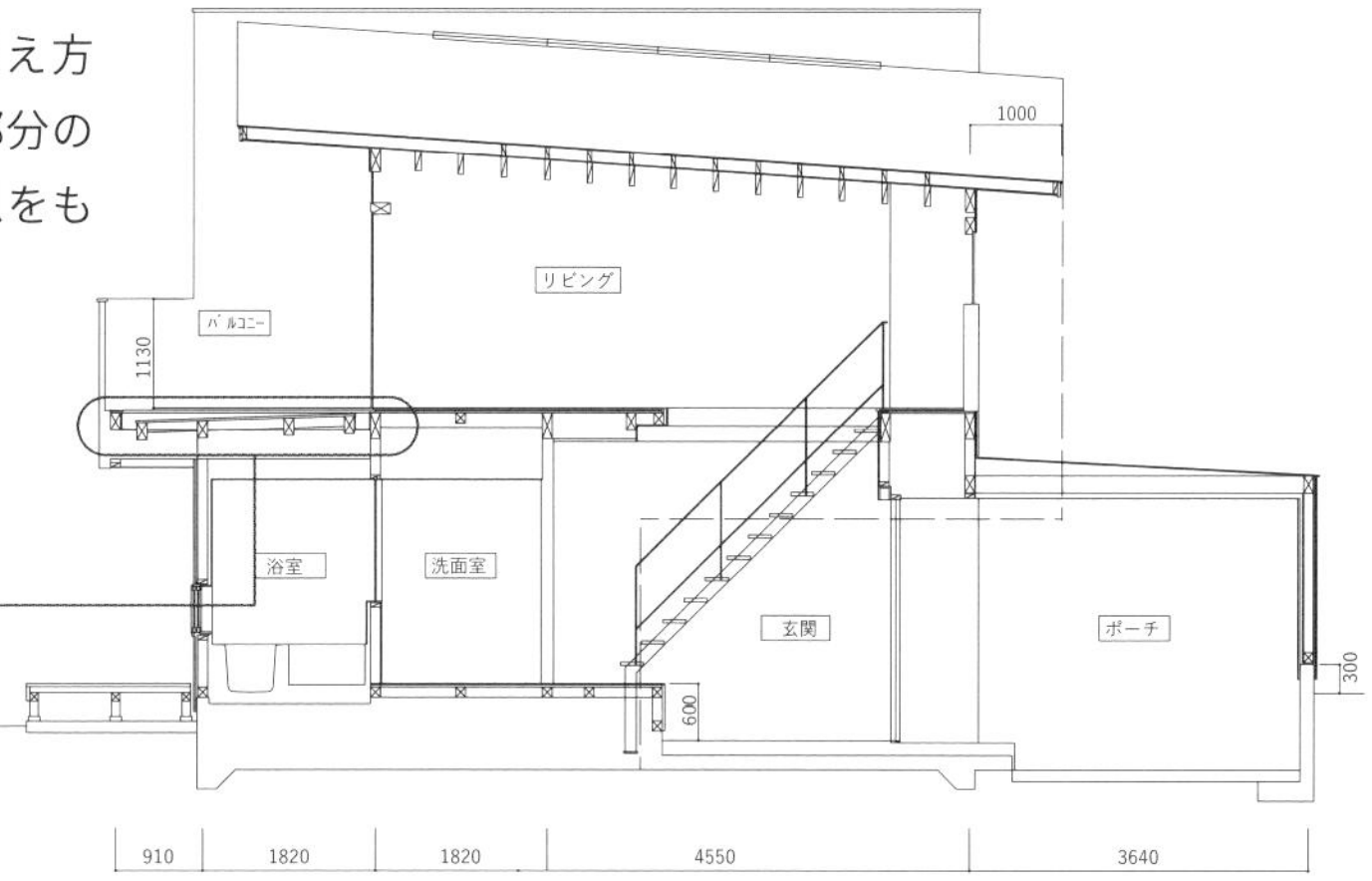
1000
リビング
バルコニー
1130
浴室
洗面室
玄関
ポーチ
600
300
910
1820
1820
4550
3640

木造の片持ちとなるバルコニー部分の梁は、木のクリープを考慮して910㎜の跳ね出しに対して、梁せい300㎜、のみ込み長さ1820㎜とすることに。下階の天井高など全体の計画にも関わるため、事前に検討しておきます。

施工者との打合せ

施工業者にはコンペ案作成時にも、予算内で実現可能か確認してもらいましたが、計画がまとまった段階で概算見積もりを依頼し、工事費が予算に納まるかの裏取りを行いました。今回は予算を超える概算見積りとなったため、仕上げのグレードなどを上げないようにしながら設計を進めることになりました。

施工者には概算見積図として案内図・平面図・立面図・断面図のほか、内部・外部仕上げ表や設備器具リスト、建具表を渡して概算見積を出してもらいました。

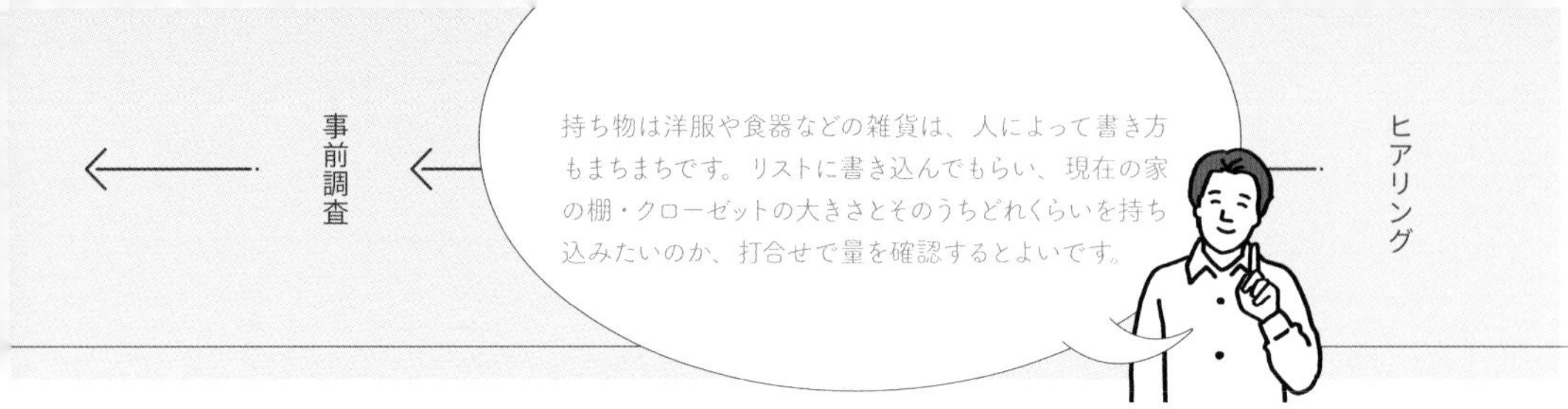
ヒアリング
持ち物は洋服や食器などの雑貨は、人によって書き方もまちまちです。リストに書き込んでもらい、現在の家の棚・クローゼットの大きさとそのうちどれくらいを持ち込みたいのか、打合せで量を確認するとよいです。
事前調査

細かい要望まで整理して計画をまとめる

ガスコンロの位置はシンク並んでアイランド側（対面側）にするか、後ろの壁側にするかを検討しました。アイランド側にあると匂いが部屋中に広がる懸念があること、レンジフードが部屋の中央にあり、視界が遮られることから、外壁側にガスコンロを移動しました。

2階で家事の合間にパソコンなどのちょっとした作業もしたいという要望から、リビングの収納の一部を作業スペースにできないか検討しました。

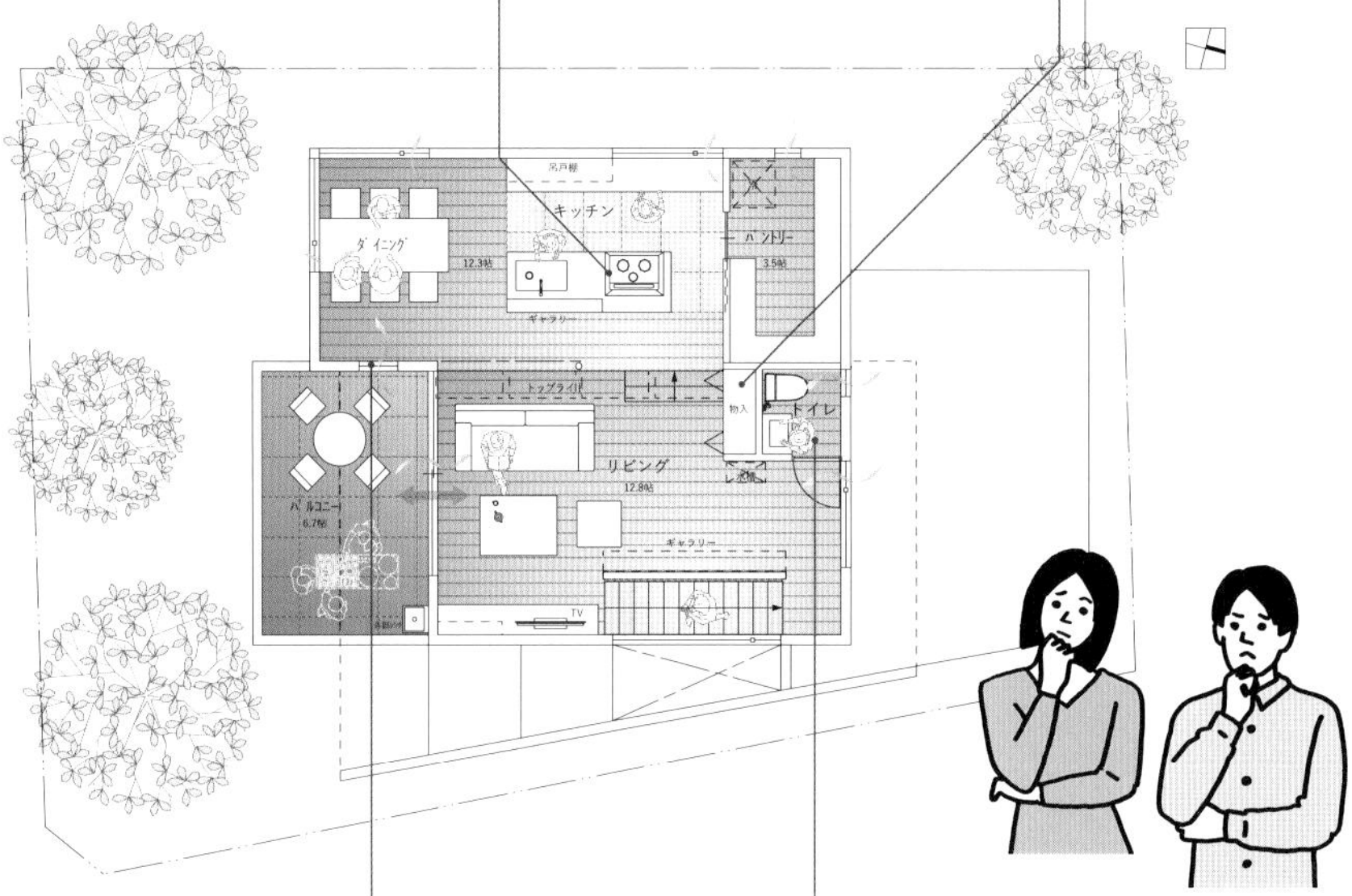
吊戸棚
キッチン
パントリー
3.5帖
ダイニング
12.3帖
ギャラリー
トップライト
物入
トイレ
リビング
12.8帖
バルコニー
6.7帖
ギャラリー
TV

ダイニング側からバルコニーに出られる開口部がほしいという要望があったので出入口となるドアをつける案を作成しました。ダイニングとバルコニーには高低差があるため、階段を設ける必要があり、邪魔になるためダイニングからの出入口はなしとなりました。

2階トイレはリビングに面していることから、においや音、トイレで落ち着けるかなど、リビングとの関係を建て主は気にしていました。そのため、ドアや手洗いの位置を変えて、いくつかのパターンを検討しました。

基本設計では、建て主が計画案で気になっているところや、もう少し検討したいことなどを打合せで聞きだし、それに対して検討し、いくつかの案を出しながら詳細を決めていきます。また、ヒアリングでは聞き出せなかった、仕上げや性能についてなど、より細かい要望も聞き出して計画に反映させます。そのためには何度も打合せが必要になります。

打合せをするうえでは、建て主が設計の内容を正しく理解できるように、細かい部分まで説明を行い、それぞれのメリット・デメリットなども理解していることを確認しながら進めることが重要です。

また、建て主には新しい住まいに持ち込む荷物リストの作成を依頼します。家具や家電、食器や本や洋服の量など、できる限り細かく整理して書き出してもらい、持ち込む物をどこに置くのかということはもちろん、家具のサイズによっては搬入ルートを検討します。

気になる項目を洗い出して打合せ

コンペで提出した計画案の課題や問題点を洗い出しながら、一つ一つ詳細を検討し、打合せにより決めていきます。

主寝室の窓は家具などの配置のしやすさから腰窓を提案していましたが、寝室をもっと明るくしたいという建て主の要望から、掃き出し窓に変更することになりました。

洗面室の化粧台の位置は、動線を優先した配置していましたが、洗面室で化粧をしたいため、もっと広い洗面台がほしいという建て主の要望から、洗面台を長くできる配置に変更しました。

門扉をつけていませんでしたが、防犯の点から建て主としては門扉をつけたいということになり、門扉を追加することになりました。

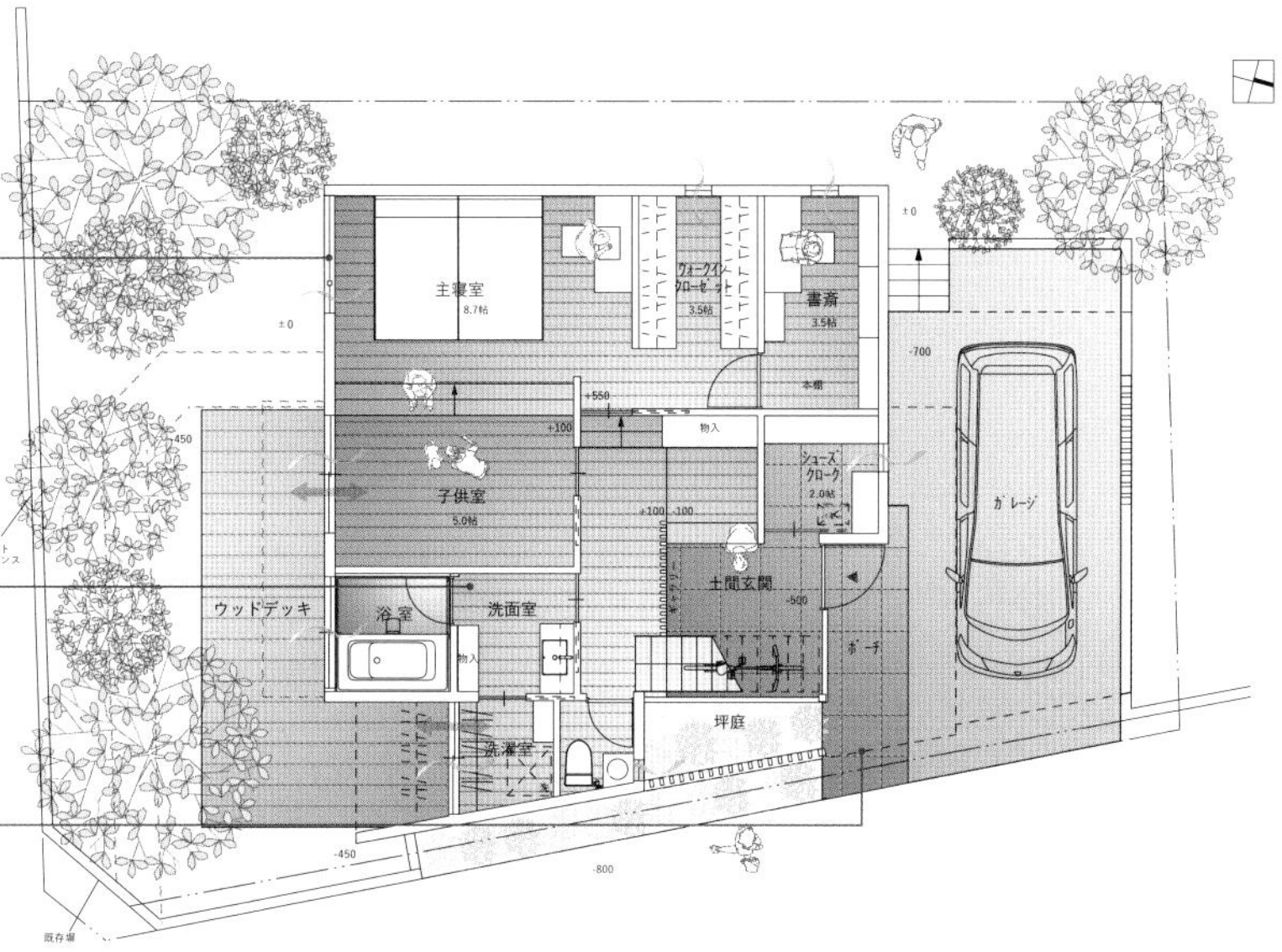

持ち込むものはリストにすべて書き込んでもらう

持ち物	置く部屋	数量	サイズ(幅×奥行×高さ㎜)
テレビ1	仕事部屋	1	430×300×250
テレビ2	リビングor寝室	1	1100×80×630
録画機1	仕事部屋	1	430×350×80
録画機2	リビング	1	430×350×80
オーディオ	リビング	1	430×300×250
スピーカー	リビング	2	1個あたり 160×250×300
水槽	リビング	1	610×310×1330
扇風機		1	400×400×900
自転車ハンガー		1	1500×500×2200
自転車工具入れ		1	340×420×640
本1(本棚)		1	700×300×1720
本2(並べて1段)		1	幅3000
文房具棚		1	300×420×1000
雛人形		3	770×500×370
旅行トランク		2	430×240×700
服(衣装ケース)		10	380×530×280
ベビーカー		1	470×850×1000
キッチン用品		別途	

持ち物リストは、冷蔵庫やベッド、洋服など誰もが持っているもの以外に、置き場を考える必要のある建て主ならではの持ち物などが判明することもあります。衣類や本が大量にあれば、クローゼットや本棚にすべて入れられるのかも確認します。

家電はコンセントの位置にも関わるため、漏れなく確認します。

持ち物リストから趣味で水槽を持っていることが判明。大きさや重さ、コンセントなど特別な設備がいるのかを確認し、置き場所を建て主とともに検討しました。

本は趣味で読むものなのか、それとも仕事のときに使うものなのか、それによって置き場が変わってくるため、使用するシチュエーションを聞いておきます。

マットレスを持ち込む場合、解体できないため、特にキングサイズなど、大きなベッドは搬入経路に要注意です。

キッチンは3つの案を提案しましたが、結局、使い勝手やデザイン、各スペースのつながりなどを考慮して、当初からの案（コンペ時の案）のままとなりました。検討することで、現在の案の良い点が見えてくることもあるのです。

基本設計時にすべての不安を取り除く

トイレの配置を検討

建て主が特に気にしていたトイレの配置は、トイレと洗面室の間に壁を設けて独立した洗面手洗いをする案と、トイレの前に段差を設ける案の2つを提案しました。

A案：独立洗面手洗い

建物の規模的にリビングとトイレを離すことはできません。そこでトイレと手洗いを分けることを提案しました。トイレを出てからリビングまでワンクッションあるので感覚的な距離が生まれるこの案を採用することになりました。

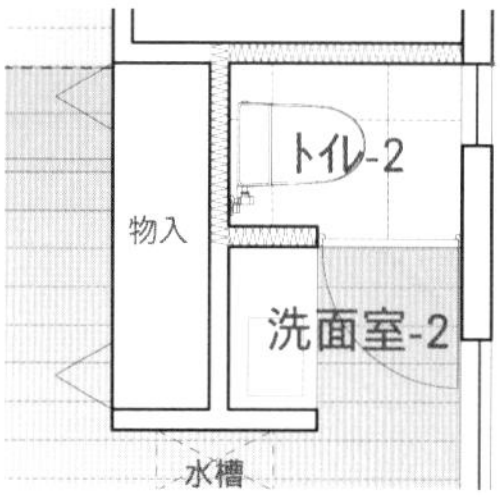

物入
トイレ-2
洗面室-2
水槽

B案：トイレ前の段差

リビングとトイレとの距離をつくるため、トイレの床の高さを半階下げてスキップフロアにすることを提案しました。しかし、実用的には段差を設けるよりも、同じ高さのほうが使いやすいため、不採用になりました。

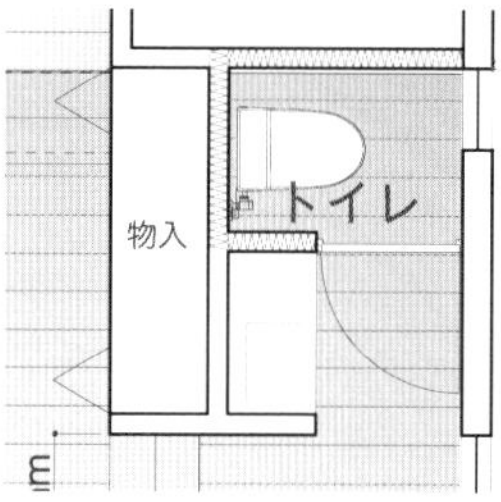

物入
トイレ

キッチンのレイアウトを検討

キッチンとリビング・ダイニングの関係は建て主も関心の高いポイントでした。ダイニングとパントリーを含むキッチンのレイアウトは、動線やリビングとの繋がりや見え方の異なる3つの案を提案しました。

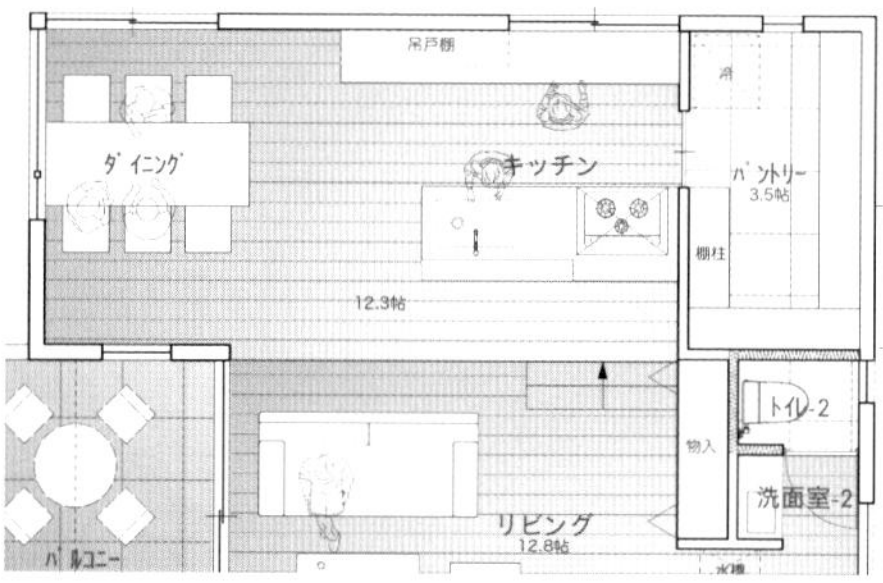

吊戸棚
ダイニング
キッチン
パントリー
3.5帖
棚柱
12.3帖
トイレ-2
物入
洗面室-2
リビング
12.8帖
バルコニー

A案：ペニンシュラタイプ

ダイニングスペースを広く確保するため、ペニンシュラキッチンとし、キッチンから連続したパントリーを設けました。広いダイニングが確保できる一方でリビングからパントリーへの動線が遠くなるので不採用になりました。

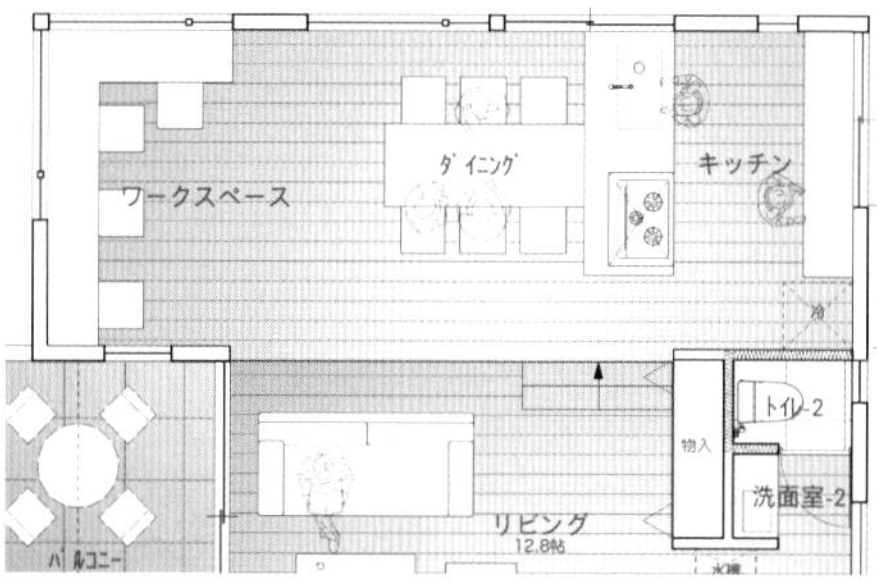

ワークスペース
ダイニング
キッチン
トイレ-2
物入
洗面室-2
リビング
12.8帖
バルコニー

B案：ワークスペースタイプ

パントリーを中止して窓に向かったワークスペースを設けました。ヒアリングの中で子供の学習スペースを確保したいという話があり、それが実現できる案でしたが、収納したい物の量が減らせないため、不採用になりました。

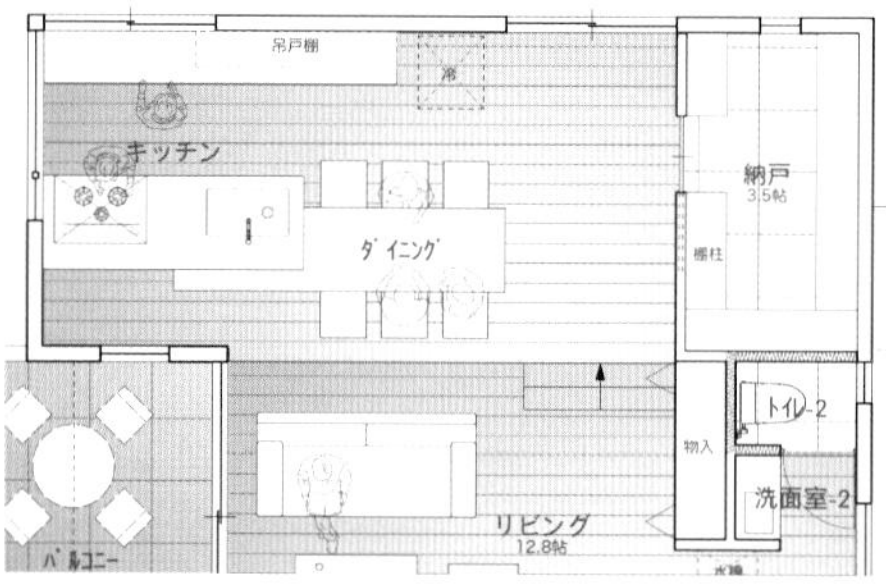

吊戸棚
キッチン
ダイニング
納戸
3.5帖
棚柱
トイレ-2
物入
洗面室-2
リビング
12.8帖
バルコニー

C案：南側キッチンタイプ

キッチンを南側に配置し、リビングからダイニングへの動線がスムーズになり空間的な連続間が生まれる案です。パントリーがキッチンから遠くなり納戸的な収納スペースになるため、キッチンと連続的に使えるパントリーの方がよいということで不採用になりました。

階段の手すりの仕様を検討

リビングに面する階段の手すりは、リビングに面するギャラリーとして提案していましたが、具体的な使い方や、坪庭とリビングの関係などを検討していく中で最終的にはギャラリーを中止し、ガラスの手摺りにすることで視覚的なつながりも優先しました。

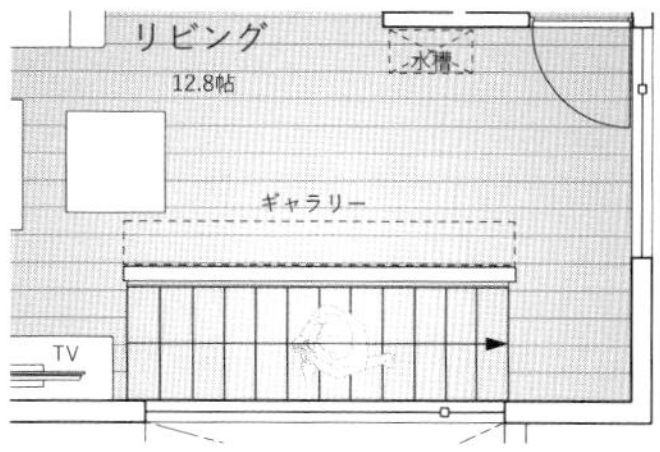

A案：ショーケース

階段の手すりと同じ高さにショーケースを設置する案です。坪庭が見えなくなるため採用されませんでした。

B案：腰壁

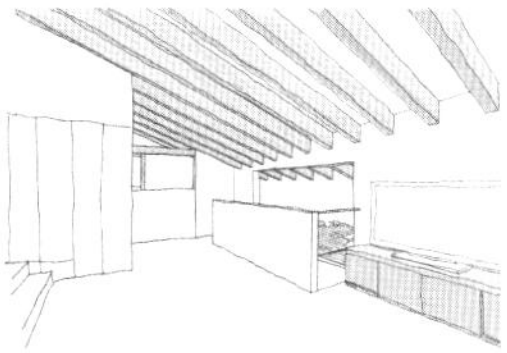

腰壁を設置し、リビングと階段部分をしっかり区切る案です。A案と同じく坪庭が見えなくなるため不採用になりました。

C案：本棚

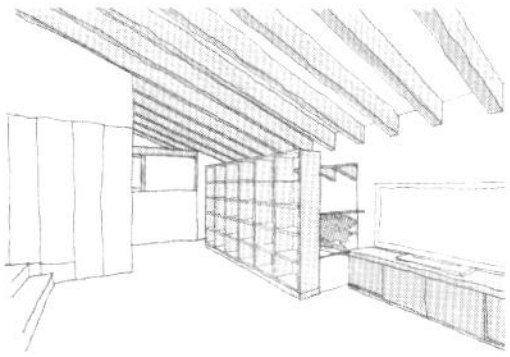

高さのある本棚を設置する案です。実用性はありますが、視覚的な広がりはほしいので、背板を入れないデザインにすると本は収納しにくく、小物を飾ることがメインになりそうなので、不採用になりました。

D案：ガラス手すり

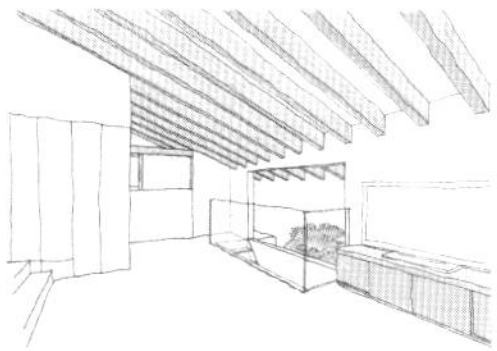

ギャラリーをやめて、ガラスの手すりにする案です。リビングから坪庭見え広がりが感じられるのでこの案を採用することになりました。平面図では判断しにくい場合は、スケッチなどを作成し検討するとよいです。

1階の書斎のレイアウトを検討

当初ご主人の専用の書斎としていましたが、収納量を増やしたいことから、夫婦兼用の書斎でもよいのではないかという議論になり、ご主人の使う書斎と奥様の使うワークルームという分け方で、複数の案を作成しました。

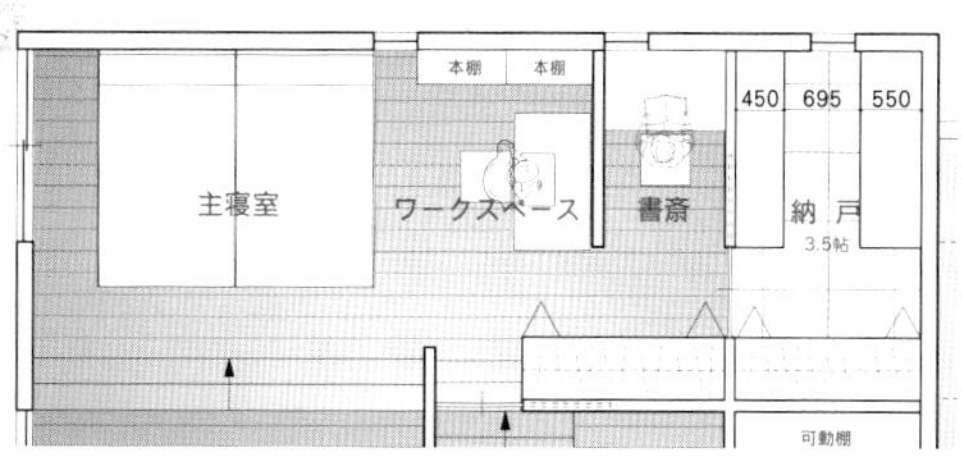

A案

ワークルームと寝室は同じ空間に、書斎は隣に個室とした案です。書斎の個室感を残す提案でしたが、空間的な魅力が乏しいことから不採用になりました。

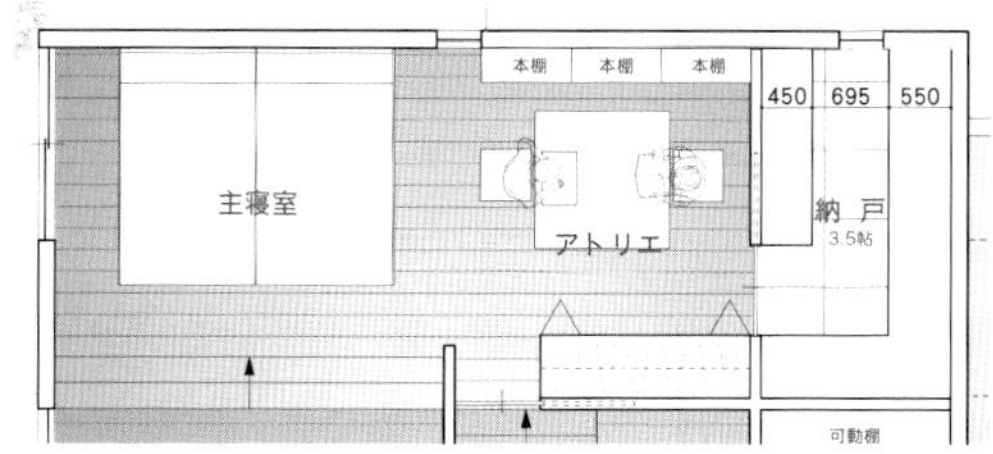

B案

書斎とワークルームをそれぞれ専用の机ではなく、共同の大きな机とする案です。夫婦で同時利用することは少ないということから、臨機応変に使い分けられることを重視した提案としました。しかし、デスクトップパソコンの置き方が難しいため、不採用になりました。

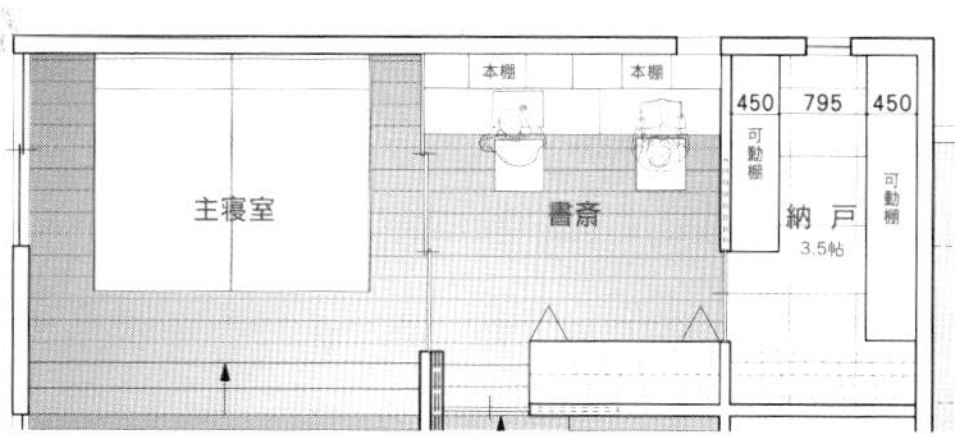

C案

書斎とワークルームの机を外壁に沿って並べ、寝室と一体にする案です。ご主人が使うときだけ寝室との間を建具で仕切れるようにして普段は寝室と一室にしておく提案です。広がりが一番あるため、この案が採用されました。

できる限り設備に頼らずに快適な住まいを

省エネ住宅は断熱材やサッシの仕様、納まりなど、ある程度「つくる方法」があるものです。ところが「快適な住宅」をつくるには、設計者の工夫が必要です。外部からの熱や冷気を室内に入れないように窓を少なくし、空調設備で過ごしやすい温熱環境をつくることもできます。住宅の性能を数字で示すことはできても、快適な空間かどうかの評価は必ずしもその数値と一致しません。朝日の清々しさ、空の青さや夕日の色、庭の緑や爽やかな風、外部には日常を豊かにしてくれる要素がたくさんあります。縁側のように気軽に外に出られる場所があれば活動も外まで広がり、四季を感じる「暮らしの豊かさ」を手に入れられるでしょう。

外部との豊かな関係を作りながら快適な住まいを目指すためには、風と光をうまく活用することがポイントです。今回の住宅でも光・風を適度に取り込み、快適な住宅をいかにしてつくるかを基本設計時から考えて計画を行いました。

ポイントは日射の調整

南側には落葉樹を植える

落葉樹の植生を生かした、植栽の工夫による日射調整の手法です。今回の計画でも南側の樹木は日射調整に非常に役だっています。

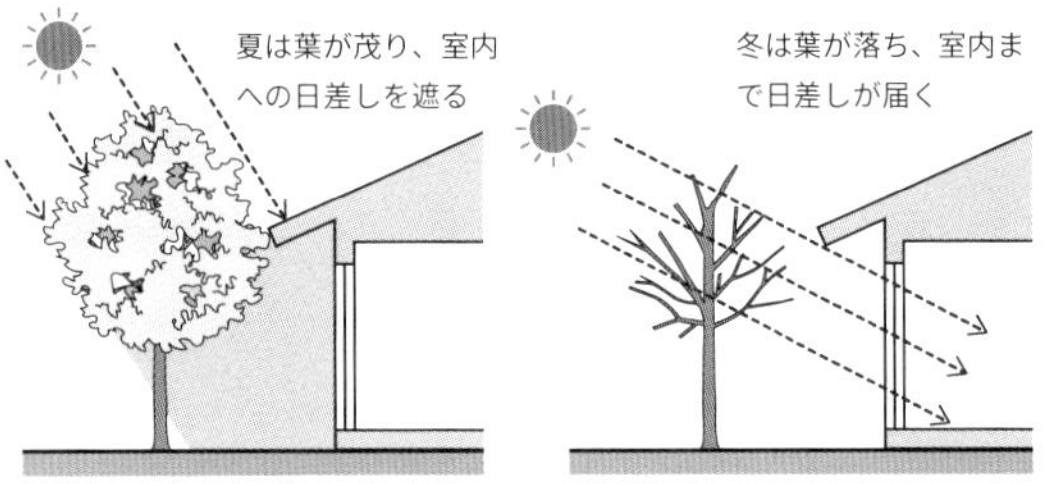
夏は葉が茂り、室内への日差しを遮る
冬は葉が落ち、室内まで日差しが届く

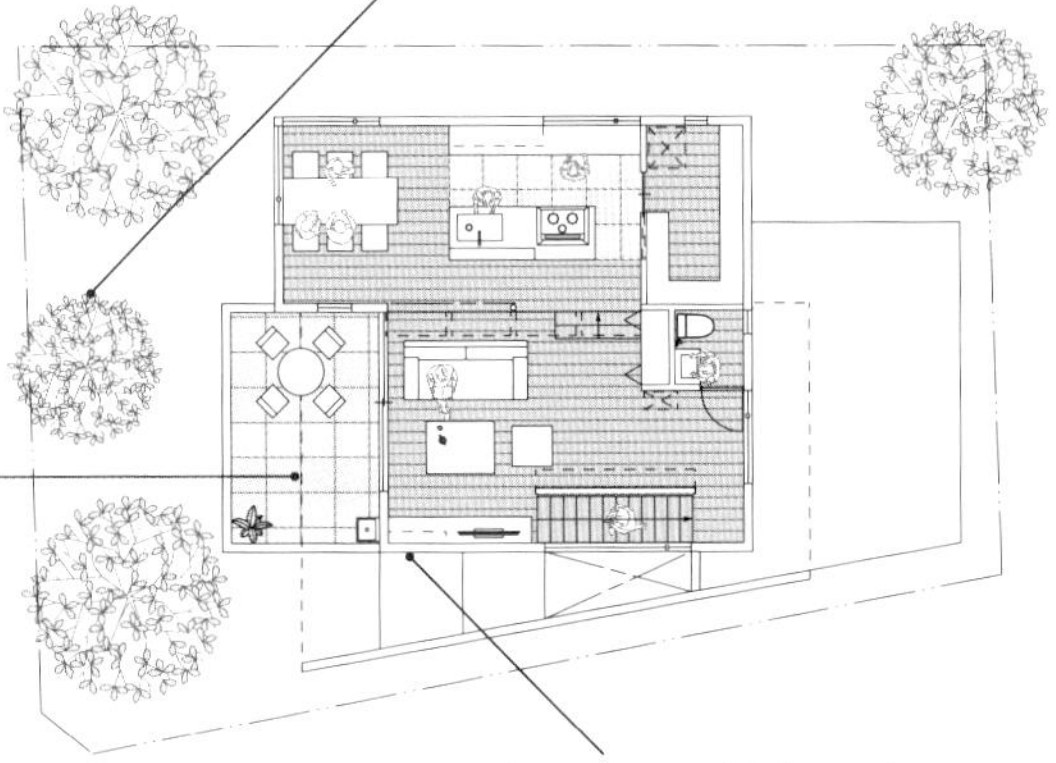

南側の窓には深い庇を設ける

太陽高度が夏は高く、冬は低い太陽の動きの特徴を生かして南側に深い庇を設けることで、日差しを夏は遮り、冬は取り入れることができます。今回の計画でもリビングは南側を大きく開き冬場の暖かい光を十分取り入れ、深い庇によって夏の熱い日射を遮る計画としました。

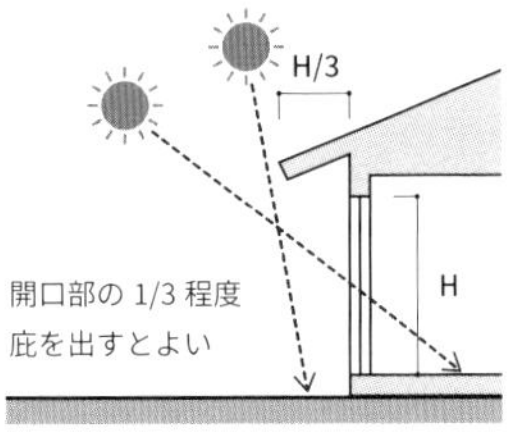
H/3
H
開口部の 1/3 程度
庇を出すとよい

東西面は日射時間が長い

季節を問わず東西面は南側より長時間、太陽光が当たります。南と異なり太陽高度が低い時間に当たるので庇ではなく、袖壁で防ぎます。特に日差しの強い夏の西日には西側の袖壁が有効です。今回の計画でも東西面の開口部はあまり大きな窓は採用していません。

基本設計が終わった段階で予算に問題がないか、概算見積もりを施工業者に依頼します。予算がオーバーしている場合、再度要望を整理し、優先順位をつけて実現可能な計画に修正します。

風を調整する

窓があっても入口と出口がないと空気は効率的に動きません。開口部を設計するときに、意匠的な位置、光りの入り方と合わせて「空気の流れ」も検討して行きます。室内2方向に窓を設け空気の流れをつくることが基本です。室内の空気の動きには風の力で空気が動く「風力換気」と、室内の温度差によって空気の流れが生まれる「温度差換気」があります。

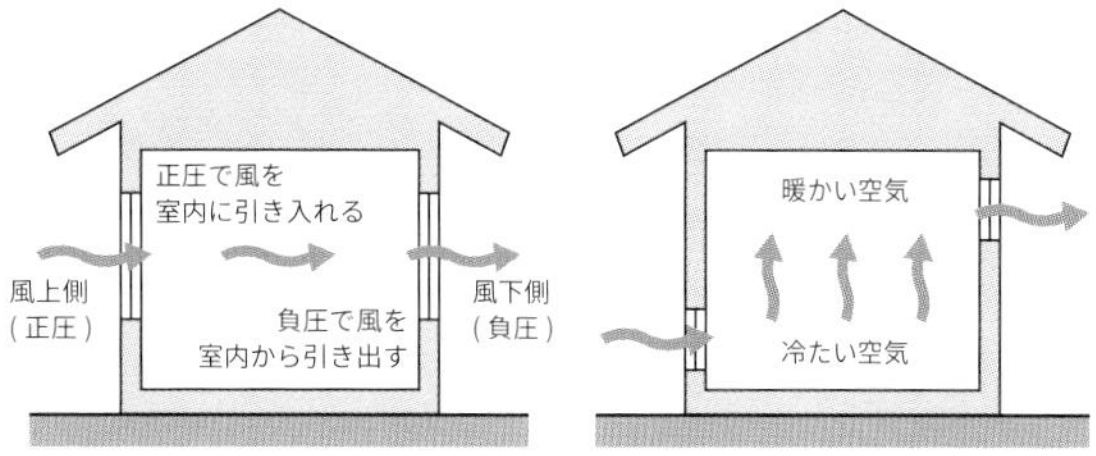
正圧で風を
室内に引き入れる
風上側
（正圧）
負圧で風を
室内から引き出す
風下側
（負圧）
暖かい空気
冷たい空気

風力換気

風上側と風下側の圧力差により、風の流れをつくります。外部の風の力が必要です。

重力換気（温度差換気）

温度の違いにより、風（空気）の流れをつくります。外部の風がなくても室内に風がつくれます。

窓形式で変わる通風量

窓には引違い窓のほか、縦滑り出し窓や横滑り出し窓など、様々な形式があり、風の向きで室内に入り込む風の量は大きく変わってきます。事前調査で卓越風を調べておけば、効率的な開口部をデザインすることができます。南から卓越風がある地域では南側の窓は引き違いで東側の窓は縦滑り出し窓にすれば効果的に室内に風を導けます。

窓が1つしか取れない部屋は入口のドアを引戸にして、開けた状態を維持しやすいようにすれば、風が通り抜けやすくなります。

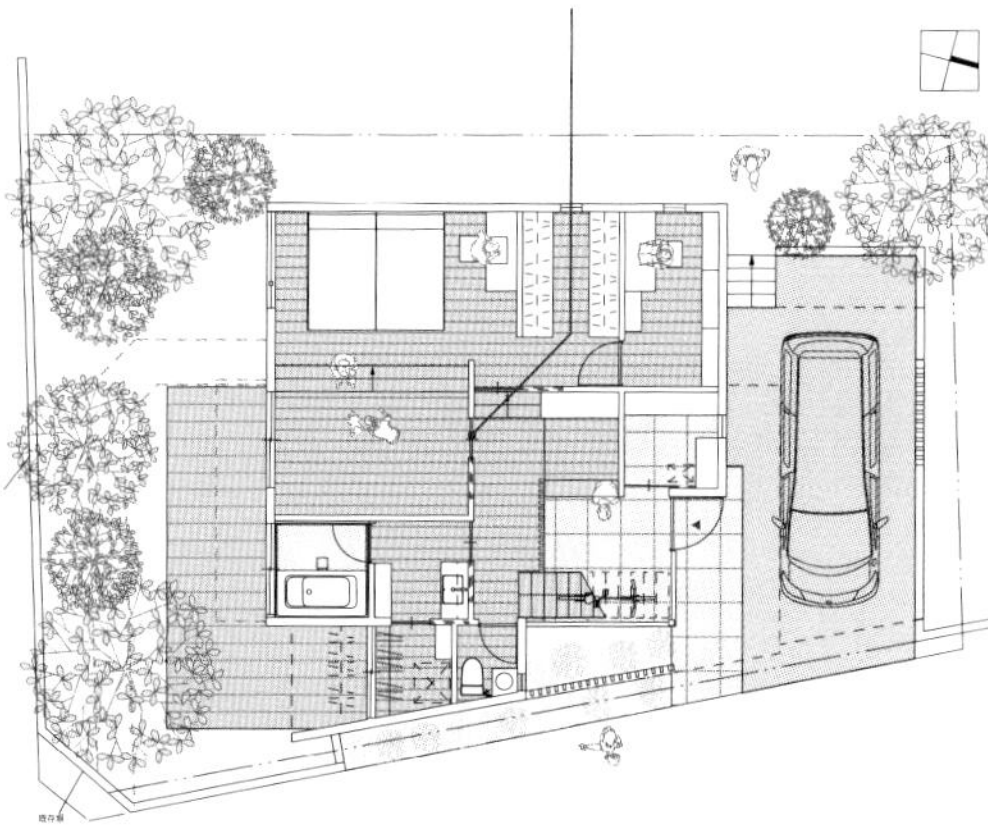

引違い窓・片引き窓

2枚の障子を左右に引く形式の窓。窓の正面から風が吹く場合は70%が室内に流入しますが、窓と平行に風が吹く場合は50%と少なくなります。

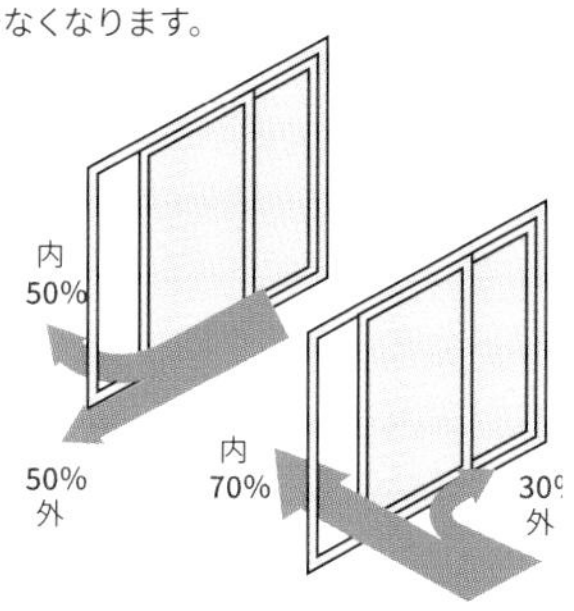
内
50%
50%
外
内
70%
30%
外

縦辷り出し窓・外開き窓

一方の縦を軸に開く形式の窓。風が平行に吹く場合は、窓のどちら側からの風かによって室内へ流入に差があります。敷地の風の向き（と使い勝手）によって、どちら側に開くようにするか検討が必要です。

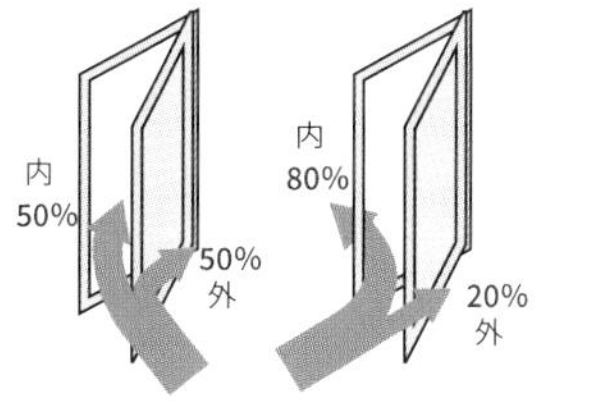
内
50%
50%
外
内
80%
20%
外

横辷り出し窓

上を軸に開く形式の窓。窓の正面から吹くよりも、窓から平行に吹くほうが室内へ風が流入します。平行の風は左右どちらから吹いても同じです。

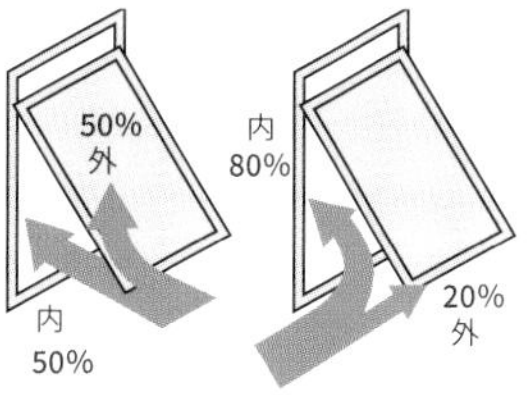
50%
外
内
50%
内
80%
20%
外

実施設計の流れ
← 平面詳細図
← 矩計図
← 仕様の決定
← 特記仕様書・仕上表
← 仕上げの選定
← 展開図
← 詳細図
← 家具図
← 天井伏図
← 建具表
← 空調設備図
← 電気設備図
← 給排水設備図
← 構造設計
← 見積
← 工事契約
← 確認申請

2章 実施設計

契約が決まったら、工事着工に向けて実施図面を作成していきます。図面の作成と同時に、建て主とは基本設計では決まっていなかった仕様や保留にしていたことを打合せたり、ショールームに出向いて設備機器を決めたりします。また施工者や構造設計者、確認審査機関との調整も行う必要があります。すべては同時並行、しっかりと段取りをして進めていくことが大切です。

実施設計の流れ

← 平面詳細図 ← 矩計図 ← 仕様の決定 ← 特記仕様書・仕上表 ← 仕上げの選定 ← 展開図 ← 詳細図 ← 家具図 ← 天井伏図 ← 建具表 ←

工事に取りかかるための「実施設計」

	1カ月	2カ月
建て主		打合せ① 平面詳細図・展開図をもとに打合せを進めます。床材などのサンプルを見せながら、どんな住まいになるのか具体的にイメージをしてもらいます。 打合せ② 1回目の打合せで決められなかった内容や、製作家具、ブラインドの種類といったことを建て主とともに検討し、持ち込む家具のサイズや色・デザインも合わせて打合せしていきます。
設計者	実施図面の作成 最初の 1 カ月は設計者がひたすら図面を作成。平面詳細図や展開図、機器の選定に関わる図面など、建て主との打合せが必要な図面を先行し作図することで、打合せでの変更による図面の手戻りを減らせます。	構造用図面の提出 構造図を作成してもらうために、平面詳細図と矩計図、立面図などを構造設計者へ渡しました。 構造打合せ 梁の架け方や梁せいなど、構造的にチャレンジをしているところなどを中心に打合せを行いました。 構造図の受領 構造図の確認 メールや電話などで複数回やり取りを行い、詳細をつめていきました。
構造設計者		構造図の作成 構造図の修正

基本設計はどんな住宅にするのか検討する段階でしたが、実施設計は計画案をどうやって実現するのか、素材や詳細な寸法、施工方法を決めて行く段階になります。まず、基本設計が終わった段階で建物位置は確定するので、建物直下（建物の4隅と中央）で地盤調査を行います。その結果を踏まえて、構造事務所に基礎の設計を行ってもらいます。それとあわせて実施設計に大きく関連する壁量や梁せいが大きくなりそうな部分などは先行して計算してもらいます。

実施設計図面は最初に平面詳細図と矩計図を書きますが、平行して建て主との打合せも行います。窓や階段の寸法、仕上げ材や設備機器の選定まで、細部にいたるまで打合せをし、それを実施図面に反映していく。その繰り返しになります。また、実施図面は施工業者が見積をしたり、施工者がそれをもとに工事を行ったりするので、彼らにもきちんと伝わる図面にしなければなりません。

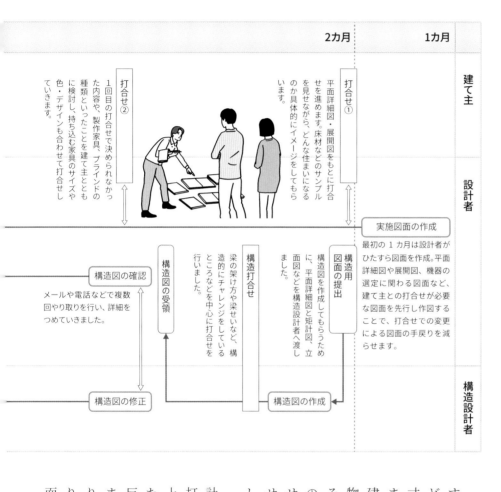

空調設備図 ← 電気設備図 ← 給排水設備図 ← 構造設計 ← 見積 ← 工事契約 ← 確認申請

実施設計では細かな検討が多く、詳細図や構造や設備など検討する範囲が多岐に渡ります。建て主に満足してもらえるよう、また自分が思った通りの住宅をつくれるよう、しっかりと検討して実施図面を作成していきます。

すべては同時並行、段取りが重要な実施設計の流れ

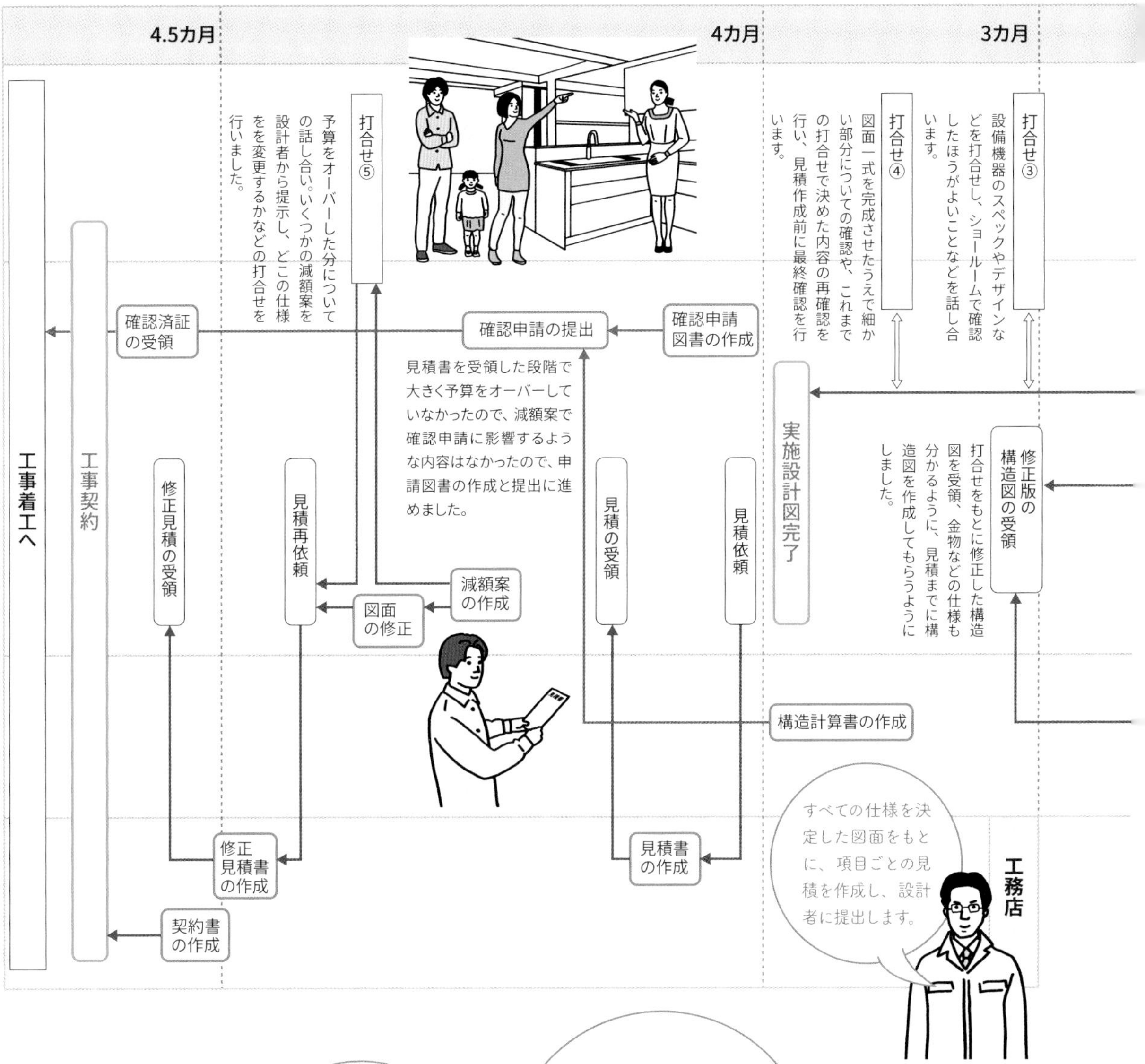

3カ月
打合せ③
設備機器のスペックやデザインなどを打合せし、ショールームで確認したほうがよいことなどを話し合います。
打合せ④
図面一式を完成させたうえで細かい部分についての確認や、これまでの打合せで決めた内容の再確認を行い、見積作成前に最終確認を行います。
修正版の構造図の受領
打合せをもとに修正した構造図を受領、金物などの仕様も分かるように、見積までに構造図を作成してもらうようにしました。
実施設計図完了
構造計算書の作成
4カ月
確認申請図書の作成
確認申請の提出
見積依頼
見積の受領
見積書の作成
見積書を受領した段階で大きく予算をオーバーしていなかったので、減額案で確認申請に影響するような内容はなかったので、申請図書の作成と提出に進めました。
打合せ⑤
予算をオーバーした分についての話し合い。いくつかの減額案を設計者から提示し、どこの仕様を変更するかなどの打合せを行いました。
減額案の作成
図面の修正
見積再依頼
修正見積書の作成
修正見積の受領
4.5カ月
確認済証の受領
工事契約
契約書の作成
工事着工へ
工務店
すべての仕様を決定した図面をもとに、項目ごとの見積を作成し、設計者に提出します。

設計者との打ち合わせの他にも家具や家電選び、ローンの仮審査など銀行への相談も必要でした。

意匠図の平面図・矩計図・立面図が出来たら構造事務所に構造図の作図を依頼します。詳細な計算を行うと、想定していた梁せいより大きくなってしまうこともあるので、できる限り早めに構造事務所に図面を渡したいものです。

実施設計図は意匠・設備・構造の3つから構成されますが、それらの図面はお互いリンクしている部分が多いので、意匠図だけでなく設備図や構造図にも行ったり来たりして図面を作図していきます。

時間を掛けて詳細まで検討する要の図面

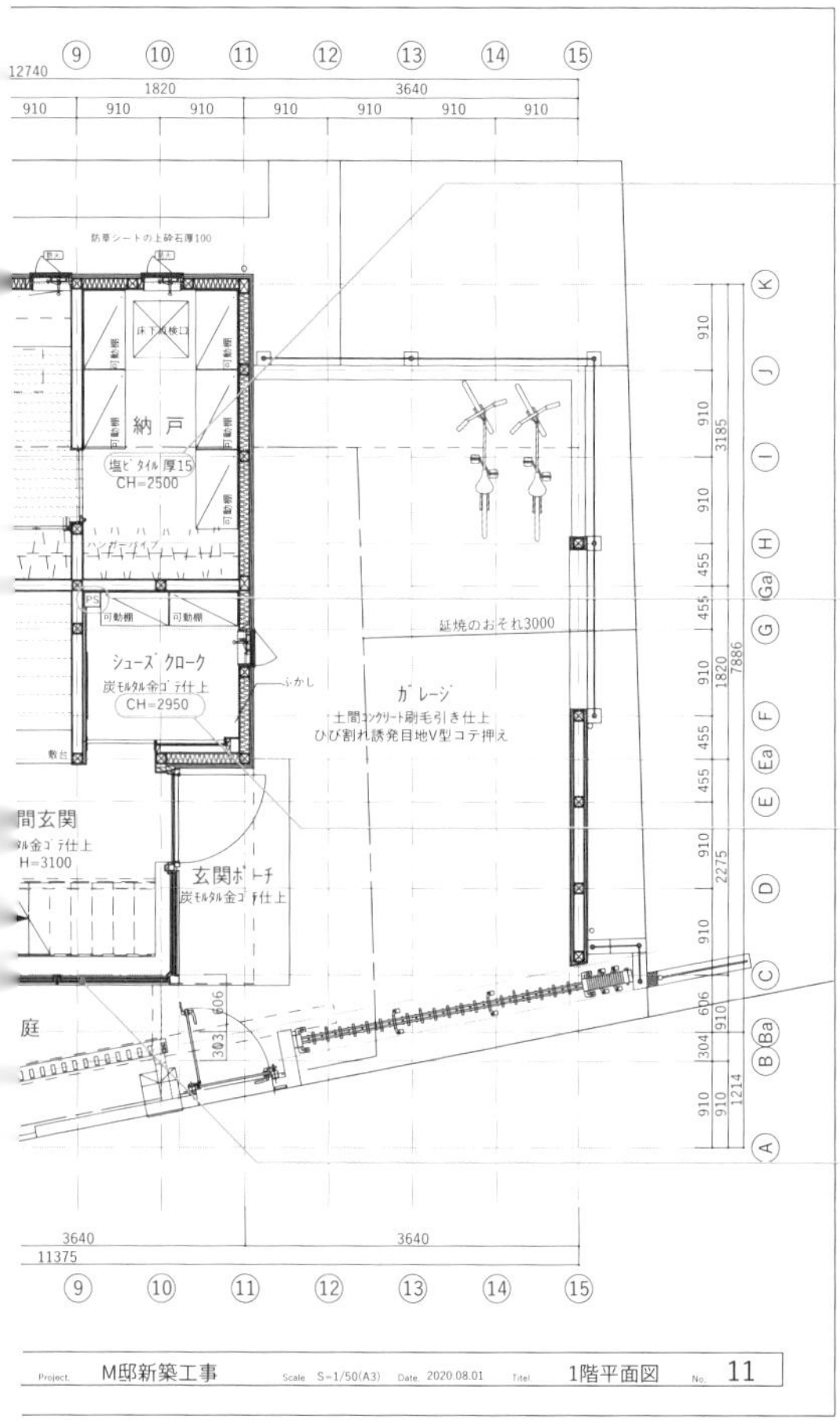

防草シートの上砕石厚100
床下点検口
可動棚
納戸
塩ビタイル 厚15
CH=2500
ハンガーパイプ
PS
シューズクローク
炭モルタル金ゴテ仕上
CH=2950
ふかし
敷台
ガレージ
土間コンクリート刷毛引き仕上
ひび割れ誘発目地V型コテ押え
延焼のおそれ3000
間玄関
H=3100
玄関ポーチ
炭モルタル金ゴテ仕上
庭
Project M邸新築工事 Scale S=1/50(A3) Date 2020.08.01 Titel 1階平面図 No. 11

床仕上げ

床仕上げ材料とともに、材料厚み、フローリングであればどの方向に張るのかも一目で分かるようにします。フローリングを貼る方向は室内の印象を左右するので非常に悩む所です。今回はコストに配慮しフローリングの無駄が出にくい方向に貼っています。

パイプスペース（PS）

設備配管ルートを検討し、パイプスペースを設けます［詳しくは92頁参照］。部屋に大きな梁があるときは給排気・空調ダクト、排水管が想定したPSの位置まで干渉しないで配管できるのかも検討します。

天井の高さ

各部屋の天井高さを記載します。同じ部屋で下がり天井になっている部分などがわかるようにします。

納まり

現場で納まらないなど問題が起きないように、実施設計ではミリ単位で納まりを検討しておかなければなりません。特に外部・内部の開口部周り、階段の段板や手摺りなどは細かな寸法の検討が求められます。

実施設計図一式は大量な図面になりますが、建て主と打合せが特に必要となる内容が示される「平面詳細図」と技術的な検討が多い「矩計図」を最初に書いていくことが一般的です。平面詳細図は実施設計でこれから作成していく展開図などの内装図面だけでなく、構造事務所との打合せ、設備の検討でも基になる図面になります。

具体的にはまず通り芯を図面に振り、基本設計の図面にはなかった柱や筋違いなどの構造耐力壁や、室内の仕上げ、外壁の下地厚、仕上げ厚なども正確に書いていきます。私は平面詳細図でサッシの納まり、内部建具の枠周りなど最終的に発行する1／5縮尺や実寸詳細図で使えるレベルまで書き込みをしています。変更の可能性がまだある段階であまり細かい検討はしないのが一般的ですが、この段階で出来る限り細かい検討が終わってしまえば、のちのち問題が起きにくいので時間を掛けて図面を書きます。

柱や仕上げなど納まりを書き込んでいく
平面詳細図

平面詳細図では納まりや仕上げのほか、備え付けの棚、耐力壁の位置なども記載します。平面詳細図をはじめ実施設計図は、これをもとに施工業者が見積をつくり、現場では職人さんが工事を行うため、彼らにもきちんと伝わる図面、つまり誰が見ても分かりやすいようにしなければなりません。

床高さ

最初に敷地に設定した設計GLから駐車場などの外構の高さを決め、次に1階床高さを1FLとして室内高さを決めます。今回スキップフロアになっているので、どこで段差があるのか分かるようにしておきます。

照明のスイッチ

部屋に入ってすぐの壁には照明のスイッチが必要になります。照明のスイッチは照明設備図［88頁参照］に記載しますが、照明を含めた設備についても使い勝手を考えながら図面を作成します。

柱の位置

柱も基本的に910のモジュールに合わせて配置します。上下階で同位置に柱があるとよいのですが、実際すべての柱が上下階で同位置というわけにはいきません。屋根荷重を支える2階の柱を受けられる用に2階の床梁を太くして、1階の柱に荷重を伝え、屋根・2階床壁・1階床壁の荷重を基礎までどう伝えるのか、検討しながら配置していきます。

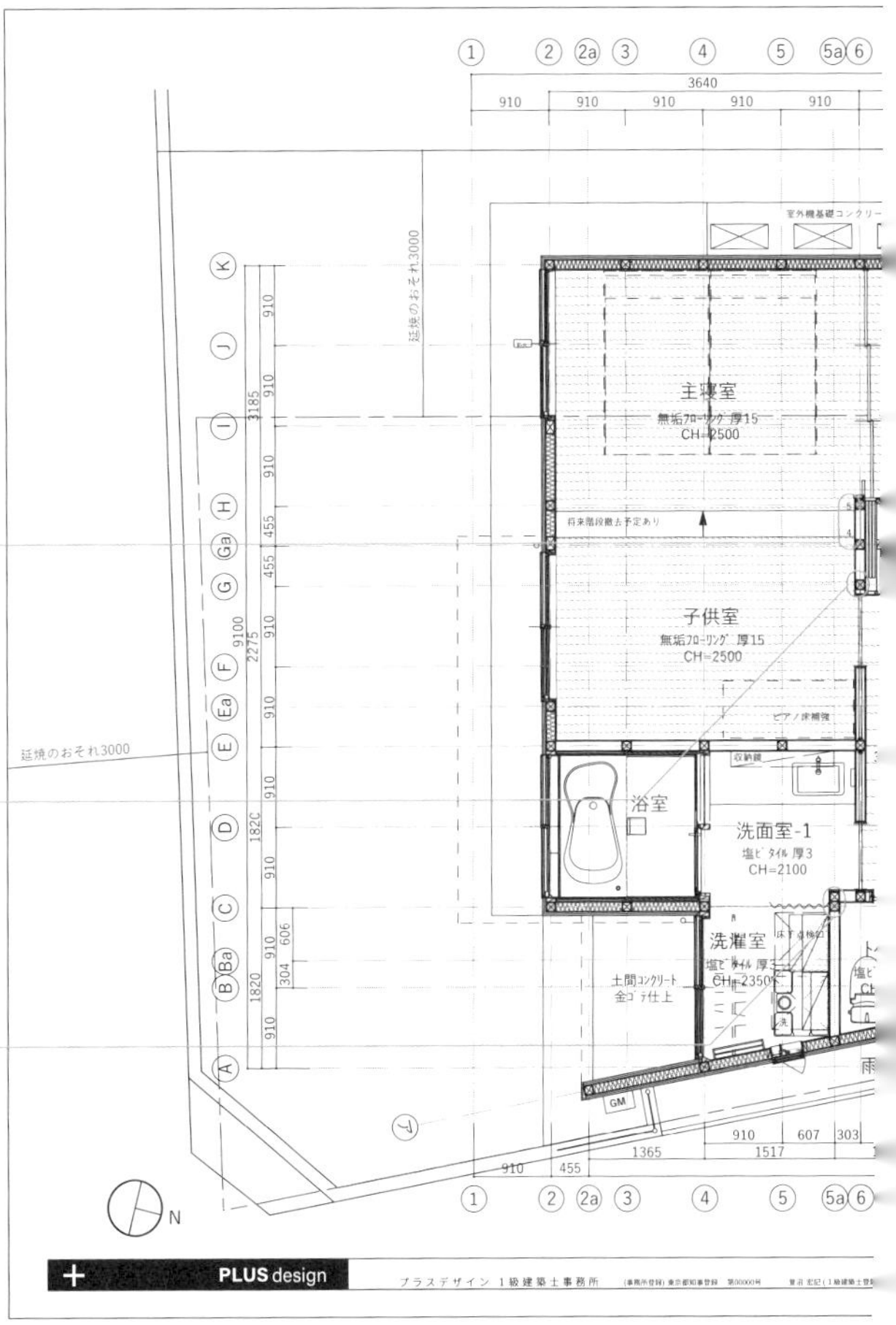

木造住宅のモジュールを知る

木造住宅では日本で古くから使われている尺貫法が使われています。図面を見ると部屋の広さが910の倍数になっていることがわかります。建築材料の多く、例えばベニアやボードもこのモジュールで生産されていることから、「歩留まりがよい」つまり無駄になる材料が少なくすむので、910㎜のモジュールで設計すると建物のローコスト化に有利に働きます。

ちなみに木造の柱は3.5寸（105㎜）と4寸（120㎜）角の木材が使われることが一般的です。

設備や構造も含めて高さの納まりを検討

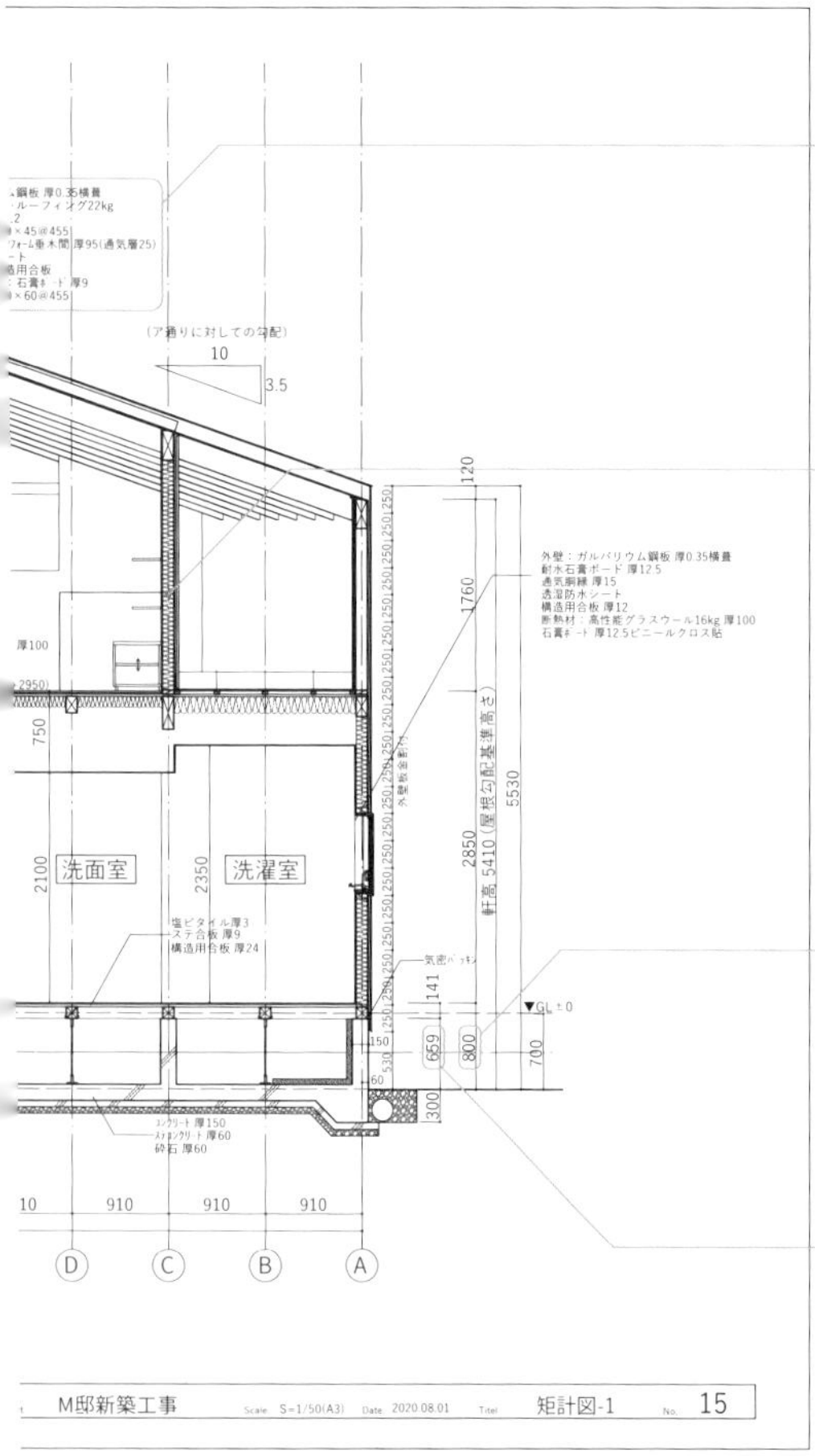

仕様

下地から断熱材の仕様、仕上げ材に至るまで、構成をする部材を順番に記載して仕様が分かるようにします。床・壁・天井・屋根すべての部分が必要です。

断熱

断熱の検討では、断面的にどの部位にどのような断熱材をどの位の厚さで入れるのか決めていきます。場所によってはあまり厚く断熱材を入れられない場所などがでてくるので、適材適所で予算も考えながら検討します［次項参照］。

1階床高さ

基礎の上に載る気密パッキン、土台、床板、フローリングの厚さを検討し、1階床高さを決定します。

基礎の高さ

敷地に高低差があるときは、基礎のコンクリート高さ（地盤面から基礎天端までの高さ）と根入れ深さがきちんと確保できているか特に注意して検討します。

矩計図は建物の高さ関係を整理する図面です。建物の階高や1階天井懐の寸法が決まると、階段の蹴上げ・踏面寸法など、より詳細部分が決められるので、平面詳細図とともに実施設計の最初の段階で取りかかるものです。今回スキップフロアなので、高さには特に注意が必要でした。

断面寸法では①基礎の高さ、②1階床の高さ、③1階天井高さ、④2階床懐の高さ、⑤2階天井高さ、⑥小屋組をまず抑えます。また、道路斜線や北側の高度斜線などがギリギリの場合があるので、屋根の仕上がり高さは最初に確認しておきたいところです。

1階天井懐はできる限り薄くして、天井高を確保した方が様々な点でメリットがありますが、一方で1階天井懐に余裕がないと、今後検討する給排水設備配管のルートや空調換気ダクトのルートの確保が難しくなるので、矩計図では様々な問題を並行して検討します。

矩計図は各部分の高さ関係、仕上げ材料、その他各部材の納まり、防水方法、屋根裏換気の考え方などが分かります。建物の品質を明確に示している図面なので、丁寧に検討しながら作図します。

仕上げや性能も記載する矩計図

空間は立体なので、平面の詳細（平面詳細図）と断面の詳細（矩計図）を同時に検討し、図面を書いていかなければなりません。また、矩計図は建物高さ関係だけでなく、基本的な性能を示す図面でもあります。雨仕舞いや通気・断熱についても検討します。

1階天井懐の高さ（厚さ）

1階天井懐は、最も太い梁を想定して1階天井下地・仕上げと梁の上に敷く床板、床暖房パネル・フローリングの厚みを検討して、できる限り薄く設定したいところです。1階天井懐を小さくして、2階の床高さを低く設定できれば、2階に上がる階段の蹴上げ高さを小さくできるので登りやすい階段になります。ただ、薄くしすぎると設備配管が通らない可能性もあるので慎重に設定しなければなりません。

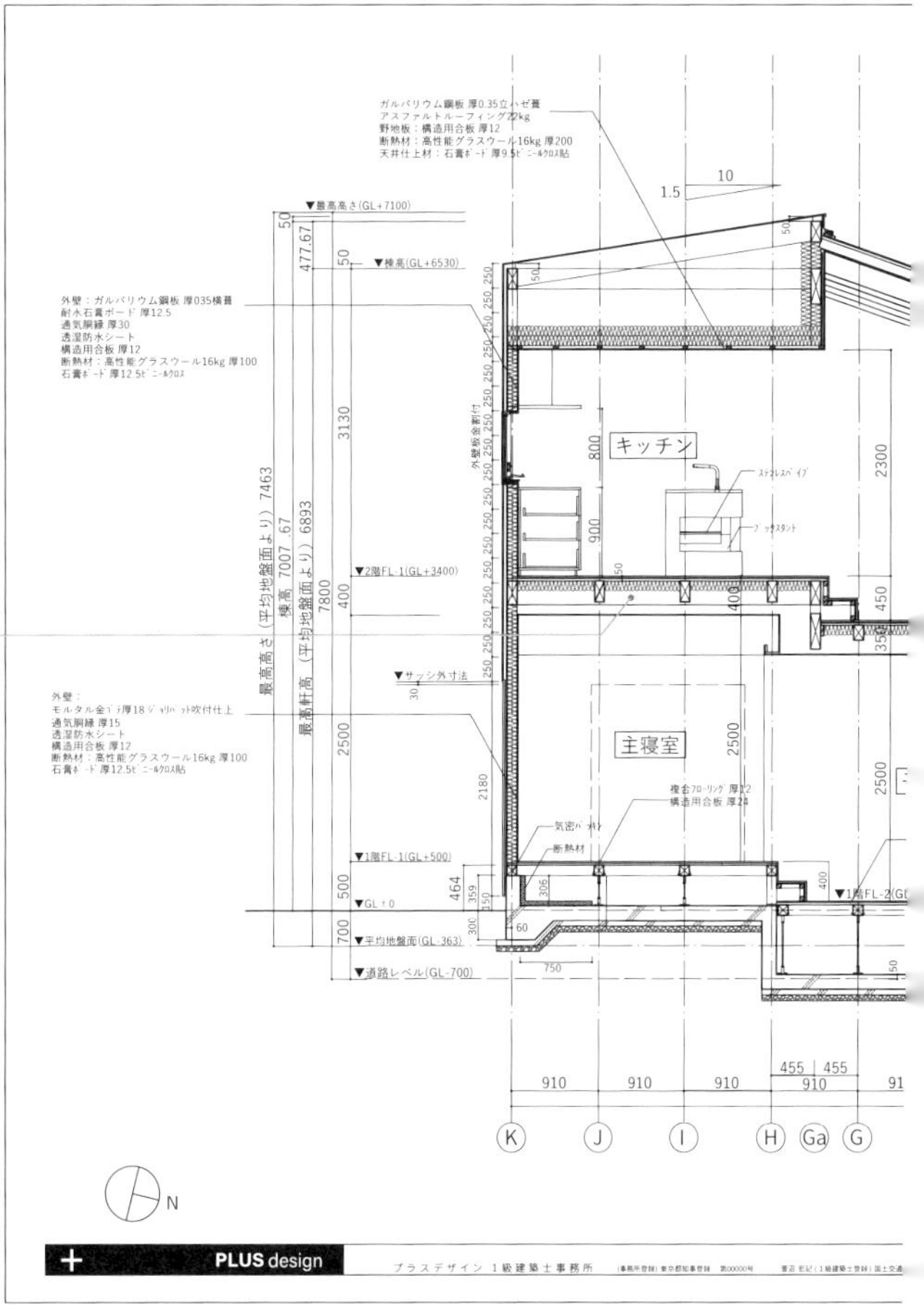

近年高い断熱性能を求めてZEH基準やHEAT20のG2グレード以上をクリアするために内断熱と外断熱を組み合わせた「付加断熱」を採用する住宅も現れてきています。

外壁の断熱は大きく2種類に分けられる

内断熱（充填断熱）

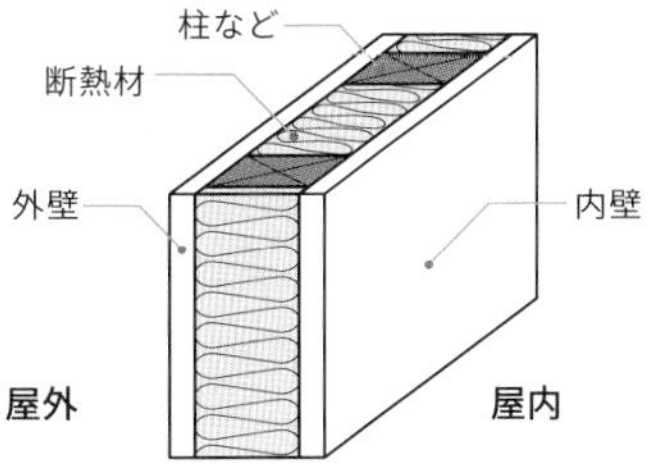

断熱材は柱や間柱の隙間に入れます。壁の中には電気配線やコンセント、筋違いがあるので施工性が悪く、柱などの木材部分は断熱されません。気密テープなどを利用してできるだけ隙間がないように施工する必要がありますが、工事費は外断熱よりも抑えられます。

外断熱

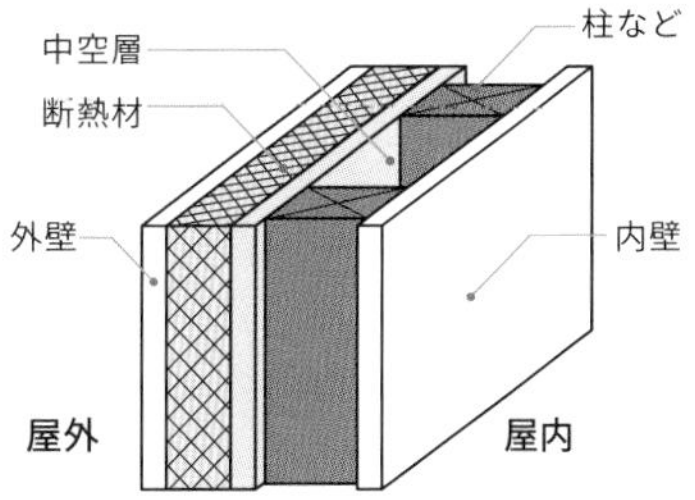

発泡樹脂系の断熱材を躯体の外に貼り巡らせる工法です。施工性がよく気密性防湿性も高くなりますが、断熱材をつたってくるシロアリの被害リスクがあり、材料費が高いデメリットもあります。また、断熱材の分、外壁が外側にふいてしまい壁が厚くなってしまいます。

実施設計の流れ ← 平面詳細図 ← **矩計図** ← 仕様の決定 ← 特記仕様書・仕上表 ← 仕上げの選定 ← 展開図 ← 詳細図 ← 家具図 ← 天井伏図 ← 建具表 ←

断熱・気密ラインは一筆書きでつなげる

木造住宅でよく使われる断熱材

グラスウール

繊維系断熱材。吸音性能もあり安価なため、住宅の外壁の断熱材として最も広く用いられています。水に弱く、水分を含むと断熱性能・吸音性能が著しく低下するため、壁内結露が生じないように室内側の防湿対策が必要となります。電気配線や筋違いなどが配置されている外壁の中では、隙間なく施工ができていない現場も多く見られます。

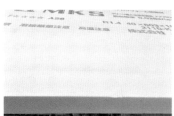

ポリエチレンフォーム

発泡プラスチック系断熱材。繊維系の断熱材とは異なり、水や湿気に強く断熱性能も高いので湿気の溜まりやすい基礎断熱や、繊維系断熱材が使いにくい床下などに使われることが多いです。しかし、価格が高く経年劣化があるというデメリットがあります。

現場発泡硬質ウレタン

発泡プラスチック系断熱材。現場で吹き付けるので、下地に密着し、どんな形状にも対応できる断熱材です。小さな隙間にも入り込み、隙間なく施工できるので高い気密性能を確保することが可能です。しかし、繊維系断熱材のような吸音効果がない、火災時に有毒なガスが発生する、解体時に分別が難しいというデメリットもあります。

フェノールフォーム

発泡プラスチック系断熱材。他の断熱材に比べて、薄くても高い断熱効果があり、外壁の外張り断熱によく使われます。フェノール樹脂とは鍋やフライパンなどの取っ手の部分によく使われている黒い樹脂です。熱に強く、燃えにくいですがコストは高くなります。

同じ室温でも断熱性能が高い住まいと低い住まいでは体感温度が異なります。断熱性能が低い住まいでは、室温が高くても外気温が低いと外壁の表面温度が外気温に引っ張られて低くなり、体感温度が下がってしまうのです。そのため、建物の外から熱が入ってくるのを防ぎ、また室内の熱が逃げないよう、断熱をどのように行うかが重要です。

断熱材は屋根・壁・床に施工しますが、隙間なく室内を断熱材でぐるりと「包む」必要があります。矩計図でそれぞれの部位の断熱材が、途切れることなく断面的に連続して「断熱ライン」が形成するようにします。また、断熱材にはさまざまな種類がありますが、それぞれのメリットデメリットを理解したうえで選定することが大切です。使う場所によって適さないものもあります。材料の断熱性能だけで選ぶのではなく、この建物にはどの断熱材が適しているのか検討し決めていく必要があります。

断熱材には大きく分けて「繊維系」と「発泡プラスチック系」があります。繊維系は発泡樹脂系に比べて吸音効果がありますが、水分を含むと性能が落ちてしまいます。発泡系は断熱性が高いですがコストは高めになります。

矩計図で断熱ラインが形成されているかを確認

矩計図は建物の高さ関係を整理しながら、断熱材の種類や厚みなども併せて検討していき、図面にも反映させます。最後に外部と内部の間を一筆書きできるように建物を囲って断熱ラインが形成されているかを確認します。

外壁

外部の音の軽減効果が期待できること、高性能でありながらコストも抑えられるグラスウール断熱材を採用しました。室内側に防湿層をもつ製品で室内からの湿気を防いでいます。施工性が性能に直結するため、耐力壁にたすき掛けの筋交いを入れないように構造設計で注意するとともに、現場監理でしっかりと施工されているか確認するようにしました。今回は1階と2階で外壁の仕上げを変えた部分があります。外壁仕上がり寸法を考慮し、下地の厚さと切り替え部分の雨仕舞いには気を使わなければなりません。

屋根

リビングの天井は構造材表し仕上げのため、厚みのない屋根でも高い断熱性能を確保できるようにフェノールフォーム断熱材としました。キッチン上部の天井は、小屋裏空間が十分確保されているので、コストを抑えられるグラスウールを分厚く敷き詰めることにしました。

2階床

一般的には両側とも内部に接する2階の床には断熱材は不要です。今回はLDKのある2階の床に床暖房を入れることにしたため、熱が2階の床下に逃げるのを防ぐ目的と、足音軽減の効果を期待してグラスウールを入れることにしました。

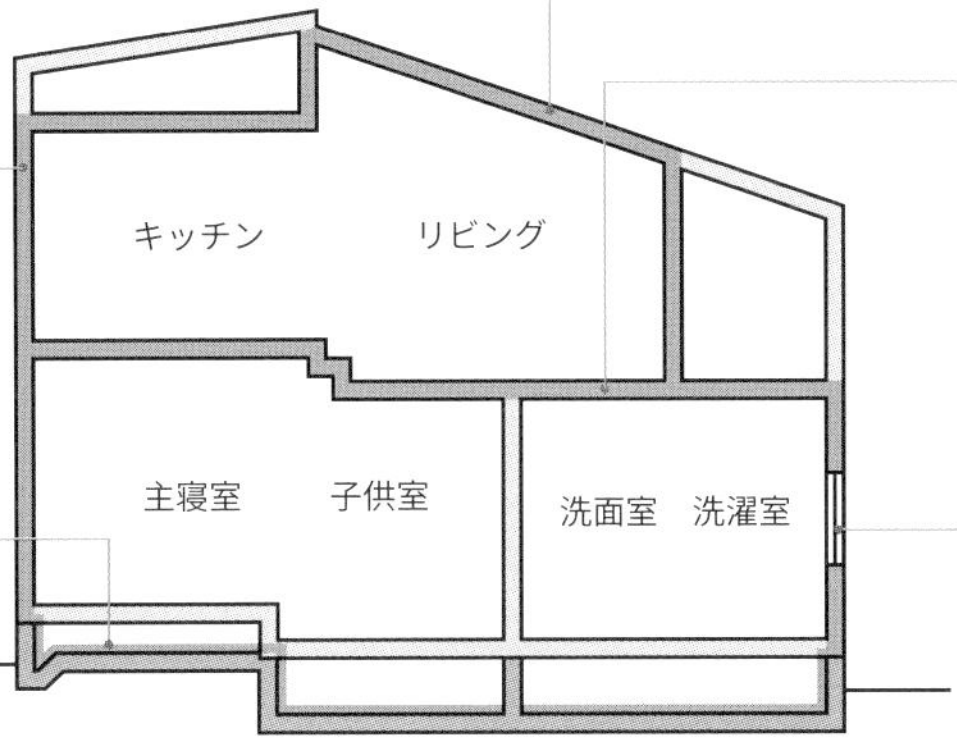
キッチン
リビング
主寝室
子供室
洗面室
洗濯室

基礎

1階床下の断熱には、床断熱をする方法と基礎断熱をする方法がありますが、今回は基礎に高低差があり、床下通気が確保しにくいことから基礎断熱としました（次頁参照）。断熱材には湿気に強いポリエチレンフォーム断熱材を採用しています。基礎打設後、接着剤で隙間無く貼り付けています。

開口部

矩計図の場合、開口部のある部分は断熱材が図面上は切れてしまいますが、開口部がない部分は断熱材があるので、実際は一筆書きができます。現場では開口部廻りは気密テープを貼って隙間がないようにする必要があります。

省エネ性能を建て主に説明する義務がある

社会的にも省エネ性能のある住宅が求められ、建築物省エネ法［※］により、300㎡未満の住宅を設計する際、建築主に省エネ基準へ適合しているかどうかを着工までに説明しなければなりません。建物の外皮性能とエネルギー消費量を求めて、基準に適合するかを判断します。

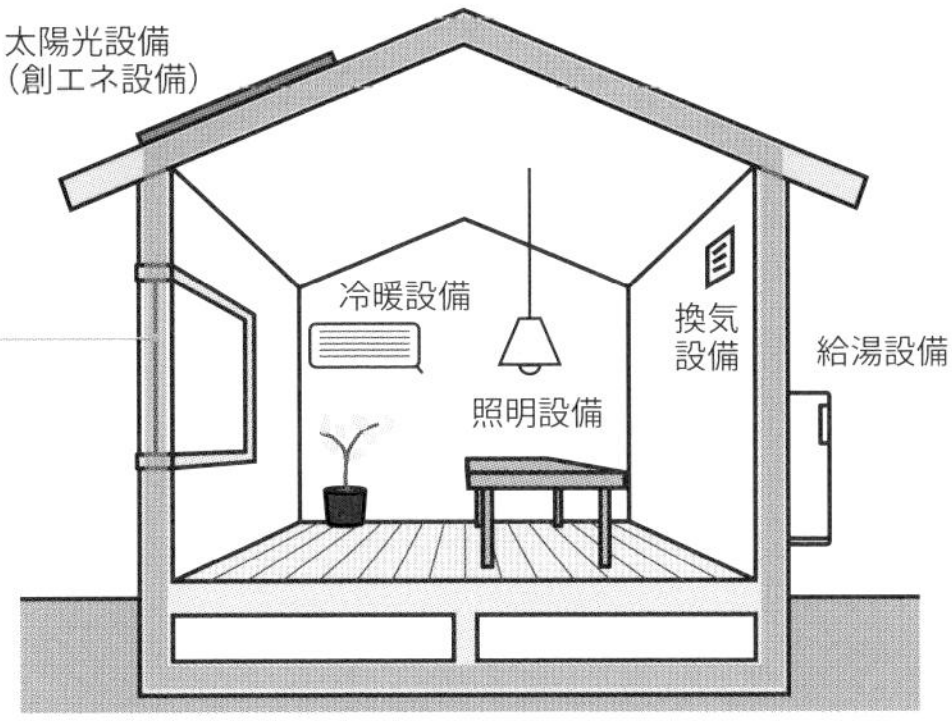
太陽光設備
（創エネ設備）
冷暖設備
照明設備
換気
設備
給湯設備

外皮基準

外皮（壁や窓など外周）の断熱性能を示す「外皮平均熱貫流率UA」と、日射遮蔽性能を示す「平均日射熱取得率ηAC」による基準。今回はUA値が0.55［w／㎡K］、ηACが3.6で断熱性能等級4をクリアしていました。

一次エネルギー消費量基準

冷暖房や給湯機、照明などの設備機器で使用するエネルギー量による基準。今回は88.1［GJ／（戸・年）］で建築物エネルギー消費基準をクリアしていました。

※正式名は「建築物のエネルギー消費性能の向上に関する法律」

基礎の通気（断熱）はどちらを選ぶか

木造の住宅では、断熱をしながらもいかに湿気対策を行うかが重要で「断熱と通気」はセットで検討する必要があります。現在、床下の断熱（通気）の工法は以下の2つが主流になっています。

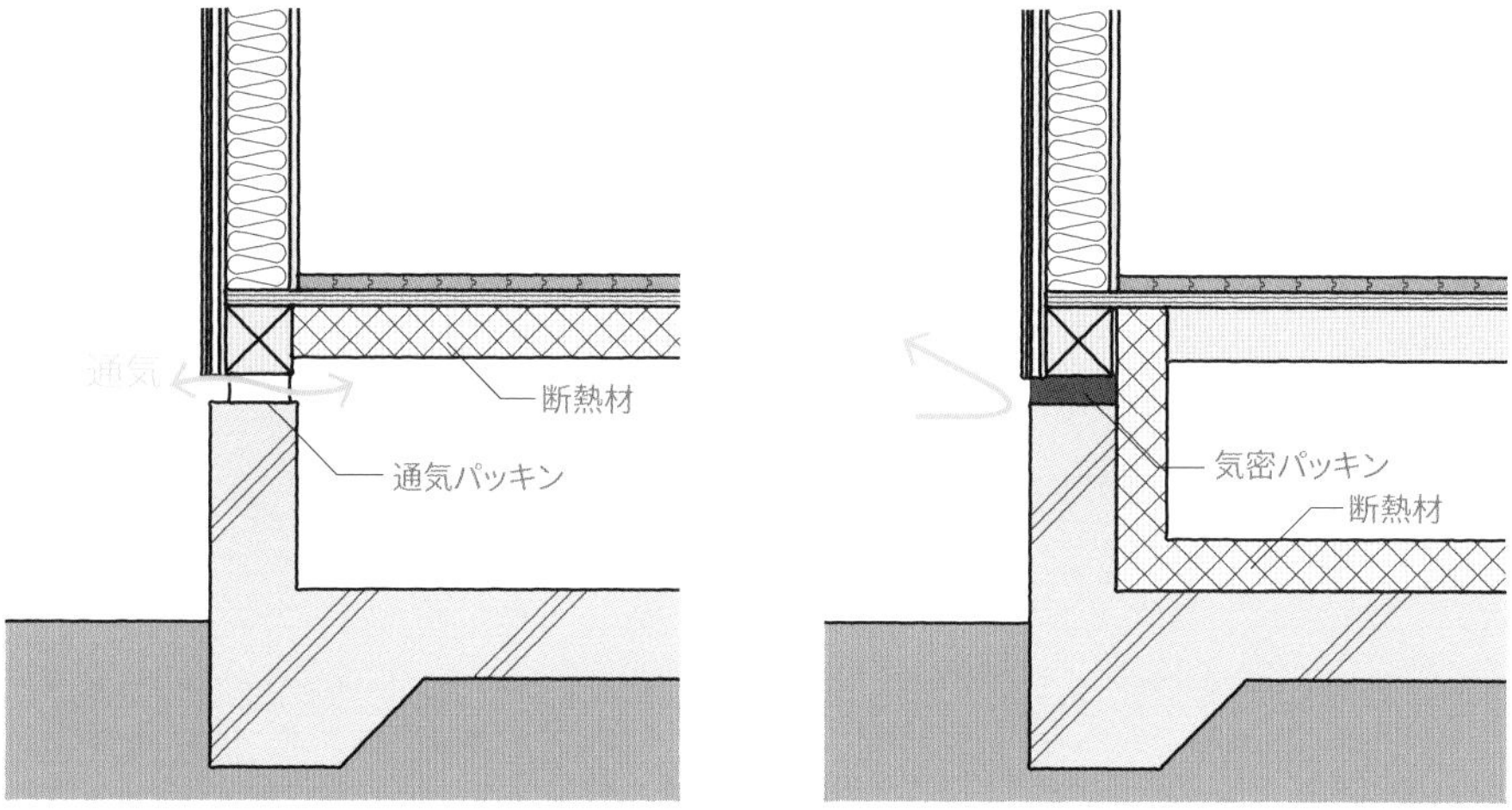

床下通気工法（床下断熱）

日本は湿気が多く、特に地面に近い床下の乾燥が大切で、建物の寿命に大きく関わるポイントになります。床下に湿気がこもらないように、基礎の通気口や土台下に設ける通気パッキンから外気を取り入れ、床下の通気を確保する方法です。床下は外部と捉え、断熱材は1階の大引部分に隙間なく充填します。

基礎断熱工法

床下に外気そのものが入ってこないようにし、気密性を高めて湿気を防ぐ方法です。土台の下に気密パッキンを設けて、建物外周部の基礎内側と耐圧盤に断熱材を貼ります。床下は内部と捉え、床下を室内と同じ温熱環境にします。今回のような基礎に高低差があり通期の確保が難しい場合や、床下エアコンを設ける場合に採用されています。

木造の天敵・湿気から家を守るために

木造の建物は水や湿気に対して弱いという弱点があります。そのため、基礎・外壁・屋根の湿気をどう排出するのかの検討が重要です。特に床下は昔から、乾いた状態にさせることが重要だと意識されてきました。

かつてはブロック基礎やコンクリートの布基礎に床下換気口を設けて床下換気を行う方法が一般的でした。しかし、土からの湿気が十分に防げないため、最近では建物の下全面にコンクリートを打設するベタ基礎が主流になっています。また、基礎に床下換気口を設けることが構造的な欠陥になるのではないかという危惧を持つ人もおり（もちろん、しっかりと開口補強を行えば構造的な欠陥にはなりません）、さらに開口補強に手間がかかること、適切な位置に設けないと床下で十分換気がされない場所ができてしまう恐れがあることから、換気口を設けずに土台の下に通気パッキンを挟む形式で換気を取る基礎「床下通気工法」が一般高温多湿の日本において、壁内結露をふせぐために通気をしっかりと確保することは重要です。矩計図や詳細図を作成し、検討します。

空気の通り道は矩計図と詳細図から考える

矩計図の段階で通気をどう確保するか、ルートを考えて設計します。外壁や屋根廻りなど、詳細図レベルまで書き込んで検討しています。

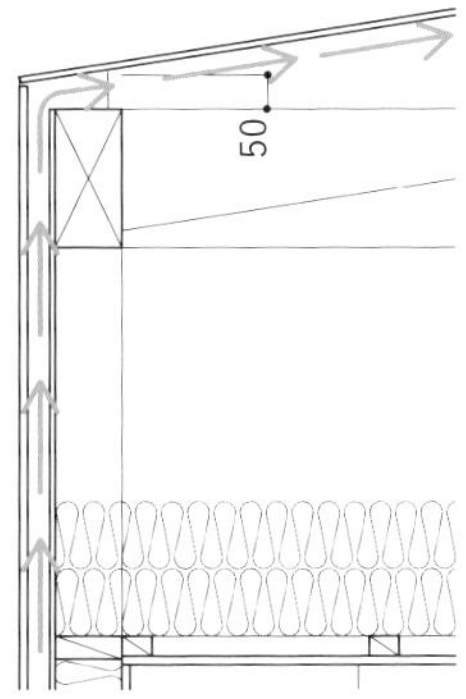

外壁から屋根

夏場、屋根の上は卵焼きが焼けるくらい熱くなると言われています。その熱を断熱材だけで防ぐことはできません。そのため、通気層を確保し排熱することが効果的です。板金屋根の放射冷却による結露や、思わぬ漏水によって屋根や外壁に水が入ってしまうことがあります。通気層はこうした水の排水ルートとしても役立ちます。

棟換気

外壁や屋根の空気がここから屋外に排出されます。外壁から棟換気まで、きちんと通気層をつなげていく必要があります。

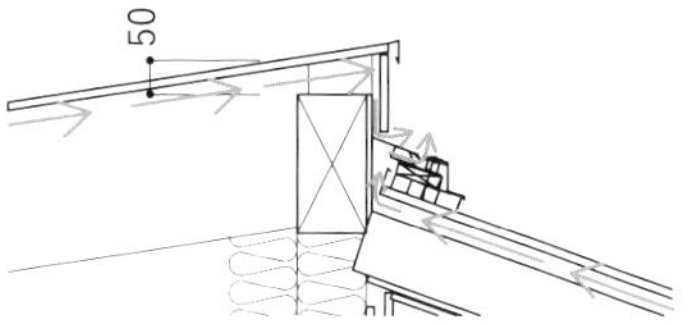

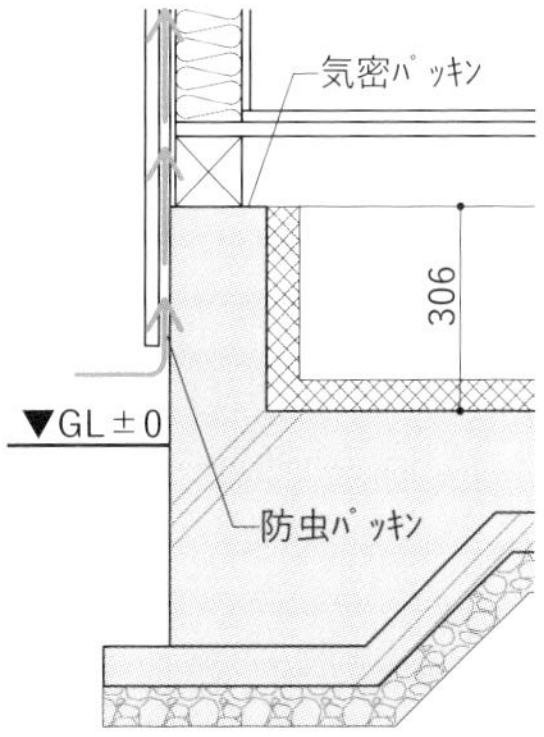

基礎から外壁

外壁下端から外壁裏に通気をとっています。日射によって通気層の空気が暖められ上部に空気が上がっていきます。通気層の最下端部（外壁下端）には虫が侵入しないように、防虫パッキンを入れました。

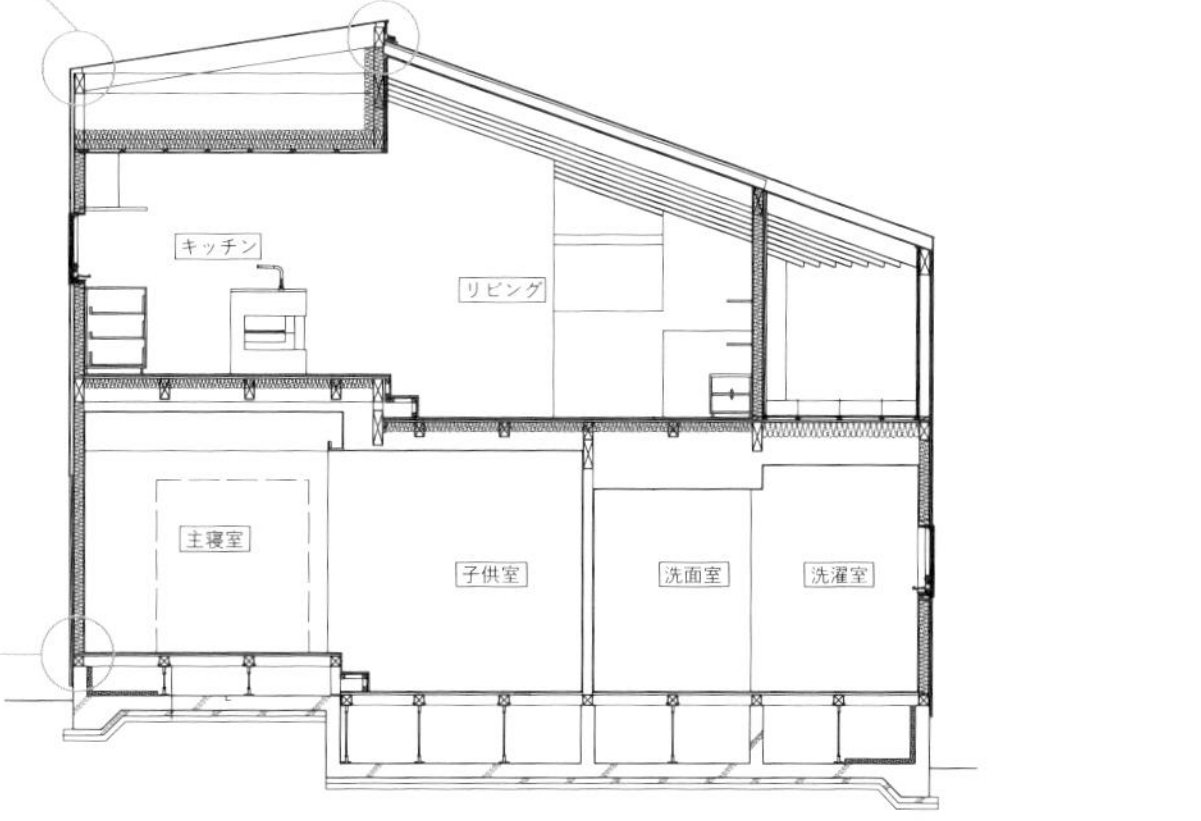

的になってきました。

著者もずっと通気パッキンによる床下通気工法を選んできました。ところが湿度の高い場所だと換気量が足りなく床下が湿っぽくなってしまったり、虫の侵入被害が多かったりという経験をしたことから、床下に通気をとらない「基礎断熱工法」を採用するようになりました。今回は特に床が地形に合わせてスキップフロアになっていることから、床下を風が通り抜けず、湿気がこもってしまう恐れもあったので、基礎断熱工法が有効だと考えました。

外壁と屋根も通気層が必要

外壁と小屋裏の通気も重要です。古い住宅の解体現場を見ると外壁の内側で蒸れてしまうことが原因で壁の中が真っ黒にカビていたり、屋根や壁からの漏水が原因で柱や梁が朽ちていたりします。また、断熱の点でも、夏に非常に高温になる屋根や外壁を断熱材だけで断熱するよりも、通気によって建物の外に熱を排熱する方が有効と考えられます。そのため、建物の外壁下に通気層を設けて、湿気と熱を建物の外に排出させ、また外壁からの漏水もこの通気層を通って外部へ排水させます。

住宅温熱環境を考えるポイントは開口部

冷気も暖気も、熱は開口部から

冬の場合

冬に室内を暖房してもその熱は外部に出ていきます。外気温－2.6℃、室温18℃と想定した室内では、熱は屋根から5%、外壁から15%、床から7%、換気で15%の熱が室外に逃げています。開口部からの損失する割合は58%と最も大きくなっています。

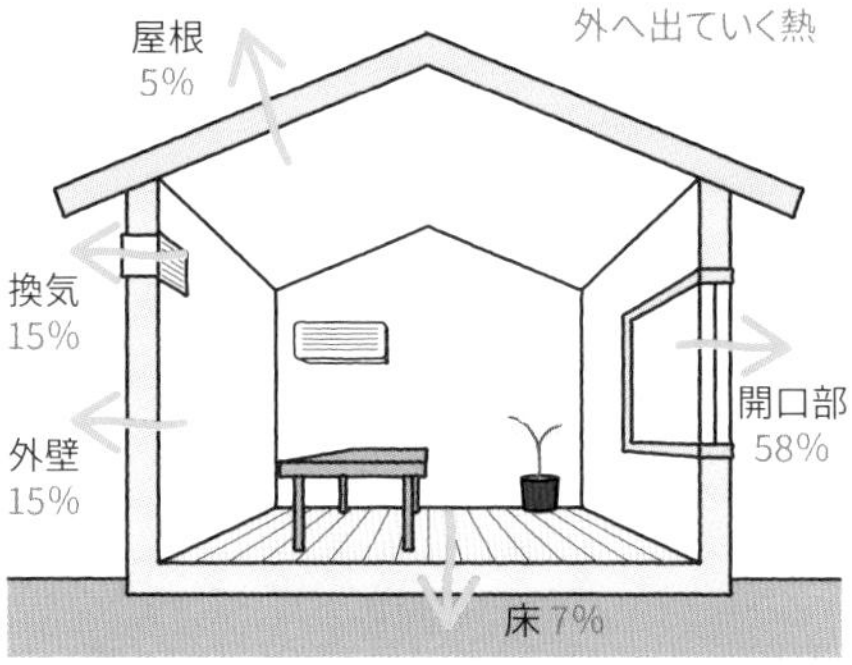
外へ出ていく熱
屋根
5%
換気
15%
外壁
15%
開口部
58%
床 7%

夏の場合

夏に室内を冷房すると、冬とは逆に熱が室内に入ってきます。外気温33.4℃、室温27℃と想定した室内では、熱は屋根から11%、外壁から7%、床から3%、換気で6%の熱が室内に流入しています。開口部からは熱の流入は最も多く73%です。

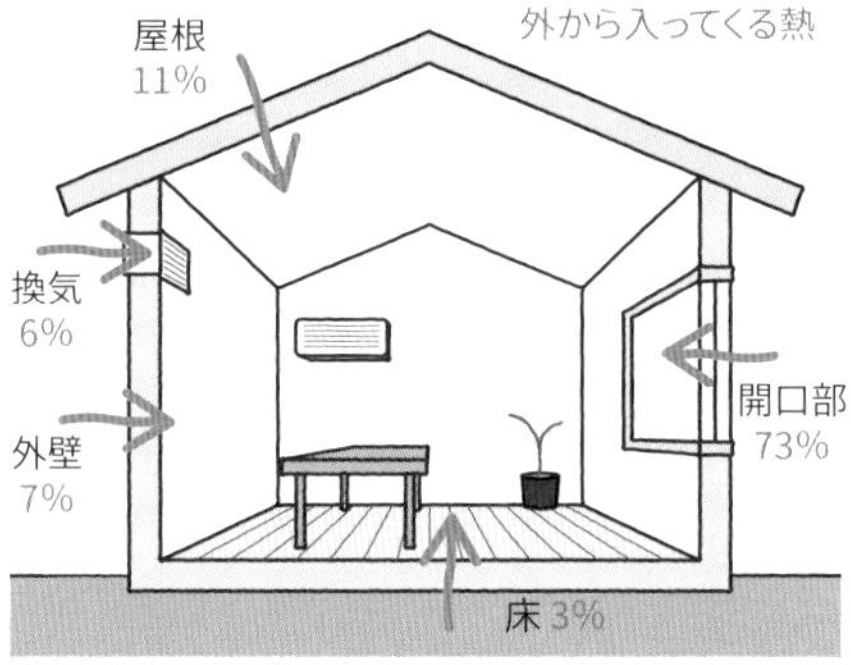
外から入ってくる熱
屋根
11%
換気
6%
外壁
7%
開口部
73%
床 3%

出典：住宅の省エネルギー基準
（一般社団法人日本建材・住宅設備産業協会）

快適な温熱環境をつくるコツは、室内の熱がどこから、どのくらい移動しているかを知ることです。住宅の冬の暖房時と夏の冷房時に何が起きているのか見てみましょう。たとえば上の図の場合、冬の暖房時には暖房によって温められた熱は58%が開口部から失われます。夏の冷房時も同じく、外の暖かい熱は73%が開口部から流入してきます。このように熱は窓からの移動の割合が高く、住まいの温熱環境では、開口部の仕様が最も影響のある部分だということがわかります。

　夏は開口部を大きくして、太陽の光を取り入れ過ぎると熱負荷になりますが、冬は開口部が非常に有効な熱源にもなります。開口部の位置や庇などでうまく熱をコントロールすることが重要です。今回は、南側に深い庇のある大きな開口部を設けて、太陽高度の高い夏は庇で太陽を遮り、太陽高度の低い冬は建物の奥まで光が届く設計にしています。一方、東・西・北側の窓は面積を抑えています。

温熱環境的には窓をどうするかが課題になりますが、窓のない建物は閉鎖的で息苦しく快適な住宅とは言えません。窓の方位をから見える景色や方位に配慮して設計することが大切です。

ガラスの種類と選定のポイント

ガラスにはさまざまな種類がありますが、新築住宅で一般的によく使われているのは次の3つです。現在は新築住宅でほとんど使われていない単板ガラスよりも、複層ガラス・Low-Eガラスの方が高い断熱性能を持ちます。開口部からの熱の流出入が多いことを考えると、予算が許せば積極的に高い断熱性能のある製品を選定したいところです。

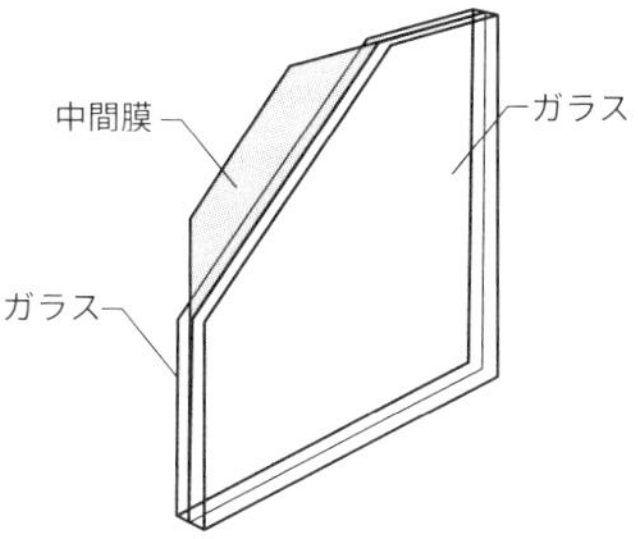
中間膜
ガラス
ガラス

合わせガラス

2枚のガラスの間にフィルム（中間膜）を挟んで一体化させたガラス。割れにくく、割れても破片が飛び散りにくく、玄関など防犯性能が求められる場所ではガラスの強度を高めた合わせガラス、浴室などでは強化ガラスが使われます。紫外線や赤外線を吸収する機能を持ったガラスや、強度をより高くした防犯ガラスなどのバリエーションもあります。

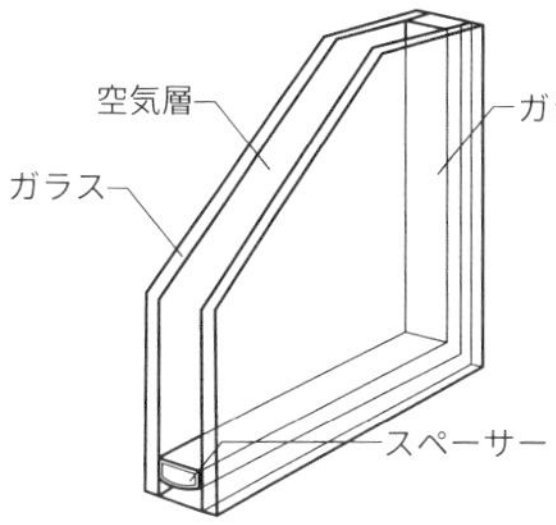
空気層
ガラス
ガラス
スペーサー

複層ガラス

スペーサーと呼ばれる部材で、2枚または3枚の板ガラスの間に中空層を持たせ、乾燥した空気を挟み込むことで断熱性を高めたガラス。結露がしにくく、冷暖房の消費を抑えることができます。中空層は乾燥空気よりアルゴンガスを封入したものの方が性能は高く、中空層の厚みがある方が断熱性能は上がります。

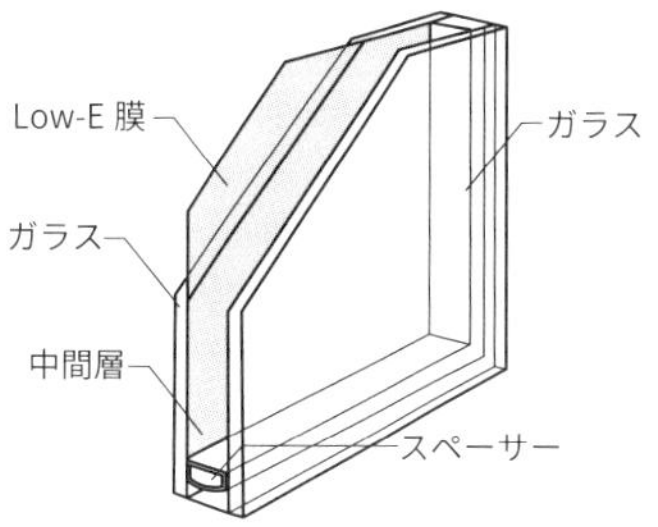
Low-E 膜
ガラス
ガラス
中間層
スペーサー

Low-Eガラス

特殊な金属膜をコーティングした低放射（Low-E）ガラスを使った複層ガラス。中空層の放射伝熱を抑え、室内の熱が室外に逃げるのを抑えるので高い断熱性能があります。赤外線や紫外線をカットするので夏の厚さ対策にも有効です。室外側のガラスにLow-Eガラス、中空層を挟んで室内側のガラスには板ガラス（シングルガラス）で構成されます。

サッシの種類と選定のポイント

開口部のうち、サッシ枠は面積的には非常に小さいのですが、実はこの部分の断熱性能が窓全体の性能を左右します。枠材によく使われるアルミはサビに強いものの熱の伝導率が高く、せっかく高価な断熱ガラスを使っても枠の部分から熱の流出入が起きてしまいます。また、サッシ部分が結露を起こすこともよくあります。近年は室外側に耐候性の高いアルミを用い、室内側に熱を伝えにくい樹脂を使った複合サッシが多く使われるようになりました。

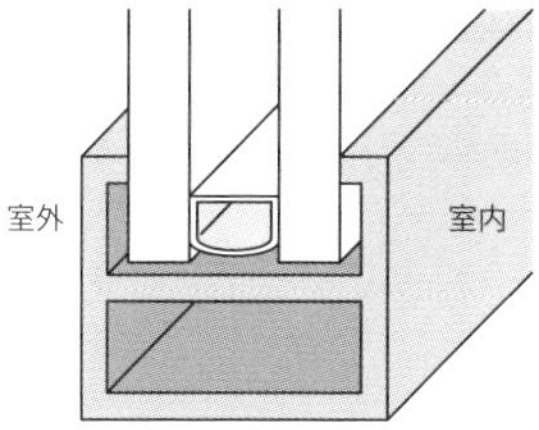
室外
室内

アルミサッシ

水密・気密もよくできており施工性もよいのが特徴。住宅用アルミサッシは安価ですが、アルミは熱伝導率が高いので、熱が伝わりやすく、結露が発生しやすいのが難点です。

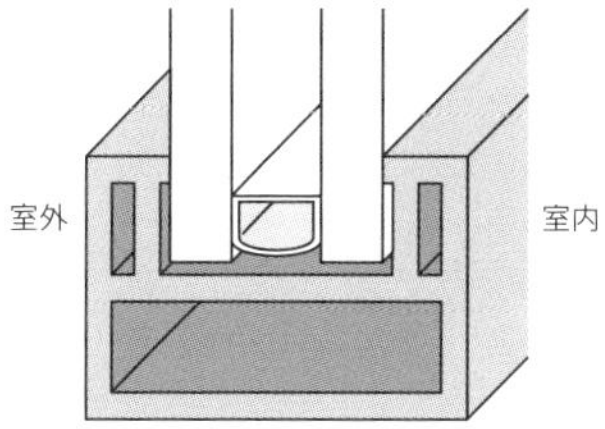
室外
室内

樹脂サッシ

すべてが樹脂製で、断熱・遮熱・気密性に優れているのが特徴です。そのため結露は発生しにくいですが、価格が高くなるのでなかなか採用しにくいものです。

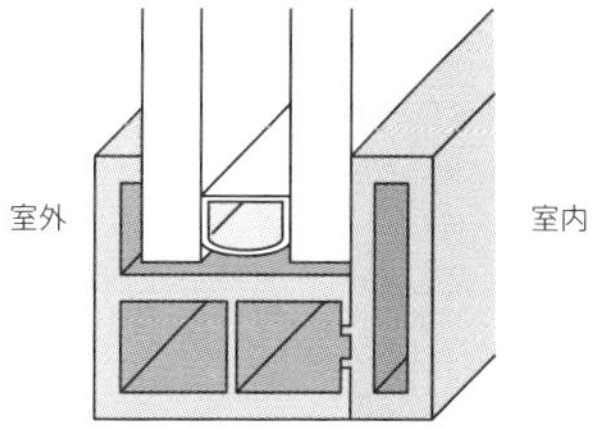
室外
室内

複合サッシ

サッシの室外側はアルミで劣化を防ぎ、室内側だけを樹脂にして断熱性能を向上させ、結露を抑制したサッシ。価格はアルミサッシと樹脂サッシの中間であることからも、近年採用が増えています。

快適な空間は窓の性能が左右する

組み合わせで変わる断熱性能

ガラス・サッシの組み合わせによって、熱貫流率（熱の流出入のしやすさ）は大きく異なります。そのためガラスとサッシ両方が結露したり、ガラスだけが結露したりと、結露のしやすさにも違いがあります。

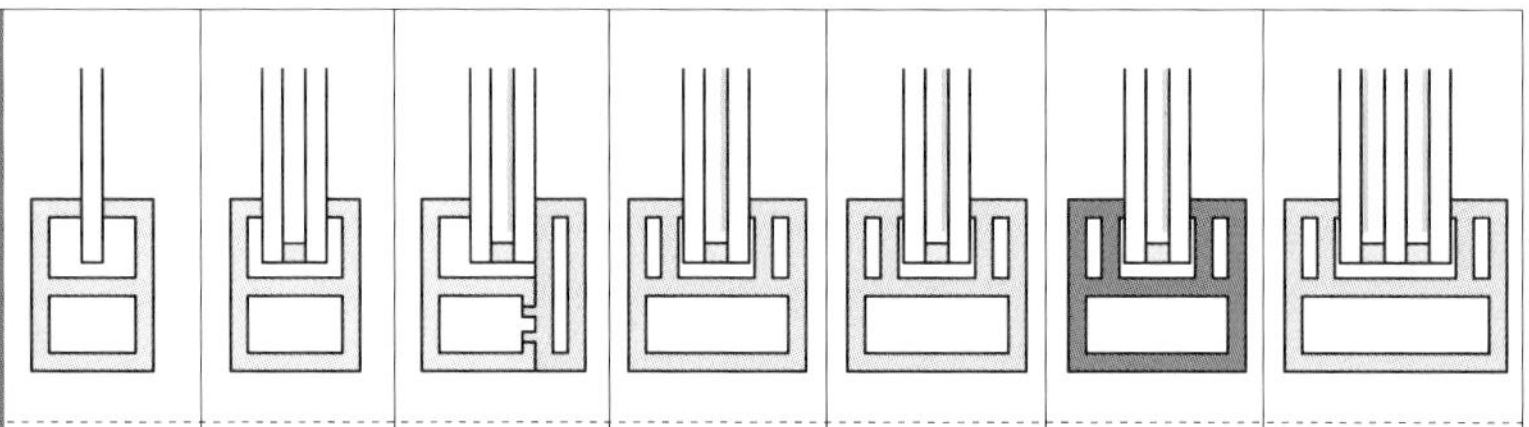

サッシ×ガラス							
サッシ	アルミ	アルミ	アルミ 樹脂	樹脂	樹脂	木	樹脂
ガラス	単板ガラス	複層ガラス	Low-E 複層	Low-E 複層	Low-E 複層 アルゴンガス	Low-E 複層 アルゴンガス	Low-E トリプル アルゴンガス
熱還流率(K)	6.51 W/㎡K	4.65 W/㎡K	2.33 W/㎡K	1.7 W/㎡K	1.5 W/㎡K	1.3 W/㎡K	1.23 W/㎡K
断熱性能	低い ←						→ 高い
結露（ガラス）	する	する	しない	しない	しない	しない	しない
結露（サッシ）	する	しない	しない	しない	しない	しない	しない

出典：樹脂サッシ工業会の資料をもとに作成

今回の住宅では、コストと確保したい性能のバランスから、Low-Eガラスでアルミと樹脂の複合サッシを採用しました。

日本(東京)の省エネ基準に適合させるにはサッシ：アルミ、ガラス：複層ガラスで問題ありませんが、ドイツやノルウェーなどではサッシ：樹脂、ガラス：Low-E複層アルゴンガス以上にする必要があります。

欧米の先進国などを見ると住宅の省エネルギーに関しては何らかの基準を持っています。特に北欧などの寒冷な気候に位置する国では、その意識も高いうえ寒さ対策のため、樹脂サッシが広く使われています。さらにはガラスも3枚使用したトリプルガラスが使われることも少なくありません。日本の仕様は、断熱性能（省エネ）の観点からすると少し遅れているところがありますが、トリプルガラスは重量が増えるため、引き違いのような可動する窓の場合、小さな面積の窓でないと採用は難しいのが現状です。

近年樹脂サッシもメーカーから販売されていますが、まだコストが高いため、コストが抑えられる日本に広く普及しているものの中から、コストと性能とのバランスでサッシとガラスを決定します。今回は防火性能と断熱性能からアルミ樹脂サッシに、高い断熱性能の得られるLow-Eガラスを採用しています。

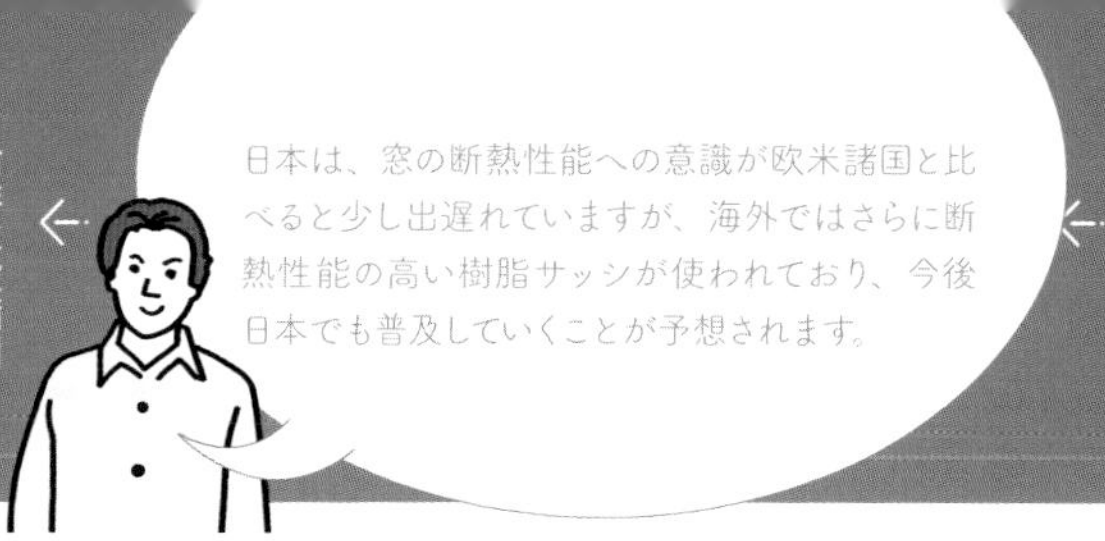
日本は、窓の断熱性能への意識が欧米諸国と比べると少し出遅れていますが、海外ではさらに断熱性能の高い樹脂サッシが使われており、今後日本でも普及していくことが予想されます。

「防火設備」が必要になるサッシもあるので注意

防火地域・準防火地域内にある建築物は「延焼のおそれのある部分」（延焼ライン）にかかる外壁開口部を防火設備にすることが建築基準法で定められています。延焼のおそれのある部分にかかるサッシは防火設備として「大臣認定」を取得しているアルミサッシや、「告示仕様」と呼ばれるスチールサッシに網入りガラスを使用したものなどにしなければなりません。今回は準防火地域の敷地のため防火設備にしなければならない開口部がいくつかありました。

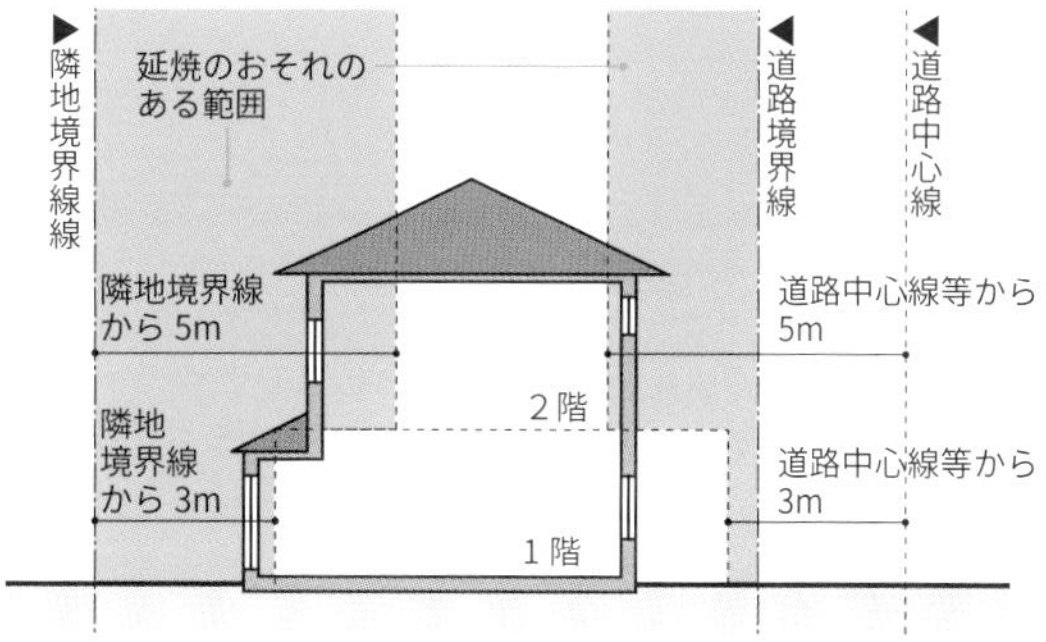
隣地境界線
延焼のおそれのある範囲
道路境界線
道路中心線
隣地境界線から5m
隣地境界線から3m
2階
1階
道路中心線等から5m
道路中心線等から3m

「延焼のおそれのある部分」とは、隣地境界線や道路中心線から、1階は3m、2階以上は5mまでの範囲のこと。

家族が集うダイニングのコーナー窓は外への眺望が期待できる窓だったので、予算を割いて、網の入っていない耐熱強化ガラスの防火設備としています。

北側に設けた三角窓は南北に視線が抜け、広がりを感じられることを期待した開口部です。防火設備にしなければなりませんが、アルミサッシでは製作できません。スチール枠に網入りガラスを入れる、告示仕様の防火設備を採用しました。

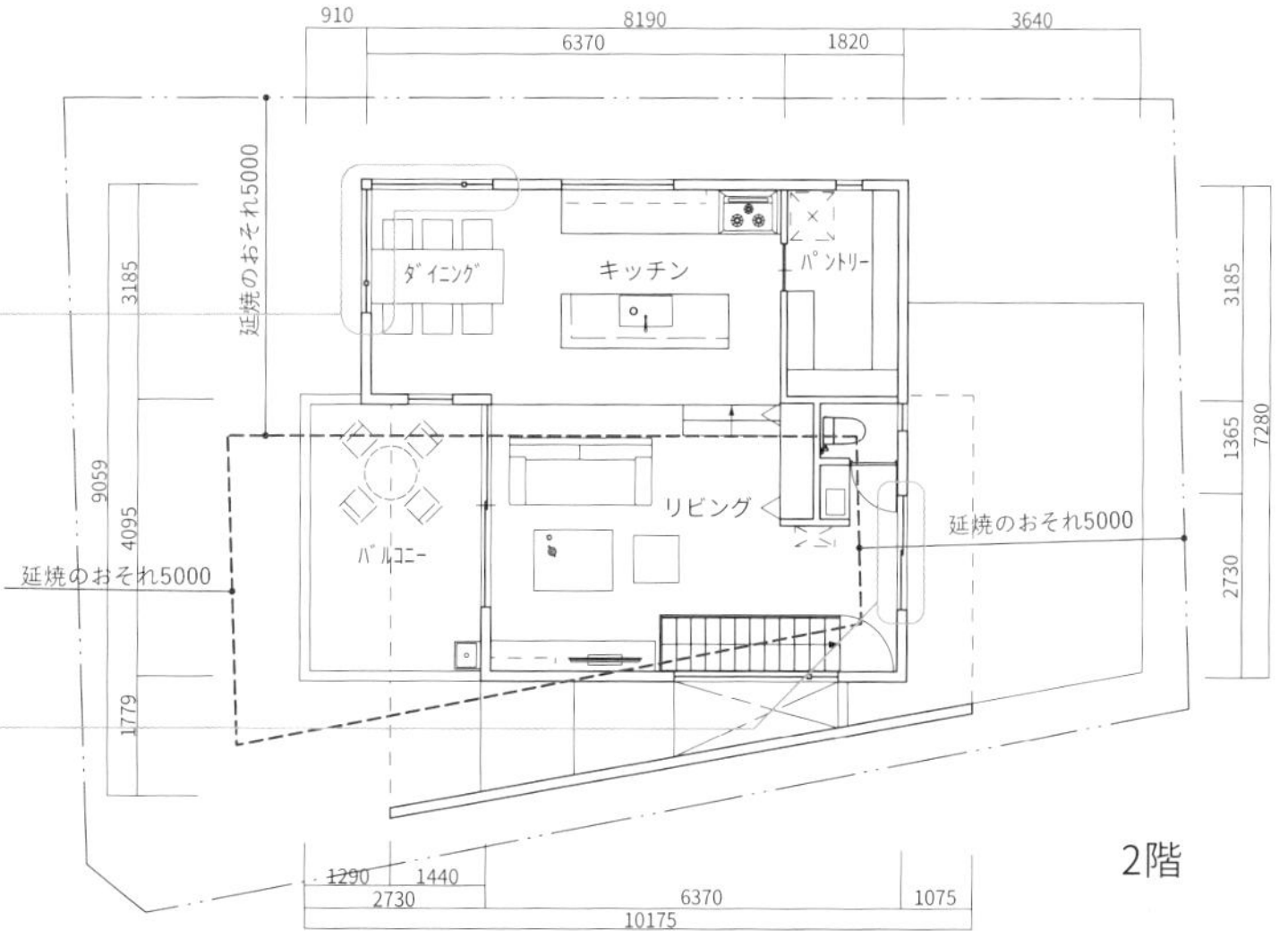
910
8190
3640
6370
1820
延焼のおそれ5000
ダイニング
キッチン
パントリー
バルコニー
リビング
延焼のおそれ5000
延焼のおそれ5000
3185
1365
7280
2730
9059
4095
1779
1290
1440
2730
6370
1075
10175

2階

掃き出しの大きな開口です。設計当初は腰窓でしたが、庭に出たいという要望から床から天井までの窓になりました。庭の緑が見える明るい寝室になりました。図面の赤い点線が延焼ラインです。寝室の窓は延焼ラインにかかっており、防火設備にする必要があったので網入りガラスになっています。

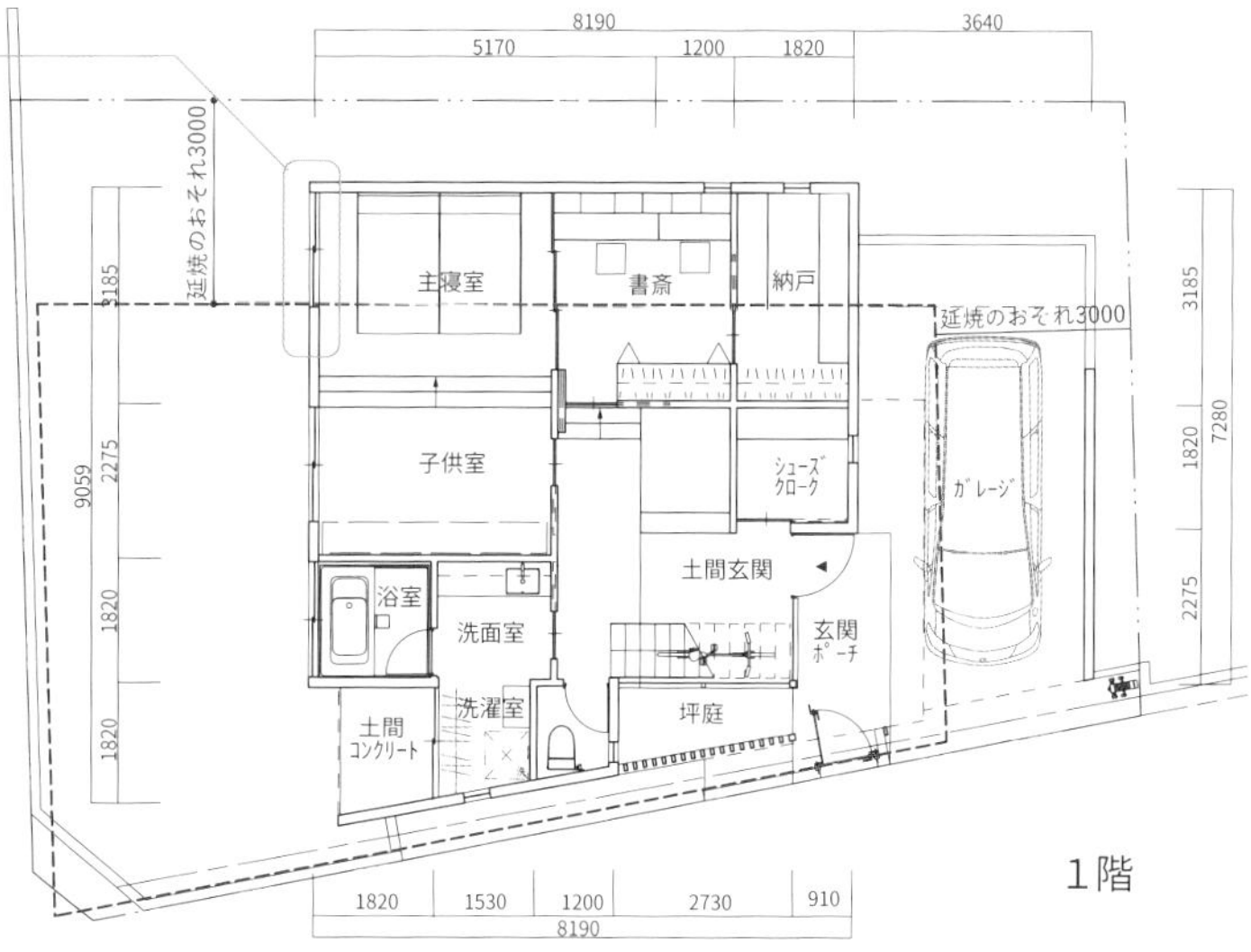
8190
3640
5170
1200
1820
延焼のおそれ3000
主寝室
書斎
納戸
延焼のおそれ3000
子供室
シューズクローク
ガレージ
浴室
土間玄関
洗面室
玄関ポーチ
土間コンクリート
洗濯室
坪庭
3185
9059
2275
1820
1820
7280
1820
2275
1820
1530
1200
2730
910
8190

1階

延焼ラインにかかる開口部はガラスを網入りガラスにして防火性能のあるアルミサッシにするほか、防火設備仕様のシャッターや雨戸を設けることでも対応可能です。

他の図面との整合性を確認して仕様を指示

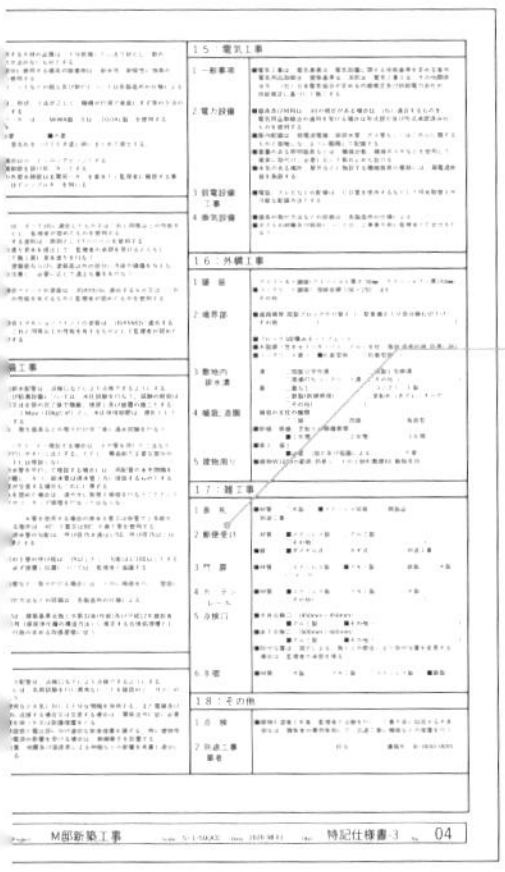

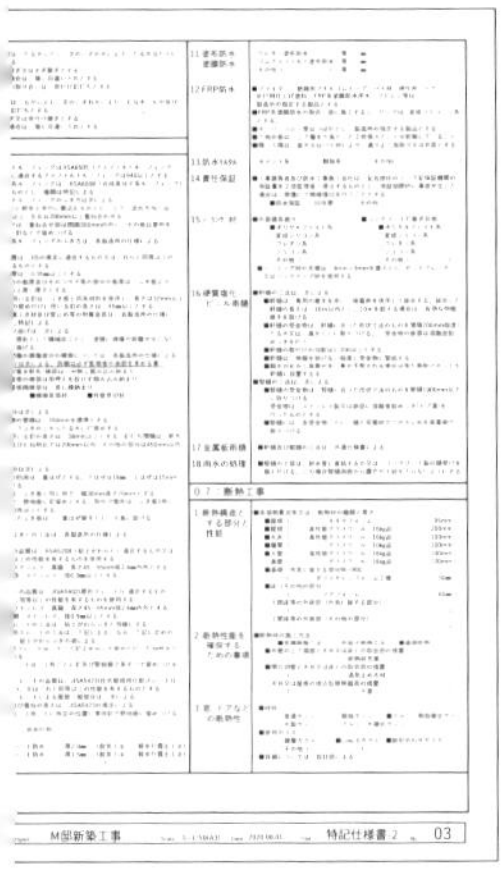

特記仕様書3枚目

08：内外装・造作工事

フローリングの貼り方、下地の注意点など、主に大工工事に関わる施工上の注意点を記載します。外壁のガルバリウム鋼板は割り付け、出隅・入隅の納まり、開口部廻りの納まりなどを監理者（設計者）と協議することを記載しています。

09：左官工事

外壁をモルタル仕上げとした部位があるので下塗りの養生期間を指定しています。またモルタル下地の防水紙の重ね代を90㎜以上とするなどの仕様も指示します。

10：仕上げ工事

浴室壁のタイルと洗面室床の塩ビタイルと室内のクロス貼りの壁について施工上の注意点を記載しています。

11：建具工事

アルミサッシ、内部ドアなどの建具についての仕様を記載します。使用する木材の品質や玄関扉の鍵などもここに示します。

12：塗装工事

塗装の種類ごとに使用を記載します。塗装見本を事前に提出して監理者（設計者）の承認を得るように指示しています。

13：給排水衛生設備工事

配管は構造耐力上主要な部分（基礎や柱、梁など）には埋設しないなどの注意事項を記載しています。排水管の勾配を屋内屋外の場合で分けて指示しています。

14：ガス設備工事

配管には埋設と露出部それぞれに適切な防食措置を行うことなど、施工上の注意点を記載しています。

15：電気工事

電話やテレビなどの配線は将来取り替え可能なものを使用するなど、電気工事で施工上気を付けることなどを記載しています。

16：外構工事

舗装面、敷地境界の仕様、縁石の処理、芝張りの保証期間などを記載しています。

17：雑工事

表札やポスト、カーテンレールなどその他の工事の仕様を記載します。

18：その他

ここでは1年点検についてを記載しています。

特記仕様書は、工事の施工について技術的な内容や図面では書き切れない工事の細かい事項を指定する図面です。工事の様々な内容がテンプレートとして記載されていて、その中からこの建物での細かい仕様について丸印やチェックをつけて選びます。特記仕様書に記載する内容は他の図面と重複する部分もでてきます。そのため、現場が混乱しないように図面間の整合性をきちんととることが重要になります。なお、特記仕様書に記されていない工事の標準的な仕様は「住宅金融支援機構監修「木造住宅工事仕様書」に準じています。

仕上表は建て主にサンプル提示し打合せで決めた外装材、内装材を、使う部位や部屋ごとに一覧表としてまとめたものです。住宅には様々な部屋があり、用途によって仕上げ材も変わってきます。各部屋のグレードやメンテナンスのしやすさなど、機能性もこの表で俯瞰的に家中の仕上げを確認することができます。

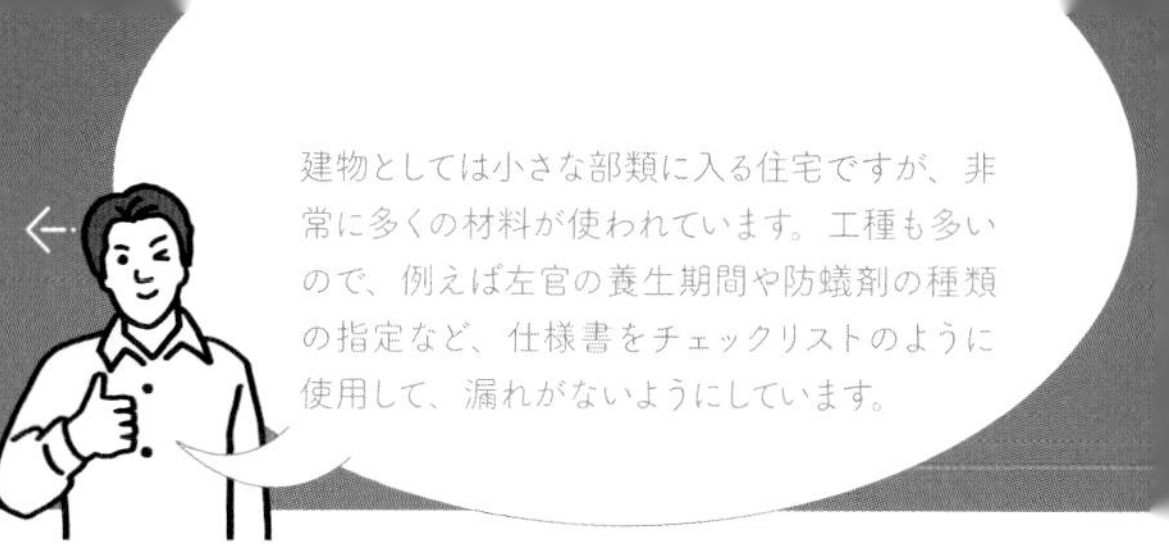
建物としては小さな部類に入る住宅ですが、非常に多くの材料が使われています。工種も多いので、例えば左官の養生期間や防蟻剤の種類の指定など、仕様書をチェックリストのように使用して、漏れがないようにしています。

重要な部分は目立つように工夫をしよう

建物の仕様によって特記する内容は変わります。基本は計画する建物で特殊な部分を適宜書き加えて利用します。施工者に必ず伝えたい事項にはアンダーラインを入れるなど、見やすい工夫をするとよいとでしょう。著者は0 ～ 18までの項目に分けた仕様書を使用しています。

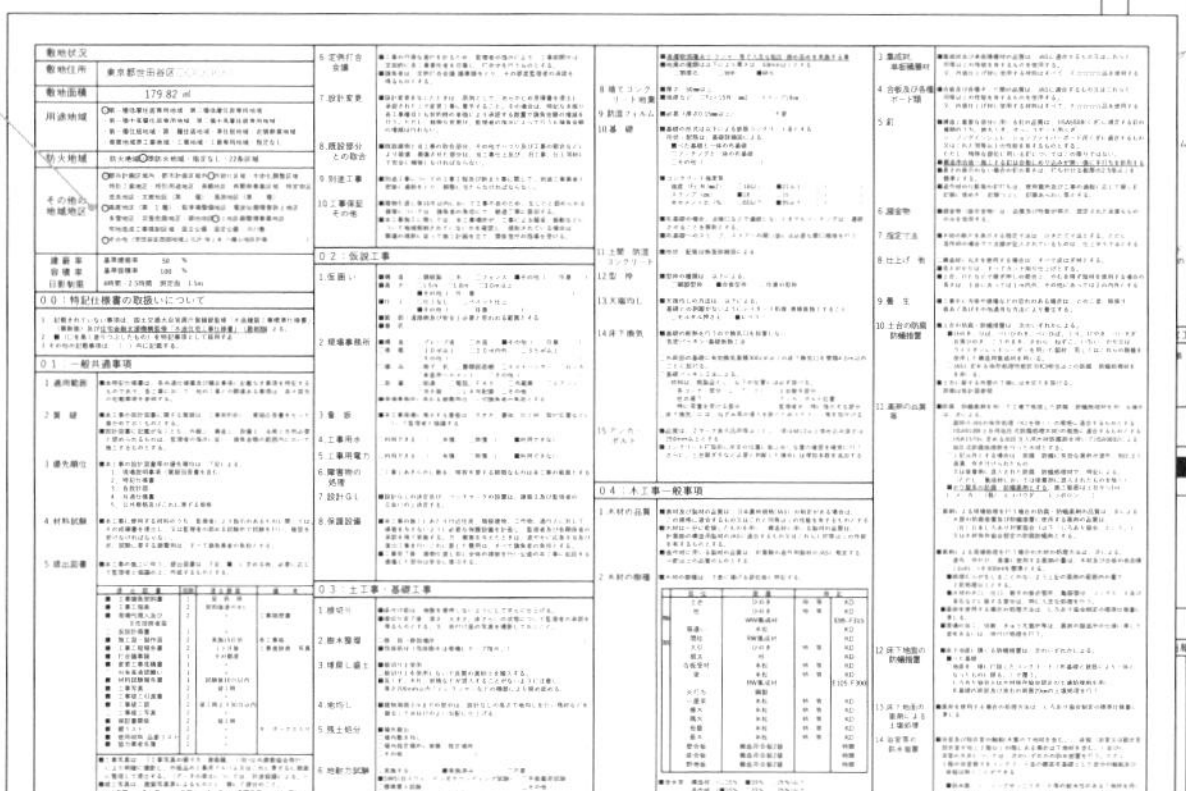
PLUS design
特記仕様書-1

PLUS design

特記仕様書 1 枚目

00：特記仕様書の扱いについて

特記仕様書に記されていない場合、工事の標準的な仕様は住宅金融支援機構監修「木造住宅工事仕様書」に準じるとしています。

01：一般共通事項

図面などの優先順位は「①現場説明事項、②特記仕様書、③各設計図、④共通仕様書、⑤公共規格及びこれに準ずる規格」の順になっており、特記仕様書は特に優先順位が高い図面です。ここでは施工者が現場で作製する提出図書を指定しておきます。

02：仮設工事

工事用水·電力を施工者が仮設として引き込む必要があるのかも確認しておきます。

03：土工事·基礎工事

地耐力試験（地盤調査）の有無を記載。基礎コンクリートの強度や品質も指示します。地業の項目では、表層に軟弱層があったためランマー等で十分転圧し、締固めをするように指示しています。

04：木工事一般事項

使用する木材の仕様を記載。構造材の含水率は20%以下、仕上げに使う造作材はより変形を抑えるために 15% 以下の材料を使うよう指示しています。また、構造材に塗布する防腐・防蟻材については、床下で揮発しない「ホウ酸系防蟻薬剤」として、使用するメーカー製品を指定しています。

特記仕様書 2 枚目

05：木造躯体工事

軸組の各部材の継ぎ方などを指示します。土台や大引、2 階床梁、胴差、垂木など細かく部材を分けて記載しています。

06：屋根工事

屋根の詳細な仕様を記載。今回は板金屋根とバルコニーの FRP 防水の項目などが対象になります。根の納まりは慎重に進めたかったため、監理者（設計者）の承認が必要とする旨を記載しています。

07：断熱工事

部位ごとに使用する断熱材の種類と厚さを指示します。ここを見ると断熱材の種類が一覧できます。

厚さなどの寸法も記載しておくと◎

建て主との打合せで決定した仕上げの材料を分かりやすく一覧できるのが仕上表です。詳細図や矩計図など仕上げが記載されている図面は多くありますが、仕上表に書かれている内容がその他の図面にもきちんと反映されているかしっかりと確認します。

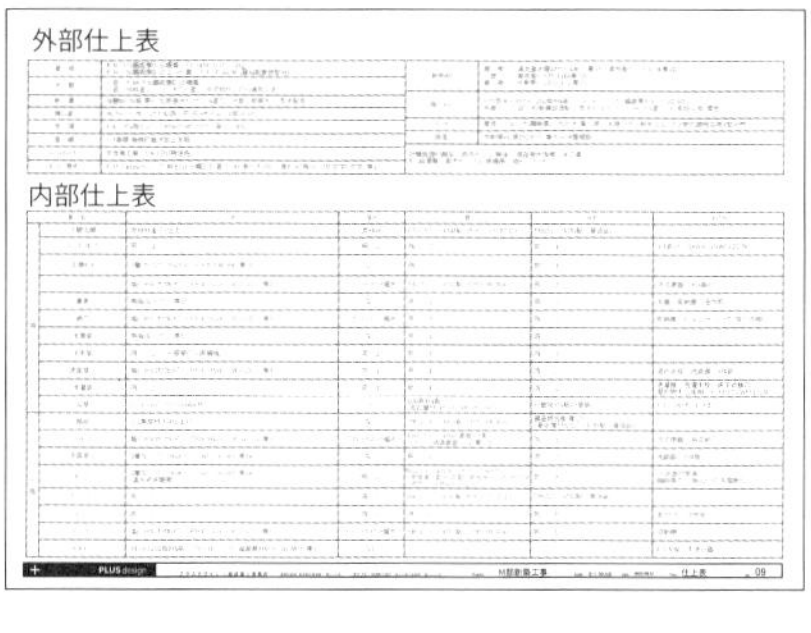
外部仕上表
内部仕上表
PLUS design
仕上表

外部仕上表

屋根・外壁・軒裏・バルコニー・玄関ポーチなど外回りの仕上が記載されています。

内部仕上表

各階ごとに各部屋の床・壁・天井など部位ごとの仕上げが記載されています。材料の商品名、品番や色の記載の他、仕上げ材の厚さも記載があると現場で下地の打合せの際に指示が出しやすくなり便利です。

外装材は立面図に色付け・書き込んで決定

ルーバー：レッドシダー
（キシラデコール塗り）
バルコニーと合わせて、水に強く外部で使えるレッドシダーを採用しています。

屋根：ガルバリウム鋼板
メンテナンスがほとんど不要なことから、近年もっとも広く使われている屋根材です。ガルバリウム鋼板には、主に縦ハゼ葺きと横ハゼ葺きがあり、今回は併用しています。

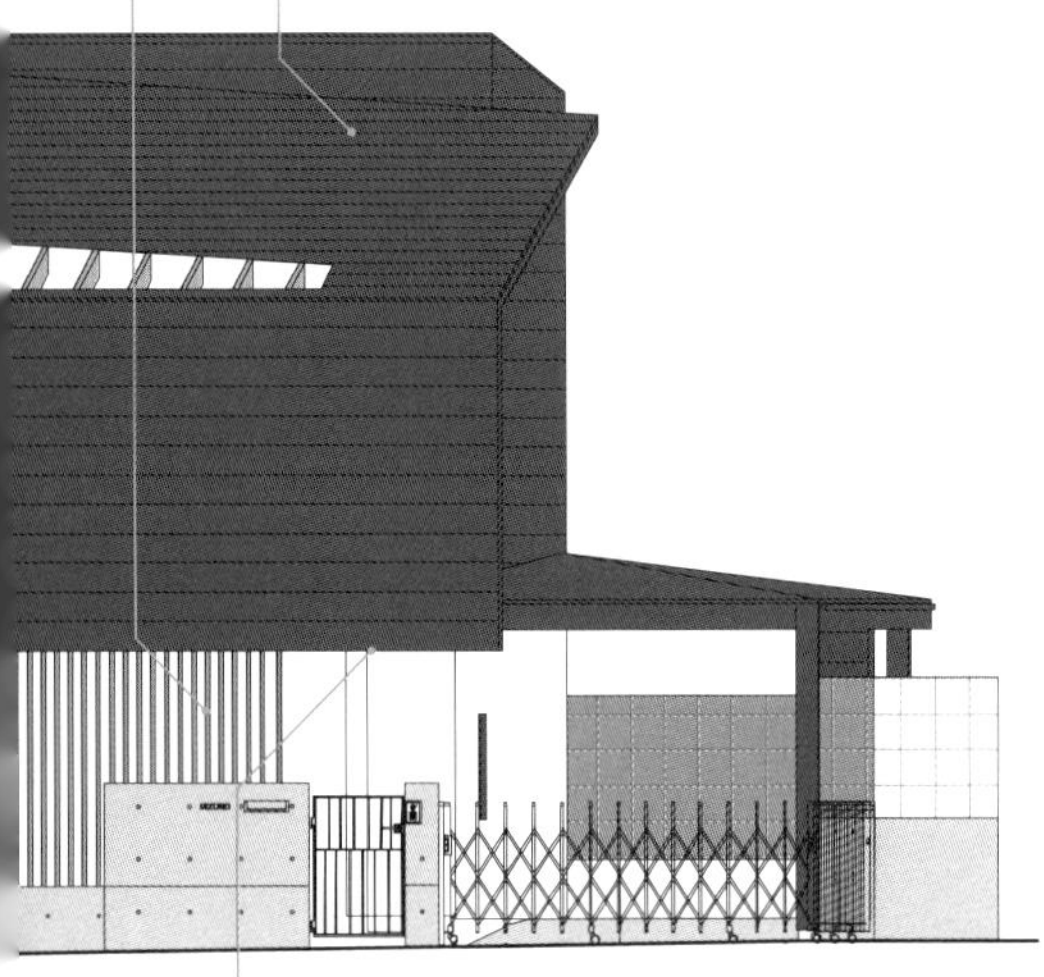

東側立面図

軒裏：ケイ酸カルシウム板
軒裏は防火性能が求められるため、不燃材料のケイ酸カルシウム板としています。

縦ハゼ葺き
縦ハゼ葺きは緩勾配屋根でも採用できます。

横ハゼ葺き
横線が美しい葺き方。3.5寸勾配以上の屋根勾配が必要です。

外装材は太陽光を受け、紫外線や熱膨張収縮を日々繰り返すことによって劣化が起こることを考慮する必要があります。また、台風による雨、風など過酷な条件下に耐えられる強度も求められます。建物の屋根庇の有無や周辺環境でも条件が大きく変わるため、どの外装材を選定するのか悩みどころですが、外装材を選ぶ時に特に注意したいのは、メンテナンス性についてです。メンテナンスが必要になる周期とコストを想定をし、初期コストとのバランスを考えて決定します。

また、例えば白い外壁の建物にしようした時、白いサイディング（パネル化された外壁材）にするとサイディング目地が出ますが、モルタル仕上げにすると外壁につなぎ目がない広い面をつくることができます。こうしたデザインのメリットとともに考える必要もあります。図面や写真では分からない質感もあるので、採用検討している外装材の実例を確認することをおすすめします。

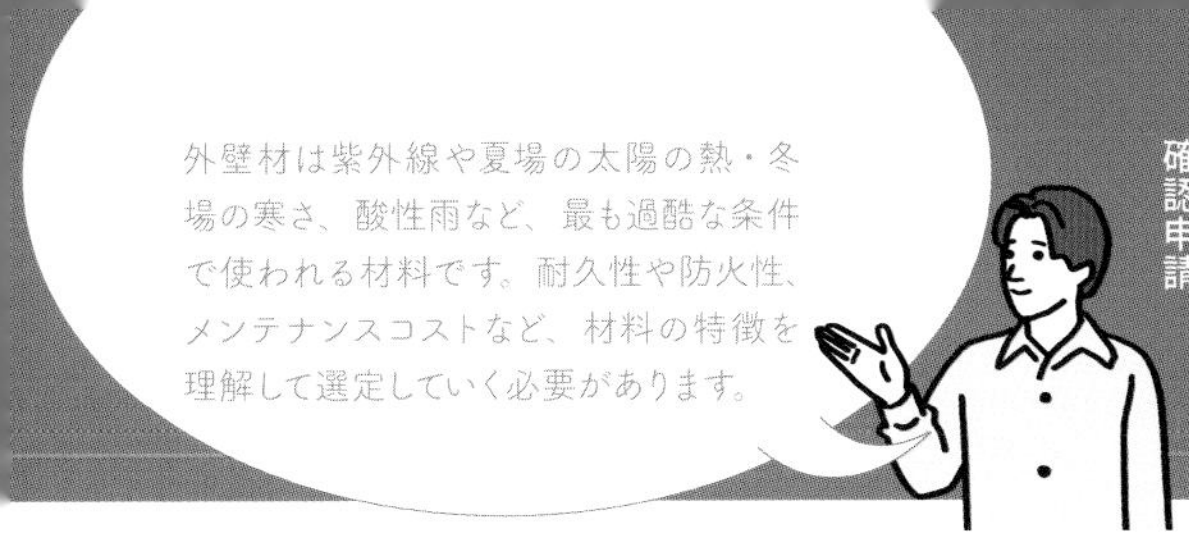
外壁材は紫外線や夏場の太陽の熱・冬場の寒さ、酸性雨など、最も過酷な条件で使われる材料です。耐久性や防火性、メンテナンスコストなど、材料の特徴を理解して選定していく必要があります。

外装材はデザイン性とメンテナンス性のバランスを考える

外壁材や屋根材などの外装材は、立面図に色をつけてバランスを見ながら検討していきます。施主への確認もスムーズに行うことができます。

バルコニー：レッドシダー

（キシラデコール塗り）

バルコニー手摺りは外装材のアクセントになるよう木材としています。水に強く、外部で使うことのできるレッドシダーを採用しました。

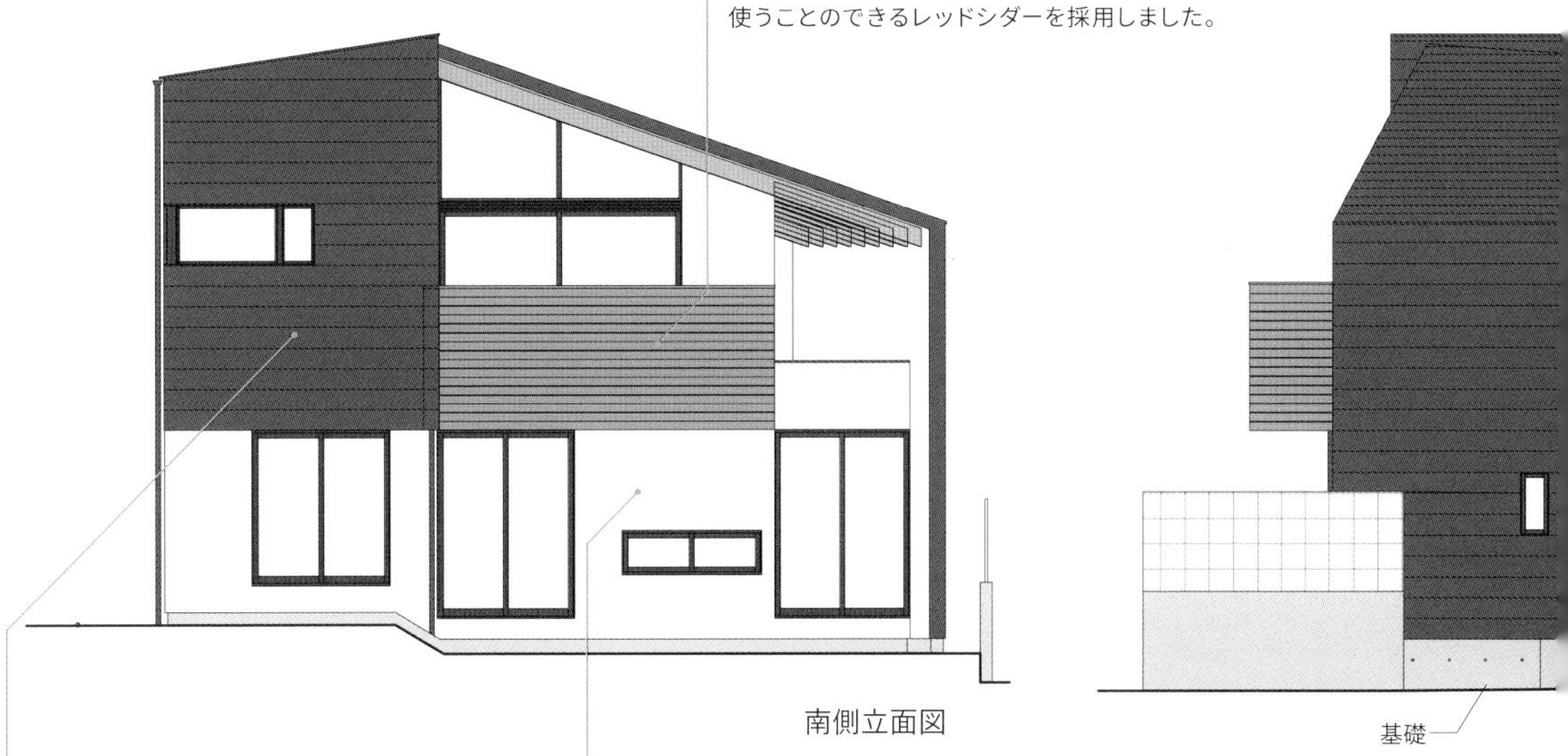
基礎

南側立面図

外壁：ガルバリウム鋼板横葺き

今回は屋根と外壁が一体になるデザインとし、水平のラインが通る横葺きにしています。

外壁：モルタル金鏝仕上げ

外観が重くなり過ぎないように、部分的にモルタル仕上げとしています。目地のない大きな壁面をつくることができます。モルタルは左官仕上げの他、吹付け仕上げなどもあり、様々な表情をつくることができます。

知っておきたい外壁の種類

建物全体の印象を左右する外壁は、主に右表の7つの観点を考慮して選定します。木造住宅の外装材ではガルバリウム鋼板の他、セメントを繊維で補強した窯業系サイディングやガルバリウム鋼板の金属系サイディングなどがよく採用されます

	耐久性	防火性	断熱性	遮音性	耐震性（重量）	初期コスト	メンテナンスコスト
窯業系外壁材	○	○	○	○	○	◎	○
金属系外装材	○	○	(△)	(△)	◎	◎	○
モルタル	△	○	○	○	△	○	△
タイル	◎	◎	○	○	△	×	△
板張り	△	×	○	△	○	△	△

メリット・デメリットを伝えてから決定

LDKの床：オーク3層フローリング

吹き抜け空間では冬場、暖かい空気は上に溜まってしまうため、輻射熱暖房が効果的です。今回はリビングの天井が高いことからも床暖房を採用。床の仕上げは床暖房による木材の収縮・膨張が出にくい3層フローリングを選択しました。一般構造材としてコストを抑えた垂木の表し天井に合わせて、あえて節あり複合フローリングを選定し、部屋全体で素材感を揃えています。また、木目の迫力がでて、素材感が強くなる幅の広い製品を選定しました。

樹種は堅く、傷が付きにくいオーク材。ナチュラルな色合いと美しい木目が特徴の使いやすい木材です。

パントリーの床：塩ビタイル

家族しか入らない空間のパントリーは、清掃性のよくコストも抑えられる塩ビタイル仕上げとしました。

LDKの壁：珪藻土塗り

珪藻土は調湿効果の期待できる左官材料です。美しいコテによるランダムな仕上がりが特徴です。コストとしては高めですが、LDKというメイン空間を上質な雰囲気にするために採用しました。

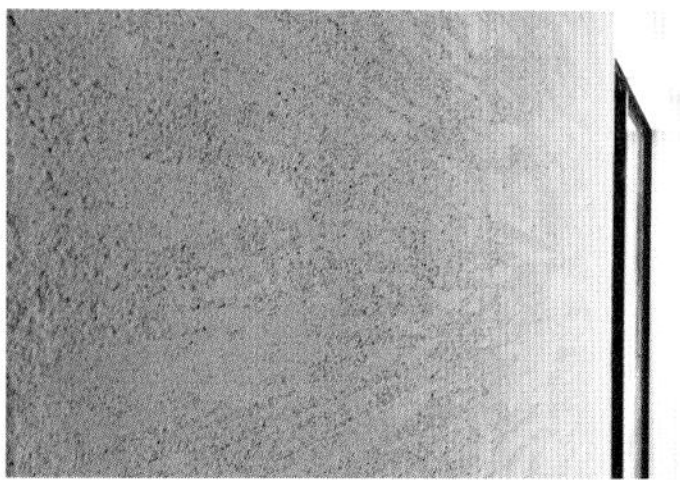

内装材をコストやメンテナンス性だけで選ぶと、いわゆる「新建材」と呼ばれるプラスチック製の材や本物の樹木に似せた化粧板などで室内をつくっていくことになります。天然素材はコストが高いうえ、反ったり割れたりとメンテナンスに手間が掛かり、クレームが起きやすいという課題があります。ですが、新建材は新築したときが百点満点の素材で、時間とともに古くなって劣化し、減点されていきます。一方で天然素材は経年変化で味わいを増し、古くなることが必ずしも悪いことではありません。こうした建材のメリット・デメリットを理解したうえで建て主にきちんと説明し、理解を得てから内装材を決定する必要があります。

基本設計時に事例写真などで内装のイメージを共有していますが、実際に何を選ぶのかは、実物サンプルを見ながら決めていきます。一般の建て主は建材の知識が豊富なわけではないので、まずは設計者からいくつか提案するとよいです。

床材は面積が多いため、室内の印象を大きく左右します。また、室内にいると必ず触れる（足の裏で）材料でもあります。そこで私はまず床材から決めていきます。限られた予算でも、床材だけちょっとよいものを使うとグッと上質な印象の住まいになります。

床・壁・天井をセットで メインとなる部屋から決定

内装材（床・壁・天井）の選定は、まずメインの空間になるリビングから決めていきました。特に注意したのは、垂木の表し天井です。垂木に採用するのは一般構造材なので、節や小さな欠けやひび割れがあります。木材の自然な風合いとして許容できるかは、人によって分かれるので、建て主と話し合いながら決めていきました。

LDKの天井：クロス

施工性とコストを重視して、クロスとしました。

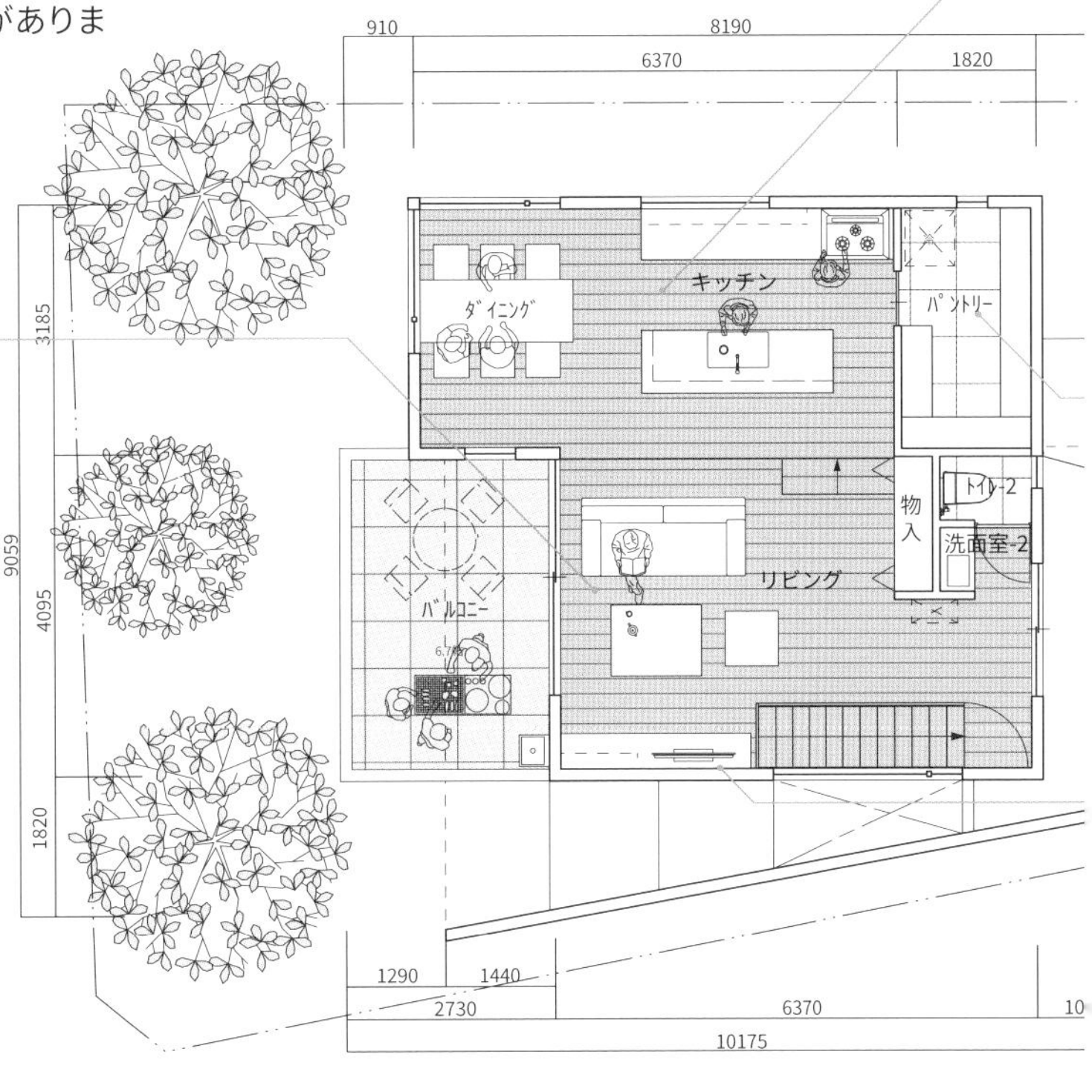

今回、床に採用したオークはあえて節のある商品を選定しています。カットサンプルを確認してもらっていますが、天然木なので色ムラがあることや木目も様々であることなど、特徴を説明して決定しています。

代表的な床仕上げ

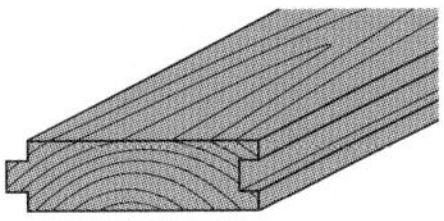

無垢フローリング

無垢フローリングは1枚の木材から加工された床材です。木材そのものの質感を感じることができ、経年変化が楽しめます。一方で温湿度の変化に影響を受けやすいという欠点があります。冬の乾燥時期の数カ月は木が縮み、フローリングとフローリングの間にわずかな隙間ができることがあります。春や夏になると、逆に木が伸びてその隙間が埋まるだけでなく、反ってきてしまうことも。特に床暖房を採用する場合は注意が必要です。

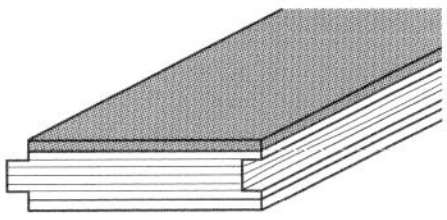

複合フローリング

複合フローリングは温湿度の変化の影響を受けにくいのが特長です。床暖房に使える商品も多くあります。大きく分けて2種類あり、「積層フローリング」は合板やMDF材でできた下地材の上に表面化粧板を貼り合わせたもの。表面化粧板には1㎜程度の厚めの挽き材が使用される場合と、0.3㎜程度の薄いロータリー材が使用される場合があります。この化粧単板の厚さの違いで、同じ複合フローリングでも仕上がり感はかなり変わってきます。

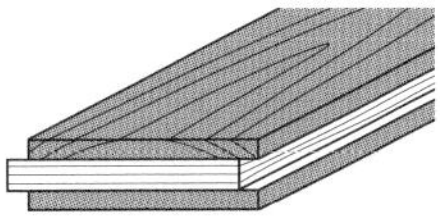

3層フローリング（複合フローリング）

「3層フローリング」は断面が3層に分かれていることから積層フローリングと区別される名前が付けられています。下地材の上に3～5㎜程度の厚めの表面材で構成されているため、無垢材と変わらない質感を得られます。機能性と質感のバランスが取れた床材と言えます。無垢材に比べて収縮が少ないので、床暖房を採用する時や幅広のフローリングにしたい時などに採用するとよいです。

素材の知識を身に着けて設計者から提案を

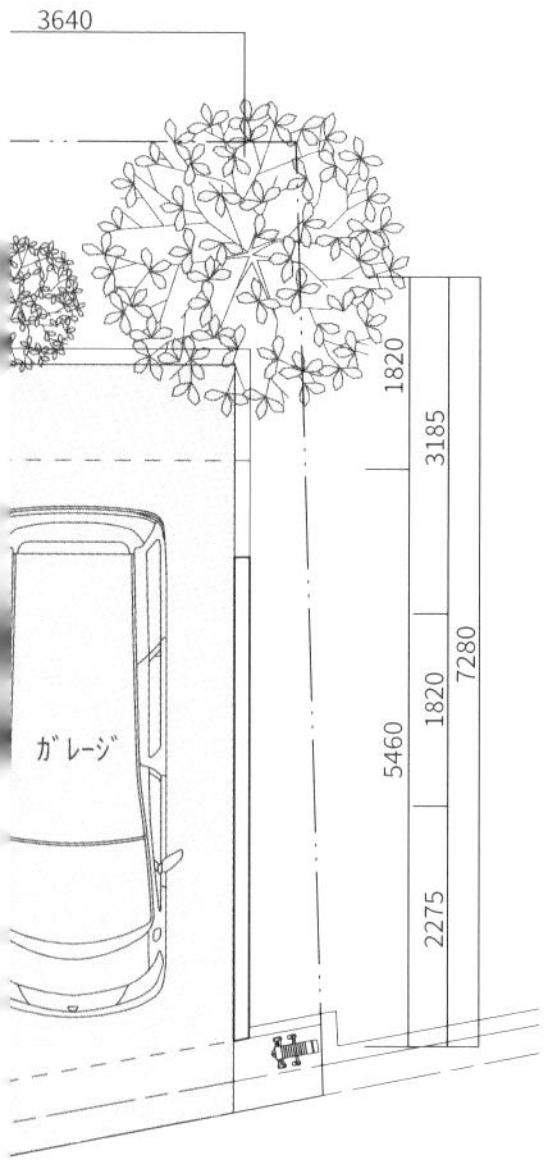
3640
1820
3185
7280
1820
5460
2275
ガレージ

サンプル確認で注意すること

各部屋にどのような内装材を採用するのか、カタログの写真を見て選ぶのではなく、素材の実物を見て触って、確認して決めていきます。サンプルを見るときは、2つの注意点があります。

光の色

同じ色でも当たる光の色で雰囲気が大きく変わります。太陽光の下で実際に太陽の光が当たる角度に合わせてサンプルを見ます。特に外壁材はサンプルを壁に立てて見ることが重要。上から見るのとでは雰囲気がまったく異なります。室内の建材も同様に、使う部位ごとに床材は下に置いて、壁材は立てかけて素材を見ます。

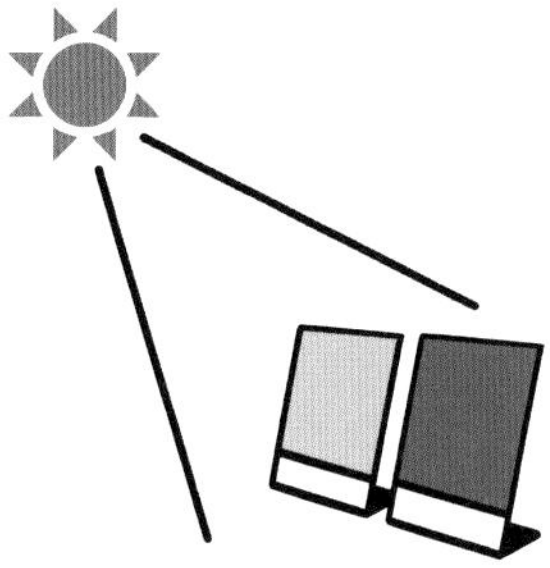

面積効果

同じ色でも大きな面積と小さな面積とでは色の見え方が異なります。小さい面積よりも大きい面積で見たときの方が、明るい色はより明るく鮮やかに、暗い色はより暗く感じられます。そのため、小さいサンプルで見ているときよりも、実際に壁や床などの広い面積で見たときの方が色のイメージが強くなることに注意します。外壁塗装では淡彩色はワンランク濃い色を、濃色はワンランク薄い色を選ぶとよいでしょう。

明るい色

暗い色

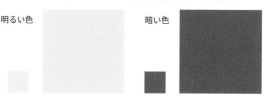

素材の選定は非常に楽しいものです。同じ建物でも色や質感、使う素材で全く異なる空間になります。その分、悩むことも多いです。住宅は長く使うことになりますが、素材本来の色は飽きがこないことを建て主には伝え、また基本的には多くの色を使いすぎて雑多な印象にならないように注意しています。

小さなカットサンプルで素材を確認していきますが、建物全体としての視点をもって一つ一つを選定して行くことが重要になります。また、カタログでは素材のデメリットや注意点を知ることはできないので、初めて素材を目にする建て主主導で選定するのはハードルが高く、設計者が提案していくことが大切です。

各素材について見識を深めるには、信頼できる専門家と親しくなるのが一番の近道です。長年様々な木材に関わってきた木材販売の担当者や実際に施工する職人さん、施工者はメンテナンスを見ているので経年劣化も聞くことができます。

長く設計していると様々な専門家と出会います。素材のことに限らず彼らから知識を得て見識を深めることはとても貴重な体験であり、彼らとの一期一会が設計者の成長につながります。

1階と2階の床材は使い分けてもOK

床の仕上げは、2階のLDKには床暖房に対して、床暖房の敷かない1階については同じ素材とはせず、快適性の観点から使い分けをすることにしました。

寝室・子供室の床：無垢フローリング

1階にある子供室と寝室は、床暖房が入っていなくても足の裏がヒヤッとしにくいように杉の無垢フローリングを採用しました。柔らかいので傷が付きやすいため、経年変化を含めて味だと思えるかを建て主と確認しました。

玄関土間：墨モルタル

玄関の土間は当初、タイルにしようと考えていましたが、全体の建設費を下げるために、墨モルタル仕上げにしました。必ずひび割れが入るので、それを風合いとして考えられるか、建て主へ確認しています。

8190
5170
1200
1200
3185
2275
9059
1820
1779
木製フェンス
h=1600
本棚
主寝室
書斎
納戸
可動棚
子供室
シューズクローク
ピアノ床補強
土間玄関
浴室
洗面室
トイレ-1
坪庭
土間
コンクリート
洗濯室
1820
1530
1200
2730
8190

サンプル打合せを行って決定した仕上げは「仕上表」に、部屋ごとに床・壁・天井、また床と壁の見切りとなる幅木を記載します。

水廻りの床・壁：塩ビタイル・ビニールクロス

水廻りの床と壁はそれぞれ、メンテナンス性と清掃性などを考慮して決定しました。

知っておきたい木材の種類と特徴

針葉樹

成長のスピード：早い。山に植樹してすぐに出荷できるので価格が安め

成長の仕方：真っすぐ伸びる。柱や梁など長い材料が取りやすい

木の密度：空気が多い。柔らかく、暖かい手触り。

代表的な針葉樹：スギ、ヒノキ

広葉樹

成長のスピード：遅い。出荷できる太さになかなか成長しないため、広葉樹は価格が高くなりがち。

成長の仕方：横に広がる。真っすぐな材料が取りにくい。

木の密度：空気が少なく、詰まっている。堅く、冷たい手触り。

代表的な広葉樹：オーク、タモなど

図面にはカウンターの高さなど、様々な部位な部位を書き込みます。日頃からメジャーを持ち歩き、色々な場所を測ると適正な寸法感覚が身に付きます

展開図で室内をくまなく確認する

平面詳細図や矩計図だけでは、窓の高さがどうなっているのか、洗面台の引き出しの深さはどのくらいなのかなど、使い勝手や住み心地に直結する細かな部分は分かりません。それは建築の知識のない建て主ならなおさらでしょう。そうした時に役に立つのが展開図です。展開図を見ると各部屋の室内の様子がよく分かります。

建て主との打合せでは、部屋の中央から室内の東西南北に向かった4面を図面化し、平面図と合わせて各方向がどうなっているのか確認し、納まりや見え方の検討をしていきます。縮尺は1／50～30程度。サッシや建具、造作家具などの書き込みを行うことはもちろん、工事に含まれない持ち込み家具も点線で書いておくとイメージがしやすいのでよいでしょう。スイッチやコンセントなどの設備関係やタオル掛けなども、使い方や人の動きを想定して、書き込んでいくことも重要です。

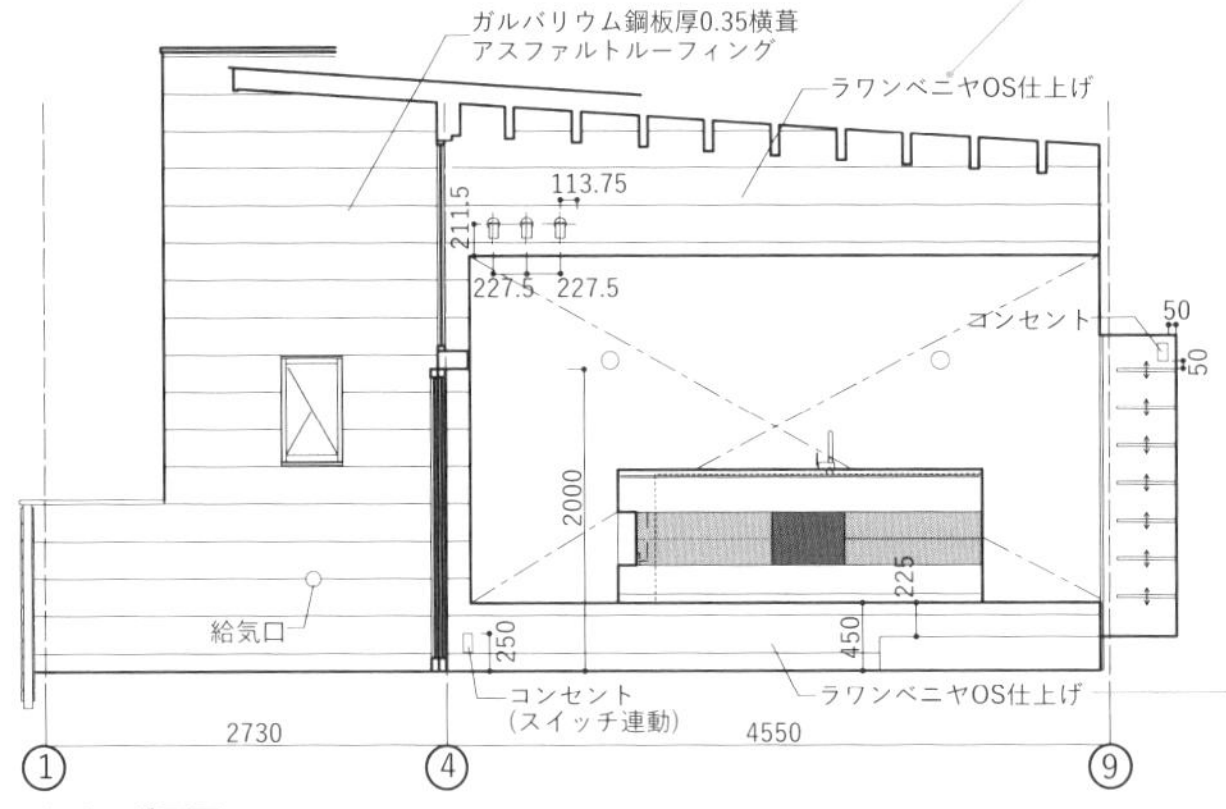
ガルバリウム鋼板厚0.35横葺
アスファルトルーフィング
ラワンベニヤOS仕上げ
113.75
211.5
227.5
227.5
コンセント
50
50
2000
225
給気口
250
450
コンセント
（スイッチ連動）
ラワンベニヤOS仕上げ
2730
4550
1
4
9
リビング西面

段差で隔てられたダイニングキッチン側（西面）の室内壁は、外壁のガルバリウム鋼板横葺きと連続して見えるように、ラワンベニヤを外壁のガルバリウムと同じ幅で下見張りとし、ペンキで仕上げることに。一目でわかるように、展開図にも書き込みを行います。

仕上げを書き込みます。素材の色もつけるとさらにわかりやすくなります。ちなみに同じ部屋で使う色数を増やすと乱雑な雰囲気になるので、仕上げは3色以下に抑えるとよいでしょう。

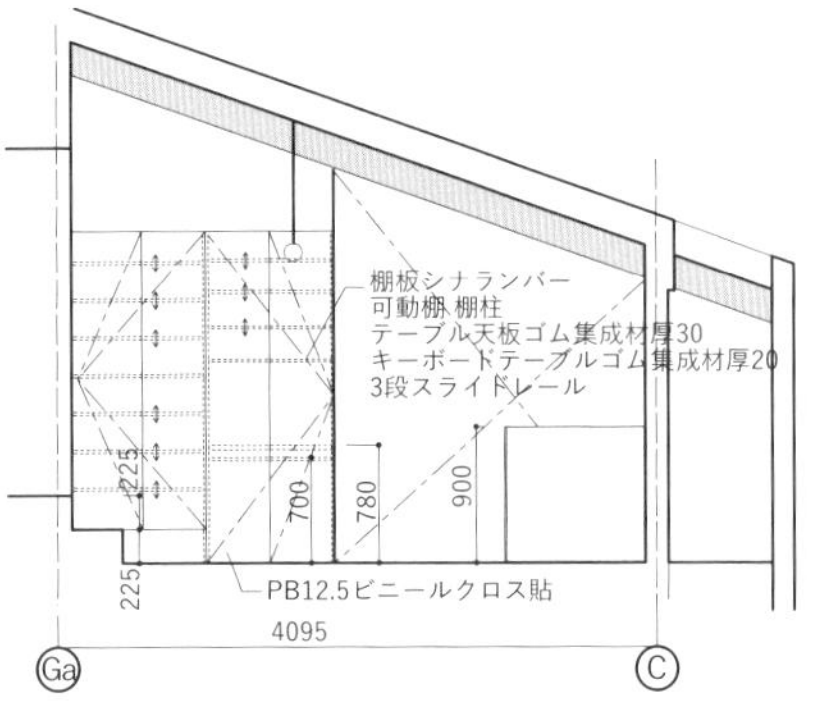
棚板シナランバー
可動棚 棚柱
テーブル天板ゴム集成材厚30
キーボードテーブルゴム集成材厚20
3段スライドレール
225
700
780
900
225
PB12.5ビニールクロス貼
4095
Ga
C
リビング北面

室内から見た壁のバランスを見て、棚の位置などを決めていきます。展開図のほかに、各部屋の内観スケッチもあると空間を理解しやすく、建て主との打合せもスムーズに進みます。

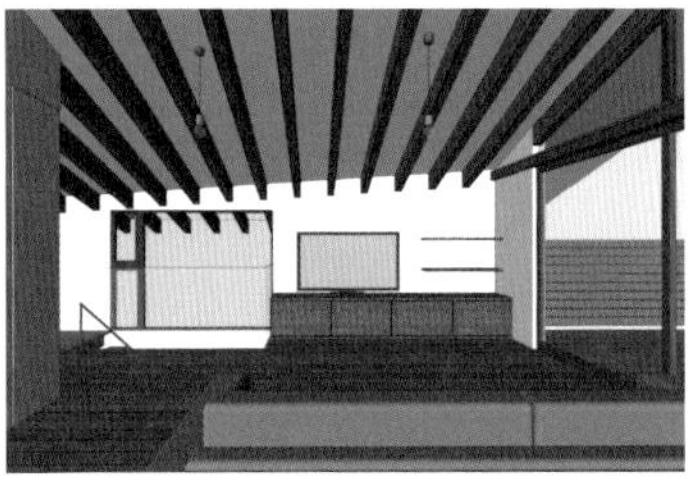

展開図の情報量は多いほど、あとがスムーズに

タオル掛けなどは強固に固定するために壁を下地補強しておく必要があります。ですが、現場では竣工間際に設置するので、設置したい場所に下地がないなど、トラブルがおこりがちです。展開図に紙巻機やタオル掛けなど書き込んでおくと、現場で大工が機器類設置のためにどこに下地を入れるかがわかりやすくなります。このように展開図にはさまざまな情報を書き込んでおくと、現場をスムーズに進めることができます。

照明やスイッチなどの設備類も高さ・位置がわかるように書き込みます。

テレビ台の高さは、設置するテレビ画面の中央が見る人の目線高さより少し低い方が疲れにくいと言われています。近年、テレビの大型化が進んでいるので、目が疲れやすくないようにソファーからテレビまでの距離を少し長めに取るとよいでしょう。

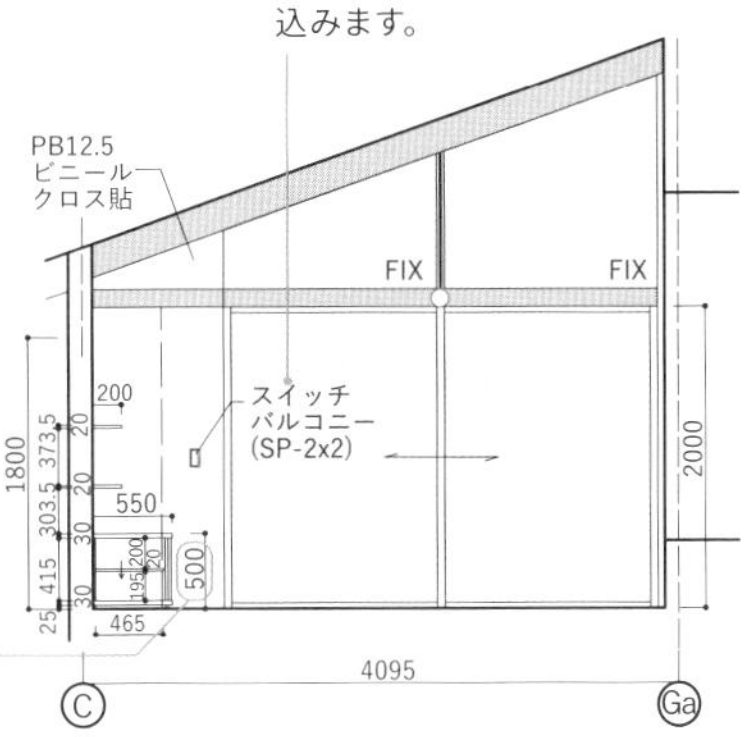

リビング南面

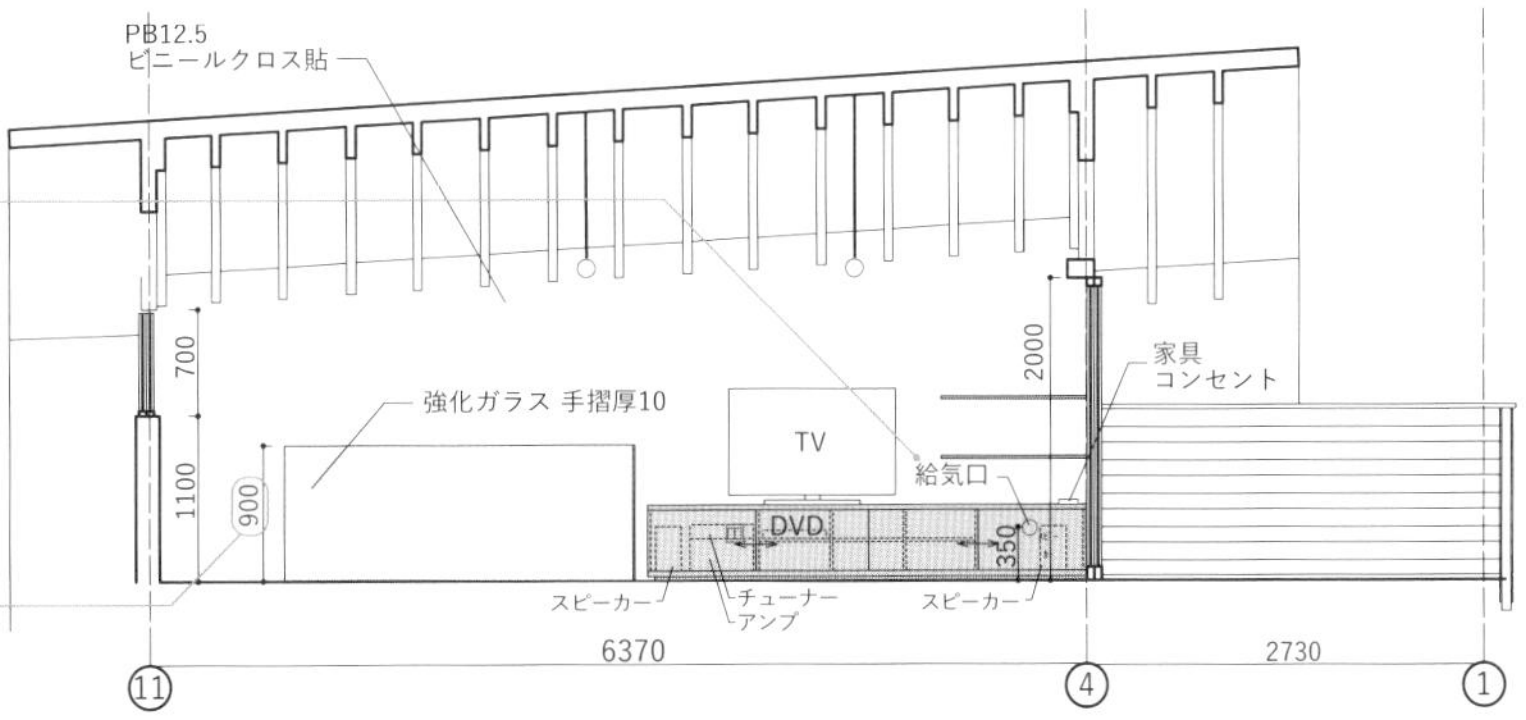

リビング東面

床近くに配置される給気口の位置も注意が必要です。書き込んで、家具と干渉しないかなど、納まりに問題がないかを確認します。

窓の高さや、手摺りの高さを記載します。高さは図面だけでなく、コンベックス（メジャー）で実際の高さを確認しながら決めることが大切です。

水廻りも玄関もすべての空間を作成

展開図は、LDKや寝室などのメインの空間だけでなく、トイレや洗面室などあらゆる部屋のすべての面を作成します。壁に現れるすべての情報を書き込んで、高さなどを検討します。

下地が必要なタオル掛けや棚などの位置も正確に記します。

固定棚なのか可動棚なのかもわかるようにしておきます。

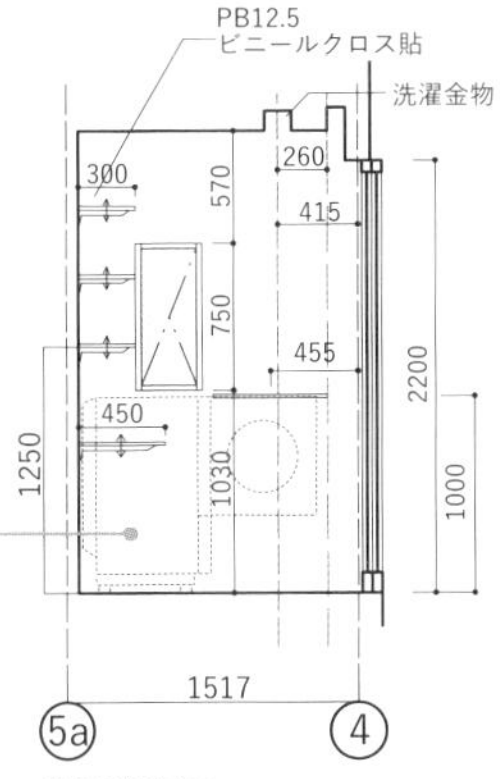

洗面室東面

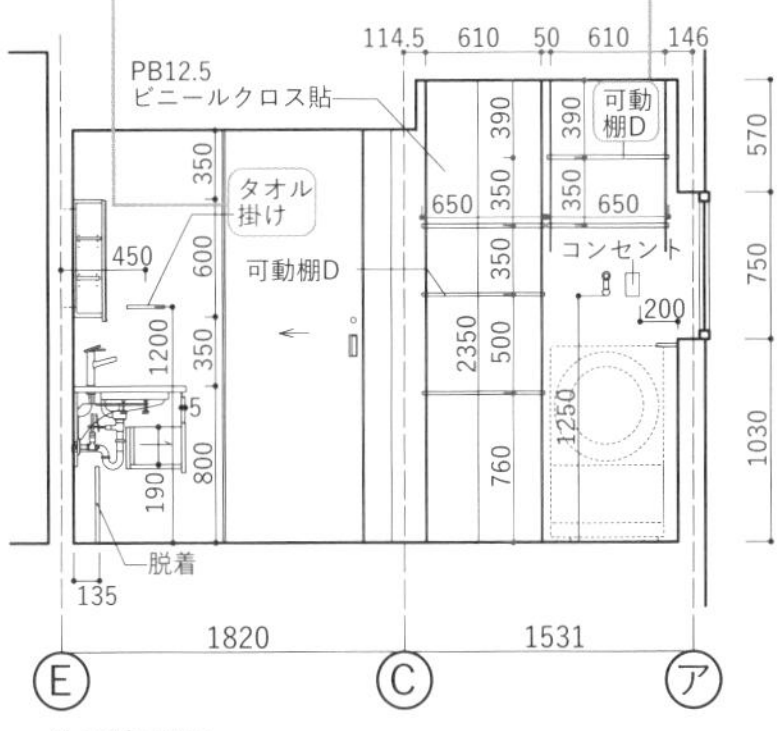

洗面室北面

収納は何を入れるのか、入れたい物の大きさを確認し、収納に何がどのくらい入るのかを想定して作成します。家電の大きさも書き込みます。

ミリ単位で納まりを検討する詳細図

必ず詳細図を書いて検討する階段の納まり

天井高さに余裕がない場合は特に1段目2段目あたりで階段を上がる人が天井に頭がぶつかりそうにならないかを確認します。2階に上がる最後の段の框の納まりは、現場で必ず打ち合わせするポイントになります。階段の手摺りの高さと形状、設置するのは左右どちらがよいのかも検討します。

階段断面詳細

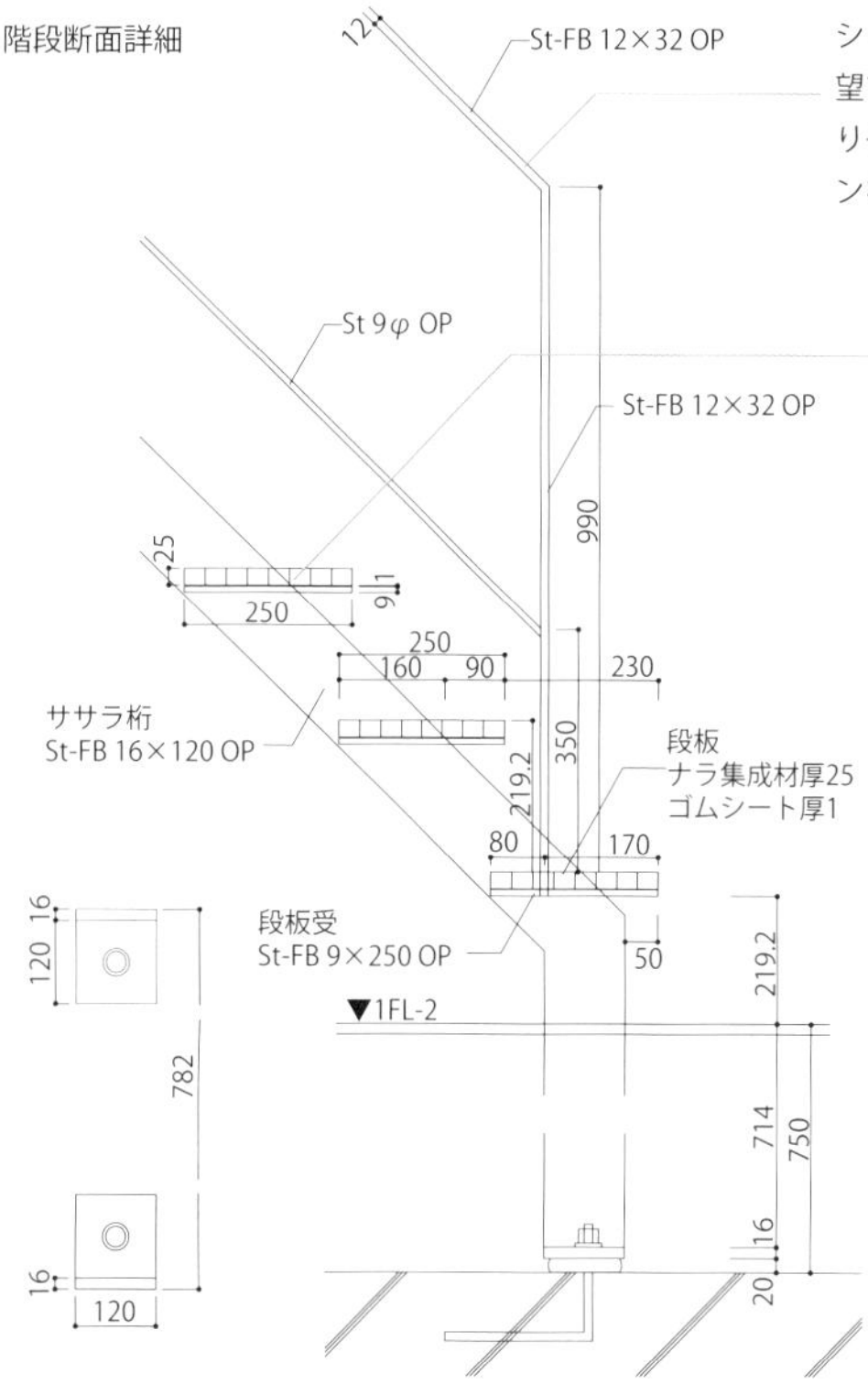
12
St-FB 12×32 OP
St 9φ OP
St-FB 12×32 OP
990
25
250
9.1
250
160
90
230
ササラ桁
St-FB 16×120 OP
350
219.2
段板
ナラ集成材厚25
ゴムシート厚1
80
170
段板受
St-FB 9×250 OP
50
219.2
▼1FL-2
16
120
782
714
750
16
20
16
120

シャープな印象のスチール階段は、建て主の強い要望で採用したもので、玄関の見せ場の一つです。手摺り子部分が目立たず、段板がきれいに見えるデザインを詳細図で考えて採用しました。

段板は足が触れる場所なのでナラの集成材としました。歩行感をよくする目的と、軋み音がしないようにゴムを挟んでいます。

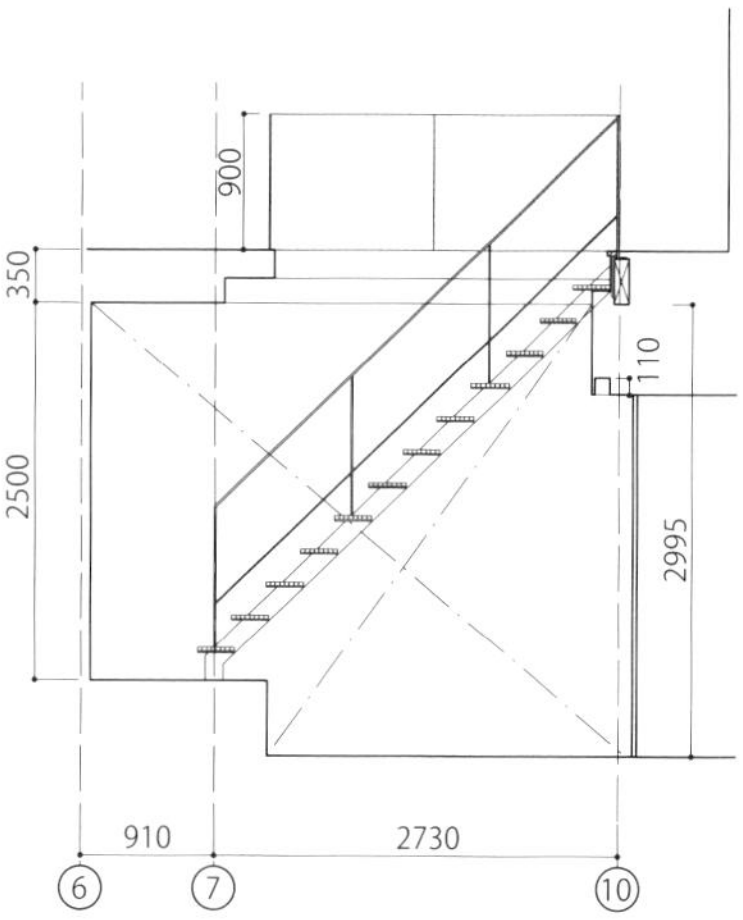
900
350
2500
110
2995
910
2730
⑥
⑦
⑩

実施設計で詳細図を作成するのは、ミリ単位で寸法を検討しておかなければならない部位の軒先、サッシ開口部、内部建具枠周り、階段です。

屋根の軒先納まりは外壁や雨樋など様々な部材が絡む箇所であり、外壁や屋根通気にも絡んでいるため、詳細図を作成して検討します。開口部はデザイン的に最も気を使う場所です。サッシや内部建具周りの納め方は設計者によって異なるので現場で施工者との打合せにも使います。階段は階高によって蹴上げが変わり、踏面や蹴込み寸法も異なります。昇降のしやすさを左右するため、詳細図を作成してしっかり検討します。

納まりが特殊で技術的に難しいところは施工者と協議しながら決めていくこともあります。施工者が事前にポイントを把握しておけるので工事中のトラブルが回避できます。施工者と知恵を出し合い、安全で美しいディテールを練り上げるのは詳細設計の醍醐味です。

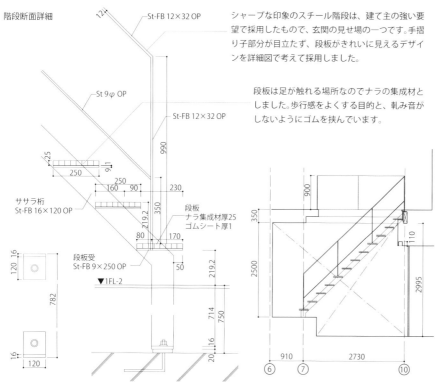

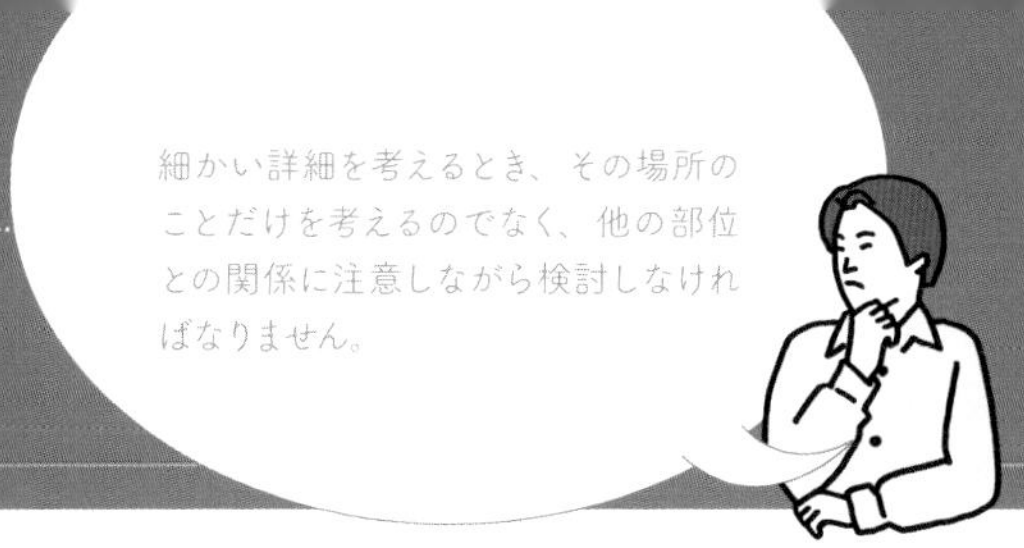
細かい詳細を考えるとき、その場所のことだけを考えるのでなく、他の部位との関係に注意しながら検討しなければなりません。

外部内部のどちらの納まりも検討するサッシ廻り

外部開口部は、外壁とサッシとの取り合いや、室内の窓枠の納まりがわかるように詳細図を作成します。建物の中も外もすっきりと見えるように納まりを検討しました。

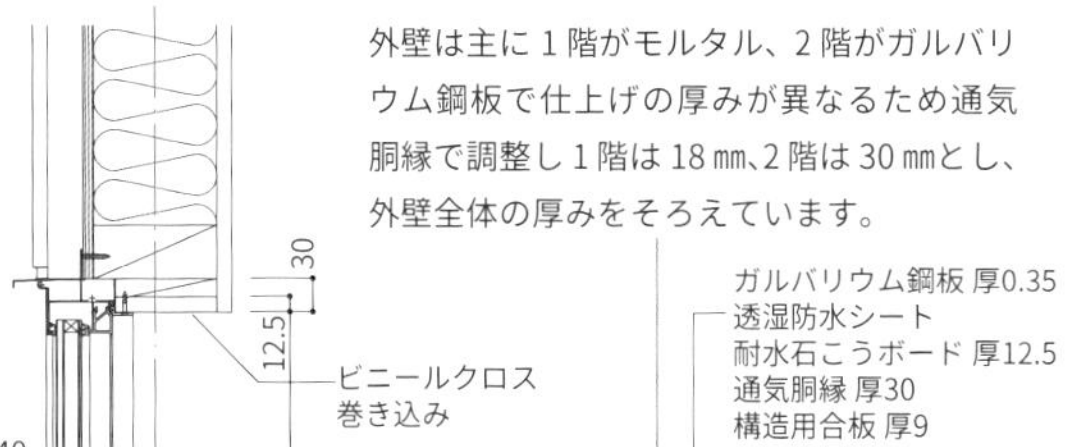
外壁は主に1階がモルタル、2階がガルバリウム鋼板で仕上げの厚みが異なるため通気胴縁で調整し1階は18㎜、2階は30㎜とし、外壁全体の厚みをそろえています。
ガルバリウム鋼板 厚0.35
透湿防水シート
耐水石こうボード 厚12.5
通気胴縁 厚30
構造用合板 厚9
ビニールクロス
巻き込み

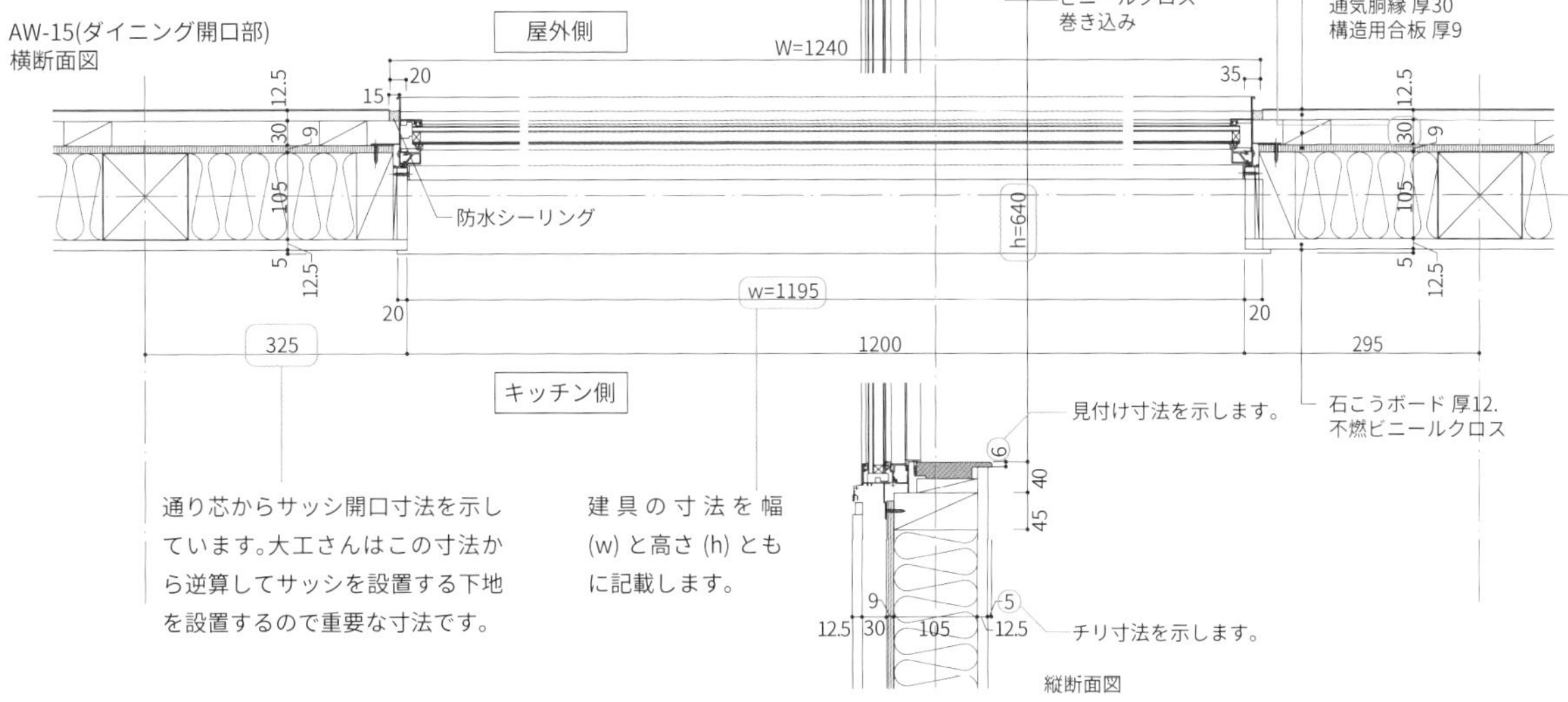
AW-15(ダイニング開口部)
横断面図
屋外側
W=1240
防水シーリング
h=640
w=1195
325
1200
295
キッチン側
見付け寸法を示します。
石こうボード 厚12.
不燃ビニールクロス
通り芯からサッシ開口寸法を示しています。大工さんはこの寸法から逆算してサッシを設置する下地を設置するので重要な寸法です。
建具の寸法を幅(w)と高さ(h)ともに記載します。
チリ寸法を示します。
縦断面図

各部材が取りつく軒先も詳細図を作成

軒先は、収まりが異なるすべての部位の詳細図を作成します。今回は掛け違いになっている棟部は換気が問題なくできるように注意しながら詳細を検討しました。

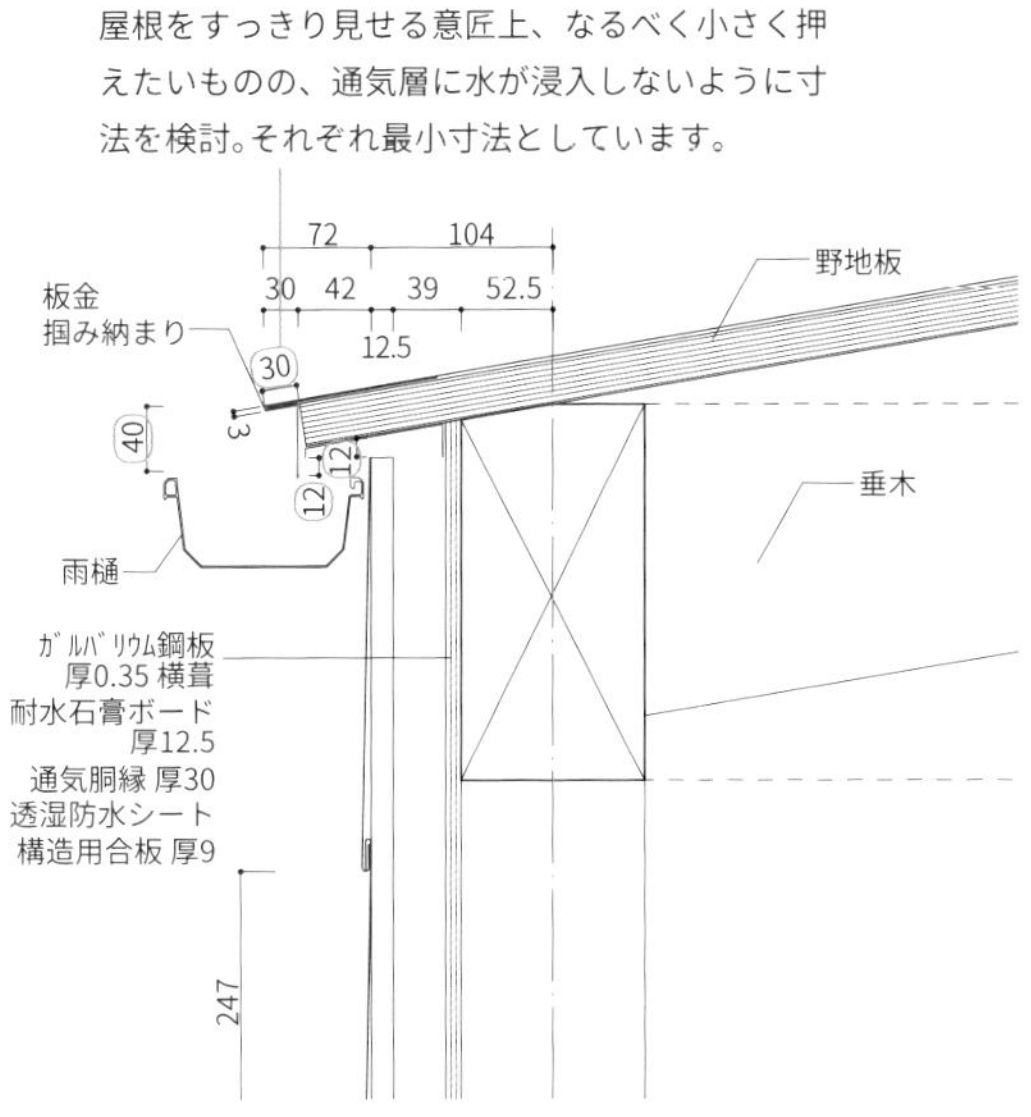
屋根をすっきり見せる意匠上、なるべく小さく押えたいものの、通気層に水が浸入しないように寸法を検討。それぞれ最小寸法としています。
板金
掴み納まり
野地板
垂木
雨樋
ｶﾞﾙﾊﾞﾘｳﾑ鋼板
厚0.35 横葺
耐水石膏ボード
厚12.5
通気胴縁 厚30
透湿防水シート
構造用合板 厚9

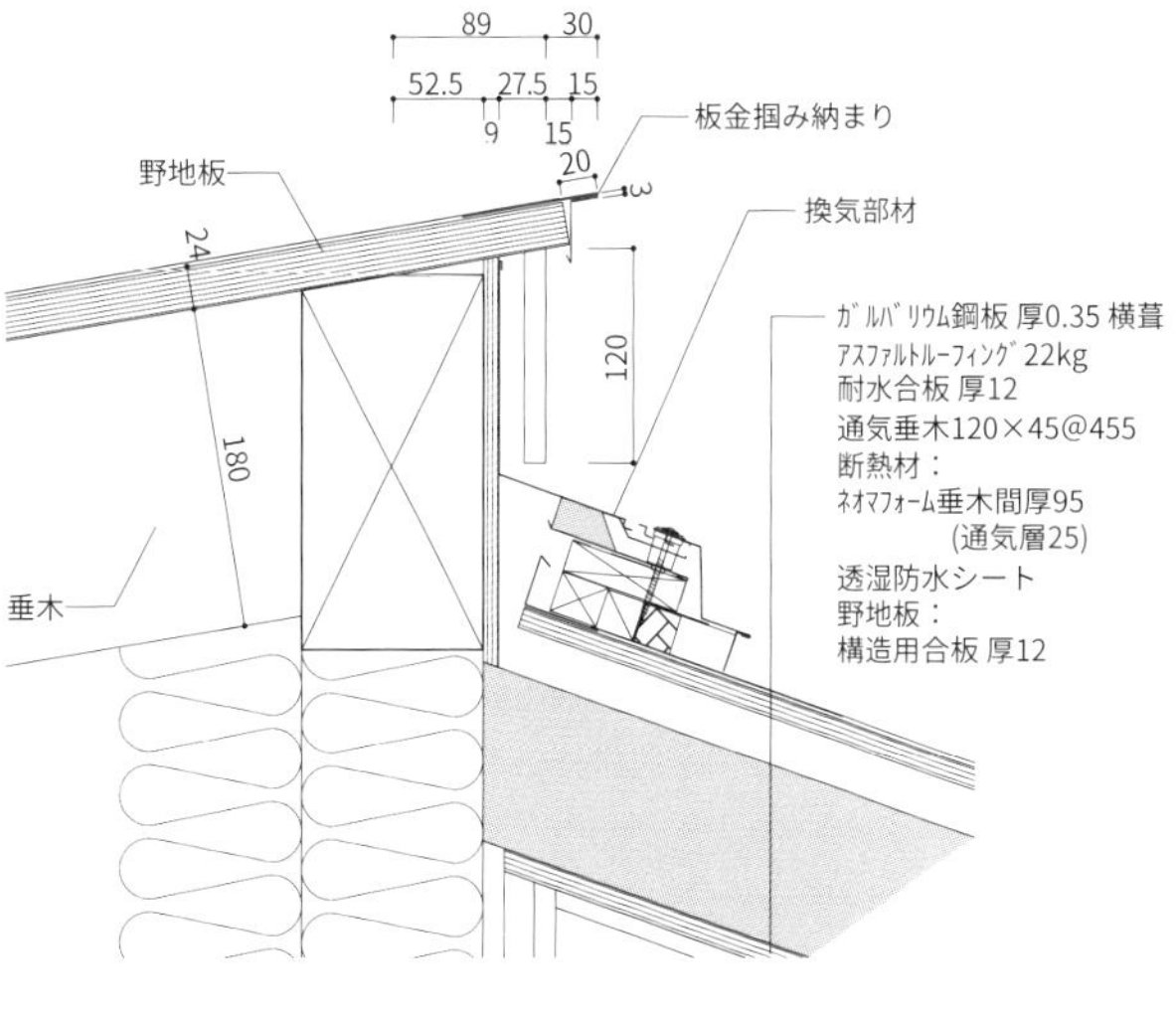
板金掴み納まり
野地板
換気部材
垂木
ｶﾞﾙﾊﾞﾘｳﾑ鋼板 厚0.35 横葺
ｱｽﾌｧﾙﾄﾙｰﾌｨﾝｸﾞ 22kg
耐水合板 厚12
通気垂木120×45@455
断熱材：
ﾈｵﾏﾌｫｰﾑ垂木間厚95
(通気層25)
透湿防水シート
野地板：
構造用合板 厚12

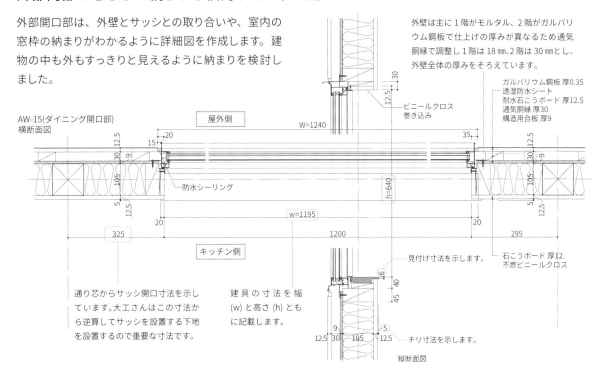

造作家具で統一感のある空間をつくる

テレビ台の家具図は、建て主から収納するブルーレイやオーディオ、ゲーム機などを打合せで聞き出し、家具の中にコンセント類を設けたり、配線ルートを確保したりと、外にコードなどが見えない納まりとなるように検討いました。

手掛けなど、より詳細が必要な部分は縮尺をアップしたもので検討し、寸法などの詳細を伝えます。

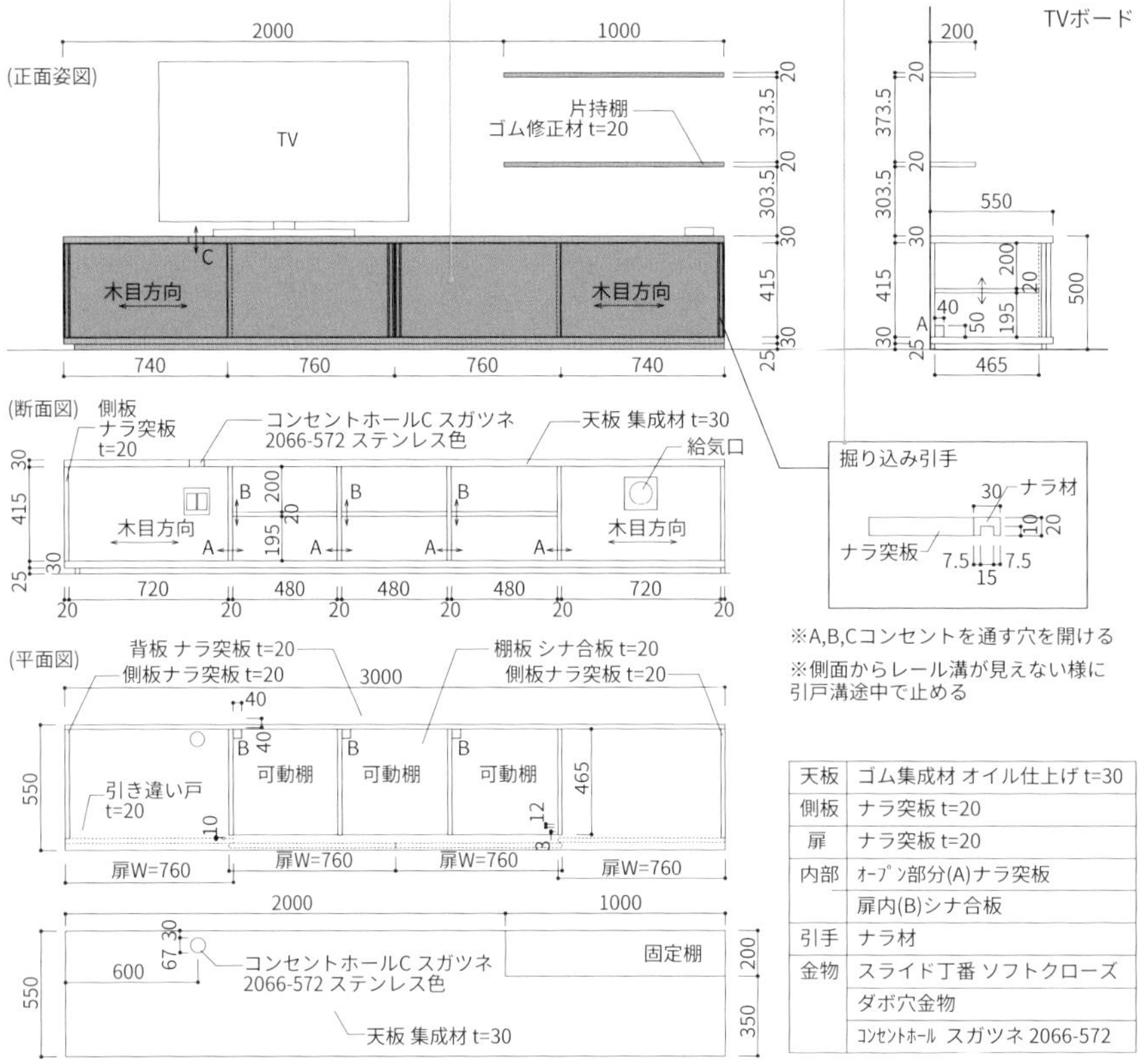

※A,B,Cコンセントを通す穴を開ける
※側面からレール溝が見えない様に引戸溝途中で止める

天板	ゴム集成材 オイル仕上げ t=30
側板	ナラ突板 t=20
扉	ナラ突板 t=20
内部	ｵｰﾌﾟﾝ部分(A)ナラ突板
	扉内(B)シナ合板
引手	ナラ材
金物	スライド丁番 ソフトクローズ
	ダボ穴金物
	ｺﾝｾﾝﾄﾎｰﾙ スガツネ 2066-572

住宅の家具には既製品を買ってきて置くいわゆる「置き家具」と、部屋の広さに合わせて特注で製作する「造作家具」があります。造作家具は収納する物のサイズを確認しながら室内の広さに合わせてつくります。スペースの無駄がなくなりますので収納量も最大化できます。また自由に色や素材を選べるので建物全体のテイストを揃え統一感のある空間をつくることができます。

造作家具は「家具図」を作成して、寸法や納まりを細かく指示する図面です。建て主と具体的な使い方や収納する物などについてひとつひとつ打合せしながら作成していきます。今回はリビング東側に造作のテレビ台を設けています。壁は表情のある左官仕上げにし、壁にオープン棚を設けて好きな物を飾れるようにしました。建て主が毎日眺めることになるリビングのなかでも存在感のある家具のため、造作家具として壁面と一体にデザインしています。

今回はテレビボードや洗面化粧台のほか、造作の棚があるキッチンやトイレ、書斎なども家具図を作成しています。使い勝手に係る部分なので慎重に検討して図面に反映したいものです。

コンセントや照明の位置なども考慮する家具の詳細図

家具図には寸法のほか、素材や木材を使用する場合は木目方向、塗装の種類、使う金物、衛生器具の品番なども記載します。

洗面化粧台

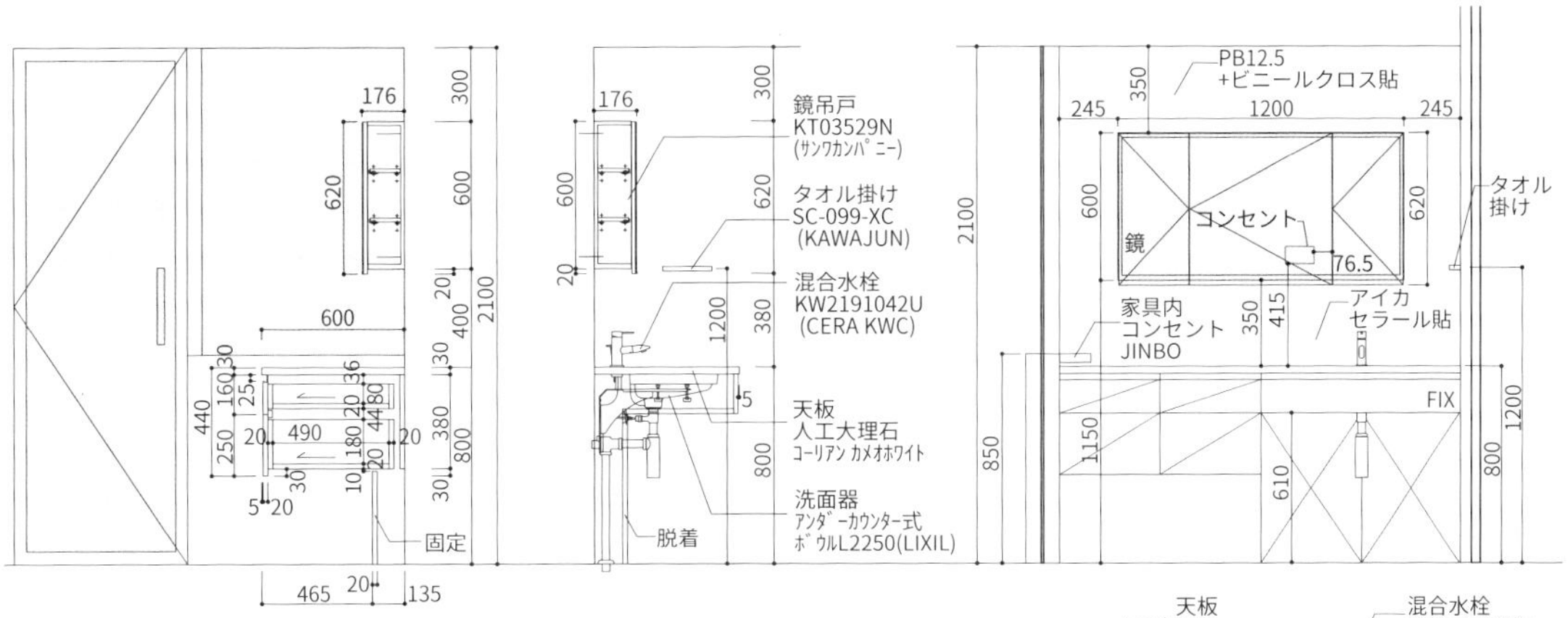

電動歯ブラシや髭剃りなどそれぞれ家電はどこで充電しておくのか、家具に仕込むコンセントの位置も検討が必要です。

ドライヤーをどこに収納するか、ゴミ箱はどこに置くかは、使い勝手に大きく影響するので、収納場所と必要な寸法を細かく建て主に確認しながら、詳細な寸法を決めていく必要があります。

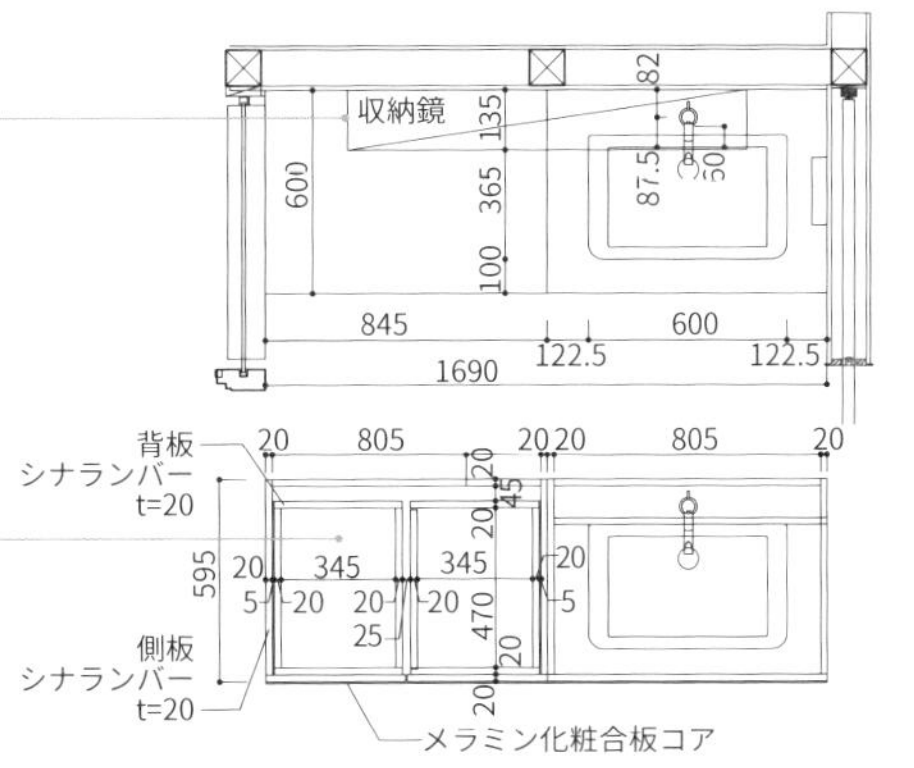

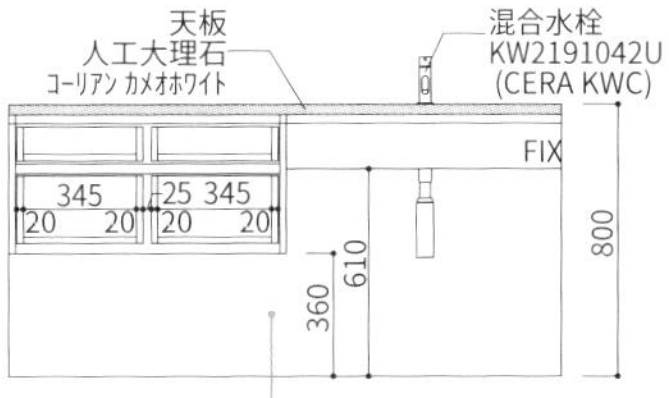

1 階の洗面台は座って化粧がしたい要望があり足下を開けて椅子やゴミ箱も入るデザインにしました。タオル類を収納しておく引き出しは収納するタオルの量を打合せしながら大きさや段数を決めています。

「家具工事」で行うか「大工工事」で行うか

家具は家具屋さん（家具工事）と大工さん（大工工事）のどちらに制作してもらうのがよいでしょうか。それぞれ一長一短ありますが、造作家具は簡単な家具なら大工さんが制作し、難しい家具は家具屋さんが製作します。どちらが製作するのかの目安としては、家具に「引き出し」が付いていると製作に時間がかかるので家具屋さんに依頼することにしています。

家具工事

家具屋さんは工場で加工機を使って製作し、ある程度つくったものを現場に納めるので、高い精度で製作できますが割高です。大きな家具だと分割して搬入するため、継ぎ手が出てきてしまうこともあります。

大工工事

大工さんは現場でつくるのでその場所に合わせてピタリとつくることができますが、難しい加工があり、専用機械がないと時間が掛かってしまうような家具はできません。

実施設計の流れ
← 平面詳細図
← 矩計図
← 仕様の決定
← 特記仕様書・仕上表
← 仕上げの選定
← 展開図
← 詳細図
← 家具図

例えばドアの中心とするなど、ダウンライトや換気扇は何を基準に配置するのか、どう揃えるかなど、細やかな検討が求められます。

天井伏図は他の図面と見合わせて考える

エアコン

今回は天井カセット型のエアコンを採用しているため、正確な大きさで位置を書きます。

梁・垂木

室内に現れる梁や垂木も書きます。今回の場合は屋根の垂木（登り梁）が該当します。天井の照明は登り梁を避けた位置に設置する必要があります。

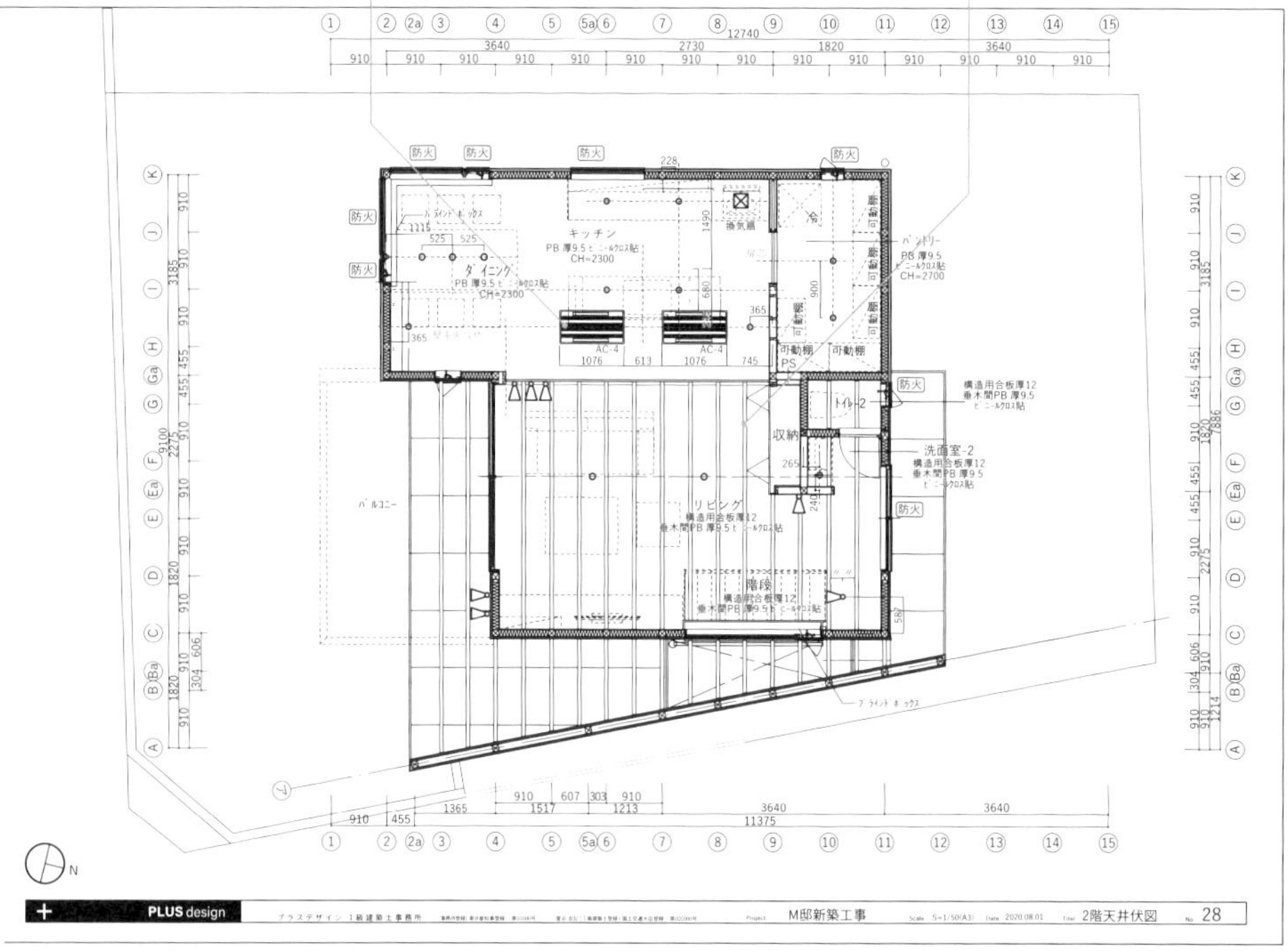
キッチン
ダイニング
パントリー
リビング
階段
洗面室-2
トイレ-2
収納
バルコニー
AC-4
PLUS design
M邸新築工事
2階天井伏図
28

天井伏図は建物を下から見上げた図面です。天井の高さや仕上げ、材料をどう割り付けるかなどを示します。天井には照明のダウンライトや換気扇、火災警報器など、さまざまな設備機器が設置されています。これらをどの位置に配置するのか、たとえば梁の位置にダウンライトがあると設置ができなくなるので、設置可能かどうかも含めて納まりを検討します。

図面は2次元で表現するものですが、実際の建物は3次元。天井伏図だけでは完結しないので、平面詳細図や展開図、照明の位置などが記される弱電設備図などの図面と見合わせながら3次元で考えて割り付けを揃えたり、レイアウトを決めたりする必要があります。

また、天井に埋め込むブラインドボックスの大きさは、カーテンやロールブラインドなど、どんなものを設置するのかによって寸法が変わるので、建て主との打合せを行い、詳細を決めていきます。

見上げて見えるものをすべて書き込む

平面詳細図をもとに、天井を見上げた時に見えるものを書いていきます。最後に仕上げと天井高さを記載し、照明器具や設備器機類を書き込んでいきます。

照明

どの位置に照明がくるのかを記載します。照明機器類の位置はその照明がどこを照らすのか照明計画を検討しながら決めて行きます。照明どうしは同じ線上にある方がきれいなので補助線を引いて照明位置をそろえるようにしています。

寸法

照明を設置する位置を壁芯からの距離で記載します。これを見て、大工さんや電気屋さんが配線していきます。設備機器類がどこを基準に並べられているかなど補助線を書くとわかりやすいです。

換気扇

水廻りなどに設置する24時間換気用の換気扇など、天井に埋め込む設備も記載します。

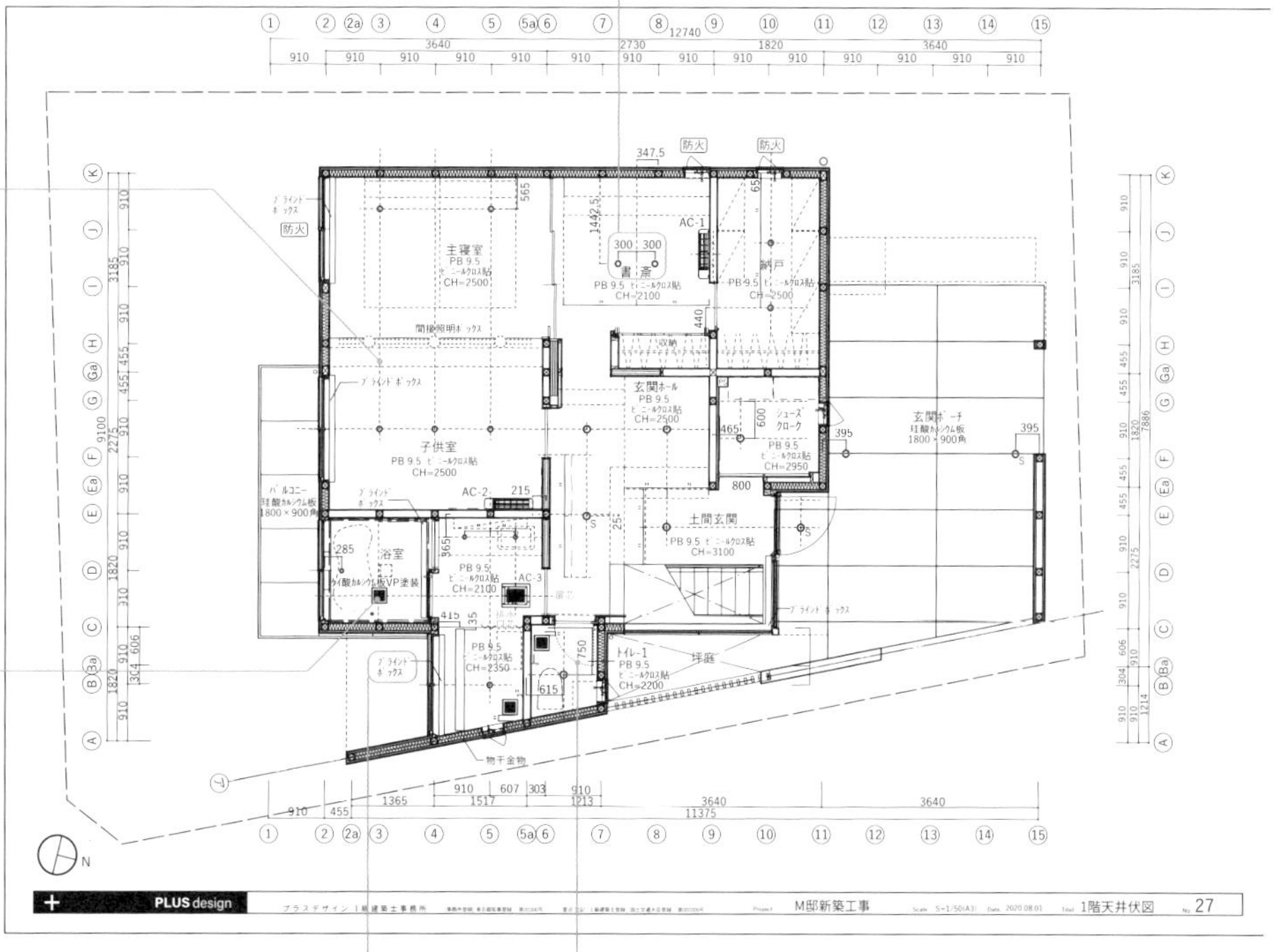
主寝室
PB 9.5 ビニールクロス貼
CH=2500
書斎
PB 9.5 ビニールクロス貼
CH=2100
納戸
子供室
PB 9.5 ビニールクロス貼
CH=2500
玄関ホール
PB 9.5 ビニールクロス貼
CH=2500
シューズクローク
PB 9.5 ビニールクロス貼
CH=2950
玄関ポーチ
珪酸カルシウム板
1800×900角
土間玄関
PB 9.5 ビニールクロス貼
CH=3100
浴室
トイレ-1
PB 9.5 ビニールクロス貼
CH=2200
坪庭
バルコニー
AC-1
AC-2
AC-3
防火
物干金物
PLUS design
M邸新築工事
1階天井伏図
27

ブラインドボックス

天井に彫り込むブラインドボックス（カーテンボックス）の大きさは、設置するのがカーテンなのかロールブラインドなのかで異なります。カーテン関係の決定は竣工間際でなく、早めに建て主と打合せして決めておくことが必要です。

扉の軌跡

ドアや家具の扉を開けるときに、天井から飛び出している換気扇や照明が当たらないかを確認するために扉の軌跡も書いておくとよいでしょう。トイレなどの小さな空間は照明がドアに当たりやすいので注意が必要です。

見えない梁に注意

埋め込み寸法が必要なダウンライトや換気扇を設置したい部分に、天井の中にある梁があるという問題はよく起こります。梁がある場合は少しずらした位置にするなど、見えない梁との関係も考慮しながら決める必要があります。

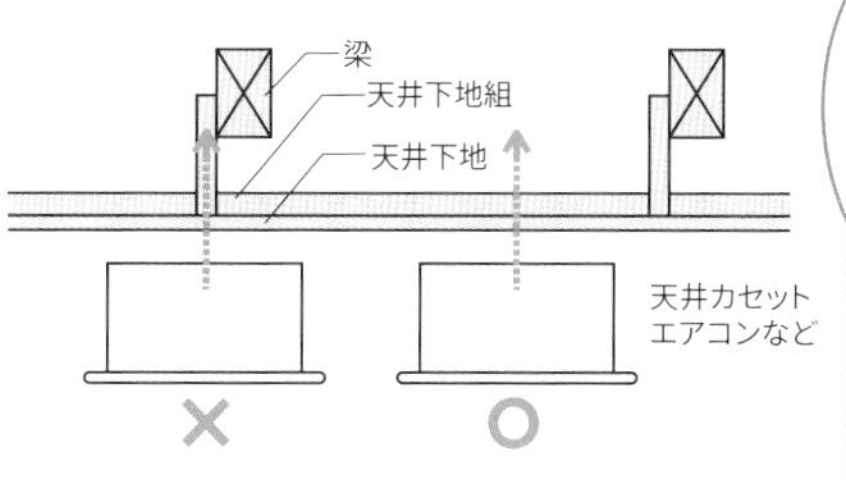
梁
天井下地組
天井下地
天井カセット
エアコンなど
×
○

室内空間は床と壁と天井でつくられます。天井は見過ごされがちですが、床や壁と同様にきちんとデザインしていく必要があります。

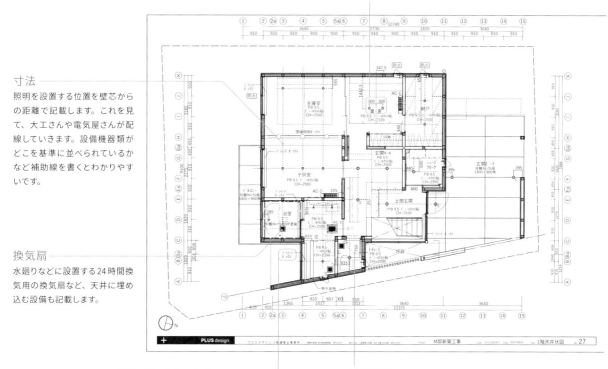

サッシ・内部建具・家具の仕様をまとめる

キープランで漏れなく建具をひろっていく

キープラン（単純な平面図）の外部・内部建具すべてに通し番号を振った建具記号を記載し、どの建具が建具表のどの図なのかわかるようにします。

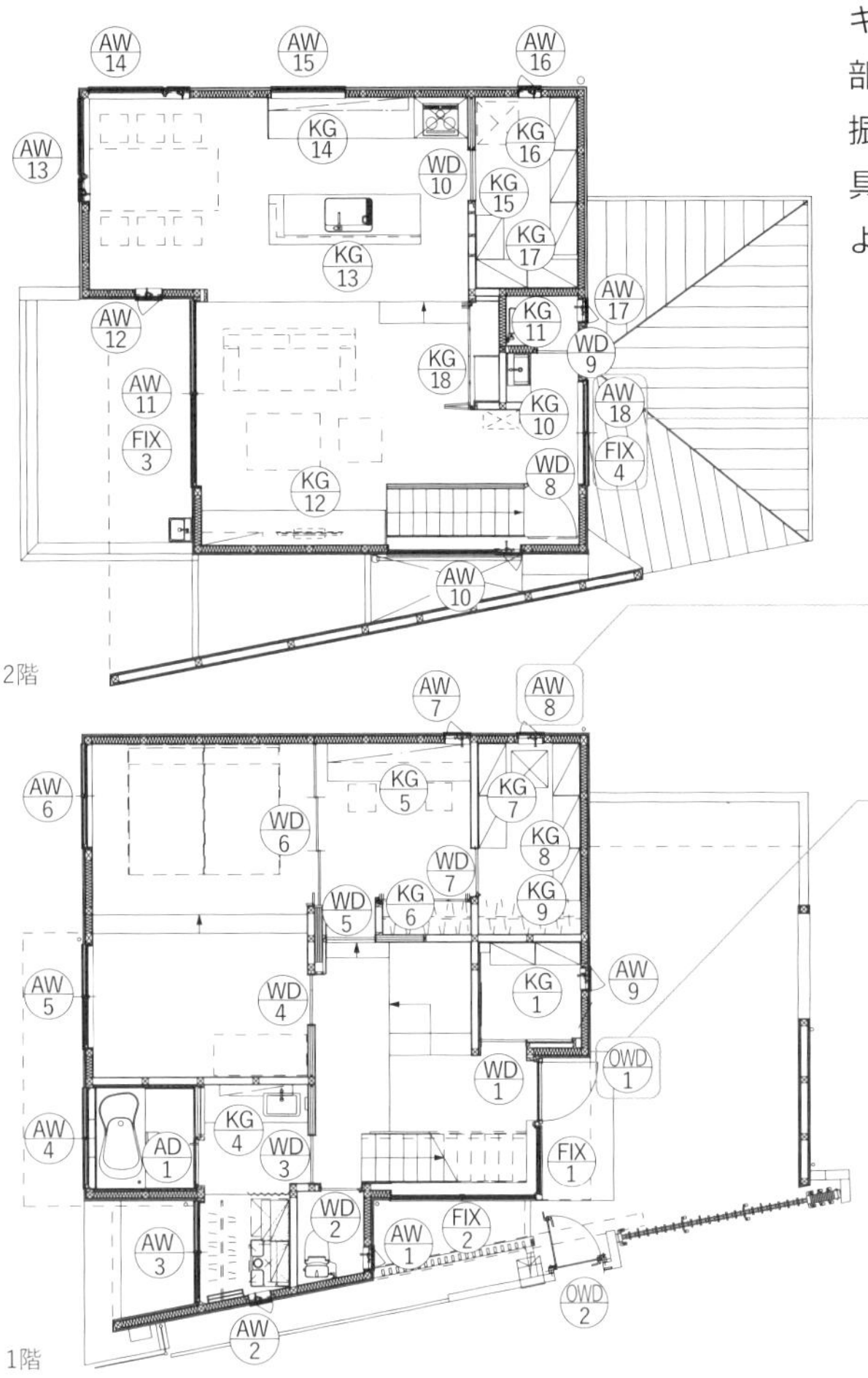
AW 14
AW 15
AW 16
AW 13
KG 14
KG 16
WD 10
KG 15
KG 17
KG 13
AW 17
AW 12
KG 11
WD 9
KG 18
AW 11
AW 18
KG 10
FIX 3
FIX 4
WD 8
KG 12
AW 10
2階
AW 7
AW 8
AW 6
KG 5
KG 7
WD 6
KG 8
WD 7
WD 5
KG 6
KG 9
AW 5
WD 4
KG 1
AW 9
OWD 1
WD 1
AW 4
AD 1
KG 4
WD 3
FIX 1
WD 2
FIX 2
AW 3
AW 1
OWD 2
AW 2
1階
連続して設けるサッシも、一緒にせず分けて記載します。
「AW」はアルミ・ウィンドウ、「WD」はウッド・ドアの略で、一般的にこの略で建具記号をつけます。
外部はサッシだけでなく玄関ドアも記載します。

キープランと建具表をもとに、トイレの表示錠など、間仕切り錠をどの扉に設けるかも建て主と打合せをして決めていきます。

建具表とは外部のサッシや内部の開き戸・引戸などの仕様を表す図面です。まずキープランとして平面図に建具記号をアルミサッシなら「AW-1」、木製ドアなら「WD-1」などと振っていきます。建具表ではそれらの建具の高さや幅、仕様などの詳細を記します。建具表は主に現場でサッシ業者や建具業者との打合せで使われるものですが、建て主との打合せでは展開図で内装を説明する際に、補足説明的に使っています。展開図で窓の大きさや高さを部屋の全体像を確認してもらい、建具表では大きさや展開図に書き込めないガラスの種類や金物の種類などの詳細を確認してもらっています。

ガラスは透明ガラスと型ガラス（くもり）の使い分けの打合せをします。廊下やトイレなどカーテン類を設置しない所は型ガラス、庭の緑が見える窓は透明ガラスでブラインドを設置するなどを打合せしています。

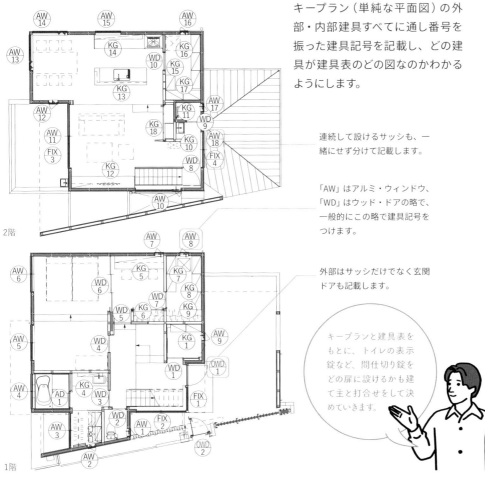

建具を天然木の突き板とし、温かみのあるインテリアにするのか、存在感を消し、壁と一体的に見えるように白い壁に合わせるかを建て主と打合せをして決めています。

枠の納まりまで記載する建具表

すべての建具について姿図・寸法のほか、使用する材料から枠の納まりについてまで書き込んでいきます。

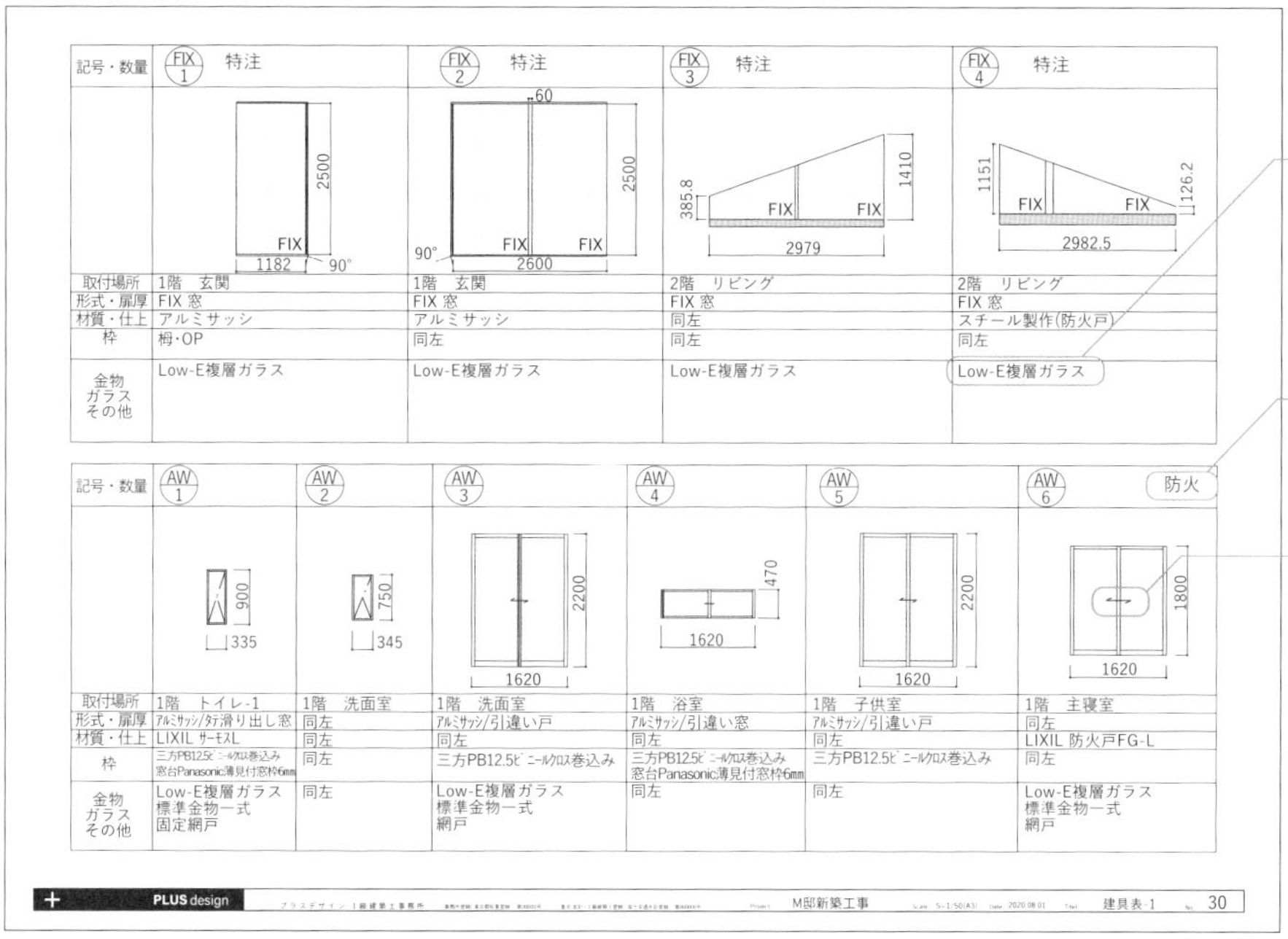

記号・数量	FIX 1　特注	FIX 2　特注	FIX 3　特注	FIX 4　特注
	2500 / FIX / 1182 / 90°	60 / 2500 / 90° / FIX / FIX / 2600	385.8 / FIX / FIX / 1410 / 2979	1151 / FIX / FIX / 126.2 / 2982.5
取付場所	1階　玄関	1階　玄関	2階　リビング	2階　リビング
形式・扉厚	FIX 窓	FIX 窓	FIX 窓	FIX 窓
材質・仕上	アルミサッシ	アルミサッシ	同左	スチール製作(防火戸)
枠	栂・OP	同左	同左	同左
金物 ガラス その他	Low-E複層ガラス	Low-E複層ガラス	Low-E複層ガラス	Low-E複層ガラス

記号・数量	AW 1	AW 2	AW 3	AW 4	AW 5	AW 6　防火
	900 / 335	750 / 345	2200 / 1620	470 / 1620	2200 / 1620	1800 / 1620
取付場所	1階　トイレ-1	1階　洗面室	1階　洗面室	1階　浴室	1階　子供室	1階　主寝室
形式・扉厚	ｱﾙﾐｻｯｼ/ﾀﾃ滑り出し窓	同左	ｱﾙﾐｻｯｼ/引違い戸	ｱﾙﾐｻｯｼ/引違い窓	ｱﾙﾐｻｯｼ/引違い戸	同左
材質・仕上	LIXIL ｻｰﾓｽL	同左	同左	同左	同左	LIXIL 防火戸FG-L
枠	三方PB12.5ﾋﾞﾆｰﾙｸﾛｽ巻込み 窓台Panasonic薄見付窓枠6mm	同左	三方PB12.5ﾋﾞﾆｰﾙｸﾛｽ巻込み	三方PB12.5ﾋﾞﾆｰﾙｸﾛｽ巻込み 窓台Panasonic薄見付窓枠6mm	三方PB12.5ﾋﾞﾆｰﾙｸﾛｽ巻込み	同左
金物 ガラス その他	Low-E複層ガラス 標準金物一式 固定網戸	同左	Low-E複層ガラス 標準金物一式 網戸	同左	同左	Low-E複層ガラス 標準金物一式 網戸

PLUS design　プラスデザイン 1級建築士事務所　Project M邸新築工事　Scale S-1/50(A3)　Date 2020.08.01　Title 建具表-1　No. 30

今回は南側からの光を室内に多く採り入れられるように窓を大きくし、開放的な空間にしています。その分、窓からの熱損失が大きいことが予想されたため、サッシは断熱性能の高い、複合サッシとし、ガラスもLow-Eペアガラスを採用しています。

防火設備としなければならない開口部にはその旨を記載します。

窓形式は立面図や展開図では分かりにくいので、建具表では一目で分かるように「引き違い窓」「FIX窓」など文字でも確認できるようにします。建て主は「縦滑り出し窓」など窓の開閉の仕方が分からないものもあるので、ショールムームなどで実際に見て、動かしてもらうとよいでしょう。

床から天井までの高いドアにすると室内に広がりが感じられるようになります。しかし、大きい建具は反りやすくなり、メンテナンスが必要になることもあるので採用する場合は建て主によく説明しておくことが大切です。

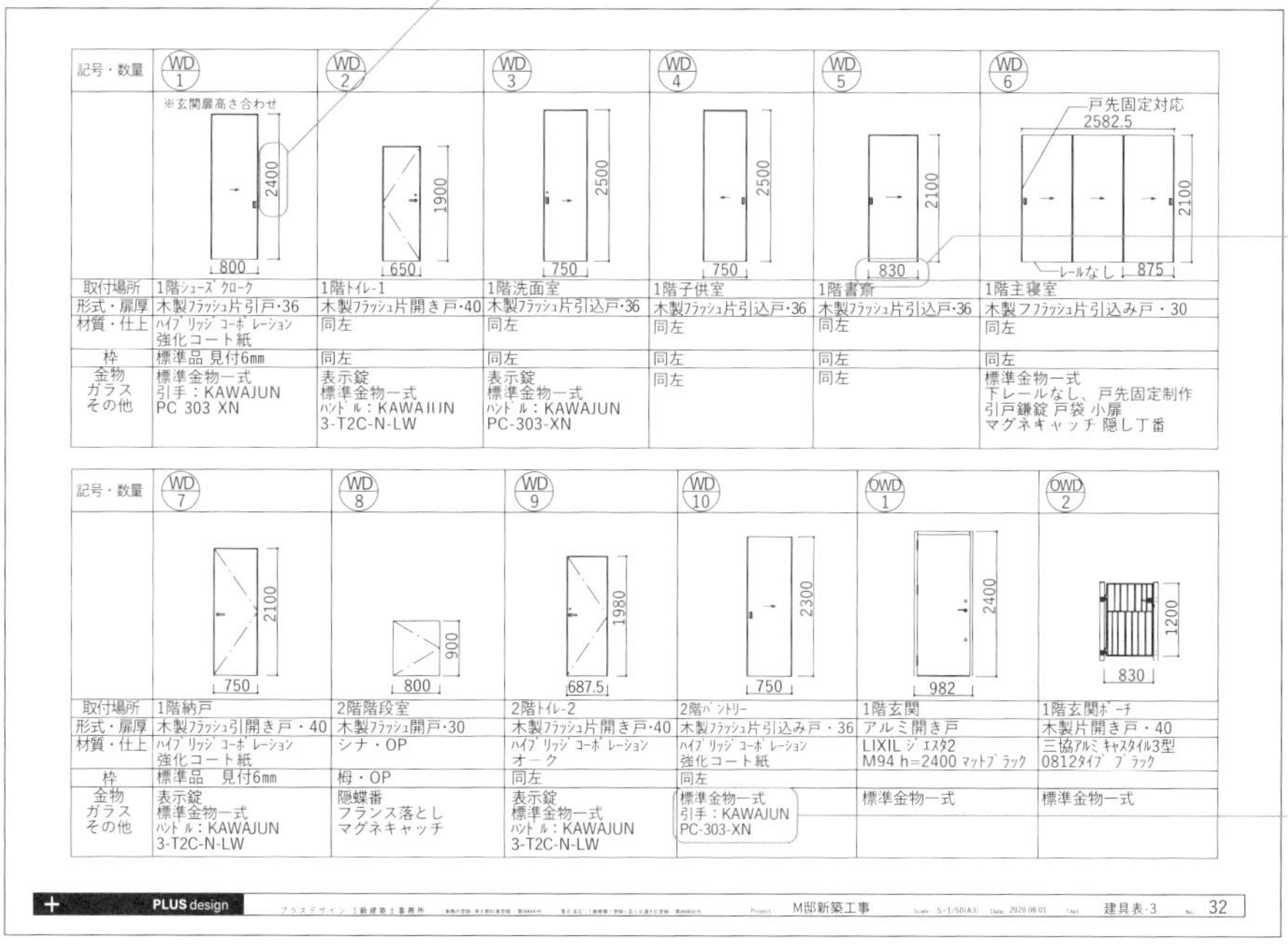

記号・数量	WD 1	WD 2	WD 3	WD 4	WD 5	WD 6
	※玄関扉高さ合わせ / 2400 / 800	1900 / 650	2500 / 750	2500 / 750	2100 / 830	戸先固定対応 / 2582.5 / 2100 / レールなし / 875
取付場所	1階ｼｭｰｽﾞｸﾛｰｸ	1階ﾄｲﾚ-1	1階洗面室	1階子供室	1階書斎	1階主寝室
形式・扉厚	木製ﾌﾗｯｼｭ片引戸･36	木製ﾌﾗｯｼｭ片開き戸･40	木製ﾌﾗｯｼｭ片引込戸･36	木製ﾌﾗｯｼｭ片引込戸･36	木製ﾌﾗｯｼｭ片引込戸･36	木製ﾌﾗｯｼｭ片引込み戸・30
材質・仕上	ﾊｲﾌﾞﾘｯｼﾞｺｰﾎﾞﾚｰｼｮﾝ 強化コート紙	同左	同左	同左	同左	同左
枠	標準品 見付6mm	同左	同左	同左	同左	同左
金物 ガラス その他	標準金物一式 引手：KAWAJUN PC 303 XN	表示錠 標準金物一式 ﾊﾝﾄﾞﾙ：KAWAIIJN 3-T2C-N-LW	表示錠 標準金物一式 ﾊﾝﾄﾞﾙ：KAWAJUN PC-303-XN	同左	同左	標準金物一式 下レールなし、戸先固定制作 引戸鎌錠 戸袋 小扉 マグネキャッチ 隠し丁番

記号・数量	WD 7	WD 8	WD 9	WD 10	OWD 1	OWD 2
	2100 / 750	900 / 800	1980 / 687.5	2300 / 750	2400 / 982	1200 / 830
取付場所	1階納戸	2階階段室	2階ﾄｲﾚ-2	2階ﾊﾟﾝﾄﾘｰ	1階玄関	1階玄関ﾎﾟｰﾁ
形式・扉厚	木製ﾌﾗｯｼｭ引開き戸・40	木製ﾌﾗｯｼｭ開戸･30	木製ﾌﾗｯｼｭ片開き戸･40	木製ﾌﾗｯｼｭ片引込み戸・36	アルミ開き戸	木製片開き戸・40
材質・仕上	ﾊｲﾌﾞﾘｯｼﾞｺｰﾎﾞﾚｰｼｮﾝ 強化コート紙	シナ・OP	ﾊｲﾌﾞﾘｯｼﾞｺｰﾎﾞﾚｰｼｮﾝ オーク	ﾊｲﾌﾞﾘｯｼﾞｺｰﾎﾞﾚｰｼｮﾝ 強化コート紙	LIXIL ｼﾞｴｽﾀ2 M94 h=2400 ﾏｯﾄﾌﾞﾗｯｸ	三協ｱﾙﾐ ｷｬｽﾀｲﾙ3型 0812ﾀｲﾌﾟ ﾌﾞﾗｯｸ
枠	標準品　見付6mm	栂・OP	同左	同左		
金物 ガラス その他	表示錠 標準金物一式 ﾊﾝﾄﾞﾙ：KAWAJUN 3-T2C-N-LW	隠蝶番 フランス落とし マグネキャッチ	表示錠 標準金物一式 ﾊﾝﾄﾞﾙ：KAWAJUN 3-T2C-N-LW	標準金物一式 引手：KAWAJUN PC-303-XN	標準金物一式	標準金物一式

PLUS design　プラスデザイン 1級建築士事務所　Project M邸新築工事　Scale S-1/50(A3)　Date 2020.08.01　Title 建具表-3　No. 32

扉の有効寸法は後で「家具が搬入できない」などのトラブルになることもあるので、持ち込む家具のサイズと見比べて問題ないかを確認します。特に冷蔵庫は問題になりやすいので注意が必要です。

特に内部の建具は、使用する面材やハンドルのデザインなど、サンプルを見て建て主と確認していきます。その際は併せて鍵が必要な扉も確認しておくとよいでしょう。

床暖房は温水式と電気式があります。温水式はイニシャルコストが高くランニングコストが安い、電気式はイニシャルコストが安くランニングコストが高い傾向があります。今回はガスを使用する温水式を採用しています。

実施設計の流れ
←平面詳細図
←矩計図
←仕様の決定
←特記仕様書・仕上表
←仕上げの選定
←展開図
←詳細図
←家具図

エアコンは室外機と配管の経路も考慮する

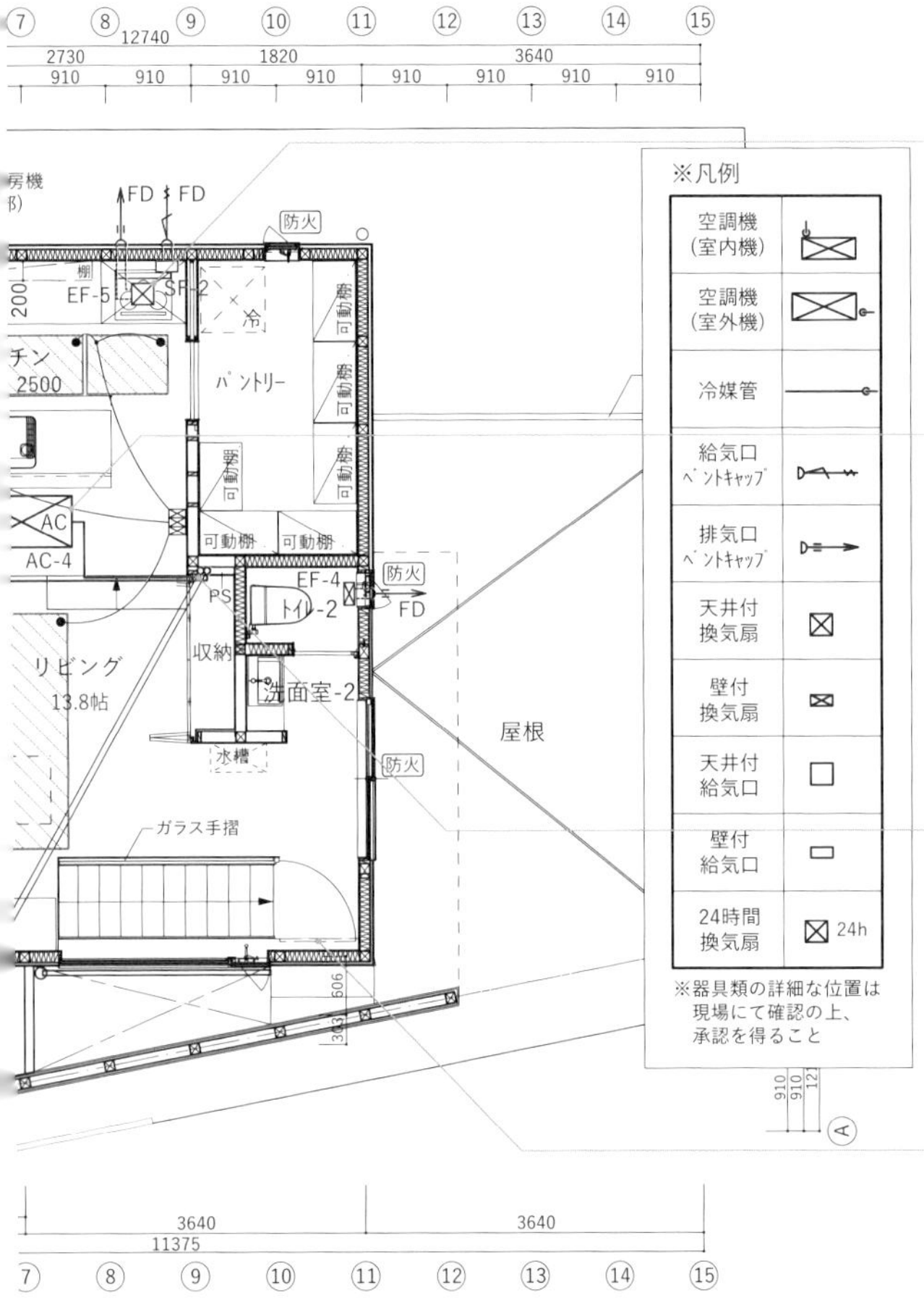
※凡例
空調機（室内機）
空調機（室外機）
冷媒管
給気口 ベントキャップ
排気口 ベントキャップ
天井付換気扇
壁付換気扇
天井付給気口
壁付給気口
24時間換気扇
24h
※器具類の詳細な位置は現場にて確認の上、承認を得ること
パントリー
可動棚
冷
EF-5
SF-2
AC
AC-4
EF-4
FD
防火
PS
トイレ-2
収納
洗面室-2
水槽
リビング
13.8帖
屋根
ガラス手摺
12740
2730
1820
3640
910
11375

キッチンコンロがガスの場合はエアコンの風でガスの炎を消してしまわないように、吹き出し方向を注意する必要があります。

室外機が隣の家に向かってズラリと並ばないようにマルチシステム式で1台の室外機に複数台の室内機が繋がっています。配管は天井裏を通り、2階収納に至ります。そこから1階収納内のPS（パイプスペース）に落ち、外部の室外機へと至ります［1階は次項を参照］。

エアコンの室内機と室外機を結ぶ配管のPS位置は配管経路が長くならないようにします。機種ごとに適切な長さ・勾配となるように気を付けます。

気流止めの小扉は小さな子供の落下防止の役割も兼ねており、簡易的に施錠できるようにしました。

日本の多くの地域では、夏・冬は空調設備に頼らざるを得ず、夏はエアコン、冬はエアコンや床暖房で設備を考える事が一般的です。

　エアコンはヒートポンプで外気から熱を得るので他の設備に比べて非常にランニングコストが安い空調設備です。機器の配置は効率的な吹き出し方向を考えながら決めますが、気流は不快に感じる程度に個人差があるので、建て主に確認しながら決めます。また、高い天井の部屋では暖められた空気は上部に昇ってしまうのでエアコンは適切な暖房形式ではありません。大空間は空気を暖めるのではなく、直接暖かさを感じる輻射熱暖房が適しています。今回高い天井のリビングはガス温水式床暖房を採用しています。

　夏場の冷気は下に流れるため、階段から1階に流れてしまうことが予想されました。そこで階段廻りをガラスの手摺りで囲い、さらに気流止めの小扉を設けることにしました。

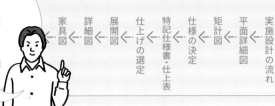

空調設備は配管経路も記載する

段差のある内部空間に配慮して、天井内に機器を埋め込む天井カセットエアコンで上から風を送る方法に。天井カセットエアコンにもさまざまなタイプがありますが、ダイニング側とリビング側それぞれに吹き出す風量を自由にコントロール出来る機種を選定しています。なお、空調設備図にはエアコンのほか、24時間換気に関わる設備についても記載します［次頁参照］。

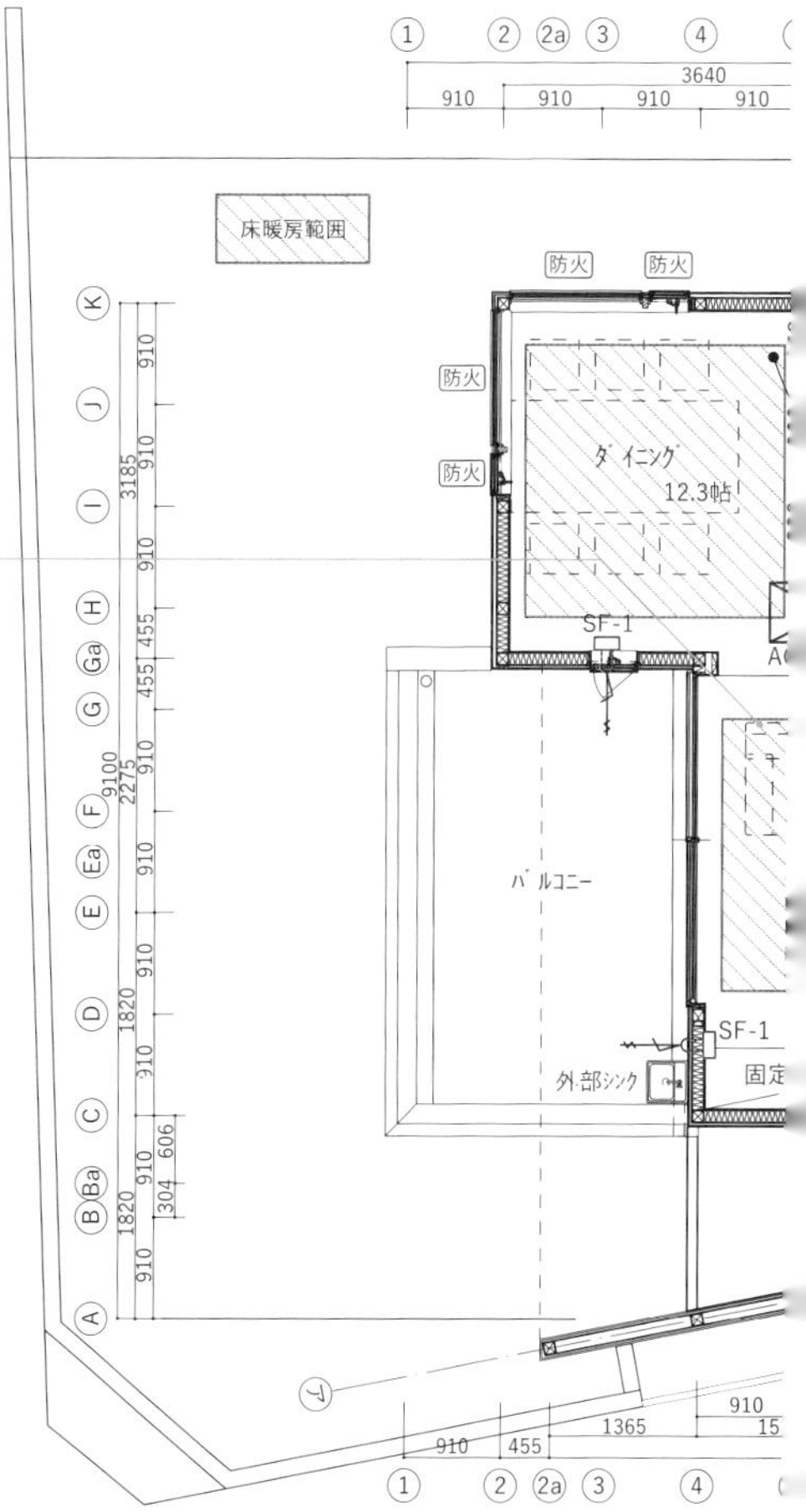

天井が高い空間の暖房設備

冬場のエアコンは万能ではありません。暖かい空気は上に上がる性質があるため、天井が高い空間ではエアコンをつけても人のいない天井付近を温めるだけです。吹き抜けがあるリビングなど天井が高い大空間では輻射熱暖房が有効です。リビングは天井が高いことから輻射熱暖房の床暖房も併用しています。床暖房パネルの敷設面積は1つの部屋で7割程度が目安と言われています。

マルチエアコン

1台の室外機で2台以上の室内機を運転できるエアコンの方式。最大5台ほどまで可能です。省スペースで外観を損ねないなどメリットはある一方、同時に複数台を運転した際に運転能力が落ちる、故障時はすべてが使えなくなる可能性があるというデメリットも理解しておく必要があります。

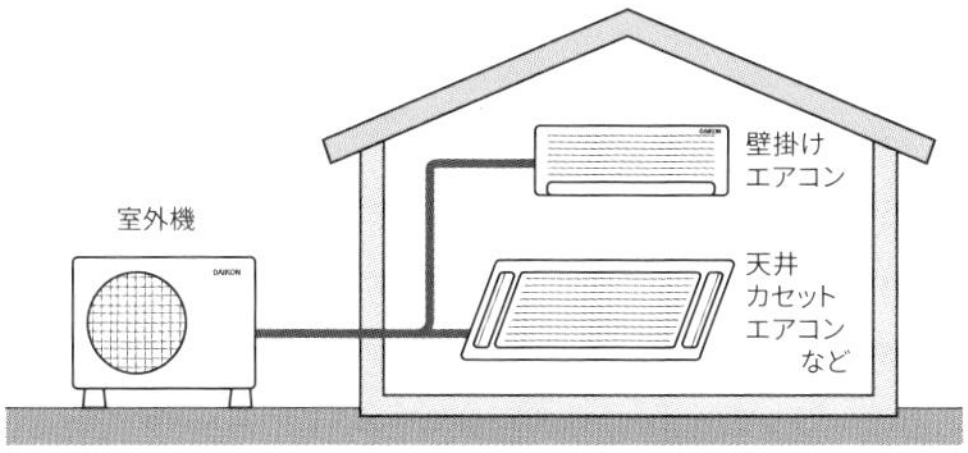

エアコンはドレン管の勾配に注意

室内機の結露水を排水するドレン管の水勾配には注意が必要です。室外機に繋がる冷媒管は水勾配が上下しても問題ありませんが、ドレン管は中で結露水が溜まってしまわないように、排水ルートが確保できるかを確認して、室内機の位置を決めなければなりません。

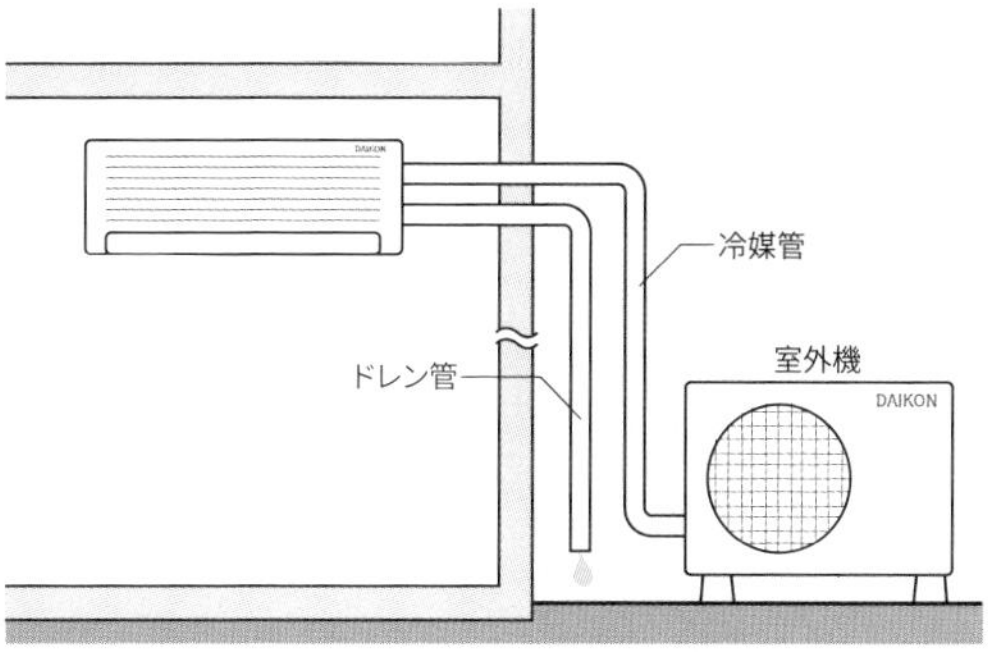

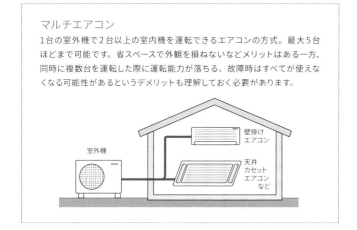

建物の気密性が悪いと給気口のすぐ近くにあるサッシの隙間などから、取り込んだ空気がすぐに外に排出され、ショートサーキットの起こる可能性があります。計画どおり部屋全体を換気できるようにするには建物の気密性が求められます。

空気の流れを意識して換気扇と給気口を配置

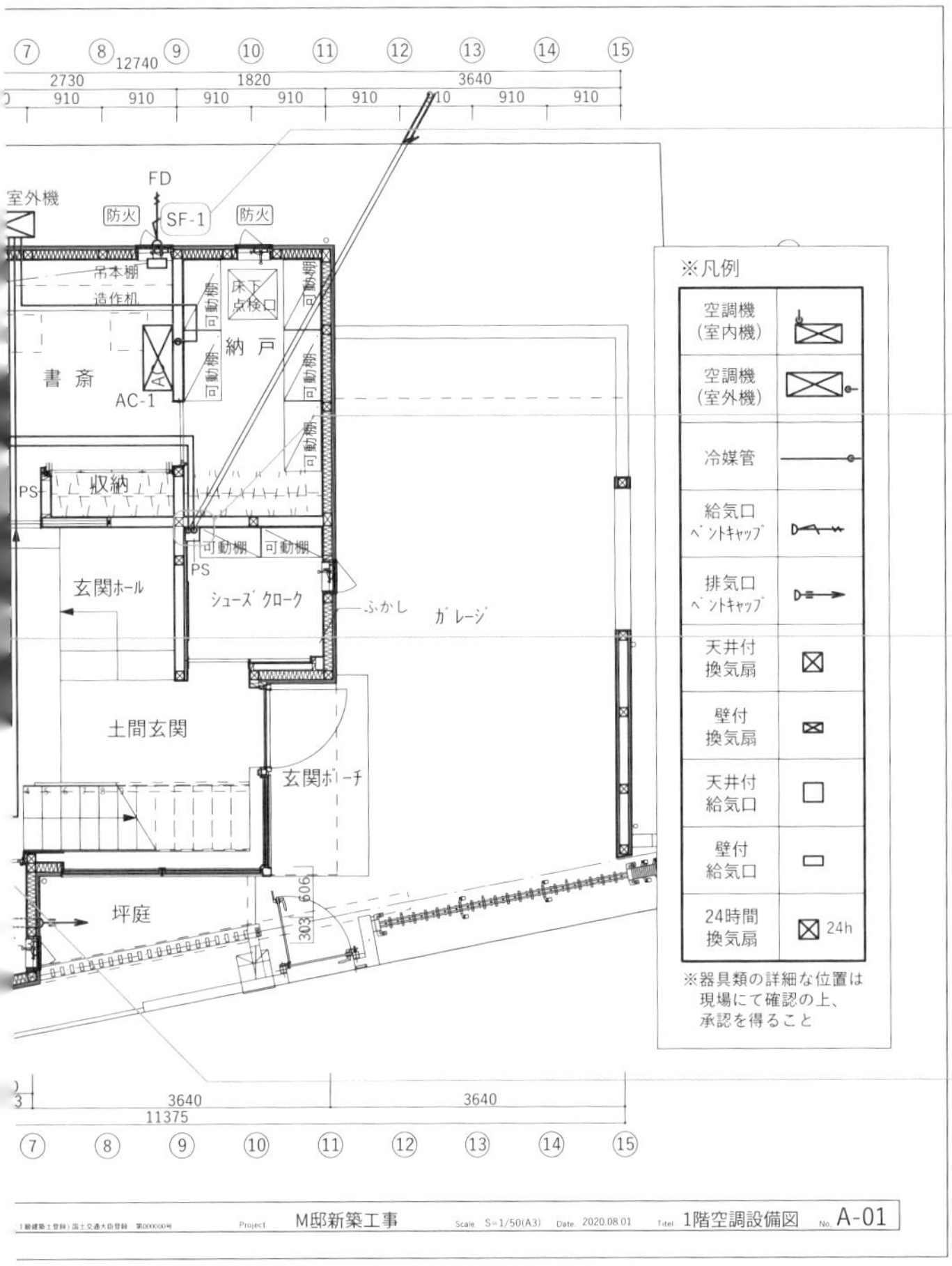
室外機
FD
防火
SF-1
防火
吊本棚
造作机
床下点検口
納戸
書斎
AC-1
収納
PS
可動棚
可動棚
玄関ホール
シューズクローク
ふかし
ガレージ
土間玄関
玄関ポーチ
坪庭
12740
2730
1820
3640
3640
3640
11375
※凡例
空調機（室内機）
空調機（室外機）
冷媒管
給気口ベントキャップ
排気口ベントキャップ
天井付換気扇
壁付換気扇
天井付給気口
壁付給気口
24時間換気扇
24h
※器具類の詳細な位置は現場にて確認の上、承認を得ること
M邸新築工事
S=1/50(A3)
2020.08.01
1階空調設備図
A-01

「SF-1」「SF-2」「EF-1」は機種ごと記号がふられています。SFはサプライファンの略で「給気ファン」のこと。EFはエグゾーストファンで「排気ファン」の略になります。

2階のエアコンの配管は床下を通って、室外機へとつながります。

給気の位置と排気の位置が近すぎないように空気の流れを意識して淀みなく空気が入れ替わるように計画します。なお、2階にも3カ所給気口を設けています［2階は前頁を参照］。

換気経路（給気口と換気扇との間）にある建具は、引戸や折戸、ドアの下に隙間のあるアンダーカット付きか換気ガラリのある開き戸としなければなりません。

換気には局所換気と全般換気の2つがあります。局所換気とは、台所で調理したときの煙や浴室の水蒸気、トイレの臭気などを換気する方法。空気が籠らないよう、住宅では浴室・トイレ・キッチンには換気設備が必須です。一方、全般換気は建物全体をひとつの空間として換気する方法で、現在24時間換気システムの設置が義務付けられています。

昔の家は気密性が悪く、何もしなくても換気ができていました。ところが最近の住宅は気密性能が高く、建材や家具から出る化学物質が室内にこもり、また昔の家より暖かいので化学物質も発生しやすい環境になってしまい、化学物資が原因でシックハウス症候群やアレルギーに悩む人が増えてきました。そこで1時間で0.5回、つまり2時間で家中の空気が入れ替わる計画換気をしなければならなくなりました。今回は浴室・トイレ・洗濯室の換気扇を、局所換気と全般換気を兼ねられる製品を選定しています。

局所換気と全般換気を兼ねる製品で24時間換気

換気計画では「24時間常時換気」(住宅全体を24時間換気することで汚染物質の滞留を抑える)と「小風量換気」(冷暖房への影響を少なくするように小風量で換気する)と「換気経路」(給気と換気の経路を明確に計画する)が重要です。一般的な住宅では、給気を自然給気とし、排気は換気扇(機械)とする「第3種機械換気」で行う方法が多く採用されています。今回もこの方法で換気を行い、浴室・洗濯室・トイレに24時間換気機能のある換気扇を選び、給気口を各部屋にバランスよく配置しました。

寝室のエアコンは就寝時冷房を掛けっぱなしにすることに配慮して、吹き出し方向と枕の位置の関係を建て主と打合せをして決めていきます。

24時間小風量で運転し(弱運転)、1時間に0.5回室内の空気が排出できるように計算しています。24時間換気扇のメーカーが平面図と断面図をもとに換気量を計算してくれることもあります。換気扇を臭気の排出など、普通に回したいときはスイッチを入れて強運転にし、スイッチを切ると弱運転に切り替わります。

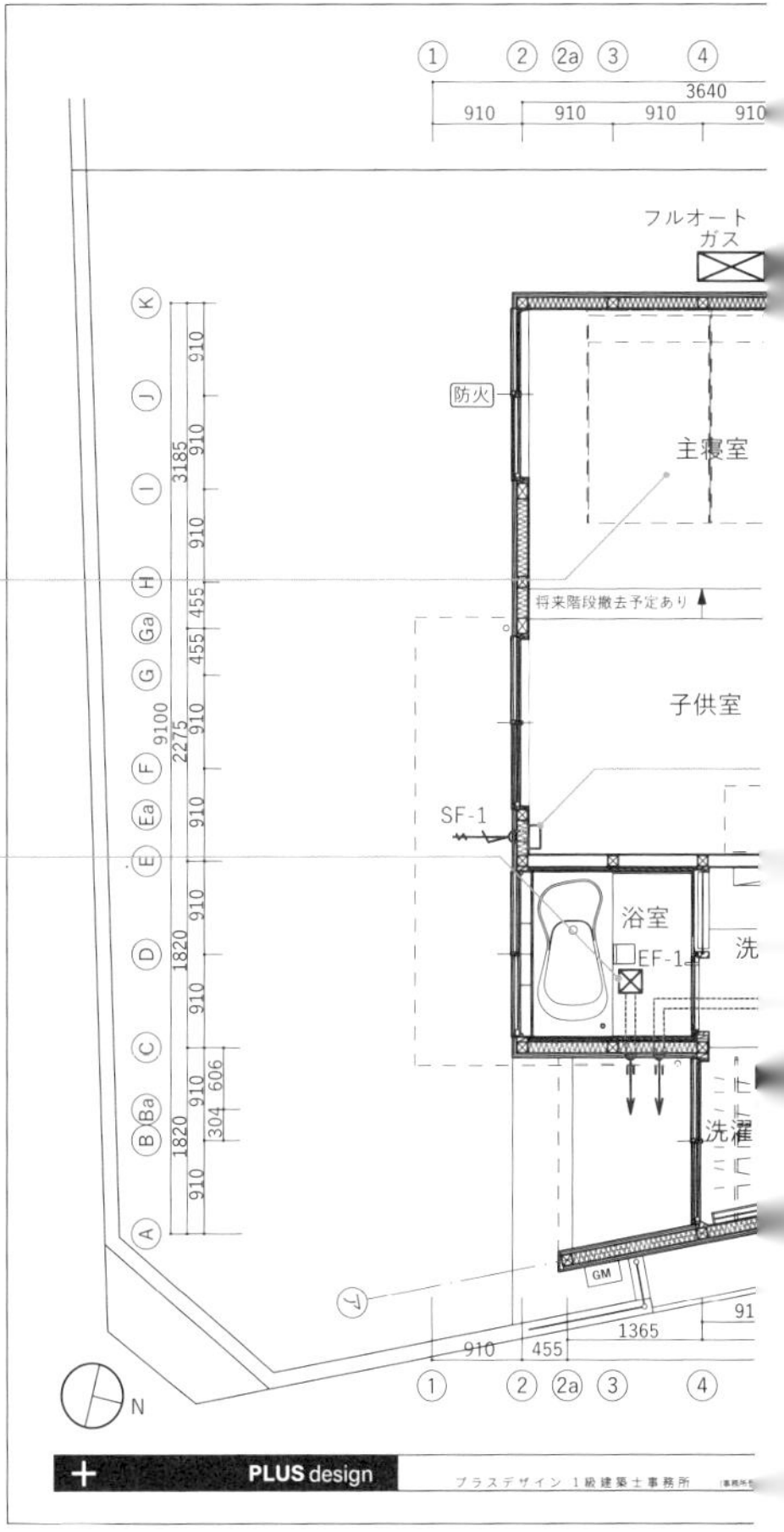
フルオート
ガス
防火
主寝室
将来階段撤去予定あり
子供室
SF-1
浴室
EF-1
洗
洗濯
GM
N
PLUS design
プラスデザイン 1級建築士事務所

換気の方式

換気には風や温度差などの自然の力を利用する「自然換気」と、機械を使って空気を動かす「機械換気」があります。給気・排気をこのどちらにするかによって、次の3種の方式があります。

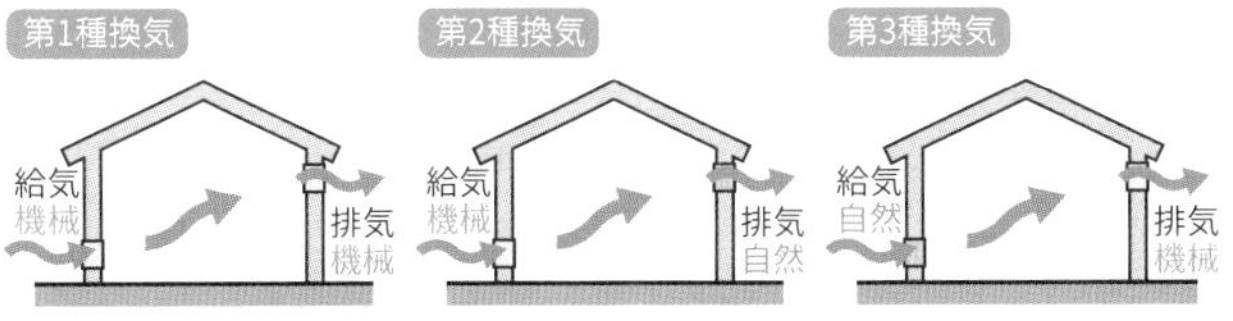
第1種換気
給気
機械
排気
機械
第2種換気
給気
機械
排気
自然
第3種換気
給気
自然
排気
機械

空調換気器具リストも作成

	器具名称	取付場所	メーカー名	型番	摘要	数量
EF-1	天井換気扇	浴室	三菱電機	VD-10ZVC4	φ100 24H換気	1
EF-2	天井換気扇	洗濯室	三菱電機	VD-10ZVC4	φ100 24H換気	1
EF-3	天井換気扇	トイレ-1	三菱電機	VD-10ZVC4	φ100 24H換気	1
EF-4	壁人感センサー付換気扇	トイレ-2	三菱電機	VD-08PEALD6	φ100 24H換気	1
EF-5	レンジフード	2Fキッチン	ﾏﾘﾌｨｰﾅ		ｷｯﾁﾝ家具図に記載	
SF-1	給気レジスター	1F子供室 書斎 2Fﾀﾞｲﾆﾝｸﾞ ﾘﾋﾞﾝｸﾞ	三菱電機	P-13QR2	φ100	4
SF-2	給気レジスター	2Fキッチン	三菱電機	P-18QR2	φ150	1
AC-1	システムマルチ 壁付エアコン	1F書斎	リソラ	C28VTSXVK	10帖/2.8kw	1
AC-2	システムマルチ 壁付エアコン	1F階子供室	リソラ	C22VTSXVW	6帖/2.2kw	1
AC-3	システムマルチ 天井カセットエアコン	1F洗面室	DAIKIN ｺｺﾀｽ	C08VCCV	0.8kw	1
	システムマルチ室外機			3M58VCV	3室用/5.8kw	1
AC-4	システムマルチ 天井カセットエアコン	2Fﾘﾋﾞﾝｸﾞ ﾀﾞｲﾆﾝｸﾞ	三菱電機	MLZ-W4017AS	14帖/4.0kw	2
	システムマルチ室外機			MXZ-8017AS	2室用/8.0kw	1
※	ベントキャップ		宇佐美工業	UK-FEN HDﾀｲﾌﾟ	φ100 特注色(黒色)	6
※	ベントキャップ		宇佐美工業	UK-FEN FDﾀｲﾌﾟ	φ100 特注色(黒色) FD付き	2
※	ベントキャップ		宇佐美工業	UK-FEN FDﾀｲﾌﾟ	φ150 特注色(黒色) FD付き	2

PLUS design　M邸新築工事　空調換気器具リスト　A-03

換気扇は100φのシロッコファンを使うのが一般的です。外部に面していない部分に設ける場合は、天井換気扇を設け、天井裏にダクトを通して外部に排気します。

延焼のおそれのある範囲に取り付ける100φのベントキャップには防火ダンパー(FD)付きである旨を記載します。

換気扇は大容量であれば換気がより行われてよさそうと思いがちですが、大容量のものは音が大きくなってしまう問題があるので、必要な能力以上の物は選びません。

照明の計画は「1室多灯」が基本

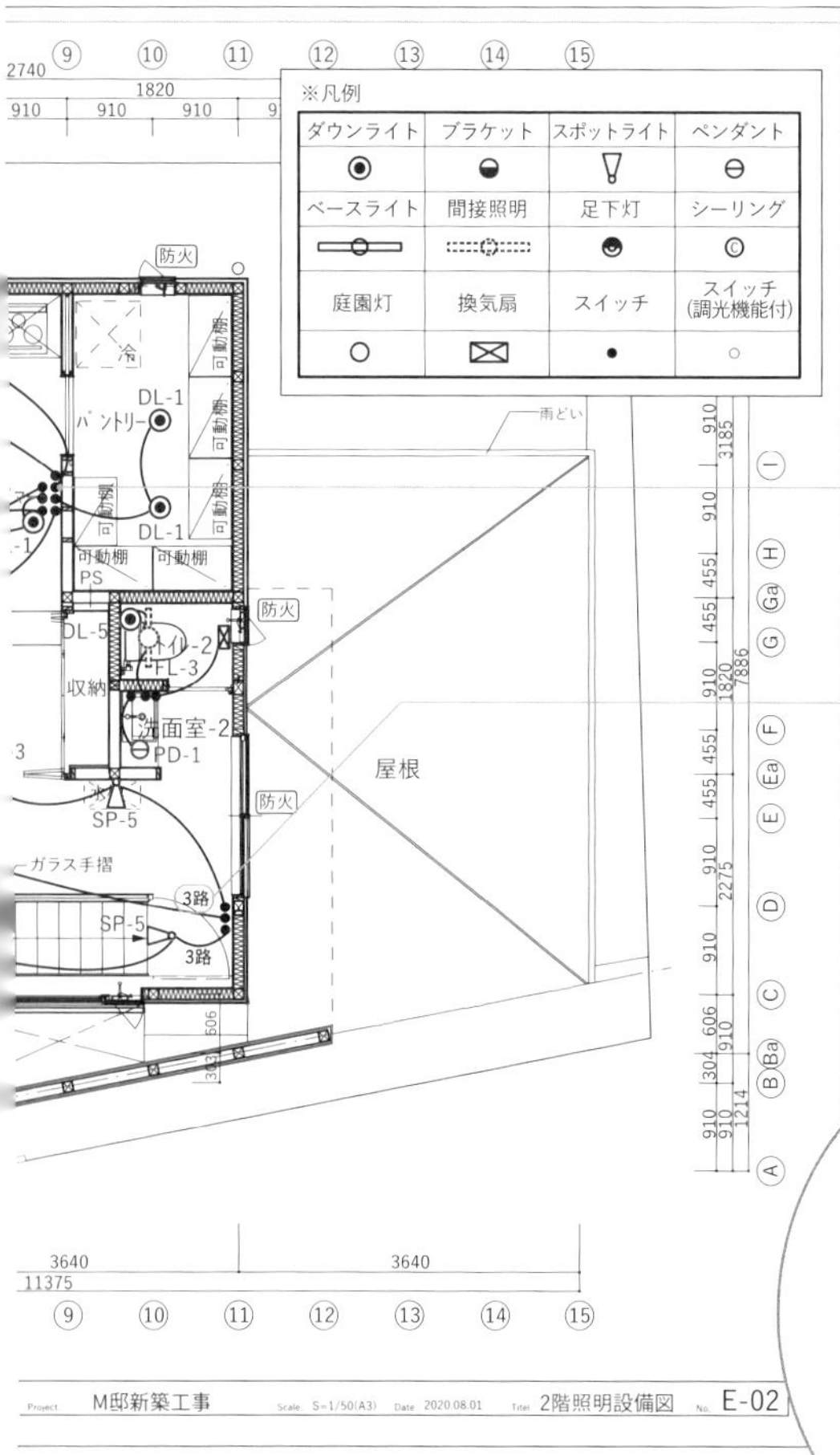
※凡例
ダウンライト
ブラケット
スポットライト
ペンダント
ベースライト
間接照明
足下灯
シーリング
庭園灯
換気扇
スイッチ
スイッチ(調光機能付)
防火
パントリー
DL-1
可動棚
PS
DL-5
トイレ-2
FL-3
収納
洗面室-2
PD-1
SP-5
ガラス手摺
3路
屋根
雨どい
Project M邸新築工事
Scale S=1/50(A3)
Date 2020.08.01
Title 2階照明設備図
No. E-02

天井から吊り下げるペンダントライトの高さの決定は慎重に行うべきです。ダイニングテーブルの高さから光源の位置にあたりをつけ、食事をする人の顔を見るときに眩しくないか、部屋全体のバランス的におかしくないかなどを確認しながら決めていきます。

設計者の立場からするとスイッチ類があまり目立ってしまうことは美しくないので避けたいと考えます。さりげなく、そして使いやすい位置がどこなのか、いつも頭を悩ませながら決めています。今回は生活動線の中心になるキッチンの壁にまとめて設けています。

1つの照明器具を2カ所のスイッチから入切できる三路スイッチ。廊下や階段でよく使われますが、今回は広く段差もあるためLDKでも使用しました。キッチンにいて灯りをつけようと思ったときに、階段付近までスイッチを押しに行くことは面倒なのでキッチンからでも付けられるようにしています。

照明の位置は部屋の真ん中に配置すると床が明るく照らされますが、壁に近い所に設けると床だけで無く壁も明るくなるので室内が明るく感じられます。また、寝室ではフロアランプなど、目線より低い位置に灯りを設けると落ち着いて感じられます。

照明はダウンライトから、床に置くフロアスタンドまでさまざまな形式があります。必要な明るさや色温度、高さのバランスを考慮しながら、その家・部屋にあった照明を計画していくことが重要です。

照明計画で避けたいのは、天井にシーリングライトが1つで、部屋中を煌々と同じ明るさで照らす形式です。雰囲気のよい照明をつくる基本は一室多灯。複数の照明でつくる灯りです。今回は主にダウンライト・ペンダントライト・スポットライトを場所ごとに使い分けて計画。照明の色温度をすべて温かみのある2700Kとし、家全体の雰囲気を統一しています。

各照明の特徴を理解しておくことも重要です。例えば、部屋の中央にダウンライトを設けると一番明るくなるのは床です。壁に近いところに設ければ、壁が明るくなり、床だけを照らしていた時より室内は明るく感じられます。

住まい手の生活を想像して機器の位置を決める

夜、帰宅した時と家にいて暗いため照明をつける場合で、スイッチの最適な場所が異なることはよくあります。就寝時に照明を落とす時の動きも配慮しなければなりません。また、夜トイレに行くときに、スイッチを押したら家中の灯りがついてしまったなんてことがあっては、その後、目が覚めてしまい眠れなくなってしまうかもしれません。住み手がどんな風に生活するのかをイメージして、最適な場所に設けなければなりません。

照明の種類

照明にはさまざまな種類がありますが、今回は天井に埋込まれインテリアを邪魔しないダウンライトを中心に照明デザインを行いました。天井の高いリビングは光源を下げ、天井面も明るく照らすタイプのシンプルなペンダント照明に、ダイニングは食卓を彩る温かみのあるデザインのペンダント照明にしています。

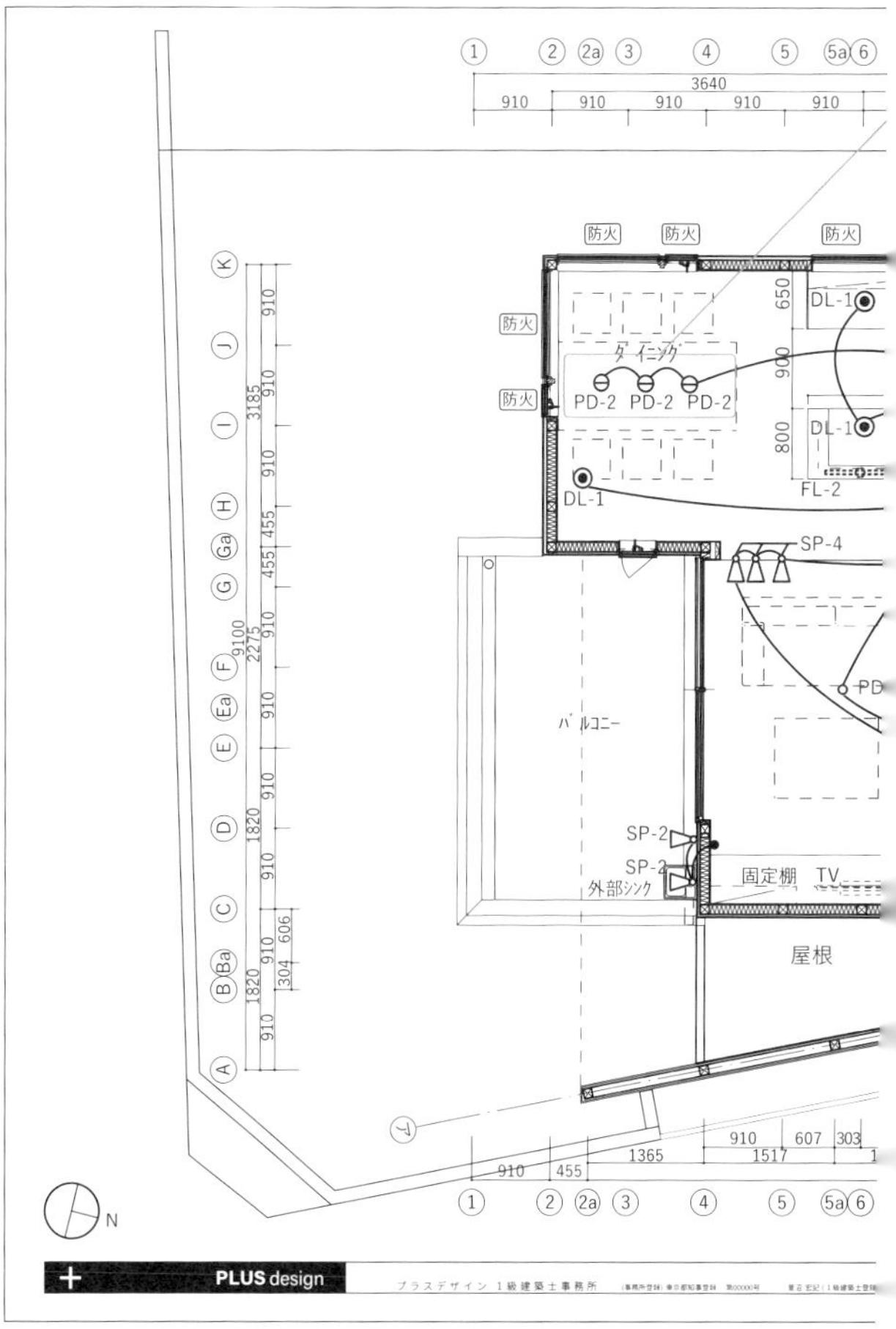

照明設備器具リストで器具の詳細を把握

照明設備器具リスト

記号	品名	メーカー	品番	1階	2階	合計	仕様
DL-1	ダウンライト（小径タイプ）	DAIKO	DDL-8790YW	11	8	19	非調光 防滴 LED7.6W 電球色 100W相当 径Φ87 埋込穴Φ75 埋込深80mm
DL-2	ダウンライト	DAIKO	DDL-8793YW	6	-	6	非調光 LED5.2W 電球色 白熱灯60W相当 径Φ111 埋込穴Φ100 埋込深78mm アルミダイカスト白塗装
DL-3	人感ｾﾝｻｰ付ﾀﾞｳﾝﾗｲﾄ(連動ｵﾝｵﾌ)	DAIKO	DDL-4497YW	4	-	4	防滴 LED7.7W 電球色 60W相当 非調光 径Φ111 埋込穴Φ100 埋込深80mm
DL-4	人感ｾﾝｻｰ付ﾀﾞｳﾝﾗｲﾄ(連動ｵﾝｵﾌ)	DAIKO	DDL-5002YW	1	-	1	LED5.6W 電球色 防雨型 調光可 白熱灯60W相当 径φ111 埋込穴Φ100 埋込深78mm アルミダイカスト白塗装
DL-5	ダウンライト（小径タイプ）	DAIKO	DDL-4829YW	-	1	1	非調光 LED4.5W 電球色 白熱灯40W相当 径φ62 埋込穴Φ49 埋込深49mm アルミダイカスト白塗装
FL-1	間接照明 調光タイプ	DAIKO	DSY-4556FW	2	-	2	LED36W 電球色 （まくちゃん温調）アクリル乳白 本体長1500mm 幅85mm 高さ35mm アルミ型材白アルマイト
FL-2	間接照明 非調光タイプ	DAIKO	DSY-4888YW	-	2	2	LED20W 電球色 （シングルライン） 本体長1492mm 幅36mm 高さ46mm アルミ型材白アルマイト
FL-3	間接照明 非調光タイプ	DAIKO	DSY-4391YW	-	1	1	LED17W 電球色 （まくちゃん） 本体長600mm 幅85mm 高さ35mm アルミ型材白アルマイト
PL-1	ポール灯	DAIKO	DWP-39611Y	3	-	3	LED6.5W 電球色 白熱灯60W相当 非調光 首振外向のみ90° 回転360° 径φ125 高さ135 埋込深190mm アルミダイカスト 黒塗装
SP-2	防湿スポットライトブラケット	DAIKO	DOL-5206YW	-	2	2	LED4.9W 電球色 ダイクロハロゲン50W相当 非調光 首振壁向30° 外向90° 回転360° 幅75 高さ105 出120mm アルミダイカスト ホワイトサテン塗装
SP-4	スポットライト	KOIZUMI	ASE 940 899	-	3	3	ダイクロイックハロゲンLEDランプE11 40W相当 外向90° 回転360° 幅65 高さ129 出100mm アルミダイカスト ブラック塗装
SP-5	スポットライト	KOIZUMI	ASE 940 898	-	2	2	ダイクロイックハロゲンLEDランプE11 40W相当 外向90° 回転360° 幅65 高さ129 出100mm アルミダイカスト ブラック塗装
PD-1	ペンダントライト	やわい屋	八角細筒瓶L8	-	1	1	製作：安土草多 サイズ：直径 約6cm × 高さ 約15cm コード長さ 700 金具長さ 50 口径：E17 電力：60W（撮影画像・付属の電球は10W）
PD-2	ペンダントライト	louis poulsen	Toldbod 155	-	3	3	ホワイトボールランプ57W ソケットE17 径φ155 高さ260 シェード ガラス乳白色 パイプ ステンレス
PD-3	ペンダントライト	KOIZUMI	AP49029L	-	2	2	LED2.5W 電球色 非調光 高さ177 幅Φ95 本体：セメント 引っ掛けシーリング取付
	テレビ付きインターホン	Panasonic	VL-SWD505KS	1	1	2	［外出先でも便利］スマホで来客応対 ［家族とつながる］みまもりリモコン 逆光でもキレイな映像で来訪者を確認 来訪者の映像を自動で録画・録音 広角レンズ搭載で、玄関まわりをひろびろ確認

照明ダクト天井伏図参照
・TV：地上デジタルアンテナ BSアンテナ本工事 ・インターネット 光インターネット
・LAN スター配線（カテゴリー6） ・住宅用煙感知器 5台 住宅用熱感知機 1台 ガス漏れ警報機 1台
・スイッチ パナソニック ラフィーネアシリーズ ホワイト ・家具用コンセント JINBO NKシリーズ

PLUS design　M邸新築工事　照明器具リスト　E-03

どんな照明器具なのかは、照明器具に通し番号をつけて照明器具リストと関連づけます。照明の明るさだけでなく器具ごと配光も異なるので、大きさや高さなどを含めて記載し、詳細を把握しておきます。建て主に後から「明るさを自由に変えられる調光を採用したい」と言われることがよくあります。調光は器具によってできないものがあるので、事前に建て主には調光がいるかどうかを確認しておきます。

品番、メーカー、寸法、使用する数量のほか、写真もあわせてつけると分かりやすくなります。はじめて使う器具は「意外と大きかった」とうことが起きやすいので、大きさは特に確認しておくことが大切です。

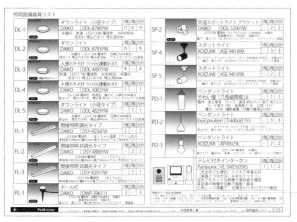

実施設計の流れ
← 平面詳細図
← 矩計図
← 仕様の決定
← 特記仕様書・仕上表
← 仕上げの選定
← 展開図
← 詳細図
← 家具図

基本的にコンセントはなるべく目立たない様に床から250㎜、スイッチは1,150㎜（天井高2,300mmの半分）とし、家具・家電の位置、使い勝手によっては高さを変えています。

コンセントの位置は家具と家電の位置から

電気引き込み位置

建物への電気引き込み位置は前面道路の電線の状況により判断します。受電部分はフック類がつくのでできる限り目立たない位置にしました。最終的には電気業者から電力会社に確認してもらい位置を確定します。

キッチンまわり

キッチンで作業をしながら調理家電を使用するために、調理台にコンセントが必要となりましたが、一般にシステムキッチンにはコンセントがつけられません。そのため造作するキッチンカウンターにコンセントをつけることにしました。

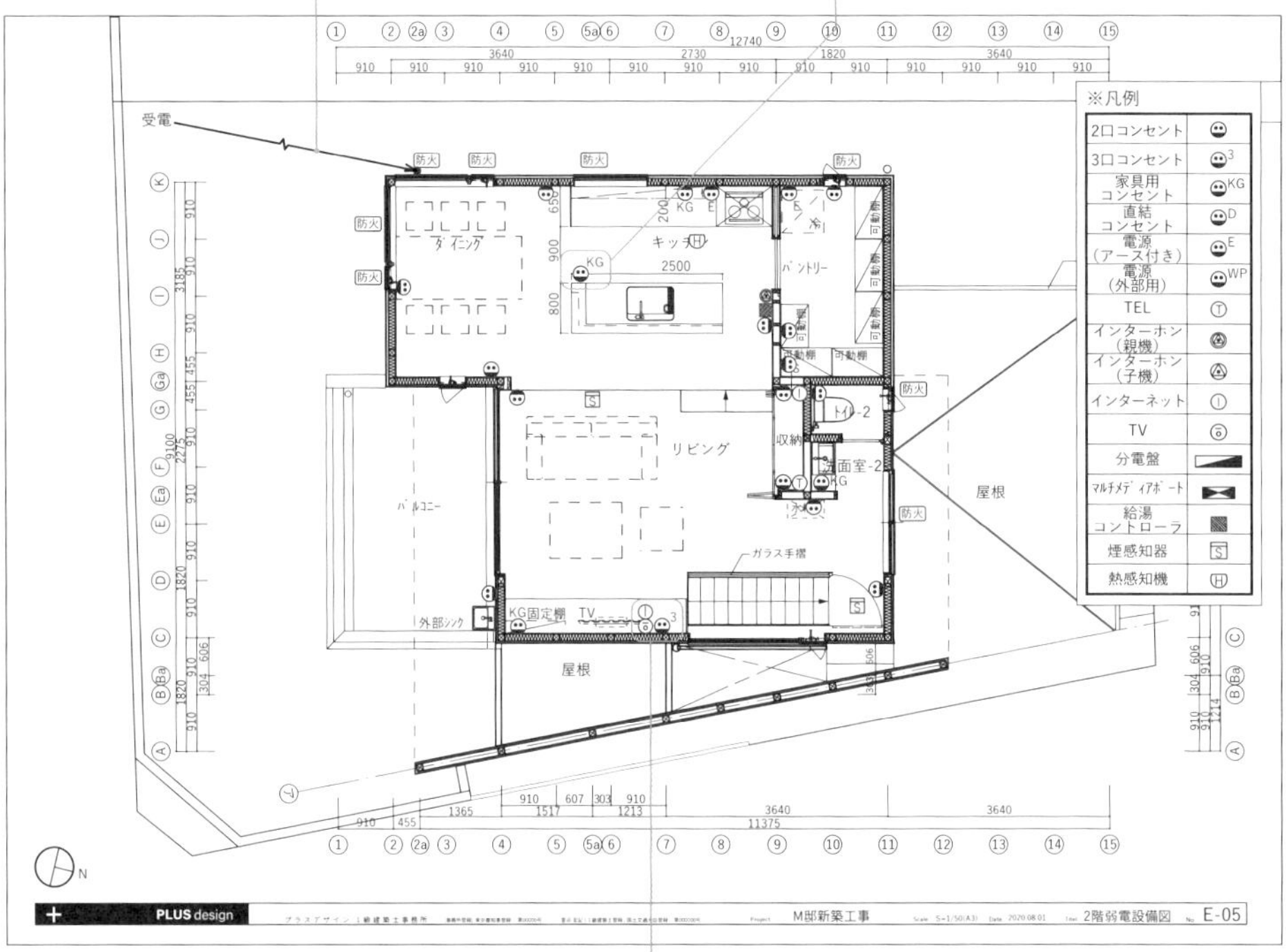

テレビまわり

テレビまわりは多くのコンセントが必要になります。最近多い要望では、携帯電話やタブレット端末の充電場所や自動掃除ロボットのコンセント位置も建て主との議題に上がるので、あらかじめ設置個所を検討しておくとよいでしょう。

コンセントやテレビジャックなどの位置を記す「弱電設備図」は、建て主の持ち物リストをもとに、家具をどこに置くのか、テレビや電話をどこに置くのか、パソコンやプリンター、Ｗｉ-Ｆｉルーターはどこに置くのかなど、生活を想像しながら打合せを進めていきます。

「竣工後に気がついた後悔」というと建て主へのあるアンケートでは「コンセントの位置や数」という回答が最も多いそう。特に最近は、キッチン廻りで調理家電をはじめ多くの家電が使われるようになってきました。家電を収納する家具の内部のほか、調理家電を使っているときのことを想定すると、作業台の上にもコンセントがあったほうがよいでしょう。使いやすさやタコ足配線にならないように配慮してキッチンまわりはしっかりと検討します。同様にテレビまわりも録画機器やゲーム機など多くのコンセントが必要になってきているので、コンセントの数には注意が必要です。

何を置くか具体的に想定して書く弱電設備図

マルチメディアポート

光ケーブルはマルチメディアポートからターミナルアダプタを経由してWi-Fiで家中に無線LANを飛ばします。2階建て以上の場合、木造住宅でも入りが悪いことがあるので、マルチメディアポートを設置していない2階には中継器を使って、有線LANを設けて対応しました。

感知器

居室と階段には煙感知火災警報器、キッチンには熱感知火災警報器の設置が義務づけられています。各行政で指導内容が異なるので確認が必要です。

コンセント

廊下など非居室のコンセントは主に掃除機での利用を想定して配置します。なお、シューズクロークの中のコンセントは電動アシスト自転車の充電用です。

給湯コントローラー

給湯器のコントローラーは浴室でもキッチンでも使えるように2箇所に設置しています。

アース付きコンセント

常時コンセントにつなぎっぱなしになる冷蔵庫や洗濯機、電子レンジなどの家電には、漏電対策などのために、アース付コンセントが必要になります。

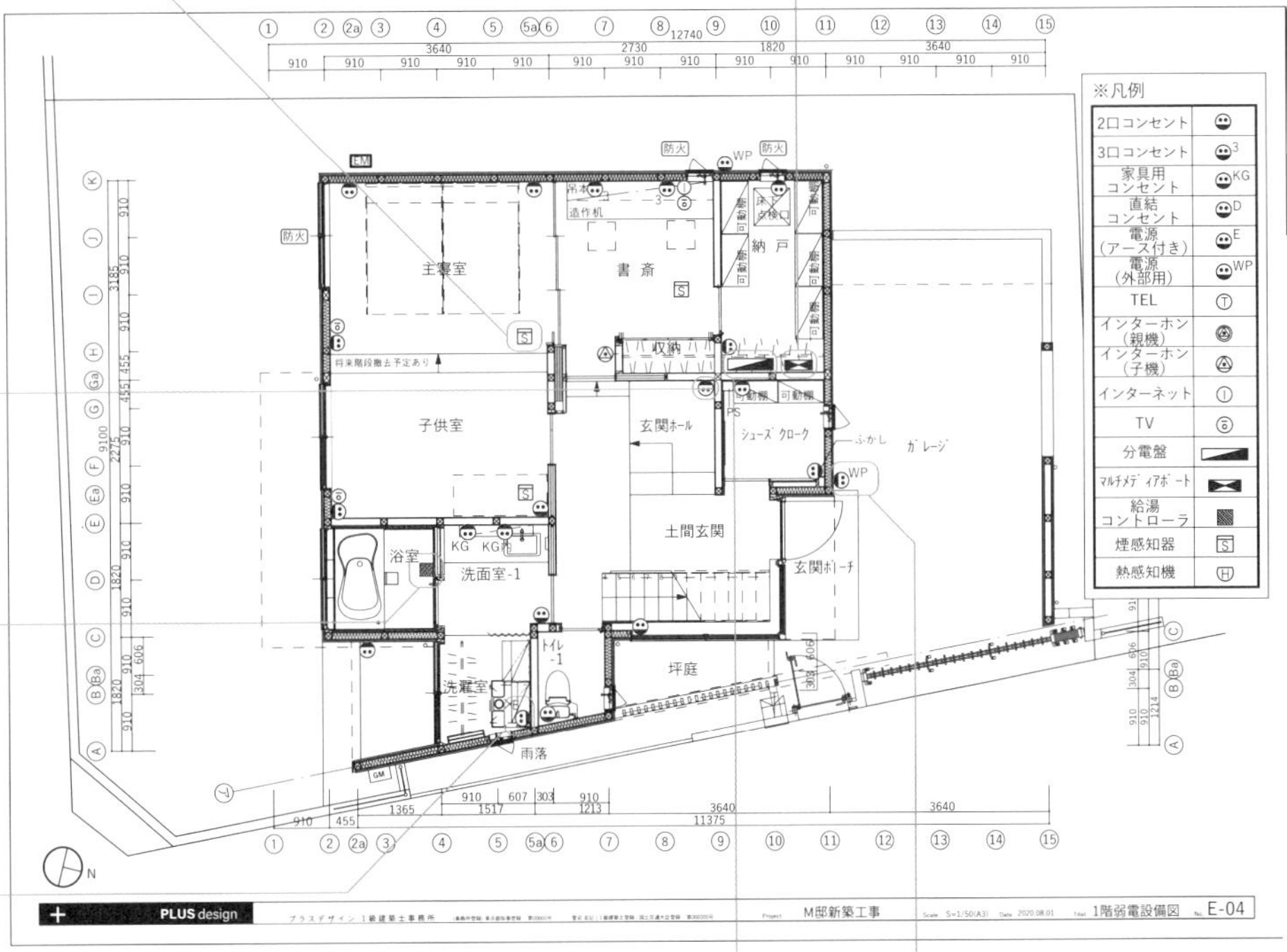

分電盤

普段はほとんど触ることがない分電盤は、トイレ以外で邪魔にならない場所に設置。電線から受電した電気がここから各部屋へ配られるので、電気配線が集中し分電盤を設置する壁内は配線だらけになります。そのため基本的には断熱材を入れる外壁を避けて、間仕切り壁に配置するのがよいでしょう。

外部コンセント

駐車場に設けた外部コンセントは将来、電気自動車の充電に対応できるようにしています。

高さは用途にあわせて検討

コンセントは一般に床付近にありますが、書斎ではテーブルの上にほしく、洗面台のコンセントの位置はドライヤーをつなげることを想定し、利き手側にコンセントを設けないとコードが洗面ボールの上を交差してしまうので不便です。使い勝手を想像し、展開図にスイッチやコンセントの位置も書き込みます。キッチンは何をどこに置くのか家電の種類や用途などを建て主と打合せをして決定します。

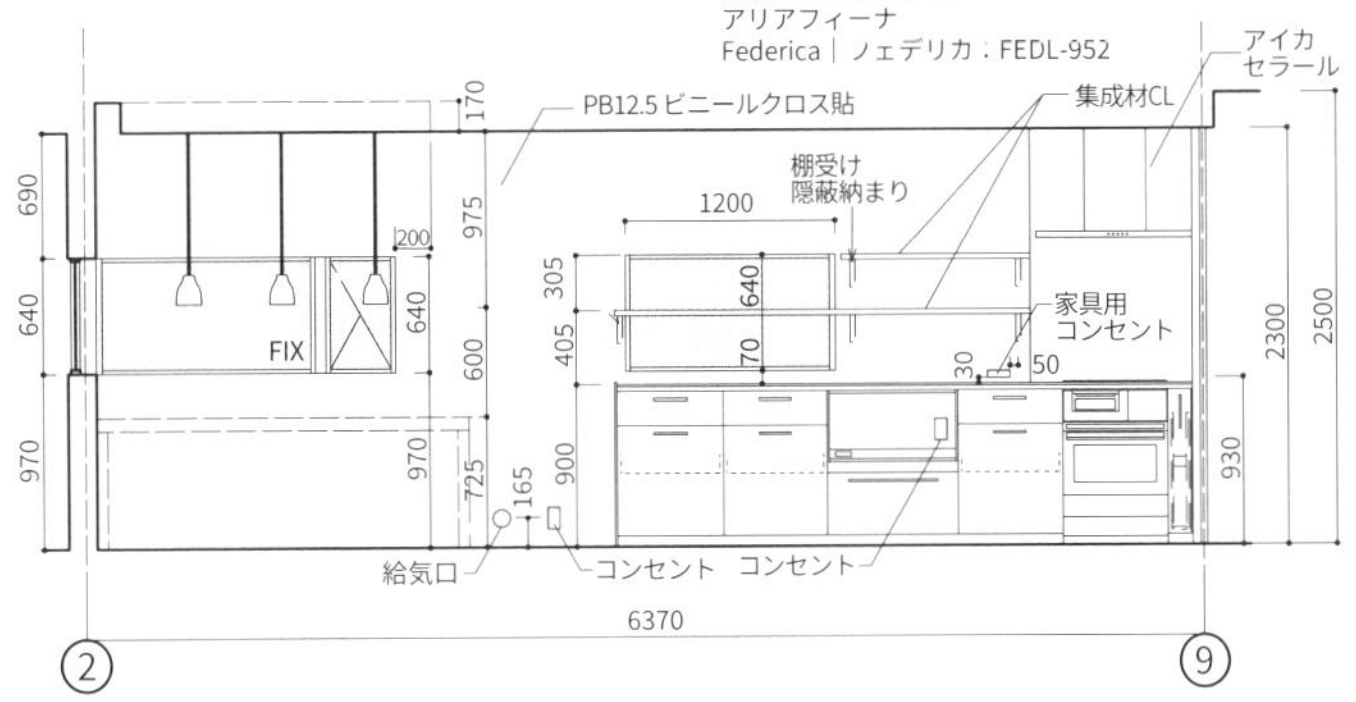

外部水栓は庭への水やりや洗車など用途を確認したうえで、どこに設けるか建て主と打合せをして決めていきます。

給排水の設備は点検と更新を前提に

給排水設備図は、設備機器の位置や、機器までの建物内外の配管ルートなどを示す図面です。給排水設備配管は定期的なメンテナンスが必要になるので、掃除がしやすい、点検がしやすい、交換しやすいことを前提に考えていきます。今回の場合、将来の交換がしやすいように配管類は基礎の下に埋設せず、基礎耐圧盤の上に配管するようにしています。また、洗濯室と納戸の2箇所から床下に潜れるように、床下点検口を設けています。

2階に水回りがある場合は、1階にパイプスペース（PS）を設けて給排水管を床下まで通します。特に管径の太い排水管はPSのサイズや位置、PSまでの経路に注意が必要です。2階排水位置からできる限り近くで、収納の中など1階の邪魔になりにくい場所にPSを設けます。また2階床の梁せいが大きく、梁の下を横引き配管できないこともよくあるので梁の大きさを確認しながら配管ルートを検討します。

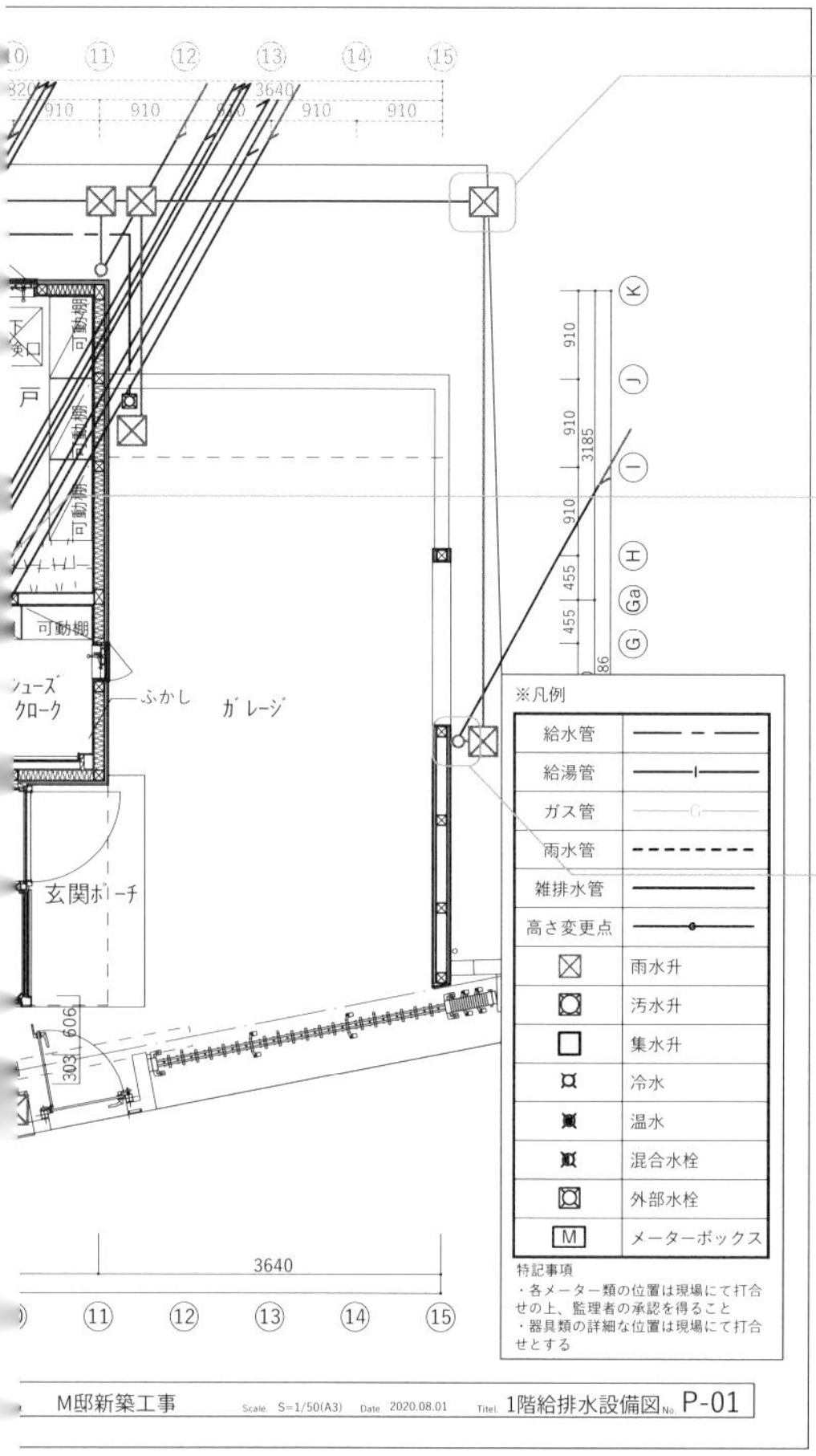
※凡例
給水管
給湯管
ガス管
雨水管
雑排水管
高さ変更点
雨水升
汚水升
集水升
冷水
温水
混合水栓
外部水栓
メーターボックス
特記事項
・各メーター類の位置は現場にて打合せの上、監理者の承認を得ること
・器具類の詳細な位置は現場にて打合せとする
ガレージ
ふかし
可動棚
玄関ポーチ
3640
M邸新築工事
Scale S=1/50(A3)
Date 2020.08.01
Titel 1階給排水設備図 No. P-01

雨水の処理

雨水は雑排水とまとめて下水道に流す合流式、雑排水とは別に流す分流式、敷地内で浸透させる宅内浸透など、地域によって異なります。今回は合流式のため、雑排水と雨樋などから集まってくる雨水が同じルートになっています。また、庭に降った雨が敷地の中で水たまりにならないように地面に勾配をとっています。

2階のトイレの排水

トイレの排水は一度に大量の水が流れるため大きな音が出やすい配管です。特に2階にトイレがある場合、PSと寝室とはできる限り放し、吸音材を巻き付けるなど遮音対策を行います。PSのサイズは配管の太さだけでなく、排水管は吸音材や給水給湯管は保温材の厚さも考慮して決めます。

雨樋

外壁を這う雨樋の位置は頭を悩ませる存在です。外観的に目立たない位置に配置しました。竪樋の径と本数は屋根面積と雨量から計算して決めます。

配管ルートの確認

キッチンの排水は床下（1階天井）へ入り、たいていはPSまで床下を横に流していきます（横走り管）。途中で梁が邪魔をして、想定したPSまで配管できないことがないよう梁せいの確認をして配管ルートを検討しなければなりません。PSまで遠すぎると床下内で所定の勾配（1/100〜1/50）をつけることができないので、その点にも注意が必要です。

配管ルートも色分けしてわかりやすく

給排水設備図は給水・給湯、汚水・雑排水・雨水すべての配管を記載するため図面が乱雑になります。各配管は線の太さや線種で（色分けしても見やすい）分けておくと、分かりやすくなります（ただし現場ではモノクロで印刷されたものを使うことが多い）。

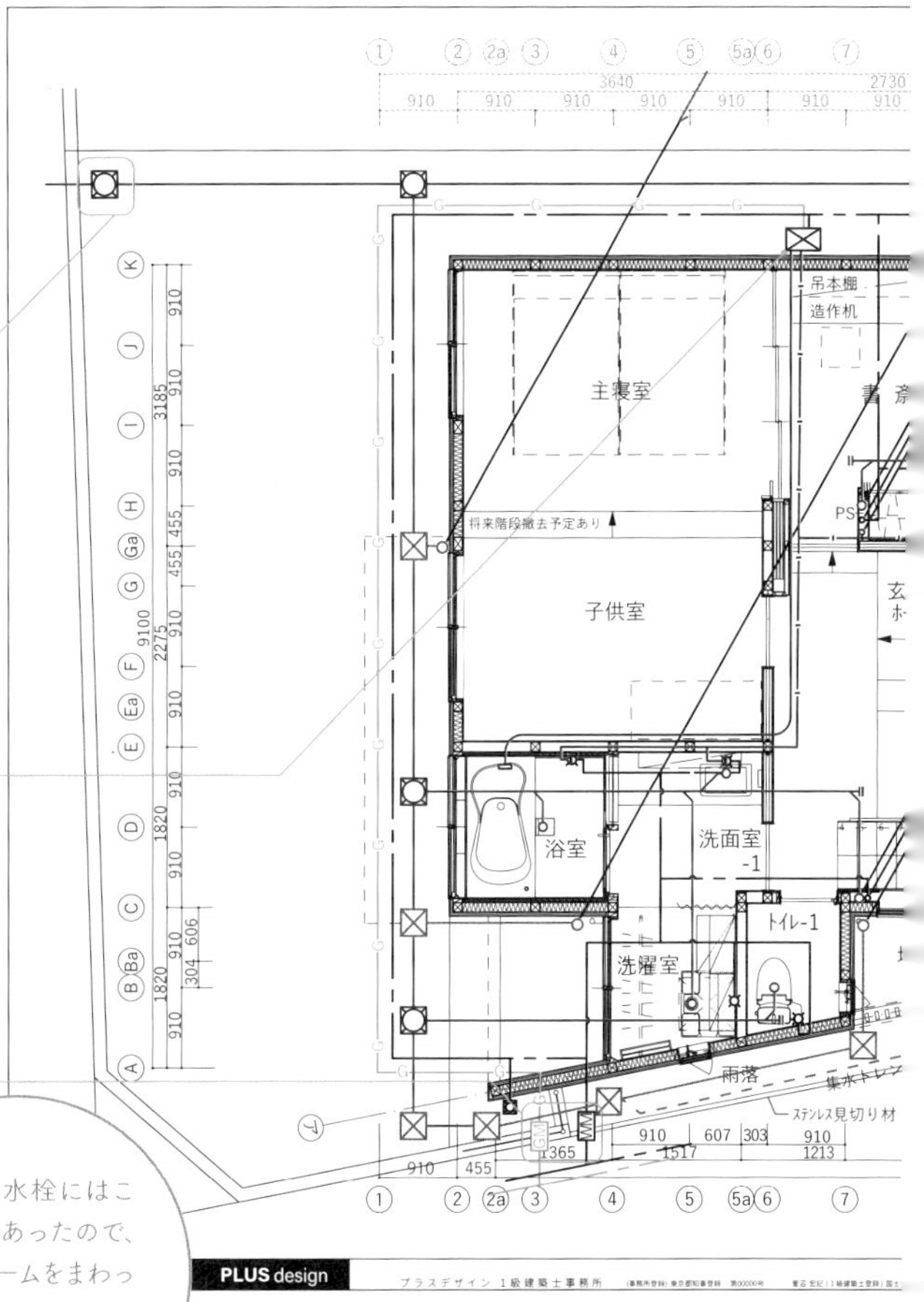
主寝室
吊本棚
造作机
将来階段撤去予定あり
PS
子供室
浴室
洗面室
-1
トイレ-1
洗濯室
雨落
ステンレス見切り材
PLUS design
プラスデザイン 1級建築士事務所

最終桝

下水道設備がある地域では通常、敷地内に下水道と繋がる汚水最終升があります。建て替えでは、既存最終枡の位置は簡単には移動できないため、設計段階で目立つ位置にこないようにしておくのが理想です。

給湯器

給湯器の位置はお湯を主に使うキッチンと浴室までの距離を考慮して決めます。特に浴室は蛇口をひねってお湯になるまでの時間が掛かることは大きなストレスになるので、浴室にできる限り近い位置に設けるのがよいです。

メーター

上水道メーターとガスメーターは道路から検診できる場所に設ける必要があります。1カ所にまとめ、美しいものではないので、できる限り目立たないようにします。今回は前面道路添いの植え込みの中に設けました。

キッチン水栓にはこだわりがあったので、ショールームをまわって海外メーカーのものを選定しました。

設備器具は建て主と実物を確認

どんな衛生設備器具にするのかは、建て主が興味を持つところです。「対面キッチンに食洗器、掃除のしやすいもの……」など、様々な要望を持っている方が多く、カタログではなかなか分からず実際に見ないと判断できないこともあるので、建て主とともにショールムームで実物を確認して選定します。

キッチン

天板の高さは使う人の身長で変わります。食器の洗いやすい高さ、フライパンを五徳にぶつけず触れる高さ、カボチャなど堅い物を切る時に包丁に体重を掛けられる高さなどを考慮して決めます。また、ガスかIHかは電気やガスの配線などの設備図にもかかわることなので早めにきめたいところです。

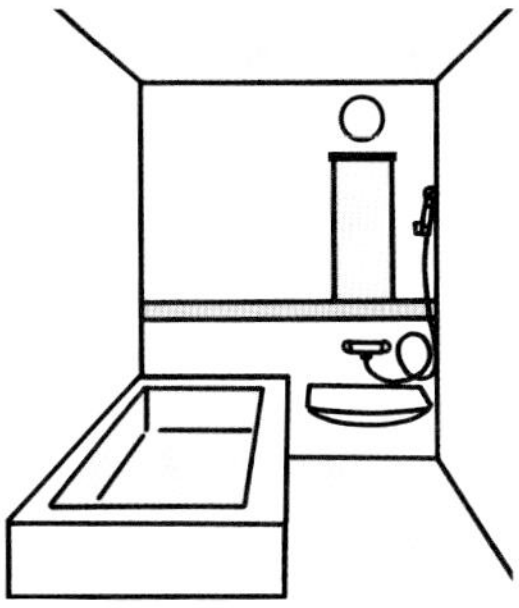

ユニットバス

この家では洗面室が広く感じられるように、浴室との間仕切りをガラスにしています。洗面室からよく見えるため、見栄えを考え、壁の仕上げを自由に選べるハーフユニットバスにしました。

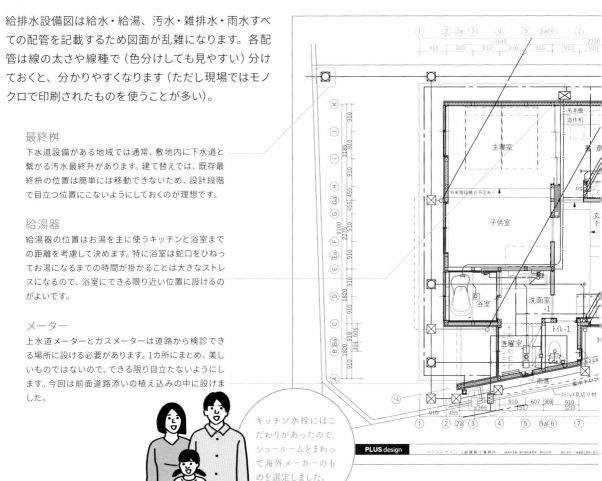

初期段階から構造設計者を交えて進める

住宅設計の流れと構造設計者

構造設計者は、基本設計・実施設計・現場監理のすべての段階で関わっていきます。

設計依頼

⇩

❶ 基本設計

地盤調査データの入手

コンペなど初期提案時には地盤の近隣データを集め、基礎をどうするか、地盤補強が必要かなどを検討します。建物の地業・基礎に掛かる費用は工事費全体に大きく影響するので、構造設計者にとっては初期の最も重要な作業となります。

初期プランの作成

基本設計で大切なことは、建て主と設計者がどういう空間を求めているのかを把握することです。A案から始まり、いくつかの案をつくっているこの時々にも設計者と打合せをしながら構造的に成立するかどうかを検討していきます。

❷ 実施設計

構造設計

実施設計の段階で重要なことは、耐震レベルをどこに設定するかです。設計者が主導して建て主から希望を確認し、耐震等級を決めるのがよいでしょう。

確認申請

4号建築物以外の建物の場合は、構造計算書など必要な図書を準備して、確認申請を提出します。

❸ 現場監理

現場からの質疑回答・各工程の検査

現場が始まれば、構造設計者は現場からの質疑対応やプレカット図のチェックを行い、直接現場に足を運び検査等を行います。

竣工

構造設計者の検査は①支持地盤の確認（杭基礎の場合は試験杭の立ち会い）、②基礎の配筋検査、③建方検査と金物検査の3回が一般的です。

建て主の求めている空間を実現するのが設計者。一方、それをサポートするのが構造設計者です。設計者は日頃から構造設計者と付き合い、よきパートナーとして構造事務所との関係をつくっておくことが重要です。構造的に難しい部分やチャレンジしたい部分の相談ができる関係になれば、設計の幅も広がります。

最近ではいわゆる「4号建築物」（木造2階建て、延べ面積が500㎡以下の建物）で、確認申請に構造計算書が不要の建物でも構造設計者とパートナーを組んで物件を進めることが多くなっています。

木造住宅の構造では、最も重要なのが壁量と壁の配置です。耐震等級に応じた壁量と、バランスよく壁を配置することが求められます。経験豊かな構造設計者であればプランを見れば計算するまでもなく、量とバランスの善し悪しが判断できるものです。その意味でも信頼できる構造のパートナーと日頃から付き合っておく必要があるのです。

［杉山逸郎］

日本中どこでも住宅を建てても、大地震に会う可能性はあります。「我が家にいるのが一番安全」と安心して暮らしてもらえるように、しっかりと構造設計を行い、建て主にも説明をきちんと行います。

木造住宅の構造で最も重要なのは「壁」

木造の構造では「①壁量」「②壁配置」「③床倍率」「④接合部」「⑤梁せい」「⑥基礎」この6つをどのように設計するかが重要ですが、特に重要になるのが①壁量と②壁配置です。

①壁量
建物の壁量（存在壁量）が地震時、暴風時の耐力壁の必要壁量より多い必要があります［100頁参照］。

②壁配置
地震時のねじれに対して耐力壁が効果的に働くには、バランスよく配置する必要があります［102頁参照］。

③床倍率（水平剛性）
耐力壁に力をうまく流すには床の水平剛性を高める必要があります［104頁参照］。

④接合部
各部材に力を伝える役割を担う接合部には、必要な性能を満たす「接合金物」が必要です［108頁参照］。

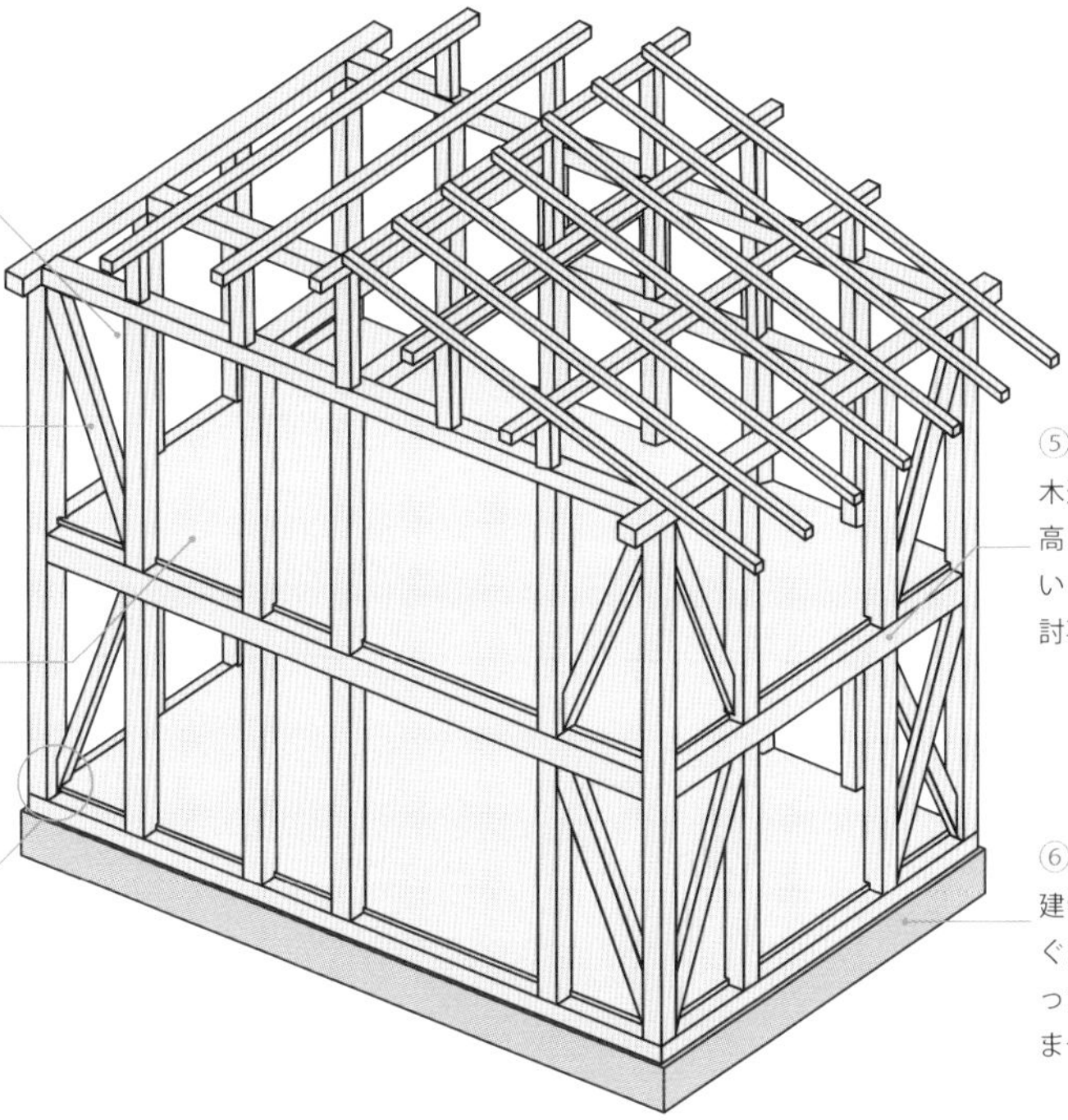

⑤梁せい
木造の軸組のなかでも天井高などを左右する梁せいをいくつにするかは重要な検討事項です［106頁参照］。

⑥基礎
建物を支え、不動沈下を防ぐために計画地の地盤にあった基礎としなければなりません［98頁参照］。

建物の耐震等級と地震

耐震等級は品確法によって制定された、耐震性能を示す指標で、等級1・2・3の3つに分かれています。耐震等級1は建築基準法で定める基準、耐震等級2は等級1の1.25倍、耐震等級3は等級1の1.5倍です。

地震の大きさ / 被害の大きさ	震度5弱	震度5強	震度6弱	震度6強	震度7
小破 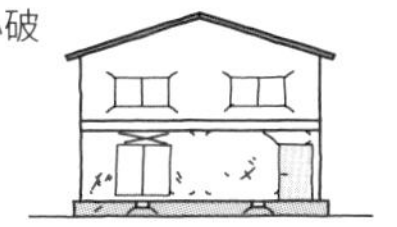		等級1	等級2	等級3	
中破 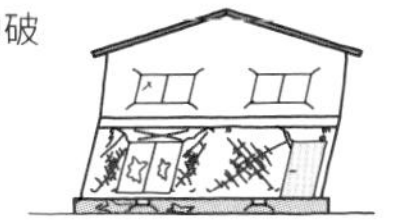			等級1	等級2	等級3
大破 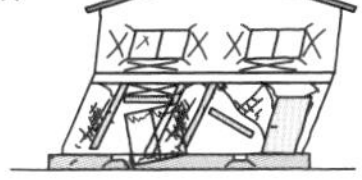				等級1	等級2 等級3
倒壊 					等級1 等級2 等級3

耐震等級のグレードは、地震の大きさと損傷の程度と関係づけられています。例えば等級1では震度5強の場合、小破までは起こりえることを想定し、耐震等級2では震度5強の場合、小破はないものと想定しています。このように等級を上げていくと被害の程度は軽減されます。

大地震時ではどの耐震等級でも倒壊はやむを得ないものとされていますが、2016年の熊本地震では、耐震等級3でつくられた住宅はほとんど被害がなかったと報告されています。耐震等級を上げることが地震に対して有効であることが実際に証明されています。

必ず建物の直下で地盤調査を行います。建てたあと、建物が傾くことのないように基本設計の段階できちんと調べておくことが重要です。

近隣データから予測し、地盤調査で確認

木造住宅の地盤調査は SWS試験を5カ所

スクリューウエイト貫入試験（SWS試験）は1階平面の四隅と中央の5カ所のポイントで調査するのが一般的です。今回は敷地内高低差がある東端の腐植土の有無を確認するため、調査ポイントを1カ所増やしています

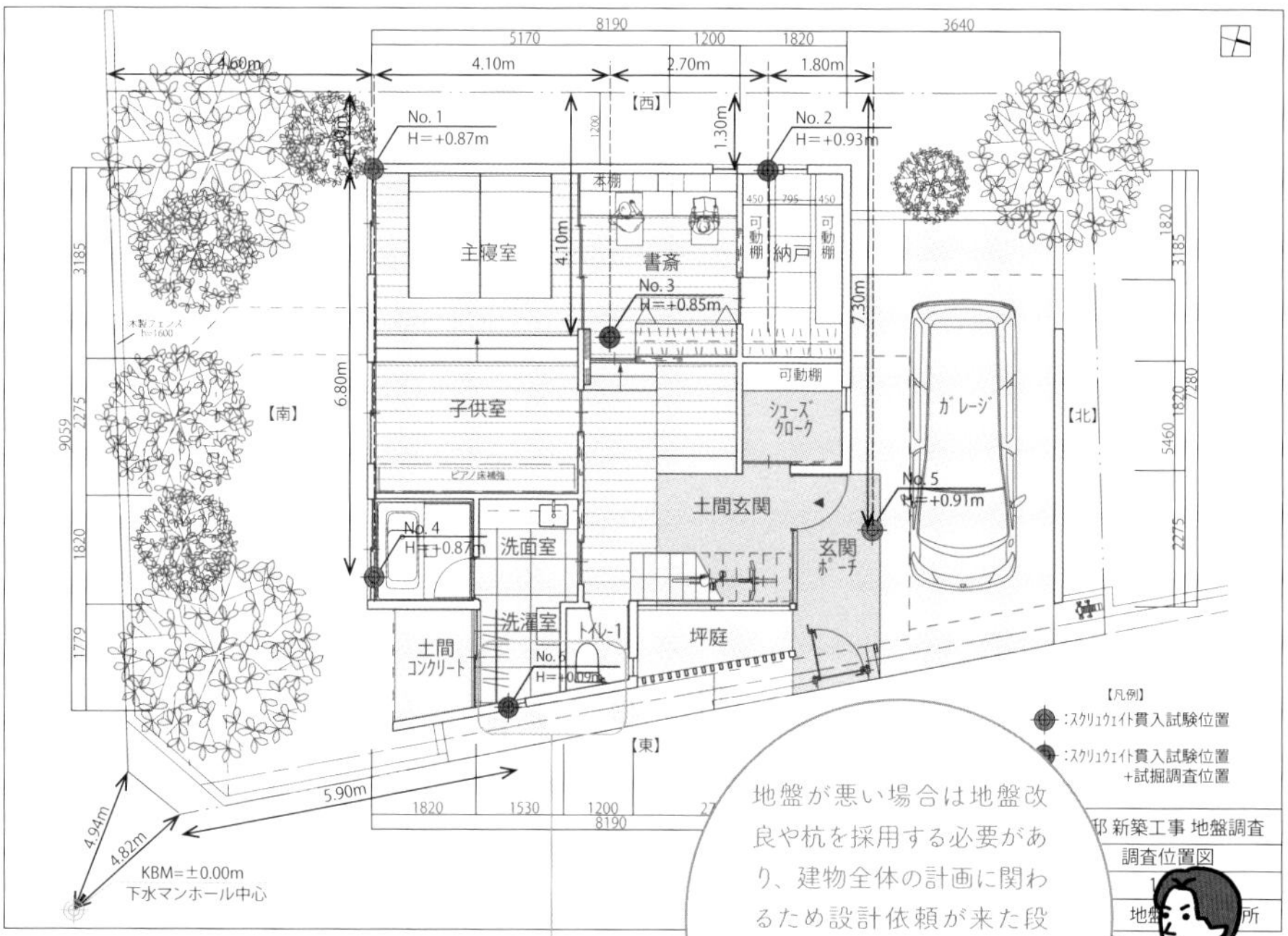

追加で調査した地盤調査会社より「谷底低地で軟弱な腐植土が堆積している可能性」を指摘された敷地東端。

地盤が悪い場合は地盤改良や杭を採用する必要があり、建物全体の計画に関わるため設計依頼が来た段階で地盤の情報を収集し、あらかじめ想定しておくことが重要です［22頁参照］。

設計依頼がきたら、構造設計で最初にやることは地盤の近隣データを集めることです。計画地の周辺の地質図でどういった地盤なのかを把握します。インターネットで情報を集めるのも1つですが、地盤のプロである地盤調査会社から情報を得ることをおすすめします。今回も事前に基本設計時にアドバイスを受けています。

地盤調査会社からは「計画地は武蔵野台地にあり、関東ローム層が堆積している地域である。しかし、敷地東端が谷底低地で軟弱な腐植土が堆積している可能性がある」とコメントをもらいました。この情報から、全体的に関東ローム層であるなら地盤が安定している可能性も高く、直接基礎のベタ基礎で十分だろうと計画を進めました。ただし、敷地のスクリューウエイト貫入試験（旧スウェーデン式サウンディング試験）時に東端の調査ポイントを増やして、腐植土の有無を確認することにしました。［杉山逸郎］

木造住宅で採用される地盤調査

建物を建てる際は、必ず敷地で地盤調査を行い、その調査結果から基礎形状や改良の有無を判断します。比較的小規模である木造住宅における地盤調査は、スクリューウエイト貫入試験という調査方法が一般的です。

スクリューウエイト貫入試験（SWS試験）

スクリューウエイト貫入試験は先端に円錐型のスクリューポイントを取りつけたロッドを地面に立て、5～100 kgまで段階的に荷重を加え、回転させながら地中に貫入させ検査する方法です。その回転数から地盤の硬軟が分かり、地耐力が推定できます。

SWS試験では地盤から10m以深は摩擦力の影響を強く受けるため、調査結果は参考になりません。ですが、木造の荷重が伝わる範囲は基礎のベースから5～10m程度まで。そのためSWS試験は木造住宅にとても適する地盤調査と言えます。

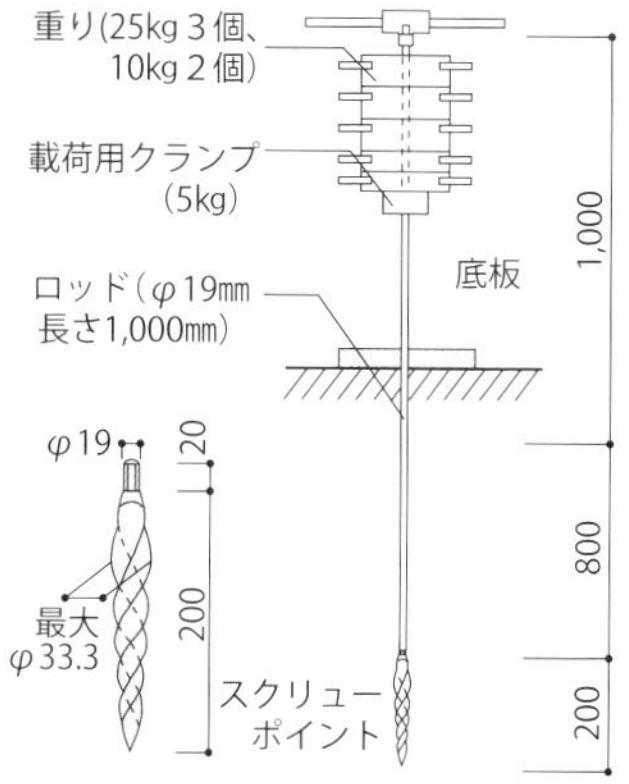
重り(25kg 3個、10kg 2個)
載荷用クランプ(5kg)
ロッド(φ19㎜ 長さ1,000㎜)
底板
1,000
800
200
φ19
20
最大 φ33.3
200
スクリューポイント

SWS試験は10m程度の深さまで測定することが可能です。SWS試験は土を直接目視することができないので、SWS試験と同時にハンドオーガー（スコップ）で2～3カ所の試掘を行い、土質を地盤調査会社の担当者に直接確認してもらうようにします。

地盤調査結果の見方

調査名・調査地点　M邸新築工事 地盤調査
試験年月日　2000/0/00　天候　晴れ　試験者　○○,○○,○○

測点番号　No.4　最終貫入深さ　10.00m　標高　H＝ +0.87m

荷重 Wsw kN	半回転数 Na	貫入深さ D m	貫入量 L m	1m当たりの半回転数 Nsw	長期許容支持力 qa kN/m²
1.00	0	0.25	0.25	0	30
1.00	2	0.50	0.25	8	34
1.00	2	0.75	0.25	8	34
1.00	2	1.00	0.25	8	34
1.00	3	1.25	0.25	12	37
1.00	4	1.50	0.25	16	39
1.00	3	1.75	0.25	12	37
1.00	4	2.00	0.25	16	39
1.00	8	2.25	0.25	32	49
1.00	4	2.50	0.25	16	39
1.00	4	2.75	0.25	16	39
1.00	4	3.00	0.25	16	39
1.00	5	3.25	0.25	20	42
1.00	3	3.50	0.25	12	37
1.00	7	3.75	0.25	28	46
1.00	9	4.00	0.25	36	51
1.00	10	4.25	0.25	40	54
1.00	9	4.50	0.25	36	51
1.00	0	4.75	0.25	0	30
1.00	12	5.00	0.25	48	58
1.00	31	5.25	0.25	124	104
1.00	16	5.50	0.25	64	68
1.00	9	5.75	0.25	36	51
1.00	12	6.00	0.25	48	58
1.00	41	6.25	0.25	164	120
1.00	11	6.50	0.25	44	56
1.00	9	6.75	0.25	36	51
1.00	5	7.00	0.25	20	42
1.00	27	7.25	0.25	108	94
1.00	24	7.50	0.25	96	87
1.00	4	7.75	0.25	16	39
1.00	2	8.00	0.25	8	34
1.00	3	8.25	0.25	12	37
1.00	2	8.50	0.25	8	34
1.00	0	8.75	0.25	0	30
0.75	0	9.00	0.25	0	16
1.00	0	9.25	0.25	0	30
1.00	5	9.50	0.25	20	42
1.00	13	9.75	0.25	52	61
1.00	60	10.00	0.25	240	120

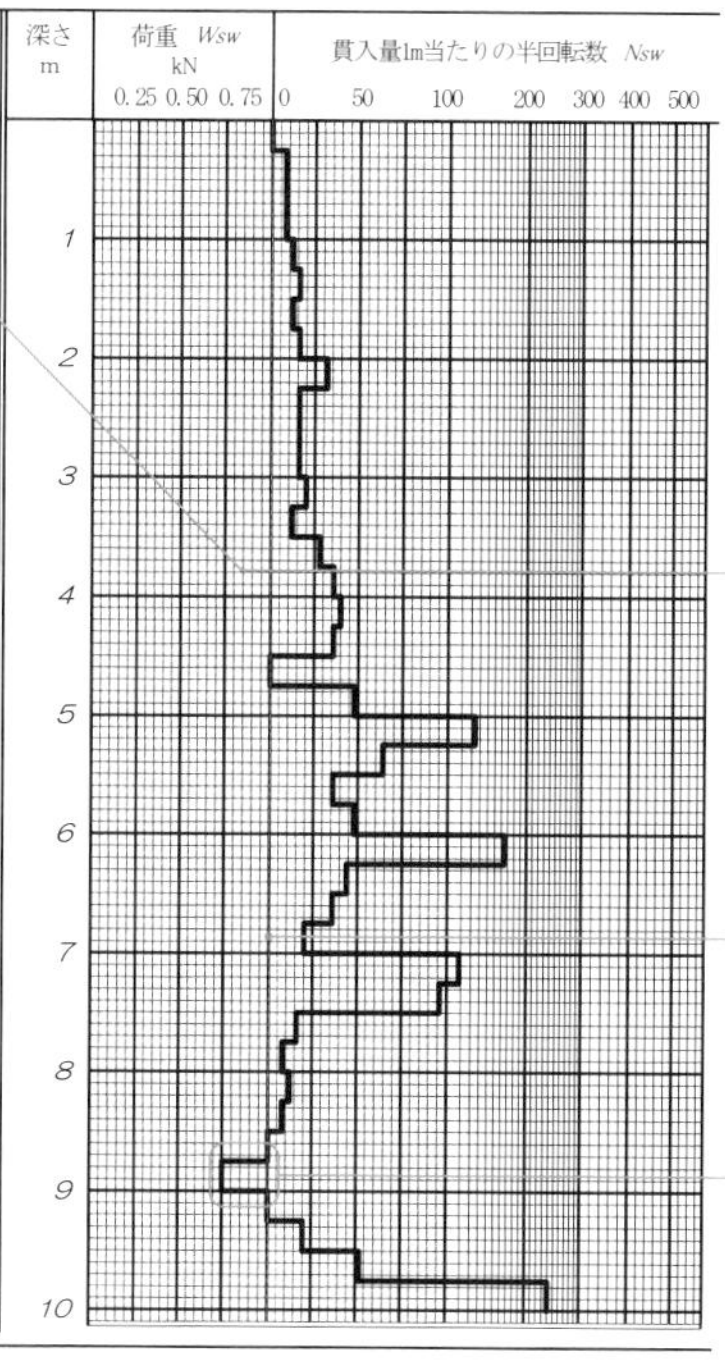
深さ m
荷重 Wsw kN
0.25 0.50 0.75
貫入量1m当たりの半回転数 Nsw
0 50 100 200 300 400 500
1
2
3
4
5
6
7
8
9
10

備考　・長期許容支持力 qa(kN/㎡)
qa=30+0.6Nsw(告示第1113号)
Nswの上限値は150回としてqaを算定　qa=30Wsw²(自沈による評価：地盤工学会)

現地で行ったSWS試験の結果は、表層は黒ボク主体の埋土層で、その下に関東ローム層が堆積していることが確認されました。しかし計算の結果、表層でも木造に必要な30kN/㎡の地耐力があることが分かり、当初の計画通り、直接基礎のベタ基礎としました。

特に重要なのは表層から1mの範囲の長期許容支持力度です。木造ではこの数値が30kN/㎡以上あれば十分で、直接基礎が採用できます。

グラフが0よりも右にある場合は長期許容支持力度が30kN/㎡以上あることを示します。0よりも左にある場合は注意が必要です。

9m付近に長期許容支持応力度が30kN/㎡以下になっている自沈層がありますが、荷重は下に行くほど影響する範囲が広がっていくため、木造2階建ての住宅では問題ないと判断しました。自沈層が2～3mある場合は補強などの対応が必要です。

「基礎」という言葉のように、構造的に建物を支える基礎はとても重要です。今回は地盤調査の結果で一部浅い層に軟弱層が見られたので、底盤部分の基礎の鉄筋量を増やして対応しました。

地盤調査結果からベタ基礎が可能かを判断

一般的に木造住宅の基礎形式には逆T型の布基礎と一面に耐圧版を設けるベタ基礎があります。ベタ基礎は床下全面をコンクリートで覆い（耐圧版）、基礎全体で建物を支えて地盤に力を伝える方式です。かつては布基礎が主流でしたが、施工性のよさや、地盤面もすべてコンクリートで覆うため湿気が上がってきにくいというメリットなどから、最近ではベタ基礎が一般的になっています。今回もベタ基礎を採用しました。

今回の敷地には、真ん中あたりに90㎝程度の段差があり、計画にも積極的に活かして設計しているのが建物の特徴です。これに合わせて、当初から基礎にも段差を設ける計画としていました。前項のSWS試験の結果、段差があってもそれぞれの表層で十分な地耐力が確認できていたので、段差にもベタ基礎で対応することにしました。また、段差部には段差を利用した強固な地中梁とし、基礎計画に活かすことにしました。［杉山逸郎］

スキップフロアの上がった部分は基礎のピッチを2間以上としています。耐圧版の配筋は長辺・短辺方向のともにD-13を200㎜ピッチとするのが一般的ですが、この部分については150㎜ピッチで配筋して割り増しして強度を高めることで対応しています。

設備工事などの施工性や竣工後の修理・点検作業も見越し、職人さんが床下を通ることができるように、内部基礎には床下通路（人通口）が必要です。基礎立ち上がりを幅600㎜程度カットし、人通口としています。構造的には弱くなるためその分、耐圧版内に補強を入れています。

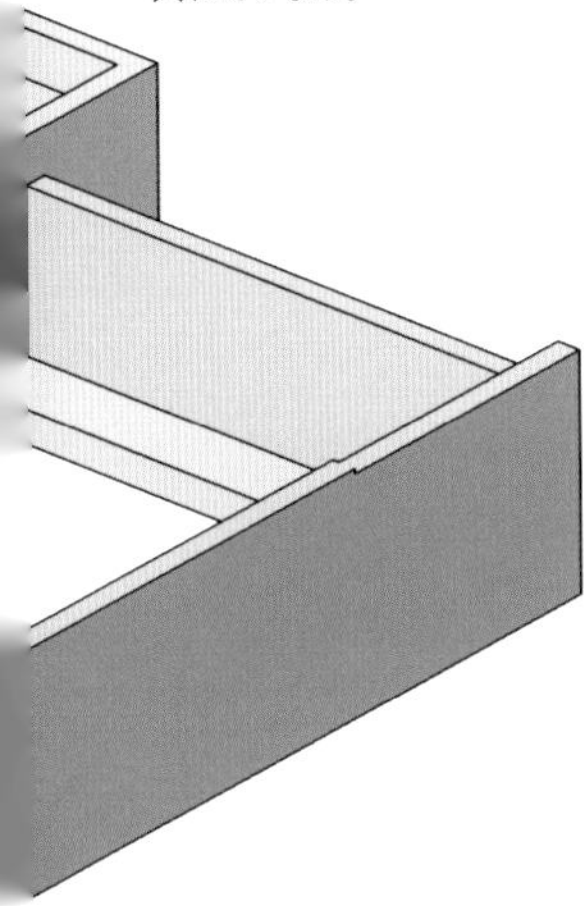

基礎の地耐力は建物の重さから

木造に求められる地耐力（1㎡あたりの地耐力）は建物の重さから算定でき、一般的に2階建てでは12kN/㎡以上が必要です。一方、同じ2階建てで鉄骨造は30kN/㎡、鉄筋コンクリート造は45kN/㎡が求められます。そのため、木造住宅の場合、安全性を考慮しても地盤の地耐力が30 kN/㎡以上あれば十分と言えます。

木造

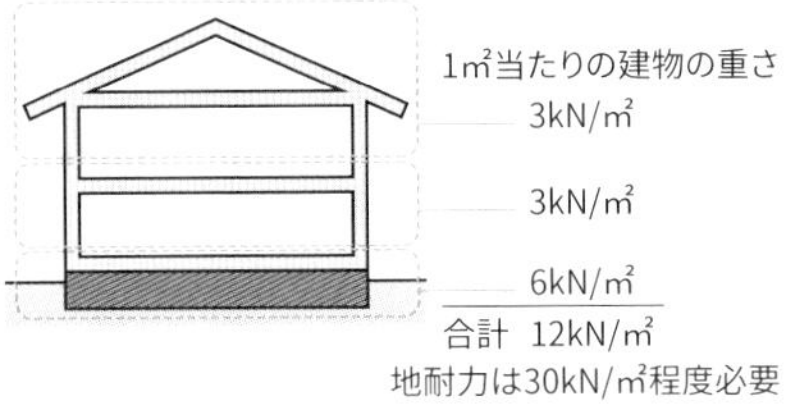
1㎡当たりの建物の重さ
3kN/㎡
3kN/㎡
6kN/㎡
合計 12kN/㎡
地耐力は30kN/㎡程度必要

鉄骨造

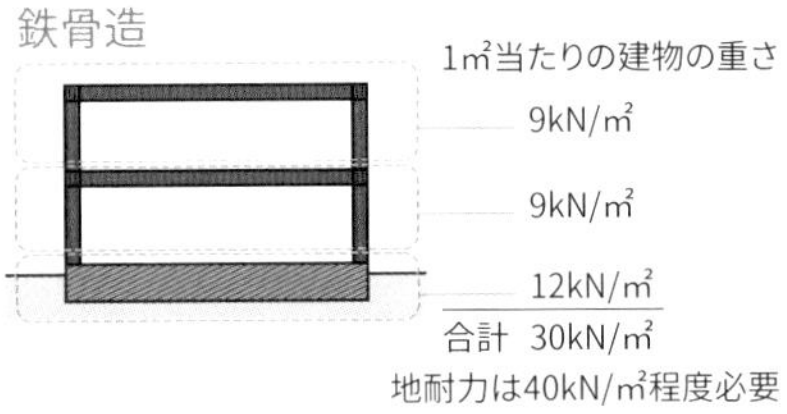
1㎡当たりの建物の重さ
9kN/㎡
9kN/㎡
12kN/㎡
合計 30kN/㎡
地耐力は40kN/㎡程度必要

RC造

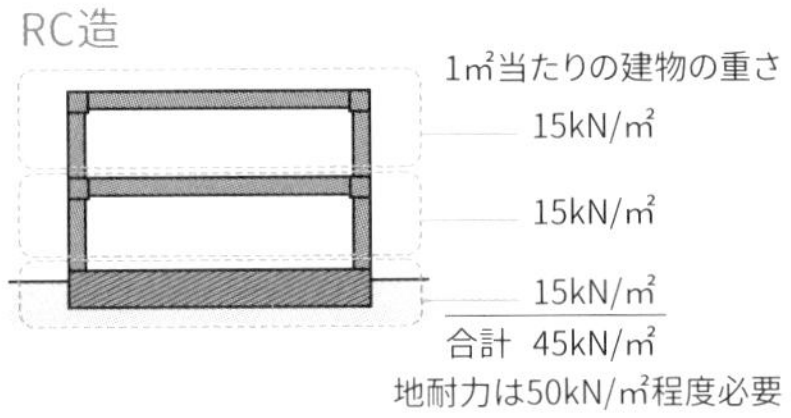
1㎡当たりの建物の重さ
15kN/㎡
15kN/㎡
15kN/㎡
合計 45kN/㎡
地耐力は50kN/㎡程度必要

ベタ基礎の区画は 2間×2間以内で考える

基礎の1つの区画の大きさは、基本的に2×2間（3.64×3.64m）以内として考えます。それ以上大きい場合は、スラブ（耐圧版）を厚くしたり、鉄筋量を割り増ししたりなど、補強を検討する必要があるからです。

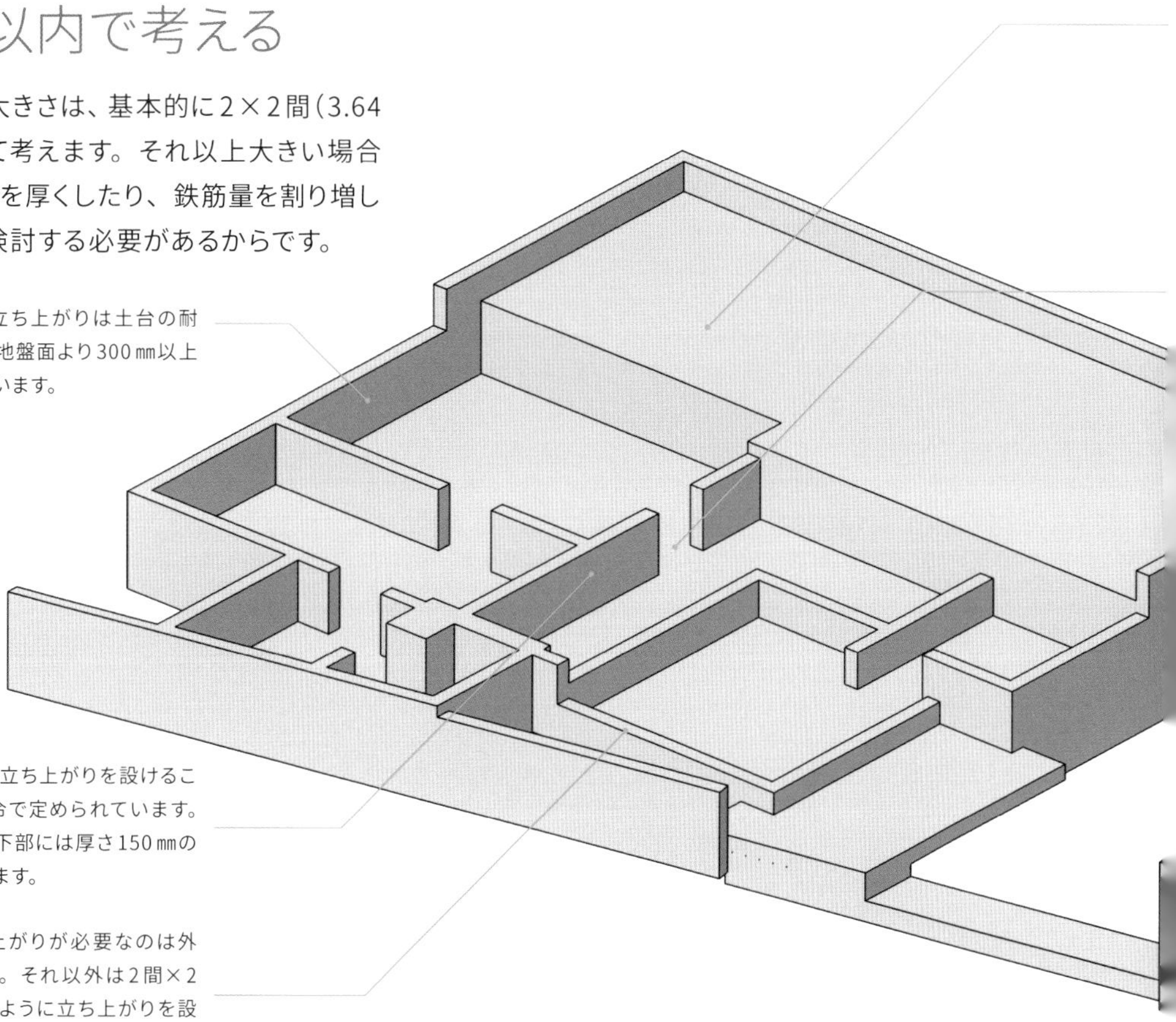

建物外周部の基礎の立ち上がりは土台の耐久性を確保するため、地盤面より300㎜以上の高さが必要とされています。

耐力壁の下の基礎には立ち上がりを設けることが建築基準法施行令で定められています。今回も1階の耐力壁の下部には厚さ150㎜の立ち上がりを設けています。

基本的に基礎の立ち上がりが必要なのは外周部と耐力壁の下です。それ以外は2間×2間以内に区画ができるように立ち上がりを設けていきます。

地盤に軟弱層があったときは改良や杭が必要

地耐力が30kN/㎡確保できない軟弱な地盤や、軟弱な地盤と硬い地盤が混じる不均質な地盤の場合は、表層改良や杭基礎などを施工し、支持力を確保する必要があります。

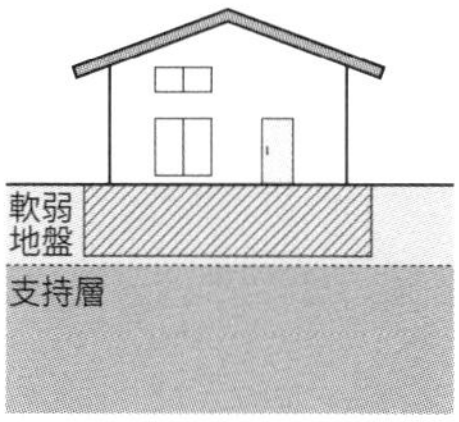

表層改良

支持層まで地盤を堀りながら、同時に掘った土にセメント系固化剤混ぜて改良土をつくり、転圧を行い固化させる方法です。軟弱地盤の深さが2m程度までの場合に対応可能です。

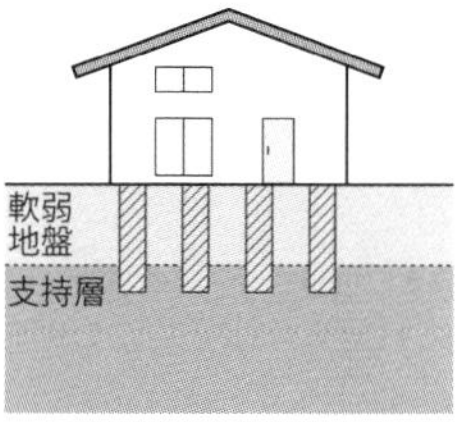

柱状改良

地盤を筒状に掘りながら、液状の固化剤と土と攪拌することで固いコラム（柱状改良体）をつくる工法です。コラム先端の支持力とコラム周りに生じる摩擦力で建物を支えます。

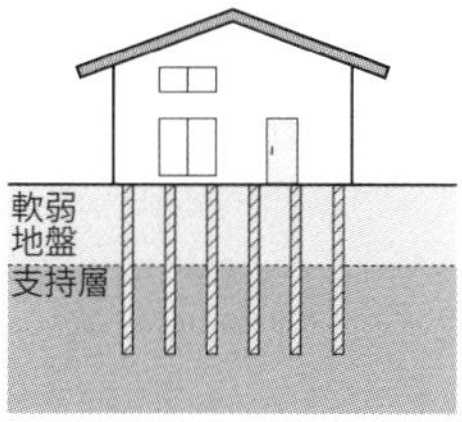

鋼管杭

支持層まで鋼管を圧入・回転圧入する工法です。住宅では「小口径鋼管杭」と呼ばれる直径48～150㎜程度のものが使用され、小口径ゆえ支持杭とはみなされず、地盤改良的な扱いとされます。

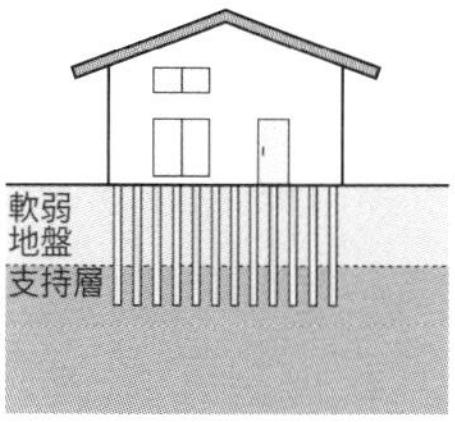

木杭（環境パイル）

支持層まで木製の杭を圧入する工法です。柱状改良などで懸念される固化不良や有害物質の六価クロムの溶出の心配がなく、価格も他と比べて抑えられる場合が多いです。耐久性も十分あります。

木造で最も重要なのは壁の量とバランス

基本設計の段階から構造も考える

壁の配置は当然プランにも影響を及ぼすので、基本設計時から、耐力壁の配置を考えておくことが重要です。構造設計者に依頼する場合、構造で打ち合わせをしておきます。

設計者　構造設計者

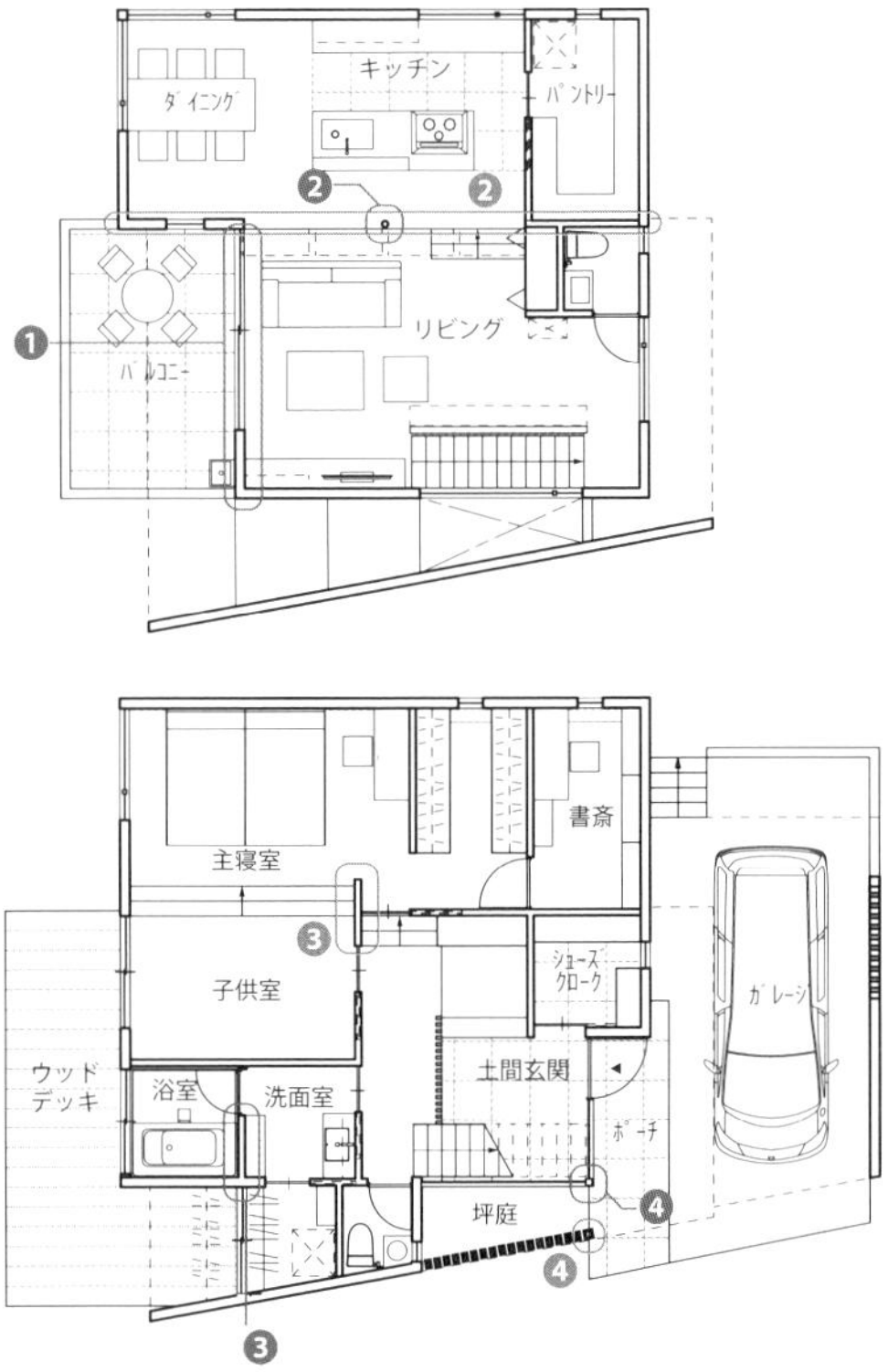

❶南面の開口部を端から端まで伸ばしたいです。

耐力的には可能だが、地震力・風圧力的にはNG。910 ㎜以上の耐力壁を残してください。

❷LDKを広く見せるためこの柱を抜けますか？

柱の上に架かる❷の梁せいを大きくすれば柱をぬいても大丈夫です。

❸浴室・洗面室を一室に見せるためにこの壁を取ることはできますか？

❸の壁を耐力壁に変更すれば浴室は壁をなくして大丈夫です。

❹玄関のコーナー柱をなくしてコーナー開口をシンプルに見せたいです。

❹のルーバー部分の柱をスチール柱に変更して軸力を代わりに受けさせれば、柱を抜いても大丈夫です。

木造の構造で要となるのが「壁量」、そして「壁のバランス」の二つです。たとえ充分な壁量が確保されていても、そのバランスが悪いと地震時に建物がねじれることになるので、どちらも重要です。特に住宅では南側に大きな開口をとり壁が少ない一方、北側は壁が多いというケースがよく見られます。今回の住宅でも、南側に大きな開口があり、壁は少ない計画でした。

こうした場合の構造の対処には2つの方法があります。一つは二重壁にすること。同じ位置に壁を重ねて設けます。そのため壁厚は2倍になります。部屋が狭くなる、壁の存在感が強すぎるなどのデメリットがあることは否めません。もう一つは、高倍率の耐力壁を使用すること。耐力壁の強度を表す数値「壁倍率」の高い筋かいや面材を使用します。今回は後者の方法によって、南側に大きな開口を設けながらも耐力壁の量・バランスを満足させるようにしました。［杉山逸郎］

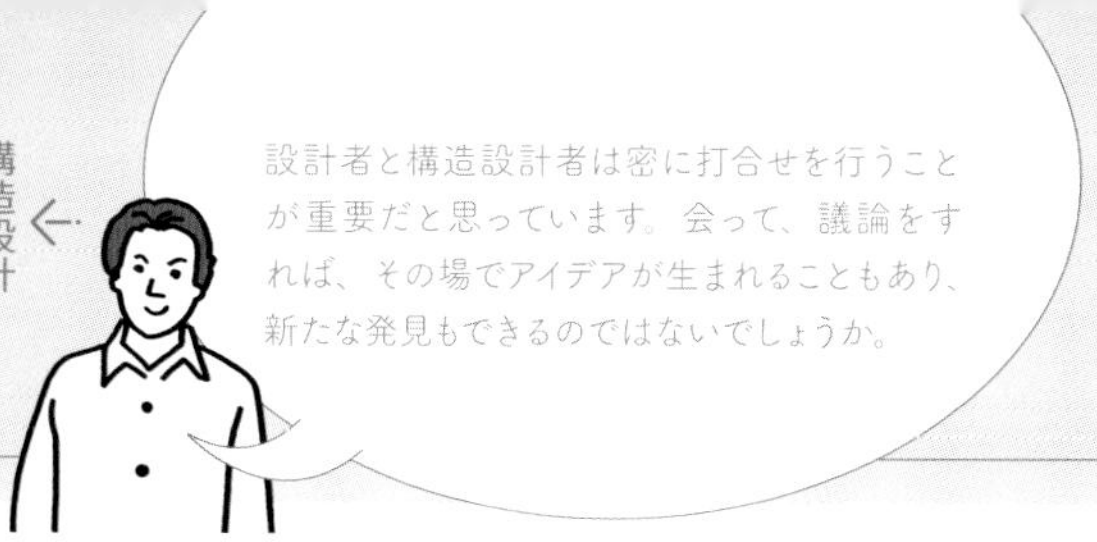

まずは壁の量からチェック

壁量は、地震時と暴風時に建物に作用する水平力（地震力と風圧力）に対する「必要壁量」より、水平抵抗力に相当する建物の耐力壁の量「存在壁量」が多いことを1階から各階で確認します。

地震時の必要壁量 ≦ 存在壁量

必要壁量 ＝ 床面積[㎡]× 係数[cm／㎡]

存在壁量 ＝ 耐力壁の長さ[m]× 壁倍率

厳密には建物重量を求めて、地震力を計算することで必要壁量が求められますが、木造住宅では簡易な方法で算出することが多いです。

係数は建築基準法施行令 46 条 4 項で定められ、金属などの軽い屋根と瓦などの重い屋根で異なる数値となっています。

壁倍率は面材、筋かいなど仕様によって建築基準法令 46 条 4 項に定められた耐力壁の強度を表す数値[詳しくは 103 頁参照]。

地震力の係数

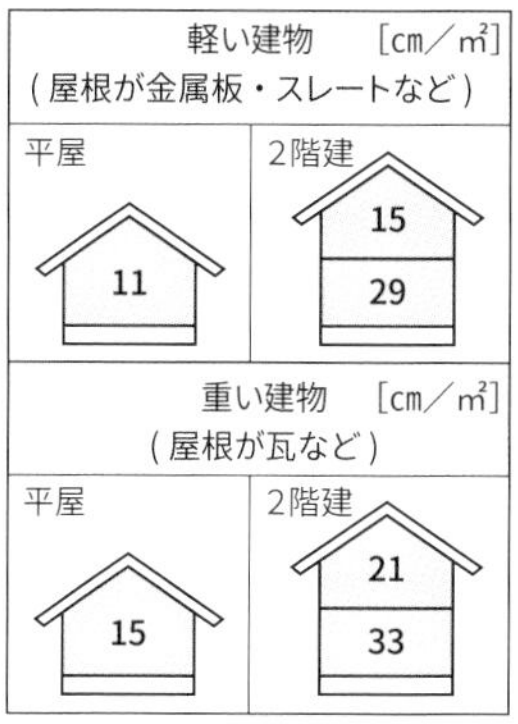

≪桜上水の家の地震に対する壁量をチェック≫

【必要壁量】

1 階必要壁量 ＝ 床面積 85.68[㎡]× 係数 0.29[m ／㎡]= 24.85m

2 階必要壁量 ＝ 床面積 52.17[㎡]× 係数 0.15[m ／㎡]= 7.83m

【存在壁量 (当初)】

1 階の存在壁量(X 軸) ＝ 10.01m(0.91m の耐力壁を 11 枚)× 4.5 倍
＝ 45.05m　＞24.85m　∴OK

1 階の存在壁量(Y 軸) ＝ 6.37m(0.91m の耐力壁を 7 枚)× 4.5 倍
＝ 28.66m　＞24.85m　∴OK

2 階の存在壁量(X 軸) ＝ 10.01m(0.91m の耐力壁を 11 枚)× 4.5 倍
＝ 45.05m　>7.83m　∴OK

1 階の存在壁量(Y 軸) ＝ 5.46m(0.91m の耐力壁を 6 枚)× 4.5 倍
＝ 24.57m　＞7.83m　∴OK

今回、屋根をガルバリウム鋼板としたため、軽い屋根に該当。1 階の係数は 0.29、2 階の係数は 0.15 となります (係数の単位は[m ／㎡]で計算)。

外壁は断熱材を隙間なく入れたいので、できる限り筋かいのダブルとはせず「筋かい＋構造用合板」(壁倍率 4.5 倍) ですべてをひとまず計画し壁量を計算しています。また、壁量は X 軸、Y 軸の両方がそれぞれ必要壁量あるかを確認する必要があります。

暴風時の必要壁量 ≦ 存在壁量

必要壁量 ＝ 見付面積[㎡]× 係数[cm／㎡]

存在壁量 ＝ 耐力壁の長さ[m]× 壁倍率

風圧力は建物の見付け面積に比例します。

1 階の見付面積は 1 階床から 1.35m 以上の部分の面積、2 階の見付面積は 2 階床から 1.35m 以上の部分の面積となります。係数は建築基準法施行令 46 条 4 項で定められ、特定行政庁が指定する強風区域と一般の区域で異なる数値となっています。

地震力と同様に壁量を計算。X 方向の耐力壁を検討するときは Y 方向 (Y 面) の見付面積、Y 方向の耐力壁を検討するときは X 方向（X 面）の見付面積を使うため方向には注意が必要です。

見付面積

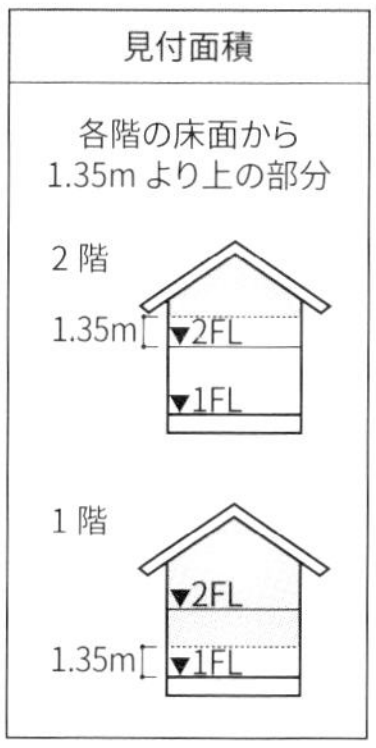

風圧力の係数

区域	見付面積当たりの必要壁量 (㎝／㎡)
特定行政庁が特に強い風が吹くとして定めた地域	50 超 75 以下の範囲内で特定行政庁が定めた値
その他の地域	50

かつての建築基準法では「壁はつりあいよく配置すること」としか規定されていませんでしたが、現在は計算を行い、数字でバランスのよい配置を確認する必要があります。仕様規定では4分割法で、構造計算する時は偏心率で示します。

壁がバランスよく配置されているかをチェック

壁量が確保できていても、配置が偏っていると地震力が加わったときにねじれが生じて、建物が倒壊する危険性があります。そのため、耐力壁がバランスよく配置されていることが重要です。木造住宅では主に「四分割法」という方法で配置のバランスを確認します。

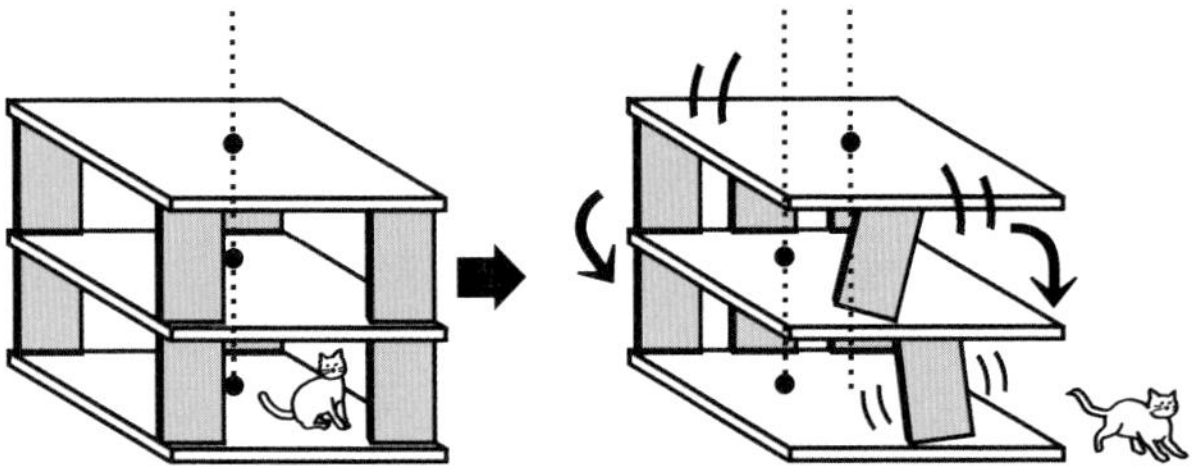

耐力壁をバランスよく配置するとは、建物の重量の中心である「重心」と、水平抵抗力の中心である「剛心」の距離（偏心距離）が近いようにすることです。

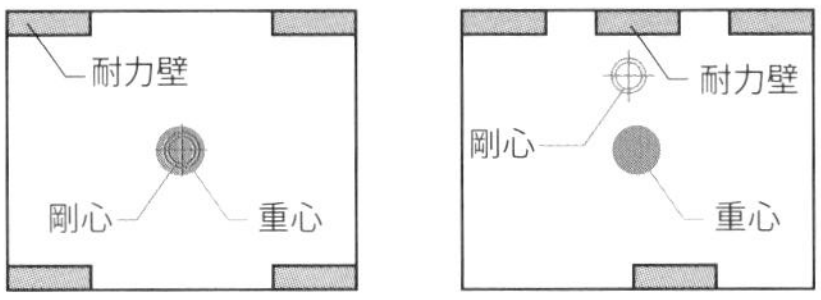

重心と剛心の位置が近い　　重心と剛心の位置が遠い

四分割法とは

四分割法は建物をX軸・Y軸でそれぞれ短冊状に等分し、それぞれの両端で必要壁量と存在壁量を計算［手順❶］。そこから壁量充足率（存在壁量÷必要壁量）を求めます［手順❷］。壁量充足率がともに1を超えていればOK、超えていない場合は小さい方の壁充足率を大きい方の壁充足率で除して、0.5以上であることを確認します［手順❸］。

手順❶

$$\text{各ゾーンの必要壁量} = \text{ゾーンの床面積}[\mathrm{m^2}] \times \text{係数}[\mathrm{m} / \mathrm{m^2}]$$

$$\text{各ゾーンの存在壁量} = \text{耐力壁の長さ}[\mathrm{m}] \times \text{壁倍率}$$

手順❷

$$\text{各ゾーン壁量充足率} = \frac{\text{各ゾーンの存在壁量}}{\text{各ゾーンの必要壁量}} > 1$$

両端とも1を超える場合は、次の壁比率のチェックは不要です。

手順❸

$$\text{壁率比} = \frac{\text{小さいほうの値の壁充足率}}{\text{大きいほうの値の壁充足率}} \geqq 0.5$$

0.5未満の場合は、壁がバランスよく配置されていないということ。壁配置を再検討する必要があります。

≪桜上水の家の４分割法≫

建物を矩形とし、X軸・Y軸ともに一辺を4分割します。4分割した両端のエリアにある耐力壁がどれだけあるかを確認します。

エリアにある耐力壁(存在壁量)と必要壁量から、壁量充足率をもとめて1を超えるか超えないかを確認。1を超える場合はバランスよく配置されていると判断します。1以下の場合は壁率比を確認します。

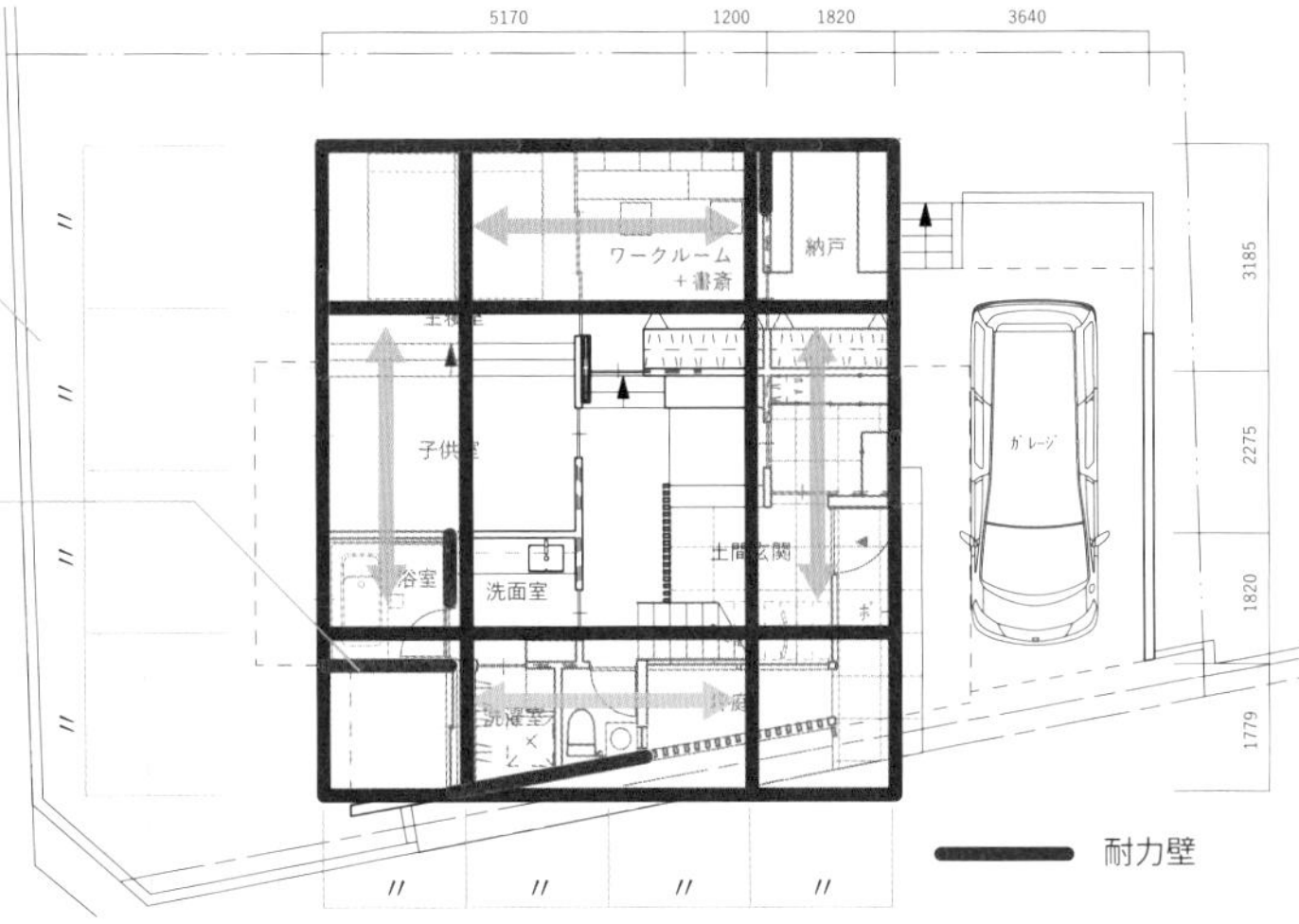

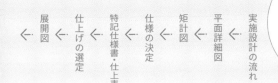

壁倍率は最大7.0倍の仕様のものもある

前頁までの壁量と四分割法では、壁倍率を一律で4.5倍のものに想定して計算していましたが、実際は壁倍率の仕様は使い分けができます。壁量が少ないエリアには高倍率の仕様としたり、断熱材を入れたい部分には筋かい以外の仕様としたりなど、状況に応じて、また全体の壁配置のバランスがよくなるように耐力壁の仕様を選択します。

耐力壁の仕様と壁倍率

建築基準法で規定されている壁倍率は、0.5～5.0倍まで。筋かいのサイズや筋かいと構造用合板の併用などによって倍率が指定されています。木造戸建て住宅に多い4号建築物[※]の場合、上限は5.0倍ですが、許容応力度計算を行えば倍率の上限が7.0倍となります。

在来軸組工法の代表的な耐力壁の壁倍率

耐力壁の種類	片筋かい	たすき掛け筋かい	面材
	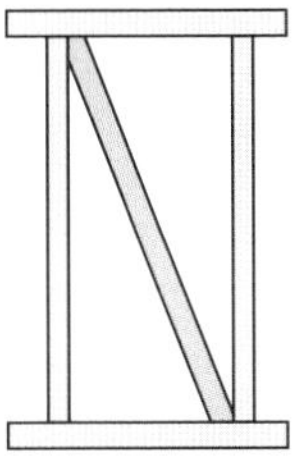	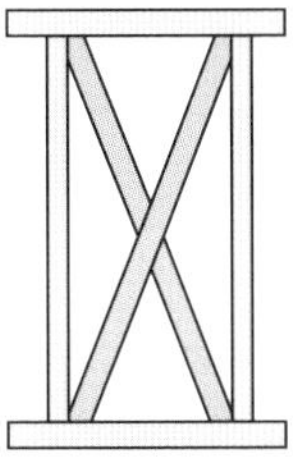	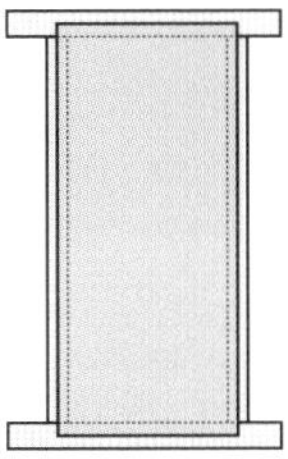
	4.5×9cm以上の木材	4.5×9cm以上の木材	構造用合板9mm厚以上
倍率	2.0倍	4.0倍	2.5倍

実施設計では「耐力壁図」を作成

実施設計の段階では、耐力壁がどこにくるのか、どの仕様にするのかを確定して、それをもとに構造図を作成します。

建築確認で許容応力度計算を行えば、壁倍率の上限が7.0倍となるので、今回は特に壁が少ない南側に、1・2階とも7.0倍の壁を採用することにしました。

筋かい耐力壁の有効な壁長さは、一般に900mm以上が必要となります。一方で構造用合板などの面材の場合は600mm以上あれば耐力壁となります。そのため、900mm未満の壁でも耐力壁としたい部分は構造用合板の耐力壁としました。

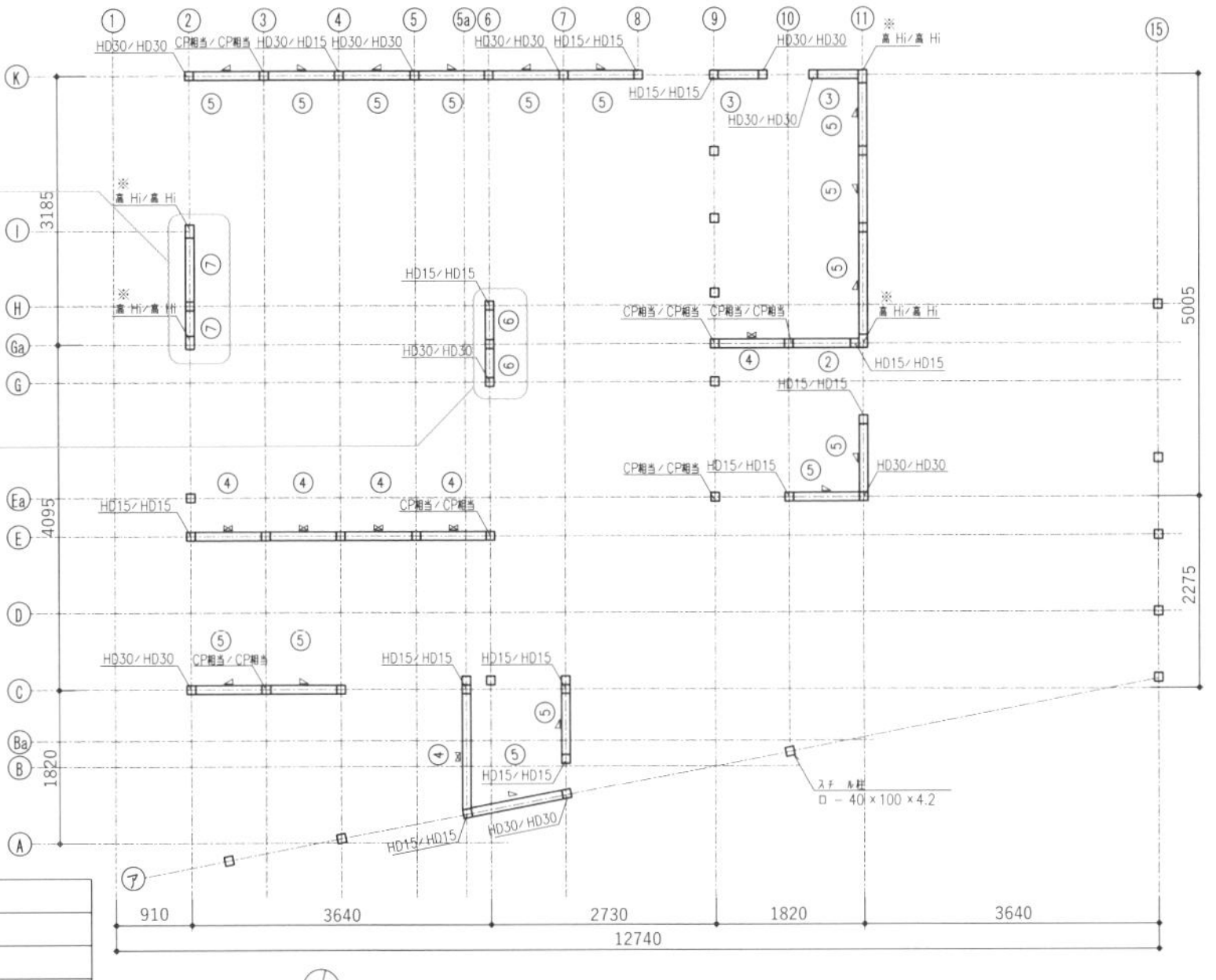

1階　壁位置及び金物伏図　1/50

等級3　対応

金物の表記
柱頭／柱脚
特記なき外周部の柱頭、柱脚にはCP相当の金物を取り付ける
※は「高耐力ホールダウンHi」(同等)設置のこと

耐力壁　凡例

記号	倍率	面材	筋かい
②	3.3	構造用合板 厚9.0 片面貼り 真壁	
③	3.7	構造用合板 厚9.0 片面貼り 大壁	
④	4.0		45 x 90 タスキ ⋈
⑤	5.7	構造用合板 厚9.0 片面貼り 大壁	45 x 90 ◺
⑥	6.6	構造用合板 厚9.0 両面貼り 真壁+真壁	
⑦	7.0	構造用合板 厚9.0 両面貼り 大壁+真壁	

高倍率壁仕様（仕様はS-06,S-20による）

※建築基準法6条1項4号で規定される建築物で、2階建て以下かつ、延べ面積500㎡以下、高さ13m以下、軒高9m以下の木造建築物。建築確認で構造計算が不要となるが、壁量計算と四分割法とN値計算が必要になる。

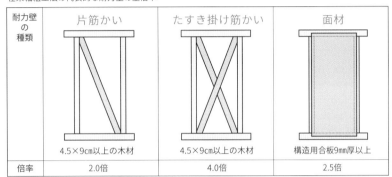

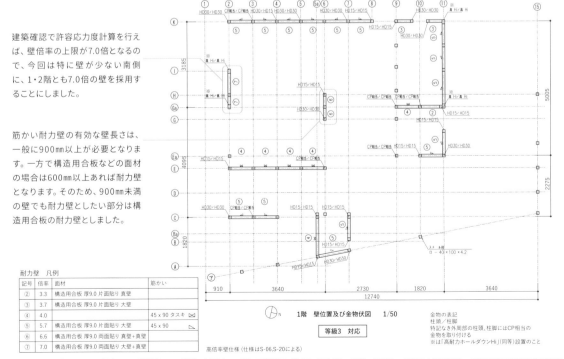

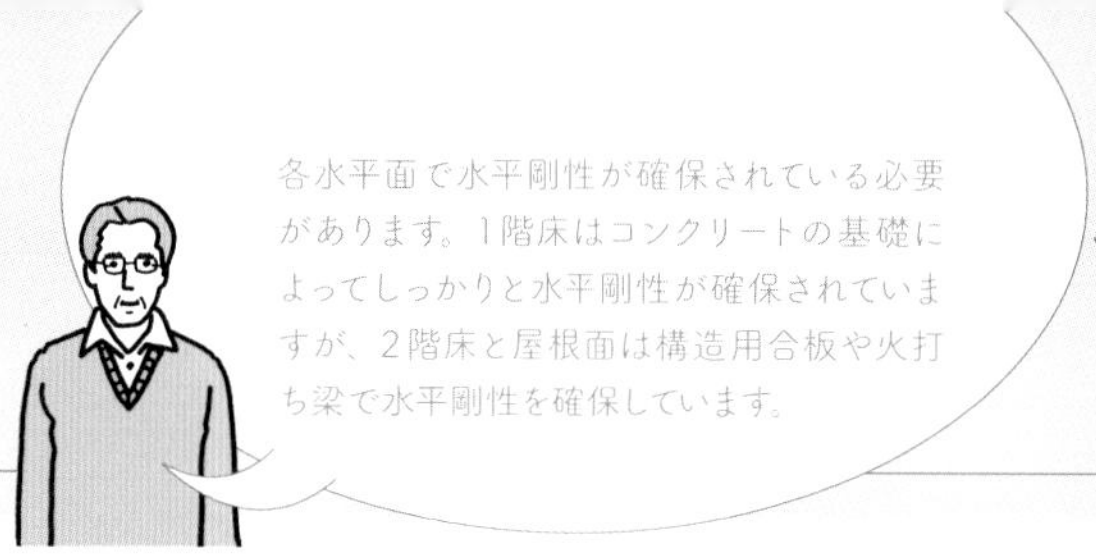
各水平面で水平剛性が確保されている必要があります。1階床はコンクリートの基礎によってしっかりと水平剛性が確保されていますが、2階床と屋根面は構造用合板や火打ち梁で水平剛性を確保しています。

力の伝達に欠かせない床の水平剛性

構造耐力とは関係ありませんが、床の構造用合板の受け材として910㎜ピッチで小梁（一般的に甲乙梁と呼ぶ）を配置しています。

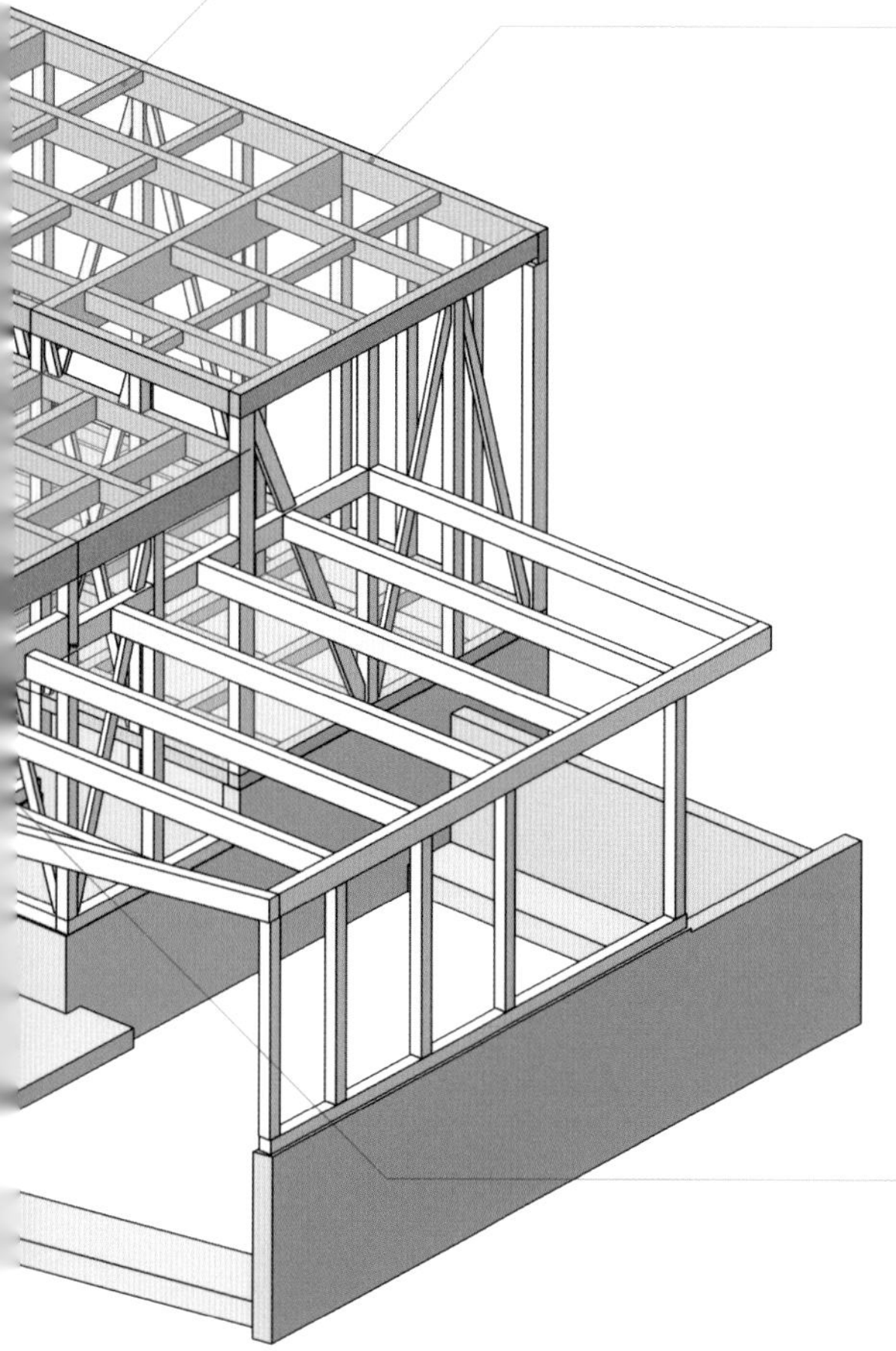

剛床で水平剛性を確保

構造用合板の張り方向には特に決まりはなく、プレカット業者がなるべくロスがないように合板を割り振っていきます。梁に載せた構造用合板はN75の釘で150㎜以下のピッチで留めていかないと、剛床として機能しないので注意が必要です。

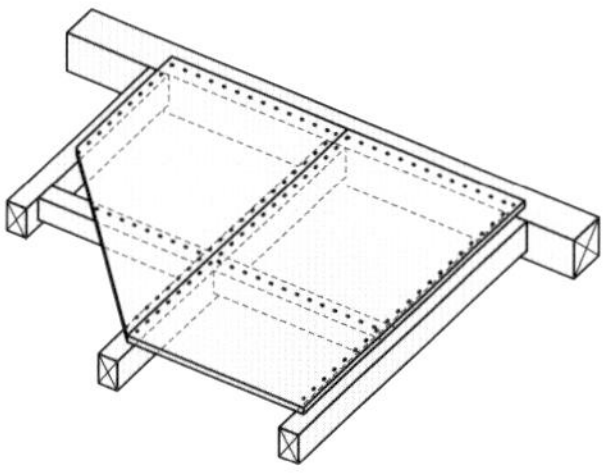

910 ㎜ピッチの梁にあわせて構造用合板を設置する剛床で床の剛性を確保します。

階段部分は吹き抜けになるため、水平剛性の点では不利になります。今回は階段以外に吹き抜けがなかったため、吹き抜け以外の面で十分水平剛性が確保できました。1階リビングにした場合など吹き抜けをつくりたくなりますが、範囲・位置について十分に配慮しなければなりません。

バランスよく配置した耐力壁に力を流すためには、2階の床と屋根面が「剛」でなければなりません。床が「柔」らかいと、せっかく配置した壁に地震力が伝達されなくなってしまいます。そのため床・屋根（水平面）の剛性「水平剛性」を確保できるようにしなければなりません。

2階床は、根太を架けて合板を張る根太床や火打ち梁を設けて剛性を確保する方法もありますが、最近は床梁の上に直接、厚い構造用合板（24㎜または28㎜）を貼って「剛床」（根太レス床）とし、床の剛性を確保する方法が多く採用されています。根太床の場合、建方が完了した後、細かいピッチで根太を架けてそこから床板を貼りますが、剛床の場合は建方後すぐに構造用合板を貼ることができ、施工時の安全性の面でも、床があるという作業性の面でもメリットがあり、現在は主流となってきています。今回も剛床を採用しました。

［杉山逸郎］

剛床で水平構面をしっかり固める

剛床の場合は床梁が910㎜以内のピッチとなるように配置していきます。剛床の場合は24または28㎜の構造用合板を使用すれば十分水平剛性が確保できます。また、階段など吹き抜けがある場合は、構造的な弱点になります。そのため、吹き抜けの範囲を広くしすぎると水平剛性の確保が難しくなるので注意が必要です。

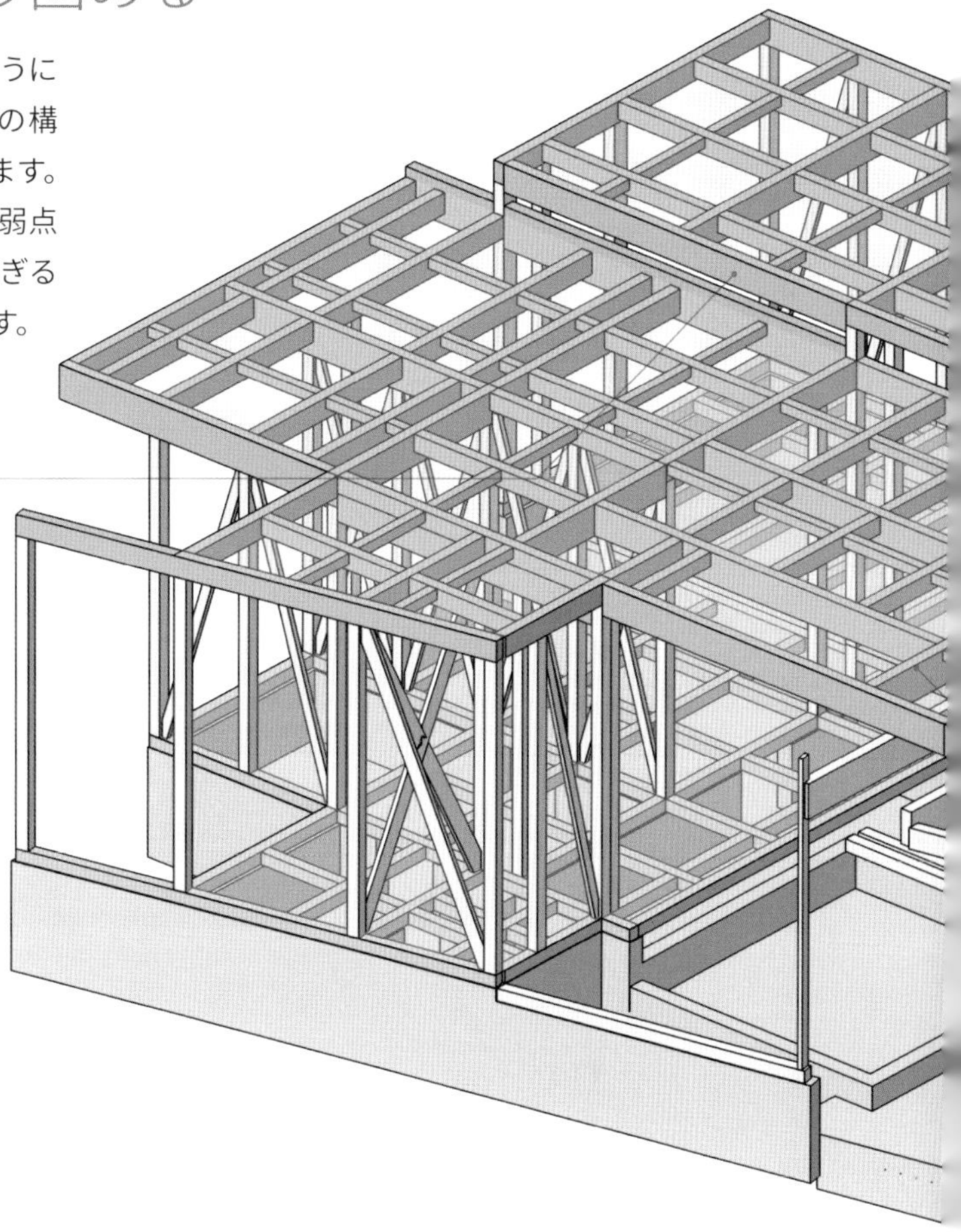

段差部分は小壁で対応

今回、苦労したのは2階床にある450㎜の段差。いわゆる「スキップフロア」とまでは言えませんが、ミニスキップフロアです。完全なスキップフロアであれば、ゾーン別に壁量を確保する必要がありますが、小さなスキップフロアだったため、段差部の小壁となる部分に両面から構造用合板を貼ることで東西の床をつなぎ固めました。

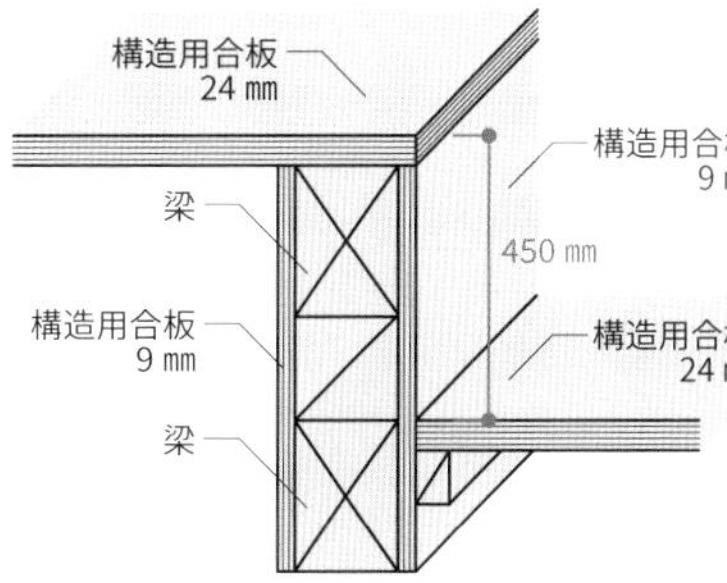
構造用合板
24㎜
構造用合板
9㎜
梁
450㎜
構造用合板
9㎜
構造用合板
24㎜
梁

スキップフロアを構成する上下の梁を構造用合板でつなぎ大きな梁のようにつなぎ、段差があっても床全体を一体となるようにしています。

吹き抜けは床の1/3以内を目安に考える

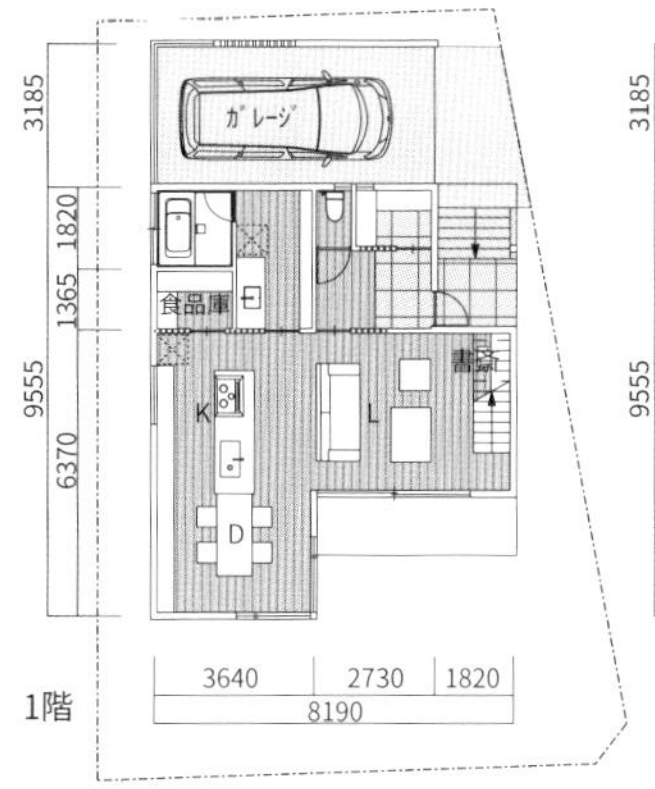
ガレージ
食品庫
K
L
D
書斎
3185
1820
1365
9555
6370
3640
2730
1820
8190
1階

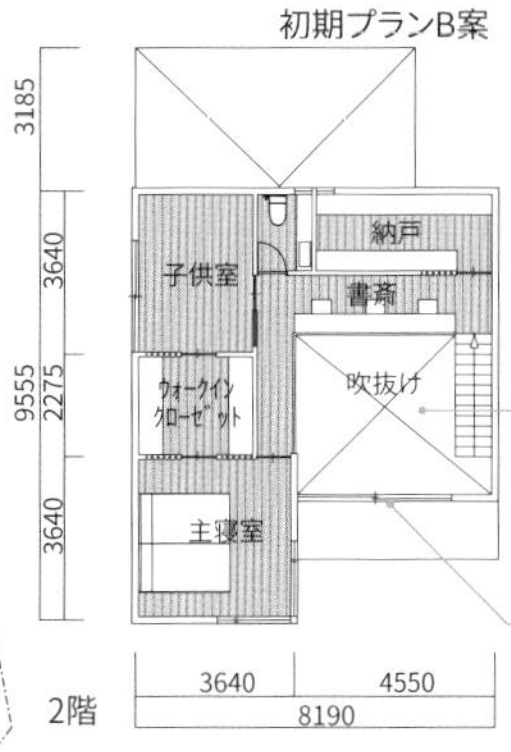
初期プランB案
子供室
納戸
書斎
ウォークイン
クローゼット
吹抜け
主寝室
3185
3640
9555
2275
3640
3640
4550
8190
2階

吹き抜けは左図のように、範囲を大きくすると水平剛性を確保できなくなります。木造の場合は、吹き抜けの範囲を床の1/3程度に抑える必要があります。

吹き抜けの範囲は1辺に対して長さが1/3以内になるようにし、また全体の面積に対しても1/3以内になるように計画します。

外壁に面した吹き抜け部分には壁があっても耐力壁としてはカウントできません。また、暴風時に建物がゆがむことを防ぐため、耐風梁[107頁参照]を設けて補強する必要があります。

構造材には無垢材を使うことが多いですが、梁せいが300㎜以上になった場合は、無垢ではなく品質の安定している集成材を採用しています。

梁せいはスパンの1/10を目安に考える

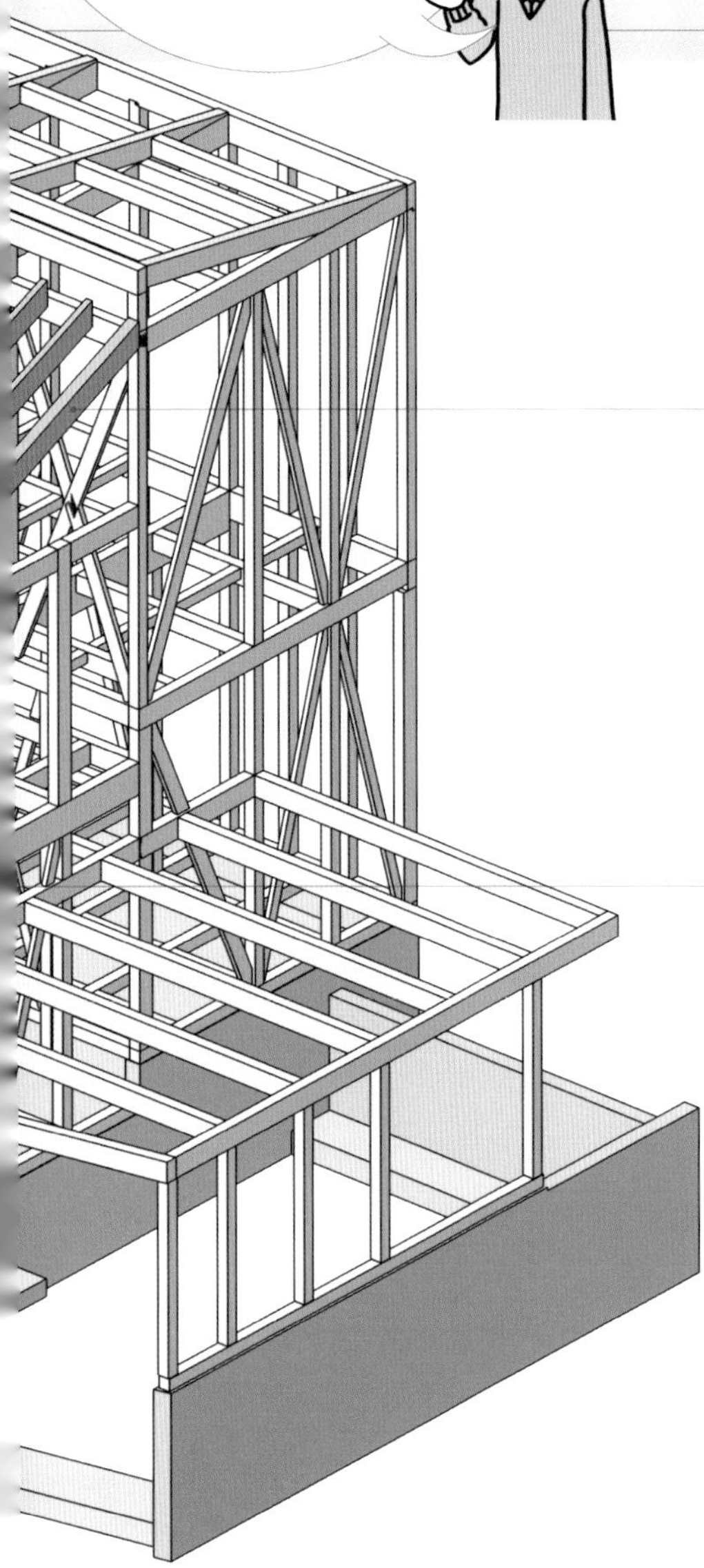

スパン4,095㎜ある垂木は当初、240㎜×45㎜の部材を455㎜ピッチで配置することを考えていました。梁せいは240㎜は問題ないと判断しましたが、240×45㎜の垂木だと反りが出てしまうため転び止めが必要になります。しかし、転び止めがあるのはデザイン上美しくないため、210×55㎜の登り梁にして、455㎜ピッチで配置することにしました。

木造の場合、片持ちとなる部分の持ち出し長さは、通常910㎜以内が標準です。玄関上にあたるこの面のように約1間（1820㎜）を持ち出したい場合は、2階の梁と小屋梁を構造用合板でつなげて、1層分の梁せいがある「壁梁」（ウォールガーター）として対応しました。

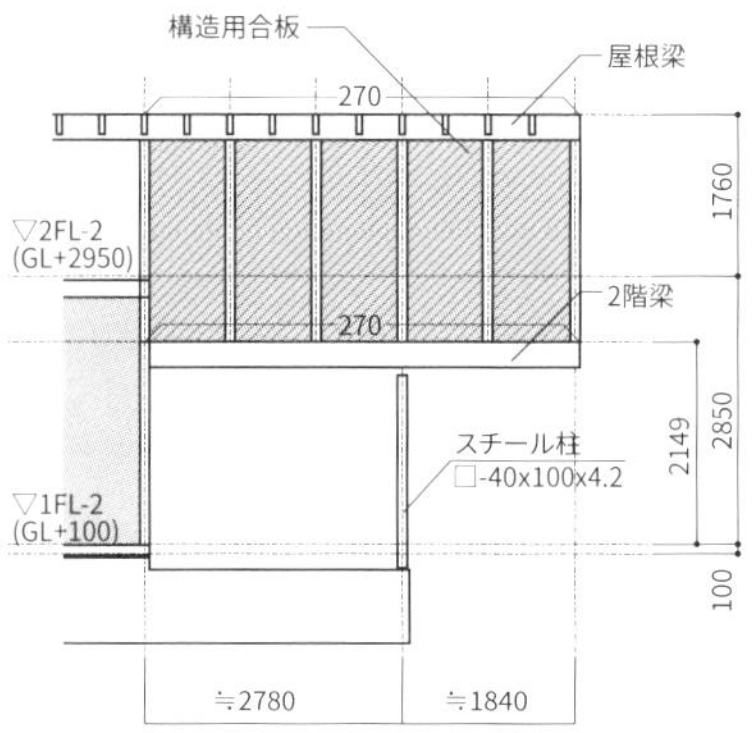
構造用合板
屋根梁
270
1760
▽2FL-2
(GL+2950)
270
2階梁
2149
2850
スチール柱
□-40x100x4.2
▽1FL-2
(GL+100)
100
≒2780
≒1840

梁せいは木造の場合一般的にスパンの1／10あれば十分です［109頁コラム参照］。基本設計をする際に、梁せいに悩むことがあると思いますが、この1／10を想定しておけば、その後の実施設計でも困ることはないと思います。今回もスキップフロアで高さが切り替わる部分のスパン2間（3640㎜）の梁せいは、構造計算の結果でも360㎜となり、このルールに乗っています。なお、屋根を支える梁は人が載らないのでスパンの1／15程度を確保しておけば十分です。

今回、梁の配置で注意が必要だったのは、バルコニーに面する部分の小屋梁「耐風梁」です。耐風梁とは文字通り風を受ける梁のことで、吹き抜けに接する梁など、床がなく梁のみで風（風荷重）を受ける梁を指します。平面図や梁伏図を見ているとあまり意識にのぼりませんが、立面図あるいは軸組図を見ると風を受ける面が可視化され、耐風への対処が重要なことがよく分かります。今回は耐風梁

デザインと安全性を両立する配置を考える

基本計画では2階キッチン前に柱がありましたが、建て主からの要望で柱をなくすことになりました。そのため、この柱の上に架かる梁せいを十分確保する必要がありましたが、4550㎜スパンの小屋梁なので、スパンの1/15の300㎜の梁せいにすれば問題ないと判断しました。

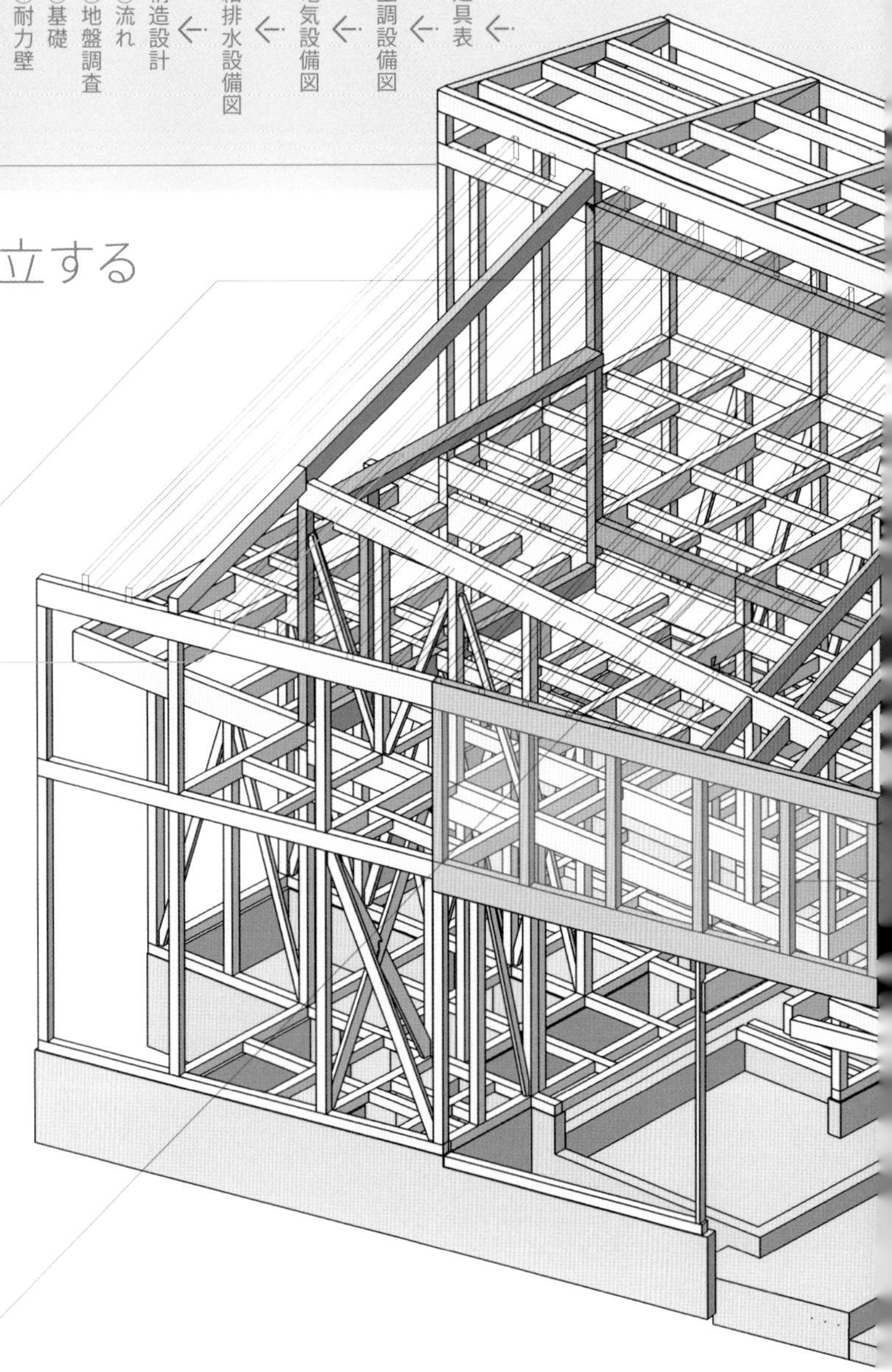

南側バルコニーに面する梁が耐風梁です。風が吹いて来たときに抵抗力が高まるように、梁を横に寝かした形式である「水平梁」としています。水平梁の難点は上の面が埃溜まりになることです。

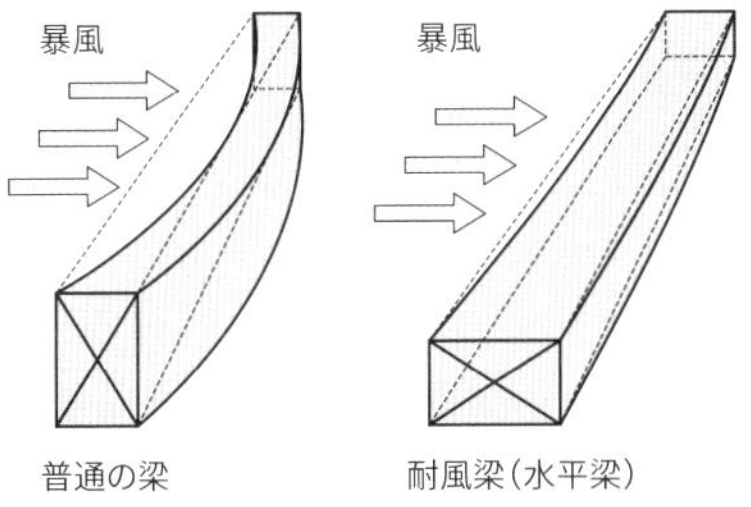

この2階の梁は2730㎜スパンなので梁せいはその1/10の273㎜が目安になります。実際に構造計算すると、梁せいは240㎜になり、目安の1/10以下になりました。基本設計時には1/10を確保して高さを検討しておけば、のちのち問題になることはないでしょう。

を、梁を横に倒した「水平梁」（梁せいと幅が逆になる）にすることで対応しました。横からの風に積極的に対応する方法です。

　このほか、今回の計画で特徴的なところはリビング上部に架かる大屋根です。小屋組みには和小屋や洋小屋など、様々な種類がありますが、メインの空間であるリビングは、屋根の傾斜に合わせて梁を斜めに架ける登り梁形式を採用しています。垂木は室内からそのまま屋外まで連続させることで、内外の切れ目をなくし、広がりのある空間を演出しています。

　登り梁である垂木は４５５㎜間隔で配置しています。この垂木には梁材で広く用いられている流通材の２１０×１２０㎜の材料を工場で半分にカットし、ノコギリの刃の厚み分のロスを引いた２１０×５５㎜の材を使用し、コストを抑えられるように配慮しています。当初、部材はプレカット工場ですべてぴったりの寸法にカットされた状態で納入してもらう予定でしたが、屋根の高さが場所によって異なるので端部を斜めにカットしなければならず、プレカットでは対応できないため現場で対応しました。

［杉山逸郎］

柱に設置するホールダウン金物は、サイズが大きいのでサッシやカーテンボックスに干渉してしまうことがよくあります。平面図などで確認して柱に取り付ける方向には注意します。

実は木造で重要な接合部の金物選び

木造の接合部と金物

木造では柱頭柱脚などの各金物の耐力が必要耐力以上であることが求められます。高耐力の壁にはそれだけ力もかかるので、金物も高耐力のものを使用する必要があります

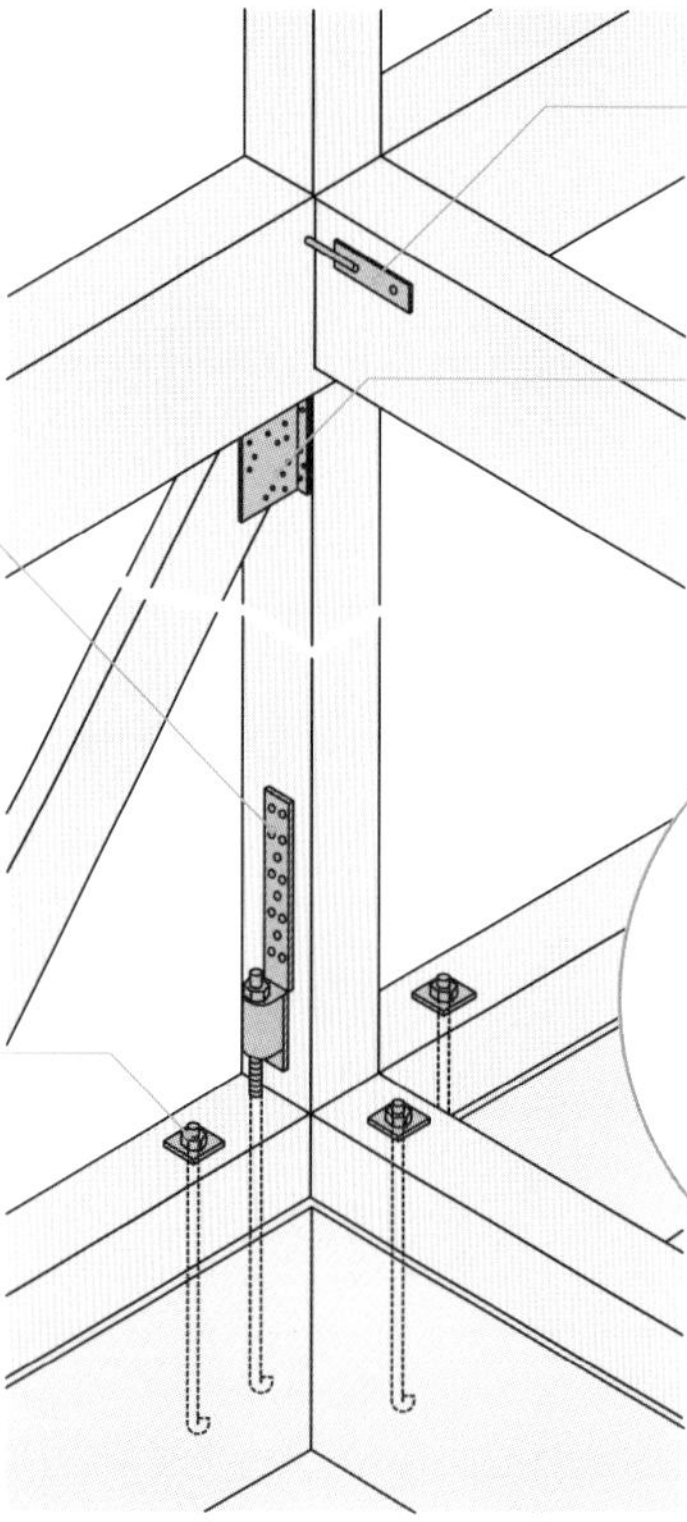

羽子板金物
直行する梁と梁を接合するための金物です。

筋かい金物
耐力壁を接合するための金物で、柱と横架材（梁や土台）に留め付けて緊結します。箱型やプレート型など様々な形状があります。

ホールダウン金物
地震など水平の力が建物にかかると、柱を引き抜こうとする力が生じます。これを防ぐために、柱と横架材（梁や土台）を緊結する金物です。いくつまでの引き抜き力に耐えられるか「kN」表示がされています。

アンカーボルト
地震などの水平力に抵抗する金物で、基礎と土台を緊結します。アンカーボルトとホールダウン金物はセットで使用するものです。木造は最も強いコンクリートの基礎にいかに緊結するかが重要になるため、アンカーボルトやホールダウン金物は慎重に選ぶ必要があります。

今回の計画では一部に7倍という高倍率の耐力壁を採用しているため、通常のホールダウン金物では対応できないので、60kN用という高耐力のホールダウン金物を採用しています。

木造住宅には大量の接合部があります。鉄筋コンクリート造や鉄骨造に比べると格段に多い接合部をどう納めるのかが、木造住宅の構造の勝負所です。構造的に見ると木造住宅に使われる金物は大きく「①筋かい端部の金物（耐力壁単体で仕様が決まる）」と「②柱頭柱脚金物（建物全体から見て決まる）」の2種類です。どちらも地震力や風荷重に対して必要になる金物です。①は耐力壁として成立させるために必要な金物であり、壁倍率に応じて告示で定められています。②は筋かいや面材が耐力壁として水平力を受けた時に生じる浮き上がり力に対して必要になる金物です。

②の金物の決め方は、柱位置と耐力壁の組み合わせにより告示等で定められていますが、N値法や構造計算をすることで、より合理的な配置をすることもできます。最近では高倍率の耐力壁と高耐力の金物を採用することが多くなっています。

［杉山逸郎］

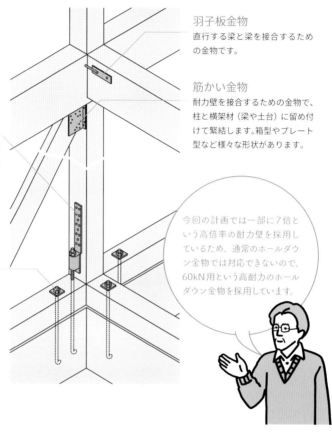

どの金物を使用するかは構造図に記載する

どこにどの金物を配置するかは、構造図にそれぞれの役割や部材との関係性から書き込みを行います。羽子板ボルトは構造に関するものではないので構造の標準仕様書に、ホールダウン金物は壁配置図（壁位置及び金物伏図）に記載します。

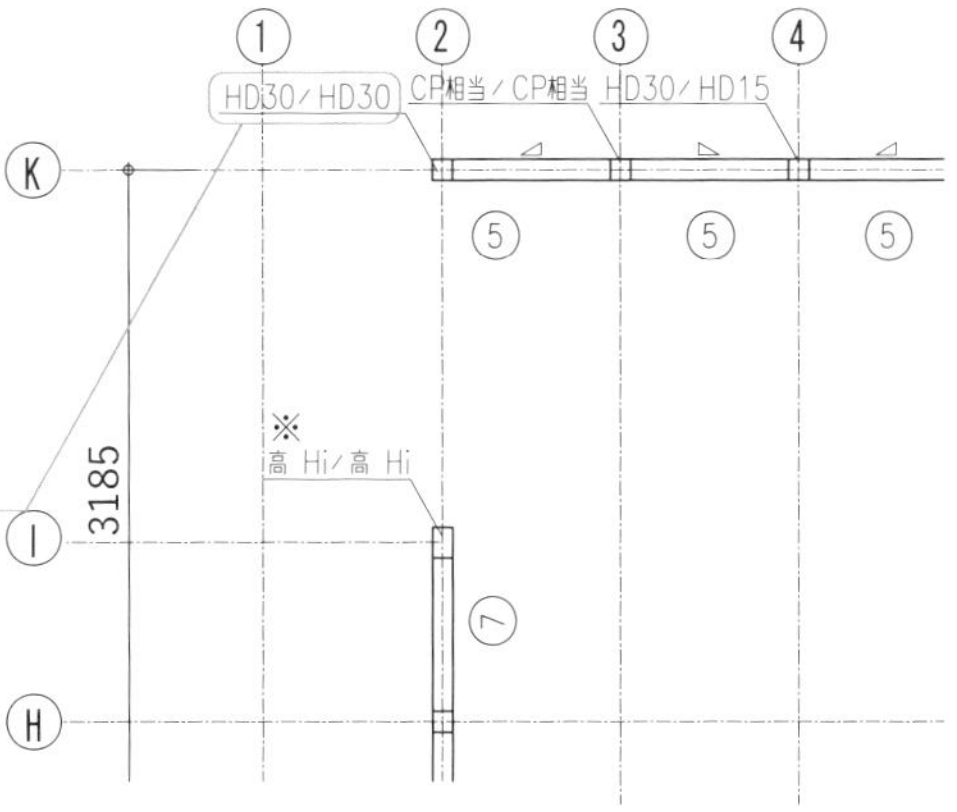

構造計算で決まってくるホールダウン金物（引き抜き金物）は、金物の中でも特に重要です。壁配置図に記載して使用する金物がわかるようにしておきます。「HD30」はホールダウン金物で30kN用を意味します。

木造は弱くない！ 比べてわかる木・S・RC

一般的に木造は鉄骨造（S造）や鉄筋コンクリート造（RC造）に比べて“弱い”と思われていますが、木造は構造的に弱くはありません。この話をすると誰もがびっくりしますが「木」の長期許容圧縮応力度はなんと「コンクリート」と同じ70 kg/㎠。また、耐震設計はどんな構造種別であっても、通常、自身の重さの20 %を水平力として設計するものです。つまり、木造でもS造でもRC造でも耐震強度としては同じなのです。ただし、地震時の変形（揺れ）には差があります。それは材料の剛性の差による自重の20 %の水平力を作用させた時の層間変位は、木造で1/120、S造で1/200、RC造はラーメン構造で1/500、壁式構造で1/2000程度になります。この変形の差が「木造は弱い」と思われる原因なのかもしれません。

構造材料における比較	木	鉄	コンクリート
長期許容圧縮応力度の比較 長期許容圧縮応力度は、数値が高ければ高いほど座屈しにくいことを示します。鉄骨は断トツに座屈しにくい部材ですが、コンクリート単体と木では同じ数値です。	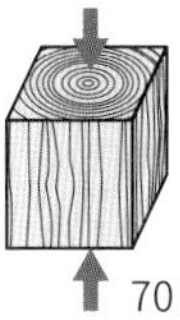 70 kg／㎠	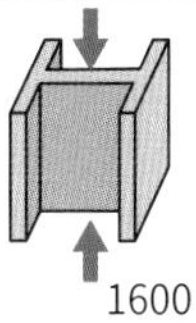 1600 kg／㎠	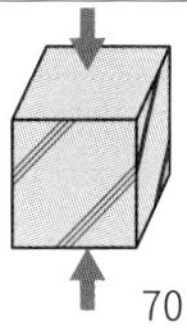 70 kg／㎠
単位体積重量の比較 自重が重ければ重いほど部材にかかる水平力も高くなり力が大きくかかりますが、軽い部材はその分、部材が受ける水平力も高くありません。そのため耐震強度としては木もコンクリートも大きな差はありません。	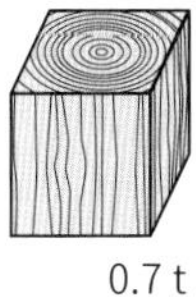 0.7 t／㎥	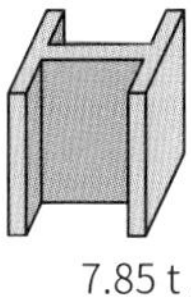 7.85 t／㎥	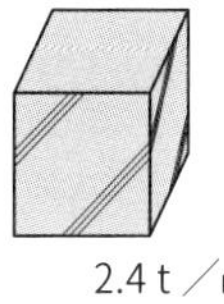 2.4 t／㎥
スパンによる梁せいの比較 梁せいはスパン（ℓ）に大きく左右されるものです。鉄骨造の場合は梁せいの 1/20 もスパンを飛ばせるのが特徴ですが、実のところ木造と RC 造のスパンと梁せいの関係性は同じです。	【木造】 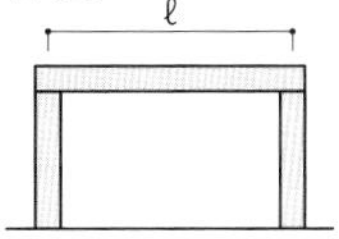 1/10	【鉄骨造】 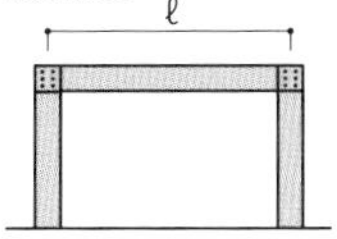 1/20	【RC 造】 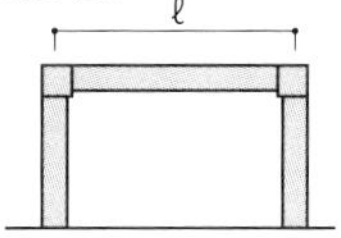 1/10

見積は基本設計から施工者と情報共有

相見積をするか一社に決めるか

見積には「相見積」を取る方式と「特命」で業者を決める方式があります。相見積は、複数の業者に実施設計図を元に金額を算出し、見積を提出してもらう方式。特命は信頼できる施工者に決めて見積を頼む方式です。

相見積

各社の見積を比較できるので、価格が適正かを判断しやすいメリットがあります（項目や数量、単価など、見積落ちがチェックしやすい）。ただし「価格が安い＝よい」というわけではありません。一概に高い業者が会社利益を多く取っているわけではなく、差を生むのは工程と人件費と言われています。使う職方のレベルに直結しやすいので業者選定の際は見極めが重要です。

特命見積

相見積のような競争原理は働きにくいですが、人気の工務店であればよい仕事ができる環境を整えているので安心です。また、初期段階から施工者に入ってもらい、金額を調整しながら計画を進められるため、予算が合わないという問題を回避しやすくなります。施工者は工事の予定が立てられるので職人の手配がスムーズに行えることから、竣工時期など予定が比較的正確になり、建て主にもメリットがあります。

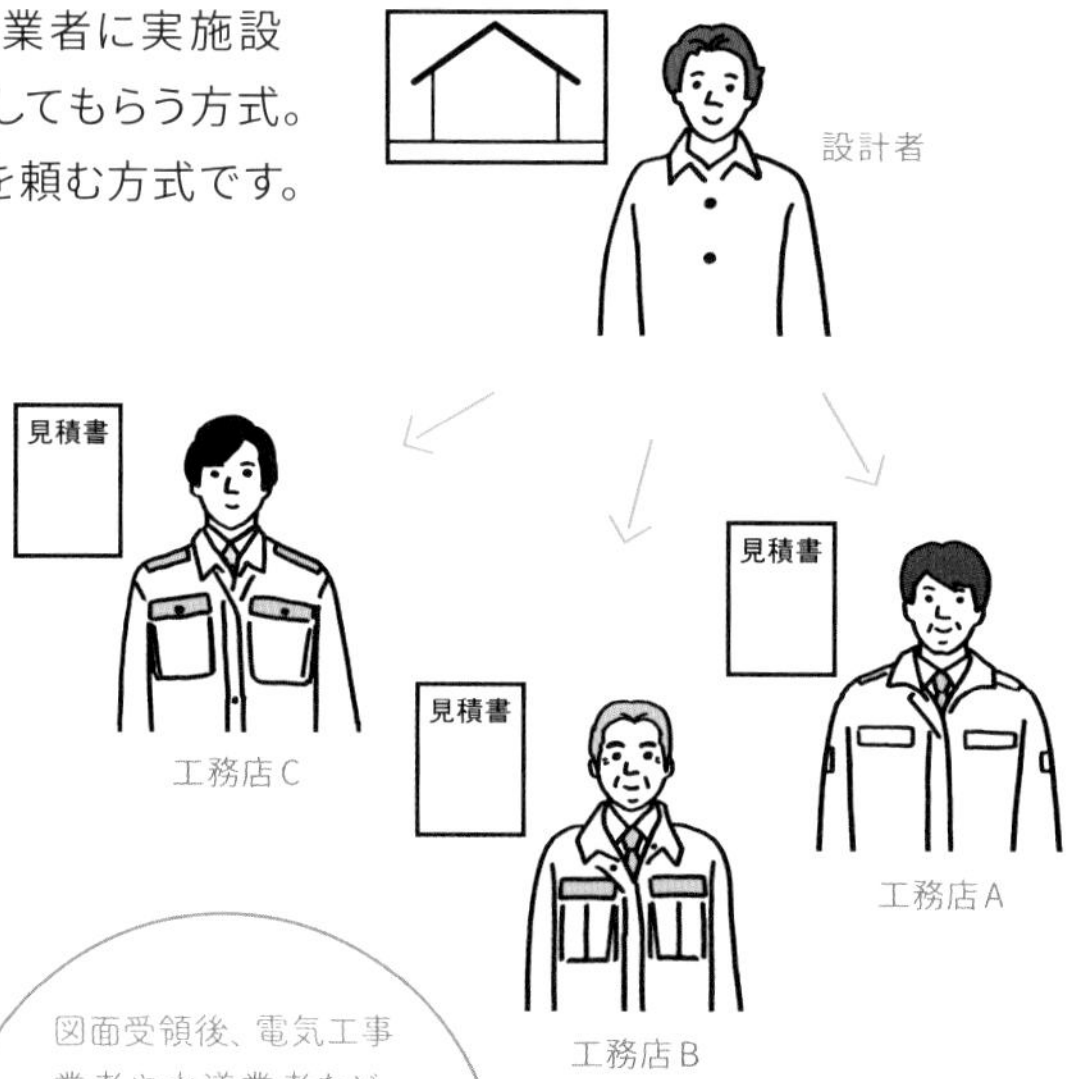
設計者
見積書
工務店C
見積書
工務店A
見積書
工務店B

図面受領後、電気工事業者や水道業者など、各工種の施工会社に図面を送り、上がってきた見積を工務店がとりまとめます。見積期間は約3週間です。
見積書
設計者
工務店A

見積書を作る作業を「積算する」と言います。積み上げるという意味ですが、建築工事では施工者が設計図書に基づいて、建設工事費を項目ごと積み上げて計算します。積算の種類には「工種別見積」と「部位別見積」があり、工種ごとに集計されていて支払いに都合がよいため、新築住宅の見積には工事種別見積が多く採用されています。部位別見積は、工事場所ごとに集計された複合単価による見積です。この場所にいくら予算を割くのかなど、設計見積がしやすい特徴があり、部屋ごとなど工事範囲が決められているリフォーム工事の見積によく使われます。

今回の計画では基本設計を終了した段階で概算見積を複数社とり、相見積を行い、その段階で業者を決定しました。難しい建物の施工に慣れていて、高い技術力とスムーズな現場進行が期待できたことも決め手になりました。実施設計では、決定した施工業者と情報を共有しながら、計画を進めました。

かつては建物のコストを抑えるには、安い材料を使うことが最も有効な手段でした。ところが現在は、工事費の中に占める人件費の割合が高いことから、施工しやすくして手間を掛けなくてもよいようにし、工期を短くする工夫が効果的になってきました。

見積の金額＝工事費ではない

見積金額は建物の材料費だけでなく、作り手の人件費や職人手配の手間や管理費などの施工会社の経費を合わせた積算の金額です。

見積金額 ＝ ❶材料費 ＋ ❷工事費 ＋ ❸会社経費

❶材料費 → 数量 × 単価
❷工事費 → 人件費 × 必要時間＋技術力
❸会社経費 → 会社を維持するための費用

敷地条件によって大きく異なる工事費

工事単価（原価）には地域差があります［34頁参照］。建設する土地によって、材料などの資材費の差はあまりありませんが、人件費や見えない経費によって差がつきます。敷地の広さや前面道路の広さなど、敷地の条件も工事単価には影響があります。地方では敷地に余裕がある場合が多く、資材をまとめて購入し一度に現場に入れることができますが、都心など敷地に余裕がない場合、資材を置く場所がなく、その日に使う資材分だけを現場に搬入する必要があり、工事費も高くなります。

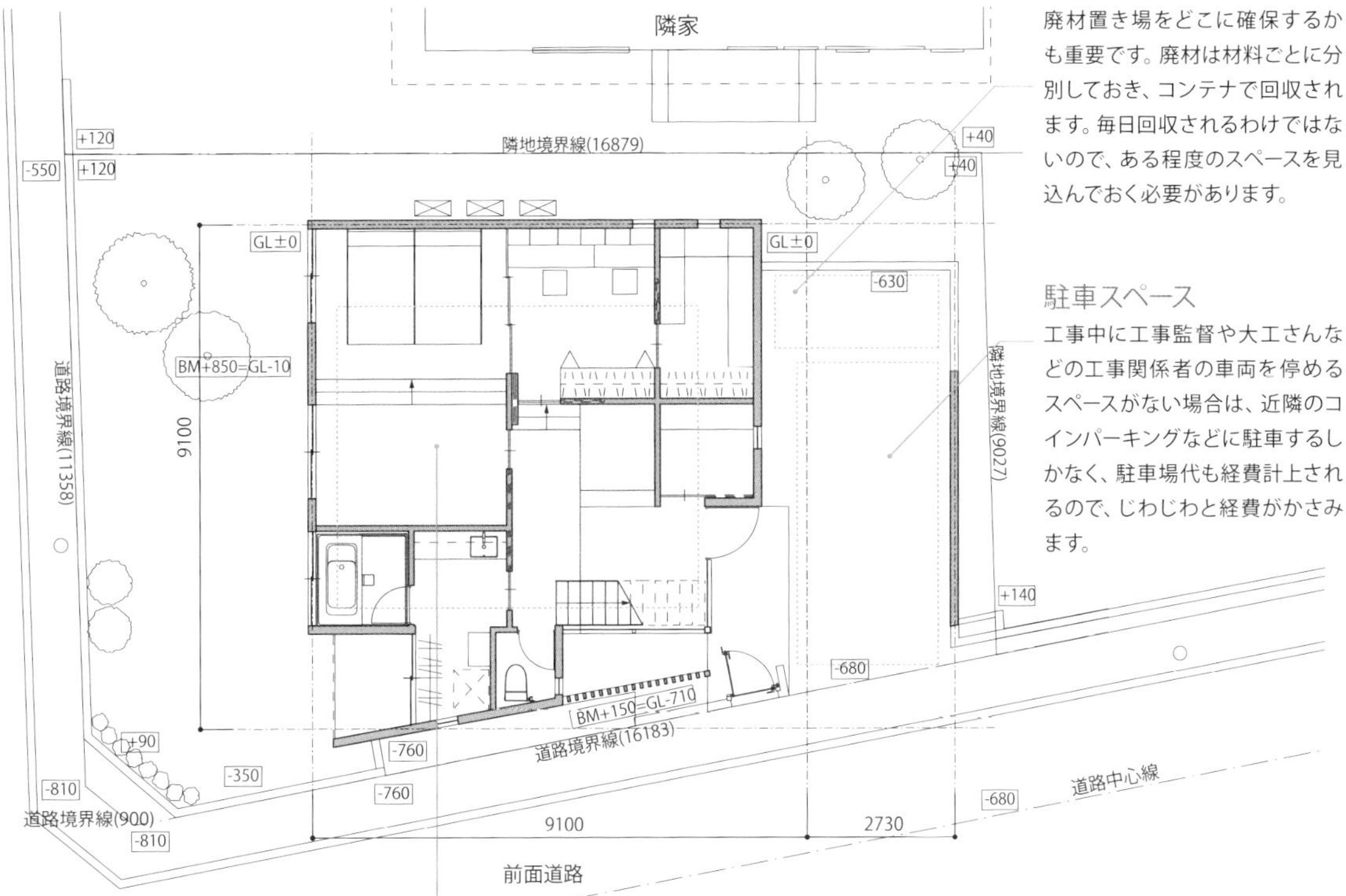

廃材置き場

廃材置き場をどこに確保するかも重要です。廃材は材料ごとに分別しておき、コンテナで回収されます。毎日回収されるわけではないので、ある程度のスペースを見込んでおく必要があります。

駐車スペース

工事中に工事監督や大工さんなどの工事関係者の車両を停めるスペースがない場合は、近隣のコインパーキングなどに駐車するしかなく、駐車場代も経費計上されるので、じわじわと経費がかさみます。

資材置き場

資材置き場がないと、工事の進捗に大きく影響する点でも、見積金額を左右する一因になります。例えば、置き場所がなく、職人さんの作業スペースを資材が占拠してしまうという現場では作業効率が落ちます。資材置き場に余裕があれば、次の工程に使う資材も前もって現場に搬入しておけるので、その日の作業が順調に進んだ場合は、次の日の作業も取りかかれることもあります。狭い敷地では運搬費がかさみ、作業効率も悪くなります。今回は既存の樹木を残すこともあり、資材を置くスペースの確保が難しかったですが、1階の建方後は1階のスペースを資材置き場として利用しています。

工事・数量・項目を細かく確認する

実施設計が終わり、仕上げや納まりなどの詳細が決まった段階で、施工者（工務店）に詳細の見積を依頼します。見積の依頼は仕上げ表や詳細図などの一式の図面を渡して、それをもとに積算し、見積を提出してもらいます。見積が上がってくるタイミングは施工者によってまちまちですが、だいたい3週間くらいはかかります。

施工者から提出される見積書は今回の工事に必要となる材料の単価と数量が各工種別に積算されています。見積受領後は内容に抜け落ちている工事や項目がないか、明らかに高いものがないかなどを確認していきます。

また、見積書に入っていない「別途項目」についてはよく確認しておく必要があります。家具や家電、カーテン・ブラインド費、申請手数料、登記費用など、建て主はこの別途項目についての費用もかかることを考慮して資金の計画をたてなければなりません。

見積書の全体構成を理解する

見積書は一般的に工事全体の金額などが記載された表紙があり、次頁に各工事の金額とその合計、そのさらに後ろに各工事の明細が記載されています。

No.123456789　　2020 年○月○日

御見積書

M様

金額　¥48,251,060-

工事代金　¥43,864,600-

消費税　¥4,386,460-

件名　M 様邸新築工事

場所　東京都世田谷区○○町 1-1-1

別途工事　地盤調査、地盤改良、水道取り出し
地中障害、登記、祭事
カーテン・ブラインド類
その他明細に記載のない工事

株式会社 施工会社
東京都○○区○○町 1-11
tel 03-0000-1111
fax 03-0000-1111

工事費の合計が記載された表紙では、別途工事の項目に何が書いてあるかを確認します。建て主にとっては、工事金額とは別に見込んでおく必要がある費用なので無視できない項目です。また、見積によっては解体工事や外構工事は別途になっていることもあるので注意です。

M 様邸新築工事　　内訳明細書　　Page1

No.	名称	仕様	数量	単位	単価	金額	備考
1	仮設工事		1	式	1,036,500	1,036,500	
2	基礎工事		1	式	3,905,400	3,905,400	
3	木工事		1	式	10,350,700	10,350,700	
4	屋根・板金・防水工事		1	式	1,353,700	1,353,700	
5	サッシ工事		1	式	3,684,380	3,684,380	
6	左官・外壁工事		1	式	2,976,500	2,976,500	
7	木製建具工事		1	式	880,400	880,400	
8	家具工事		1	式	4,331,100	4,331,100	
9	塗装工事		1	式	620,000	620,000	
10	タイル工事		1	式	538,900	538,900	
11	内装工事		1	式	402,620	402,620	
12	雑工事		1	式	650,000	650,000	
13	鉄骨工事		1	式	441,100	441,100	
14	水道工事		1	式	1,100,000	1,100,000	
15	ガス工事		1	式	601,400	601,400	
16	電気工事		1	式	2,683,400	2,683,400	
17	住設機器工事		1	式	2,275,700	2,275,700	
18	外構工事		1	式	1,272,800	1,272,800	
19	解体工事		1	式	660,000	660,000	
20	諸経費		1	式	4,100,000	4,100,000	
	【中計】				43,864,600	43,864,600	

表紙の次の頁には、各工種とその合計金額が記載されています。単純に言えば、今回の工事で下請け業者がこの項目の数だけ現場に入るということです。今回で言えば、20の項目があり、諸経費を除き19の下請け業者がいることになります。最後の「諸経費」が施工者の利益の金額になります。

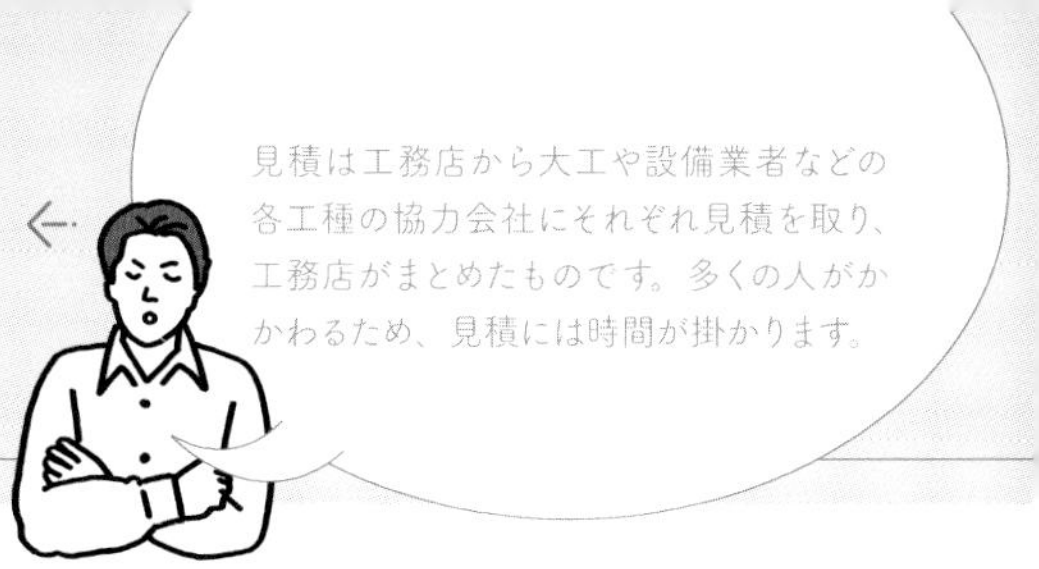
見積は工務店から大工や設備業者などの各工種の協力会社にそれぞれ見積を取り、工務店がまとめたものです。多くの人がかかわるため、見積には時間が掛かります。

各材料の数量までが分かる工種の明細

見積書の最後は工種ごとに明細が階層式で記載されています。例えば「木工事」を見てみましょう。材料費と人件費に分類してみると内容をよく理解することができます。

【項目 3：木工事の一部】

内訳明細書

M 様邸新築工事　　Page5

No.	名称	仕様	数量	単位	単価	金額	備考
3	木工事						
	木材 構造材		44	坪	31,900	1,403,600	
	木材 端柄材		44	坪	10,100	444,400	
	木材 合板	床・構造壁・野地板	44	坪	14,700	646,800	
	木材 金物・副資材		44	坪	5,700	250,800	
	木材 プレカット費		44	坪	12,700	558,800	
	木材 運搬費		1	式	96,000	9,6000	
	木材 内装用端柄材		44	坪	7,000	308,000	
	【小計】					3,708,400	
	建材 ﾌﾟﾗｽﾀｰﾎﾞｰﾄﾞ 12.5	910 x 1820 x 12	240	枚	600	144,000	
	建材 ﾌﾟﾗｽﾀｰﾎﾞｰﾄﾞ 9.5	910 x 1820 x 9.5	120	枚	500	60,000	
	ｹｲｶﾙ板	910 x 1820 x 12	20	枚	2,000	40,000	
	ﾌﾚｷｼﾌﾞﾙﾎﾞｰﾄﾞ	910 x 1820 x 6	4	枚	4,500	18,000	
	変性ｼﾘｺﾝ		1	式	5,000	5,000	
	基礎パッキン		1	式	25,000	25,000	
	断熱材 天井 ﾈｵﾏﾌｫｰﾑ	t=80 ㎜ 3 x 6 板 5 枚 /ｹｰｽ	9	ｹｰｽ	39,500	355,500	

木造住宅というと、木工事費が建築費の中で大きなウェイトを占めていると思われがちですが、この建物では木工事（木材）は総工費の10％以下でした。つまり、柱を増やすなど構造に予算をかけても工事費の中での影響は少ないと言えます。

見積落ちがないか、必要な項目が抜けていないかを確認します。単位は部材によって数量や面積など異なる表示ですが、それぞれ必要な個数や面積が見積で拾われているか確認します。極端に多い部材や少ない部材などがないか要注意です。

【項目 17：住設機器工事の一部】

内訳明細書

M 様邸新築工事　　Page34

No.	名称	仕様	数量	単位	単価	金額	備考
17	住設機器工事						
	〈1 階 洗面〉						
	CERA 湯水混合水栓	KW2191042X	1	台	40,900	40,900	
						1,353,700	
	LIXIL 洗面器	L-2250/BW1	1	台	14,100	14,100	
	床排水金具	LF-105SAL	1	台	3,400	3,400	
	排水口ｶﾊﾞｰ	A-6224	1	台	3,100	3,100	
	ﾌﾞﾗｹｯﾄ	LF-7R-13-625K	1	台	5,200	5,200	
	ｶﾜｼﾞｭﾝ タオルレール	SC-099-XC	1	台	2,800	2,800	
	送料		1	式	1,700	1,700	
	〈1 階 洗面室〉						
	TOTO 洗濯水栓	TW11GR	1	台	5,900	5,900	
	T-FORM タオル掛け	TFP40-D260-002	1	台	5,200	5,200	
	送料		1	式	7,700	7,700	
	LIXIL 洗濯機ﾊﾟﾝ	PF-6464AC/L11	1	台	5,100	5,100	
	排水ﾄﾗｯﾌﾟ		1	台	2,200	2,200	

正式な見積では、工務店に平面詳細図や矩計図などの一般図だけでなく、仕様書なども渡して積算してもらいます。設備やフローリングなどの品番も図面通りのものが拾われているかも確認します。

今単価が適正か、極端に高い単価のものがないかを確認します。相見積の場合は他の施工者からの見積、または過去の物件の見積と比べるとよいでしょう。見積金額の妥当性を確認するためにもこれまでの物件の金額をまとめておくことはとても有効です[35頁参照]

実施設計の流れ ←平面詳細図 ←矩計図 ←仕様の決定 ←

見積調整では何を諦めて、何を残すのか悩むところでした。新築時にしかできないことを残して、庭のウッドデッキなど、あとでもできることは今回は見送り、住みながら考えることにしました。

見積内容の精査し、減額案を検討する

見積は比較することで精査する

見積の精査はやみくもに行っても、何をどのように変更して、減額案を作成したらよいのか分かりません。そこで、概算見積と本見積、今回の物件と過去の物件などと比較して、工事金額の変遷や金額が大きくなっている工事などを明確にし、減額案を考えていきます。

名称				(単位：万円)
見積書日付		①5月22日	②6月4日	③10月3日
工事金額（税込）		**4,555.17**	**4,384.34**	**4,825.11**
工事金額（税抜き）		**4,141.06**	**3,985.76**	**4,386.46**
消費税(10%)		414.11	398.58	438.65
A.共通仮設				
B.建築工事		**2,850.64**	**2,688.71**	**3,065.89**
仮設工事	仮設工事	103.65	103.65	103.65
躯体工事	基礎工事	329.05	329.04	390.54
	土工事			
	鉄筋コンクリート工事			
	木工事			
	組積工事	1,012.46	1,021.88	983.83
	合計	1,341.51	1,350.92	1,374.37
外装工事	屋根工事	86.27	84.29	109.19
	板金工事			
	防水工事	39.20	39.20	26.18
	金属工事			
	左官・外壁工事	286.05	295.05	297.65
	その他工事			
	合計	411.52	418.54	433.02
内装工事	内装工事	33.00	37.94	40.26
	塗装工事	45.00	45.00	62.00
	タイル工事	68.10	55.89	53.89
	その他工事			
	合計	146.10	138.83	156.15
建具工事	鋼製建具工事	344.76	311.79	368.44
	木製建具工事	238.10	99.98	88.04
	ガラス工事			
	合計	582.86	411.77	456.48
その他工事	家具工事	190.00	190.00	433.11
	雑工事	65.00	65.00	65.00
	鉄骨工事	10.00	10.00	44.11
	合計	265.00	265.00	542.22
C.電気設備工事		**171.76**	**141.68**	**197.50**
D.給排水衛生工事		**338.22**	**342.22**	**337.57**
	衛生器具	228.22	232.22	227.57
	設備工事	110.00	110.00	110.00
E.空気調和設備工事		**136.36**	**68.62**	**70.84**
F.床暖房設備工事		**40.00**	**40.00**	**20.50**
G.ガス設備工事		**36.84**	**36.84**	**39.64**
H.外構工事		**91.24**	**191.69**	**178.52**
I.解体工事		**66.00**	**66.00**	**66.00**
J.諸経費		**410.00**	**410.00**	**410.00**
	一般管理費			
	現場管理費	350.00	350.00	350.00
	その他	60.00	60.00	60.00

今回の場合は①概算見積と、②実施設計の途中時、③本見積の3段階で見積を提出してもらっているので、工事ごとに表にまとめて比較しました。

概算見積と比較して、一番急激な増額は家具工事でした。オリジナルのキッチンを家具工事で制作する予定でしたが、予算を圧迫しているため既製品にすることを考えなければなりませんでした。

解体工事については、基本設計時に解体業者と現場立ち会い検討していたので、大きな変化はありませんでした。この部分には減額の余地はないと判断しました。

施工者から提出された見積が予算を上回るのはよくあることです。その場合、まず設計者がするべきことは、精査と減額できる余地はあるか検討することです。

今回、基本設計終了時の概算見積では約４５５０万円でした。その際、施工者との協議で４３８０万円程度までなら予算の掛かる基礎工事のコンクリート量やトップライトの中止などで減額できる目途が立ち、実施設計に入っています。ところが、本見積では４８３０万円の見積がでてきました。実施設計中の建て主との打合せの中で、見積金額を見たうえで採用を決めたいという項目がいくつかあったので、ある程度金額が増えることは予想されていました。ですが、予算を超過しているので、内容をよく精査する必要がありました。「見積比較表」を作成し、概算見積時と本見積を比較すると、増額している項目が分かるので、増額している項目についてそれぞれ減額案を検討しました。

内容・数量に問題がないかの確認も

減額案の検討だけでなく、見積書の内容が問題ないかの精査も行います。過去の物件の見積比較表[34頁]と比べると、「土工事」の残土処分の土量と、「基礎工事」のコンクリート量と鉄筋量が、床面積に対して多いことが分かりました。そこで、詳細の計算を行い検討しました。計算の結果、見積りされている数量が多いことが分かったので、施工者に計算書とともにこの部分の再見積を依頼しました。

平面図をもとに残土量を計算。見積書に計上された数量が正しいのか実施設計図にもとに計算し検算しました。決まった書式などはありませんが、計算結果は施工者にも分かりやすく、きちんと伝わるようにします。

残土数量の違いは、既存駐車場部分はすでに掘り下げられているので残土が発生しませんが、見積には駐車場部分も残土が発生する計算で算出されていたため、数量が異なることがわかりました。

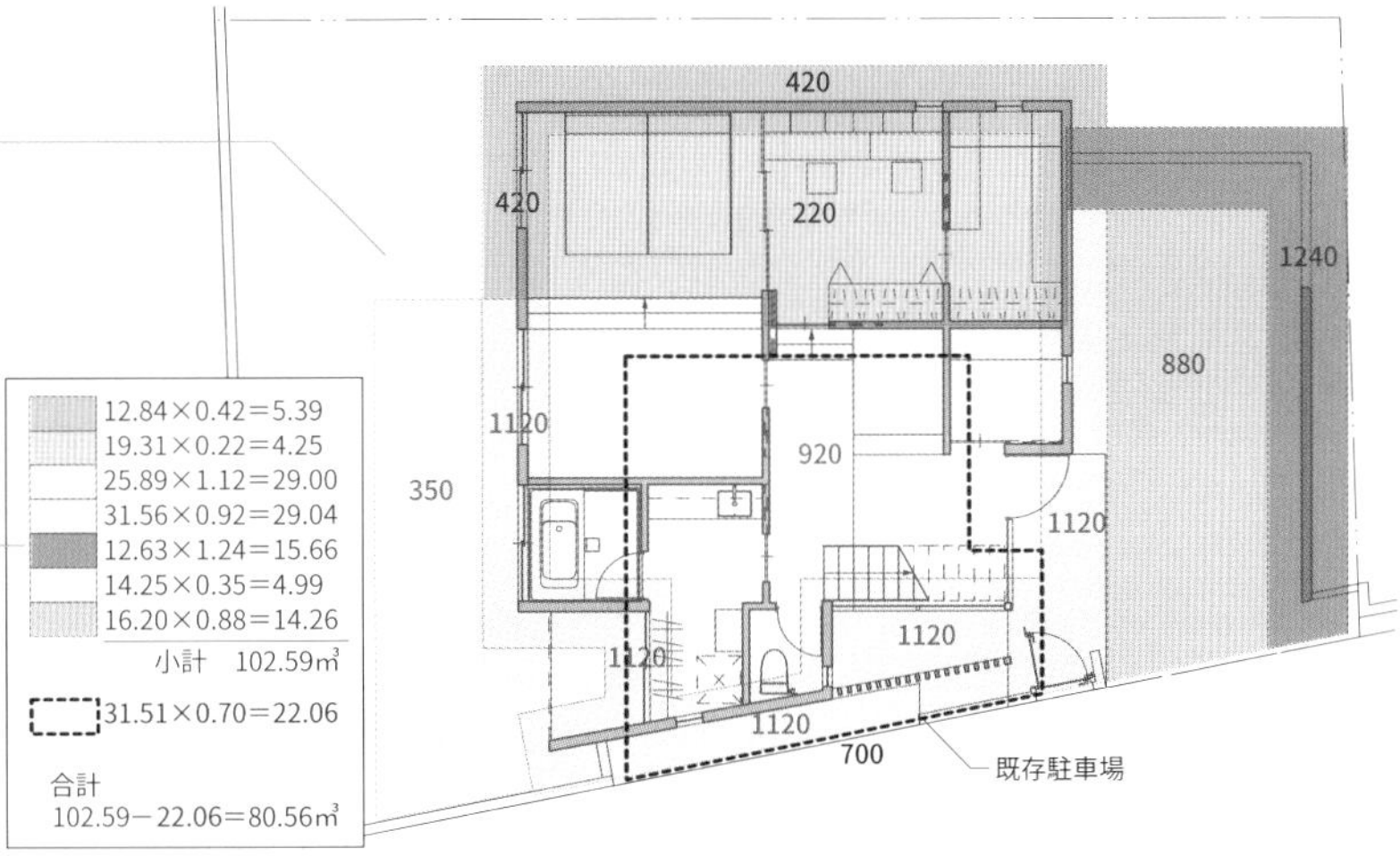
12.84×0.42＝5.39
19.31×0.22＝4.25
25.89×1.12＝29.00
31.56×0.92＝29.04
12.63×1.24＝15.66
14.25×0.35＝4.99
16.20×0.88＝14.26
小計　102.59m³
31.51×0.70＝22.06
合計
102.59−22.06＝80.56m³
420
420
220
1240
880
1120
920
350
1120
1120
1120
1120
700
既存駐車場

減額でも建て主が満足できる提案を

	変更項目	減額金額	備考
1	AW-09：特殊寸法から既製品寸法に変更	-0.8	
2	AW-14.15：AW-14引違い窓に 変更	-3.1	
3	AW-16.17：AW-15引違い窓に変更	-3.0	
4	AW20→AW18：特殊寸法から既製品寸法に変更	-1.0	
5	AW21→AW19：特殊寸法から既製品寸法に変更	-26.9	
6	SW-01・SW-02：寸法変更	-30.8	
7	WD-01：両開き戸から片開き戸に変更	-42.5	
8	外部門扉：中止(蛇腹門扉を端まで伸ばす)	-3.0	
9	室内ドア：LIXIL・ラフィスで検討	-60.6	
10	スッキリポール：中止	-15.0	
11	フローリング数量：再検討	40.1	数量間違い
12	1階各室床：小節 杉フローリングに変更	7.0	
13	洗濯・洗面室床：フローリングから塩ビシートに変更	-4.9	
14	土間床：玄関砂利洗い出しに変更	-4.6	
15	ガレージ舗装：アスファルトに変更	-2.7	
16	洗濯室内家具：中止	0.0	見積落ちのため減額にならず
17	製作キッチンから既製品キッチンに変更	-107.4	
18	キッチン壁：タイルからビオオイル40塗りに変更	-5.0	
19	防湿スポットライトスパイク 数量：8→2	-12.8	
20	防犯スポットライト 数量：2→1	-2.3	
21	書斎・納戸・ｼｭｰｽﾞｸﾛｰｸ・ﾊﾟﾝﾄﾘｰ天井扇：中止	-7.0	
22	エアコン：量販店のものに変更	-60.0	
23	ガレージルーバー：中止	-10.0	
24	トップライト：中止	-19.8	
25	蛇腹ゲート：追加	40.0	
26	木板塀：追加	63.2	見積落ち
	合計	**-272.9**	(単位：万円)

キッチンをはじめとした減額案(仕様変更リスト)を作成し、リストの他に残土の再計算も含めて再度見積をしてもらうと合計500万円の減額することができました。各項目の金額は数万円と小さくても、積み重ねると大きな金額になるので、地道に各項目を見直していく意義があります。リストをもとに、建て主と減額案の中でどれを採用するのか打合せしていきます。

見積を圧迫していたキッチンは既製品に変更を提案。ただし、今回の建物に既製品のキッチンは合わないので、既製品のキッチンをカウンターで囲み、建物のデザインに馴染ませる提案を行いました。減額してもできる限り満足度が落ちないように、どこで調整するのかが設計者の腕の見せ所です。

工程やローンの支払い時期などの確認と調整を

建築工事請負契約は4つで構成

契約書は「建築工事請負契約書」「建築工事請負契約約款」「設計図書」「工事費見積書」で構成されています。この契約書一式をもとに、建て主と施工者が契約を結びます。何らかのトラブルが起きてしまった時は、契約書の内容を元に話し会い、解決してくことになります。

建築工事請負契約書
工事の種類や工期、請負代金、支払い方法などが記載されています（右頁）
建築工事請負契約約款
設計の変更があった場合の対応や工事完成後の保障の範囲と期間などが記載されています。
設計者は設計契約［40頁参照］で工事監理を建て主から委託される
契約日よりも前に契約書をもらい、契約内容に不明な点がないかなど、契約書を事前によく確認しました。
契約前に施工者と工事スケジュールの確認をしておきます。工事費の支払い時期回数なども建て主と事前に調整しておきます。
設計図書
実施設計で設計者が書いた図面すべてを契約時に添付します。
工事費見積書
最終的に仕様が確定した内容の見積書です。

実施設計が終わり、仕様や見積の内容の合意ができた段階で「建築工事請負契約」（工事契約）を行います。工事契約はいつからいつまで、いくらで工事をするのかを書面で約束することで、工事を依頼する側の建て主と、請け負う側の施工者との間で結ぶものです。建て主には内容についてしっかり把握してもらわなければなりません。そのため、設計者は建て主が契約内容で不明な点がないか、疑問が解消できるように、建て主の立場に立ってアドバイスを行います。

工事契約後に計画内容の変更や追加があった場合は、追加費用が発生します。そのため、契約書の工期や見積で別途工事となっている内容などは、設計者も内容をしっかり確認しておきましょう。また、やむを得ない理由で工事が遅れ、引き渡し日がずれてしまうこともあるので、工事が大きく遅れてしまった場合の違約金についても契約時に確認しておきます。

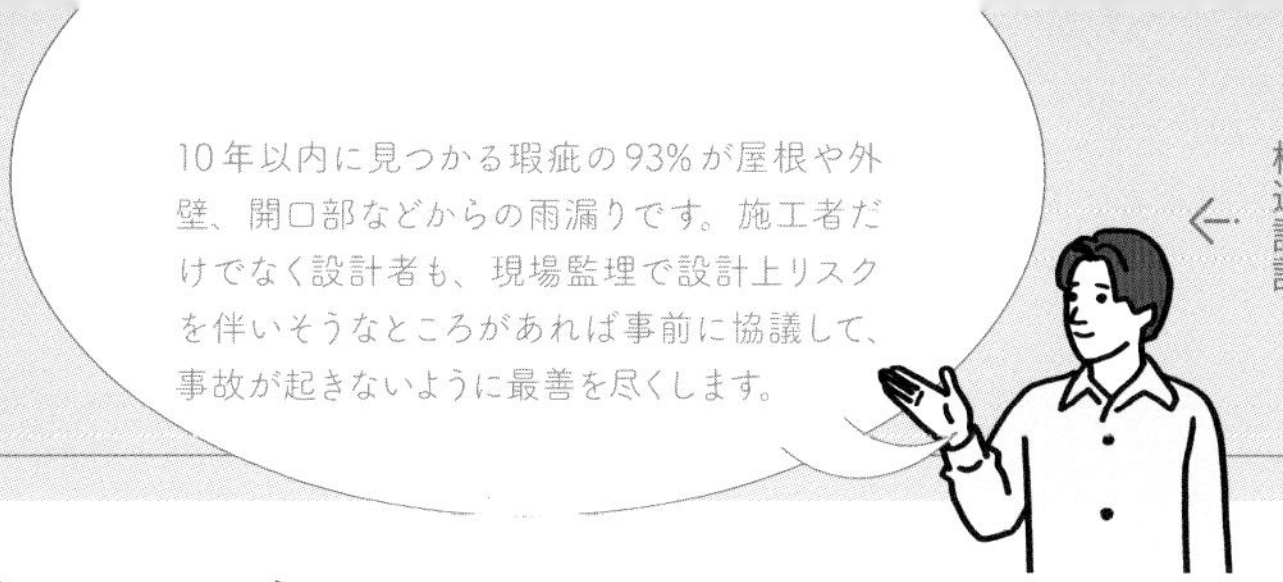
10年以内に見つかる瑕疵の93%が屋根や外壁、開口部などからの雨漏りです。施工者だけでなく設計者も、現場監理で設計上リスクを伴いそうなところがあれば事前に協議して、事故が起きないように最善を尽くします。

工事契約請負書は詳細までチェック

「建築工事請負契約書」には発注者氏名(建て主)、請負者氏名(施工者)から、工事内容、請負代金の額、支払方法などの、契約する工事の基本的な項目が記載されています。工事に着手する「着工日」、建物の上棟する「工事中間時」、建物が竣工し引き渡される「引き渡し日」の工事スケジュールの確認も重要です。

竣工後に見つかった施工不良などの対応と保証である瑕疵担保は新築の場合、最低10年の保証をつけることが義務付けられています。瑕疵担保の保証内容と範囲について、保証範囲外についても確認しておきます。

工事請負契約書

収入印紙

注文者(甲) M 印 tel 01-2345-6789
住所 東京都世田谷区○○○○0-0-0 fax 01-2345-6789

請負者(乙) 株式会社 施工会社 tel 03-0000-0000
代表者 施工太郎 印 fax 03-0000-0000
住所 東京都○○区○○町 1-11
担当者名 施工一郎

この契約書と添付の工事請負契約約款、設計図 20 枚、仕様書 1 冊、並びに請負代金内訳明細書 1 冊とによって工事請負契約を結ぶ。

1. 工事名 M 様邸新築工事
2. 工事場所 東京都○○区○○町 1-11
3. 工事場所 木造 ,○葺 ,2 階建て , 延べ面積 137.38 ㎡ (41.6 坪)
4. 工期 着工 令和○年○月○日または契約の日から○日以内
完成 令和○年○月○日または契約の日から○日以内
5. 引渡し時期 完成の時期から○日以内
6. 工事を施工しない日・工事を施工しない時間帯
○○○○・○○○○
7. 請負代金 金 12,345,678 円也
うち工事価格 ¥12,345,678- 、取引に関わる消費税 ¥1,234.5678-

※1(経過措置[平成 24 年 8 月 22 日改正消費税法附則第 5 条第 3 項]の適用を受ける場合)法の定める指定日以降に設計変更等により契約金額が増額し、契約の目的物の引渡時点の消費税率が変更となった場合には、増額部分につき引渡時点での消費税率を適用するものとします。
※2(経過措置[同上]の適用を受けない場合)工期の遅れ等(請負者の責めに帰すべき場合を除く)により、契約の目的物の引き渡し時点での消費税率が変更になった場合には、変更後の消費税率に基づいて算出される消費税額との差額を決済するものとします。

8. 支払い方法 ①この契約成立の時 ¥5,000,000-
②部分払い(上棟時) ¥5,000,000-
③完成引渡しの時 ¥2,345,678-

9. 部分使用・部分引渡し 無

10. 解体工事等に要する費用
この工事が「建設工事に係る資材の再資源化等に関する法律」(平成12年法律第104号)第9条第1項に規定する対象建設工事に該当する場合、同法第13条第1項の主務省令で定める事項については、別添第4号から6号のとおりとする。

11. 瑕疵担保責任の履行に関して講ずべき保証保険契約の締結その他の措置に関する定めの有無 有
この工事が「特定住宅瑕疵担保責任の履行の確保等に関する法律」(平成 19 年法律第 66 号)に定める特定住宅建設瑕疵担保責任の対象工事に該当する場合、講ずべき瑕疵担保責任の履行を確保するための資力確保措置の内容(保証金の供託または責任保険契約の締結)は、添付別紙のとおりとする。

12. 個人情報の取り扱い
甲は甲宅建築にあたり、乙が甲の個人情報および個人データを甲宅建築に携わる建築設計事務所および下請業者・協力業者等の第三者に提供することにつきあらかじめ同意する。乙はこの個人情報および個人データを甲宅建築以外の目的で第三者に提供してはならない。

この契約の証として、本書2通を作り、当事者が記名押印をして、各1通を保有する

令和○年○月○日

注文者(甲) 住所 東京都世田谷区○○○○0-0-0
氏名 M 印

請負者(乙) 住所 東京都○○区○○町 1-11
氏名 株式会社 施工会社 印

(工事監理者をおく場合)
ここに工事監理者としての責務を負うために押印する。

請負者(乙) 住所 東京都渋谷区○○1-1
氏名 萱沼宏記 印

工事着手の時期、工事完了の時期、完成引き渡しの時期が記載されています。

工事代金の支払い時期と金額も確認が必要です。住宅ローンを利用する場合は、つなぎ融資を利用することになるので、それぞれのタイミングでいくら支払うのか銀行との協議も必要になります。

設計者は、発注者(建て主)から工事の監理者として委託されていることを工事請負契約書に記載し、記名押印します。

瑕疵担保責任とは

住宅品質確保法に基づき施工者は「①構造耐力上主要な部分」と「②雨水の浸入を防止する部分」に関して、引き渡し後10年以内に欠陥や工事不備などの瑕疵が見つかった場合、無償保障などをしなければなりません(瑕疵担保責任を負う)。

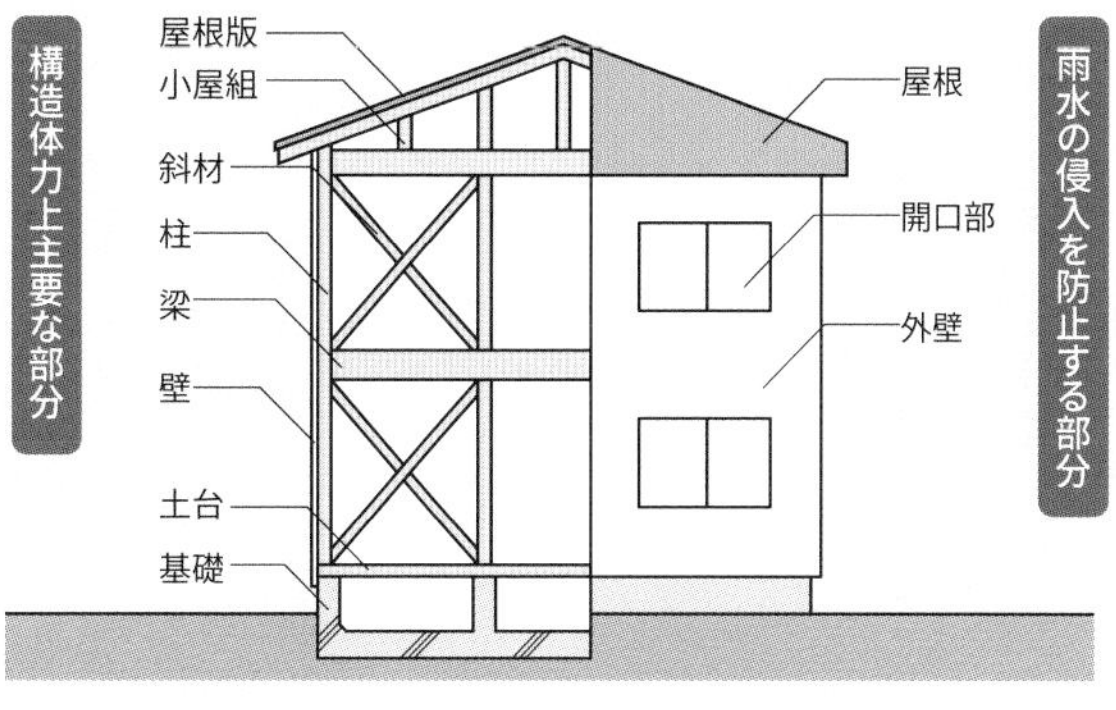
構造体力上主要な部分
屋根版
小屋組
斜材
柱
梁
壁
土台
基礎
雨水の侵入を防止する部分
屋根
開口部
外壁

消防同意とは、建築確認時に消防機関が「建物が防火に関する法令について問題がないか」をチェックする仕組みです。敷地が防火地域・準防火地域であれば確認申請時に同意が必要になります。

工事着工前に確認済証の交付を受ける

着工前に確認申請、工事完了後に完了検査

確認申請の提出・審査

建築確認申請は建て主（建築主）から設計者が委任状をもらい、代理となって建築主事または確認審査機関などに申請します。確認申請に必要な事項を書き込んだ図面などを提出し、審査を受けます。審査によって追加説明書や補正が必要になる場合もあります。

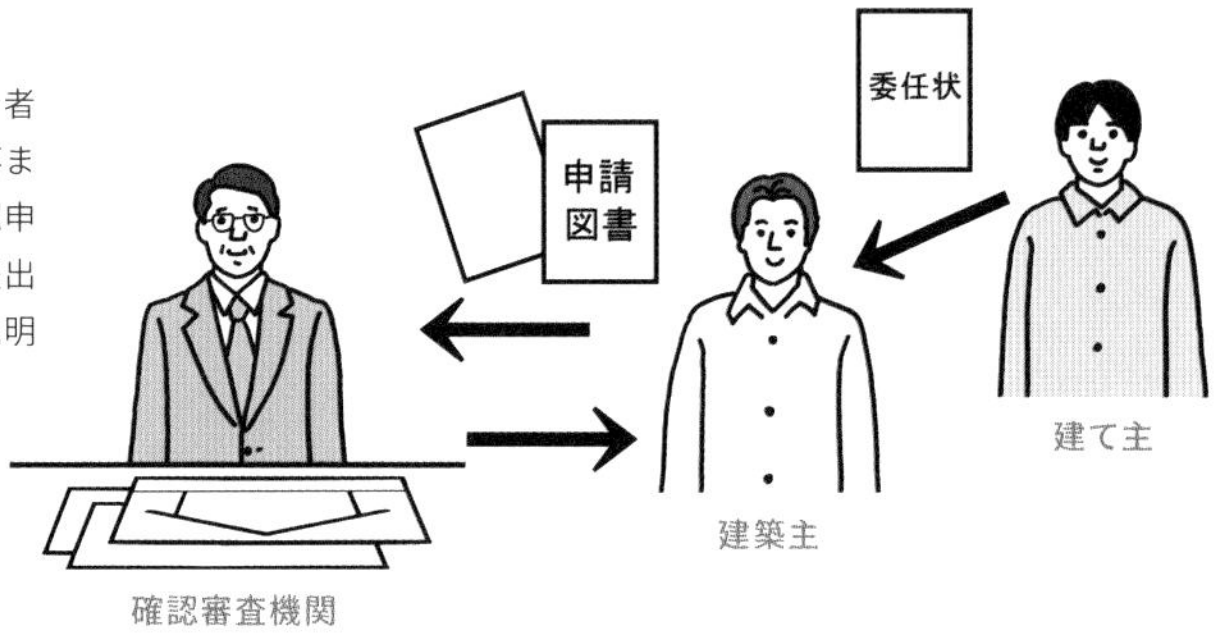
委任状
申請図書
建て主
建築主
確認審査機関

確認済証の受領

補正なども終わり、審査が無事完了すると確認審査機関から「確認済証」が交付されます。確認済証が交付されて、晴れて着工となります。

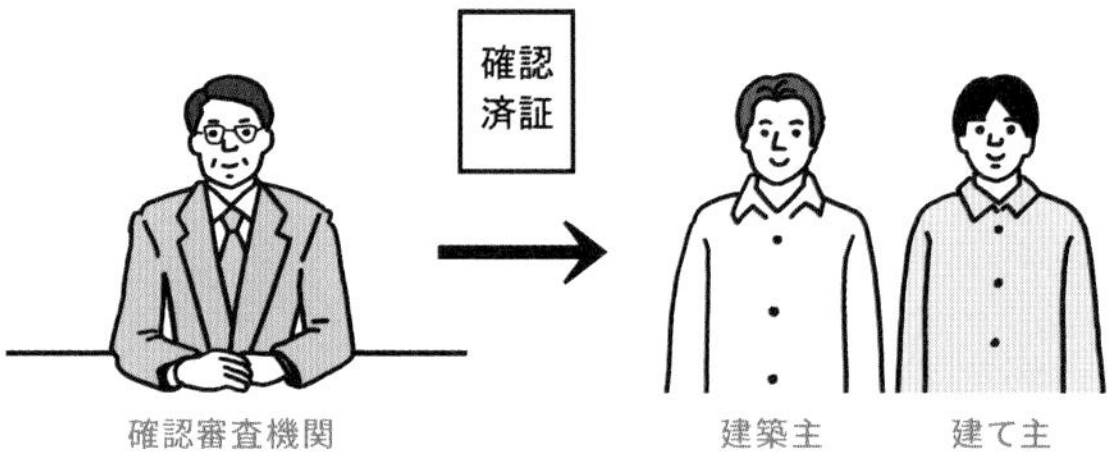
確認済証
確認審査機関
建築主
建て主

完了検査と検査済証

工事中は建物の規模などによって、決められた工程（特定工程）で中間検査を受けなければならない場合もあります。その場合、「中間検査合格証」の受領後でないと、次の工程に工事を進めることができません。また、建物の竣工時に完了検査［156頁参照］を受けて、「検査済証」を受領することで、ようやく建て主に建物を引き渡しすることができます。

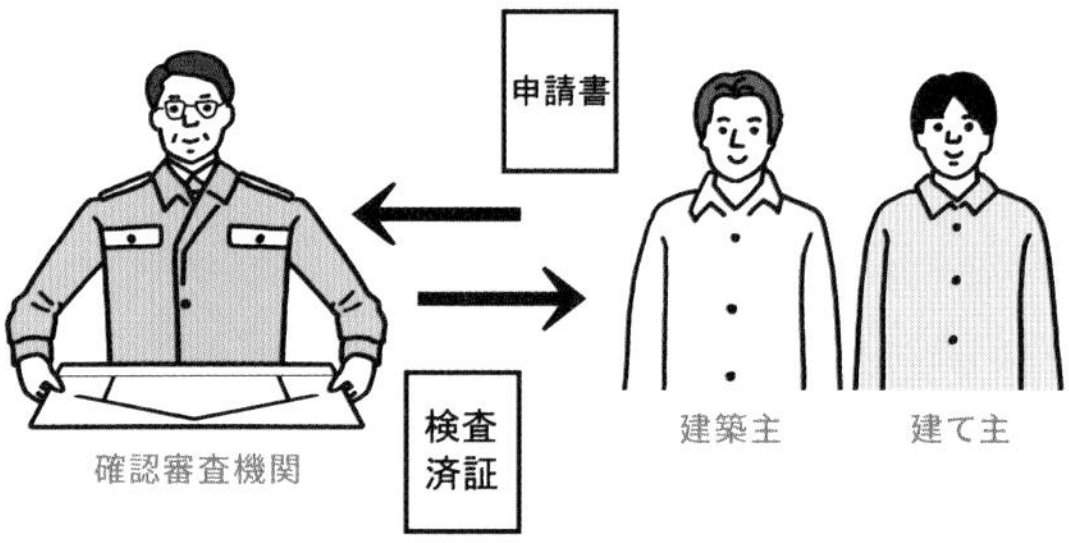
申請書
確認審査機関
検査済証
建築主
建て主

建築確認申請は都市計画区域内に建てるすべての建物が受けなければならない審査です。建築主事または指定確認検査機関に確認申請書などを提出し、計画する建物が建築基準法などに適合しているかを審査してもらいます。工事着手前にチェックを受けて、「確認済証」の交付を受けなければ建築することができません。今回、検査機関とは基本設計終了の段階で事前協議［42頁参照］を行っていたので、確認申請時で大きな指摘は入りませんでしたが、平均地盤面位置などの指摘があり、数回ほど書類・図面のやり取りを行い、提出から4週間程度で確認済証が交付されました。

また、性能評価（耐震等級）を取得することになっていましたが、当初予定していた検査機関と床の水平剛性の解釈について相違があり、別の検査機関に依頼し直すトラブルもありました。確認済証から遅れること約1週間で審査が終わり、着工に漕ぎ着けました。

その他の申請も忘れずに提出

確認申請と同時期に長期優良住宅やZEH（ネット・ゼロ・エネルギー・ハウス）などの申請を行う場合は、各申請機関に提出します。今回の場合は性能評価（耐震等級）の取得があったため、同時期に提出しています。

耐震等級の申請

「耐震等級」の認定を得るには、性能評価の申請を行い、検査を受ける必要があります。着工前に登録住宅性能評価機関に必要な図面などを提出し申請を行い、着工後にも数回の性能評価の検査を受けて合格すると性能評価書が交付されます（建設住宅性能評価の場合）。

今回の場合は図面を提出して審査してもらい、耐震等級3の審査済報告書を受領。着工後は必要な工程で検査を受ける必要がありました。

地区計画の届け出

地区計画が策定されている地域では着工前に届け出を行う必要があります。その地域や策定されている内容によって、申請時期や流れ、必要な図面などは異なるので基本設計時に確認しておきます。今回の敷地は建蔽率の緩和などがある地区計画が策定されていましたが、緩和は不要なことから申請は行いませんでした。

着工前に必ず申請が必要な場合もあるので、事前に地区計画などを定める行政に確認して、申請時期や内容をよく理解しておくことが重要です。

確認申請に提出する「申請図面」と「申請書」

確認申請に提出する申請図面（設計図書）は、平面図や立面図などに、建築基準法に適合しているかが分かるように書き込みを行っていくものです。配置図や平面図や立面図のほか、付近見取図や求積図などを作成します。

【申請図書一覧】

確認申請書	確認申請書は1～6面まで。建築主の概要（第2面）、建築物と敷地に関する事項（第3面）などを記載します。のほか「建築計画概要書」「建築工事届」「委任状」を提出します。
付近見取図	計画地の場所が分かる地図です。近隣の駅や学校など目標となる建物・施設が入る範囲のものにします。道路の位置を明示し、方位も入っている必要があります。
平均地盤面算定表	建物が接する地面に高低差がある場合、平均地盤面を算定します。建物の最高高さなどは、ここで求めた平均地盤面からの高さになります。
求積図	敷地面積、建築面積、各階の床面積を算定する図面です。計算式の根拠が分かるように、求積図と計算式はセットで示します。
配置図	前面道路の種別・幅員・道路中心線・接道長さ、下水道への排水経路、敷地内と道路・隣地との高低差、擁壁や塀、隣地の用途と建物の位置などの近隣情報を記載します。計画建物の敷地境界からの寸法、建物の各部位の高さ、道路斜線や高度地区斜線の確認ができるように、該当部位と敷地境界までの距離も記載します。

平面図	基本的な情報に加え、各室の用途が分かる室名、階段の幅・蹴上げ・踏面、手摺りの明示、延焼の恐れのある範囲の明示と開口部の使用を記載します。居室に必要な開口部の位置と面積、換気及び火気使用室の給気口と排気口の換気経路、火災警報器の位置も明示します。内外装の仕上げ、採光計算（有効採光面積）・換気計算なども記載します。
立面図	建物の外形、窓の位置が分かる様に2面以上の立面図を添付します。延焼の恐れのある範囲の外壁及び軒裏の構造を書き込みます。
断面図	地盤面の高さ、各階の床および天井高さや各部位の高さが分かるように寸法を記載します。軒や庇の出や、有効採光面積算定に使用する開口部の直上にある屋根などの各部位から開口中心までの垂直距離（採光距離）、建物と道路や敷地境界までの寸法を明示し、道路斜線・高度地区斜線の検討式も記載します。
構造図 構造計算書	4号建築物では構造図を添付することは求められませんが、4号建築物以外や構造事務所が構造計算をしている場合は構造図、構造計算書（許容応力度計算書・N値計算書等）を提出します。

3章 現場監理

現場ではこれまで図面や模型で検討してきた計画を実現させるために、納まりや施工方法などを工事監督と打合せをしながら連携して、現場がスムーズに進むように努めます。また設計者は工事監理者として、きちんとした工事が行われているかを建て主に代わりくまなく確認する大切な役割があります。構造や防水などの各工程で必要な検査を実施します。

全体工程を把握して工事をスムーズに

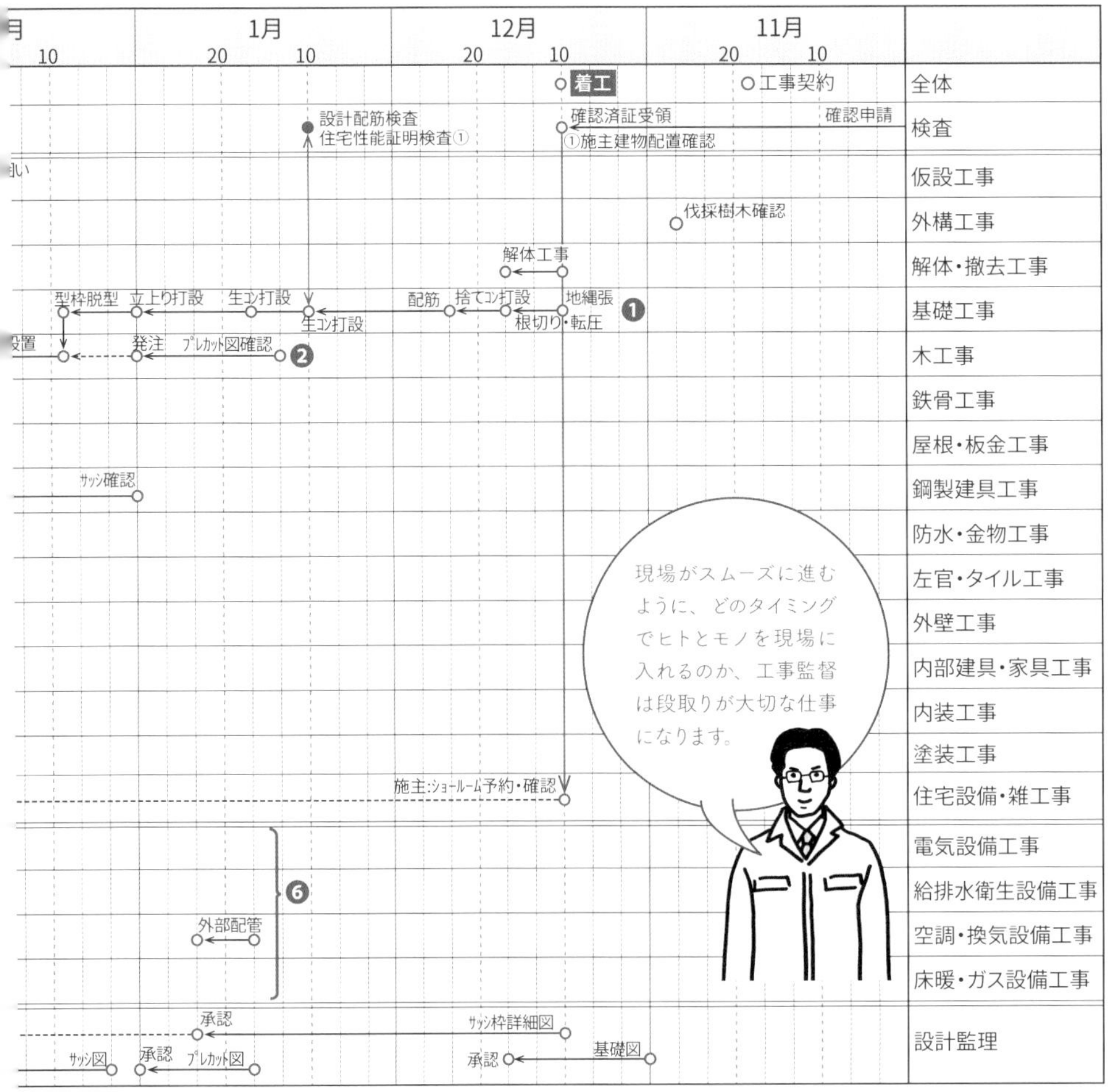

現場には「管理」と「監理」の2つの「かんり」があります。竹冠のほうは「たけかん」と呼ばれ、現場監督による「管理」のことです。工程管理や材料管理、安全管理、原価管理など「工事現場を動かす責任者」として管理を行います。一方、もう一つの「監理」は部首に皿があることから「さらかん」と呼ばれ、主に設計者による「監理」となります。設計図通りの施工が行われているのかチェックや、図面だけでは伝わらない内容の指示など、「建築主の代理」として工事現場の監理を行います。工事監理者として、設計者は工事現場で現場監督などと打合せや細かい指示を行い、建築主への報告が業務になります。

設計者は、工事着工後は定期的に現場を訪れ、工事状況の確認行う現場定例打合せがあります。いま現場でなにが行われているのか、重要な工事のタイミングを知っておくためにも全体の工程を把握しておくことが重要です。

建物は様々な種類の工事を経て完成しますが、木造住宅工事の大きな流れとしては「土工事・基礎工事」「上棟」「サッシを取りつけて内部に雨が入らない状態にする」「仕上げ」「足場解体」「竣工」となっています。

← 内装工事 ← 仕上げ工事 ← 外構・造園工事 ← 完了検査 ← 引き渡し ← メンテナンス

同時並行で行われる複数の工事が一目で分かる工程表

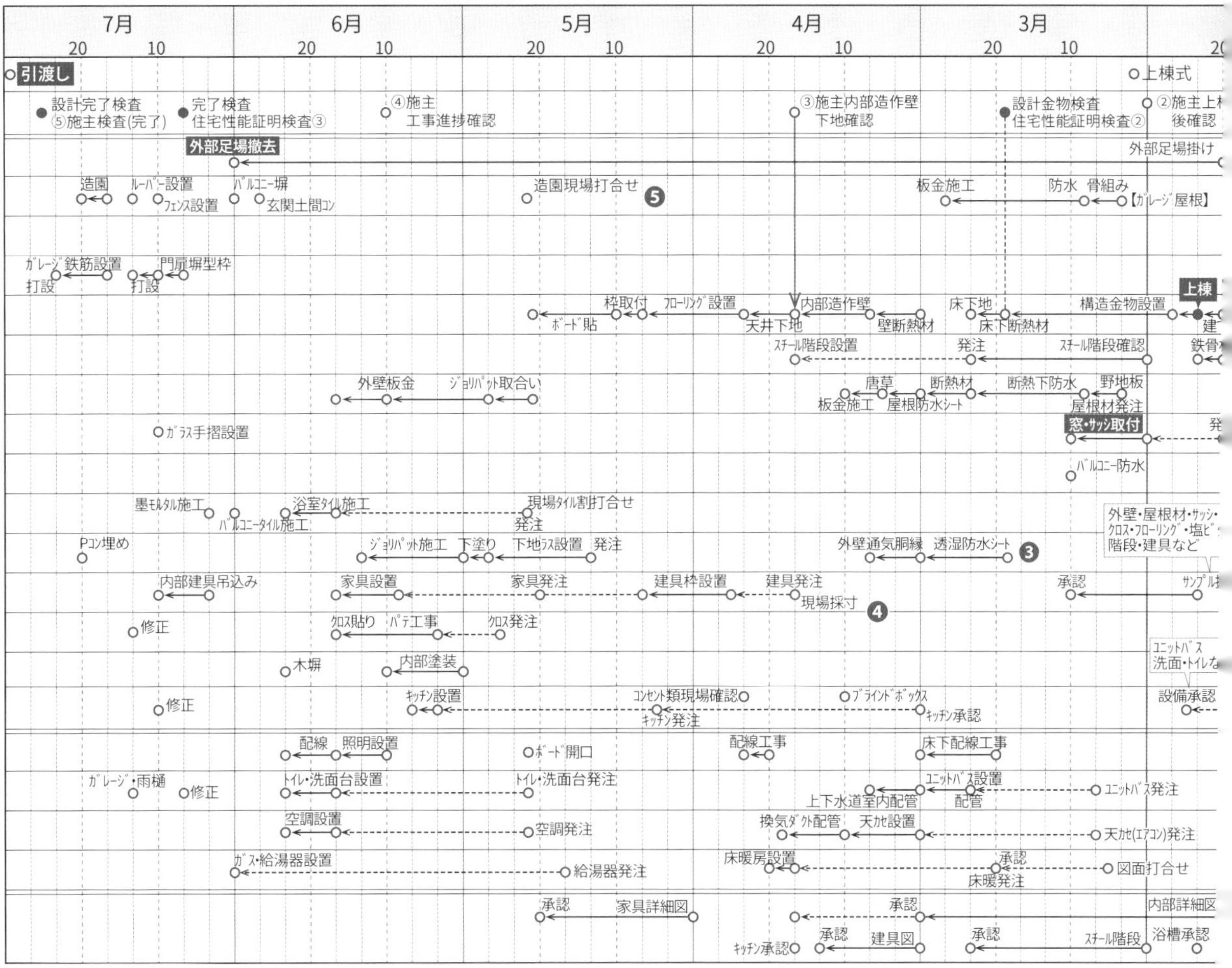

❶基礎工事

まず基礎をつくるための土工事が行われ、続いて基礎工事が行われます。作業するのは基礎工事業者ですが、途中に設備業者がスリーブなどの配管工事に入ります。基礎の配筋が終わったら配筋検査を行い、コンクリートを打設し、基礎が完成します。

❷木工事

木造住宅の要の工事です。木造軸組はプレカットされた部材を現場で組み立て、上棟したら屋根の下地工事を行います。筋違いや金物を設置したら中間検査を受けます。

❸外装工事など

屋根板金やサッシ、外壁などの外装工事を行い、まずは雨が室内に入らないようにします。そのあと内装工事へと進みます。断熱材を入れ、室内の間仕切り壁まで大工さんがつくったら、電気業者や水道業者などが配線・配管などの設備工事を行います。

❹仕上げ工事

木工事が終わったら、床・天井・壁仕上げ工事となります。塗装や左官など、埃を嫌う仕上げ工事も入ります。

❺外構工事

外部の清掃が終わり、外部足場が外れたら外構工事を行います。最後に完了検査を行い、竣工・引き渡しとなります。

❻設備工事

室内が仕上がったら、トイレなどの設備機器が入り、建物が完成します。設備工事は配管・配線が必要なため、最後の仕上げ段階の前、下地などを取りつける段階でも工事が必要なものもあります。

現場定例打合せでは、現場に図面で伝えきれない設計者の意図や、施工上のポイントなど伝え、施工者からの質疑回答を行います。質疑回答はその場でできることは行いますが、事務所に戻り詳細な図面を書いて検討したり、建て主と確認が必要な内容もあるので、後日回答することもあります。

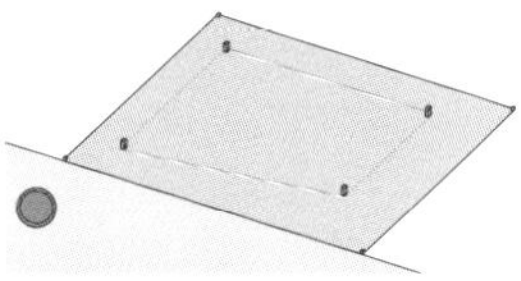

着工前の特に重要な工程が、建物の外形に縄を張って建物の位置を確認すること（地縄）、BMと設計GLなどの高さを確認することです。建て主に立ち会ってもらい確認します。

着工前に現地で建て主とともに最終確認

窓の位置

近隣の窓と計画建物の窓の関係がどうなのか、影響がありそうな窓の位置を建て主と再度確認します。近隣の建物が古い場合などは変わることも予想されますが、影響がありそうな窓は型ガラス（くもりガラス）やブラインドを設置するなどの最終確認をします。

隣地境界から建物の外壁までの距離

民法上建物の外壁は隣地境界から50cm以上離しておくとされています。今回は隣に立つ母屋の玄関と外壁までの距離を目視で確認しました。

伐採樹木の確認

樹木も伐採するもの・しないものの確認が必要です。伐採する樹木にテープを巻き、印をつけます。今回は建て主が移植を希望する植栽があり、解体工事業者が入る日までに移植ができるよう、打合せを行いました。

解体範囲の確認

敷地内のものは工事に邪魔だからといって勝手に撤去できません。例えばブロック塀を撤去する場合、すべてを解体するのか、部分的に解体するのか、解体するもの・範囲を建て主に確認したうえで、解体工事を行います。

駐車場内のブロック塀・門扉は撤去、既存コンクリート塀、ネットフェンスを残す範囲など、建て主と確認してから解体します。

実施設計が終わり、工事契約、確認申請が終わればいよいよ着工となります。工事着工前に必ず、現地でロープを張って（地縄）、建て主とともにあらためて建物の位置を確認します。このほか、着工前に現地でさまざまなことを建て主と最終確認をする必要がありますが、何度も足を運んでもらうわけにはいかないので、1日にまとめて確認してもらうようにします。

建物の位置のほか、工事の地盤高さの基準とするポイント「BM（ベンチマーク）」から「設計GL」を確認します。また、敷地境界や伐採する樹木、隣地境界から外壁までの距離、窓の位置、給湯器やエアコン室外機の位置なども現地で目視のうえ、一緒に確認していきます。

工事の着工前に、土地を守る神様に対して建物を建てる許しを請い、工事の安全を祈願する儀式「地鎮祭」を行うのが一般的です。地鎮祭を行えば、いざ着工となります。

着工前に現場で確認をすること

給湯器やエアコン室外機の位置

都心では限られた敷地に建物を建てるため、給湯器やエアコンの室外機の排気が近隣側に吹き出すことが多くあります。近隣の窓にかかっていないか確認し機器配置を配慮することも必要です。

境界の確認

工事を行う敷地が現地と図面に相違がないか、現地で建て主立ち会いのもと、敷地境界の確認を行います。ときどき境界杭が入っていないケースもあるので、建て主に確認し、設計者や施工者が勝手に境界の位置を判断しないようにします。

インフラ設備の引き込み取り出し位置の確認

給排水・ガス管のルートやメーター位置、電線から建物への引き込み位置についても確認します。電気はスマートメーターになり検診がありませんが、水道とガスはメーター検診があるので、設置位置をよく確認しておく必要があります。アンテナ位置は、設計上は目立たない位置に設置したいものですが、近隣の高い建物などの影響を受けてしまうので、希望通りの位置で設置できないこともあります。

建物を建てる基準高さの確認

道路のマンホールなど、工事で動かない場所をベンチマーク（BM、基準高さ）に設定し、建物を建てる地面の高さ「設計GL」を決め設計しています。前面道路のマンホール中心高さをBM=0として設定しました。また、雨が降った時、敷地内の水がどう流れるのか敷地の高低差も確認します。

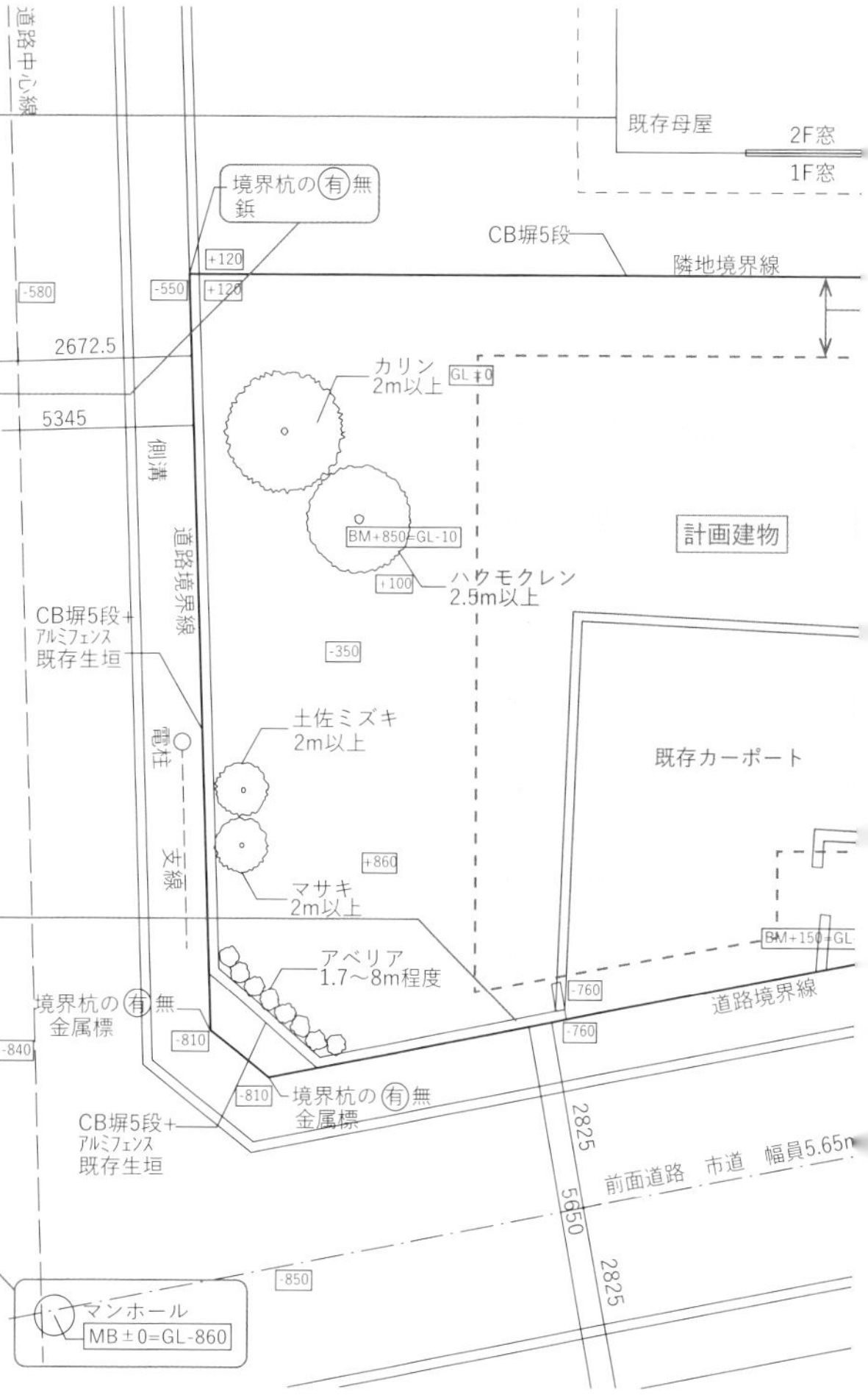

工事の関係者が集まって
安全を祈願する地鎮祭

地鎮祭を行うかどうかは建て主次第なので、事前に確認します。地鎮祭は現場に神主を呼び建て主、設計者、施工者が参加して執り行われます。工事関係者が一同に集まるので、境界や地縄の確認のほか、工程確認や近隣挨拶なども同日行われることが多いです。

建て主はお供え物を用意するのが習わしですが、準備が大変なため、最近ではお供え物も含めて地鎮祭を一式で依頼することが多いです。誰が準備してくるのか事前に確認が必要です。設計者と施工者は祭壇にお供えする「奉献酒」を準備します。

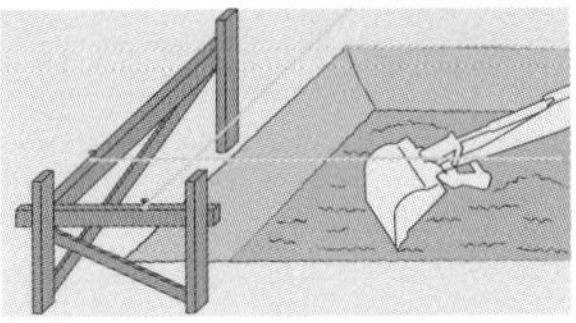

建物の位置に水糸を張る「遣り方」後、根切を行います。根切底の深さは建物の高さに関わるので注意が必要です。また、地盤の締固めが十分かにも注意します。

根切底の深さと地盤の状況を確認する

高さに注意、根切底を目視で確認する

まず地面に建物の位置を示す地縄・遣り方を行い、その後、根切作業を行います。基礎伏図などをもとに根切底（高さ）を確認してから進め、砕石を転圧する地業工事を行います。今回は直接基礎でしたが、地盤が悪く地盤改良や杭が必要な場合は、地業の前に地盤補強工事(地盤改良や杭工事など)[99頁参照]を行います。

根切

非常に固い地盤は、重機でも簡単に掘削することができない場合があり、予想外に工期が掛かってしまうことがあります。作業員に作業状況を聞いてみるのもよいでしょう。

根切底の確認

根切をすると根切底が乱されているので地盤調査で想定した地盤が出現しているのか目視で確認します。実際に指で土を押してみて指先の貫入度合いも調べます。硬い地盤は指で押してもほとんどへこみません。

地縄・遣り方の際に、建物の位置を示す水糸を張ります。これをもとに根切を行います。

着工すると最初に根切を行います。根切とは、建物の基礎が埋まる深さまで地面を掘る作業です。今回、まず現場で設計GLから根切をどの深さまで行うのかを事前に打合せしました。現場では根切底の土が地盤調査通りの地盤かを資料と照合し、目視でも確認します。不安がある場合は、構造設計者にも確認をしてもらいます。

今回の工事では土を少し掘ると地中障害が発見されました。この敷地には以前、幼稚園があり、そのときの遊具の基礎と考えられました。地中障害は着工前に設計者も施工者も気がつくことができないため、撤去と処分の費用は建て主が追加で負担することになります。見積調整して工事契約し、ようやく着工した矢先に追加費用が発生してしまうということは十分にあり得ることなので、事前にこのような地中障害が発生する場合があることと費用の負担について、きちんと建て主に説明しておく必要があります。

CHECK 1 水平に均す砕石地業

根切が終わったら表層の浅い盛り土層は、建物の自重で沈まないようによく転圧し、その後、砕石を敷き詰め地盤を安定化させ、水平な地盤をつくります。

上下動によって地盤を締め固めるタンピングランマー（右）やプレートコンパクター（左）で砕石を均し、十分に転圧します。

砕石の厚さは60㎜あれば十分です。ランマーなどで転圧し、根切で荒らしてしまった地盤面を平らに整地します。

CHECK 2 防湿シートの敷き込み

十分に砕石を転圧したら、その上に0.1㎜以上の防湿シートを敷設します。防湿シートは地面から上がってくる湿気を防ぐ役割があります。

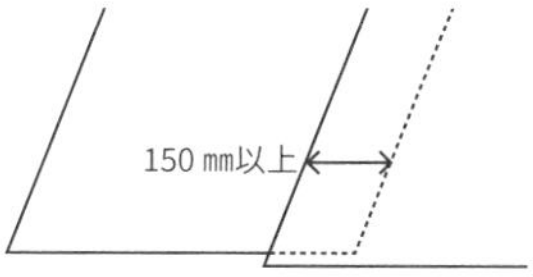

シート同士の重ね幅は 150㎜以上確保するようにします。

建物の全体(耐圧版の全体)に0.15㎜の防湿シートを敷設しました。シートは幅2mロールが一般的で、シート同士は部分的に重ねて敷く必要があります。

CHECK 3 捨てコンクリートの打設

防湿シートの上に捨てコンクリート（捨てコン）を打設します。捨てコンの役割は工事の作業性の向上と、施工精度の確保にあります。捨てコンがないと、土や砕石の上に基礎をつくっていくことになり、砕石の上には通り芯（墨出し）を書くことができないので、現場で基礎の鉄筋や型枠などを正確に設置することが難しくなってしまいます。

捨てコンの仕上り高さが基礎の根入れ深さになるので、BMからの高さをよく計測し確認しながら、水平に打設しコテで均す必要があります。

捨てコンは、強度は特に求められませんが、60㎜程度の厚みとします。捨てコンによって基礎の底面が水平になり、基礎の配筋や型枠設置の作業がしやすくなり、施工性が向上します。

各寸法・数値をもれなくチェック

基礎天端高さが場所によって異なるため、現場の職人が間違えないようにわかりやすく色分けをしてあります。矩計図や構造図の基礎断面詳細図などとの高さ・寸法に食い違いがないか確認しながら決めていきました。

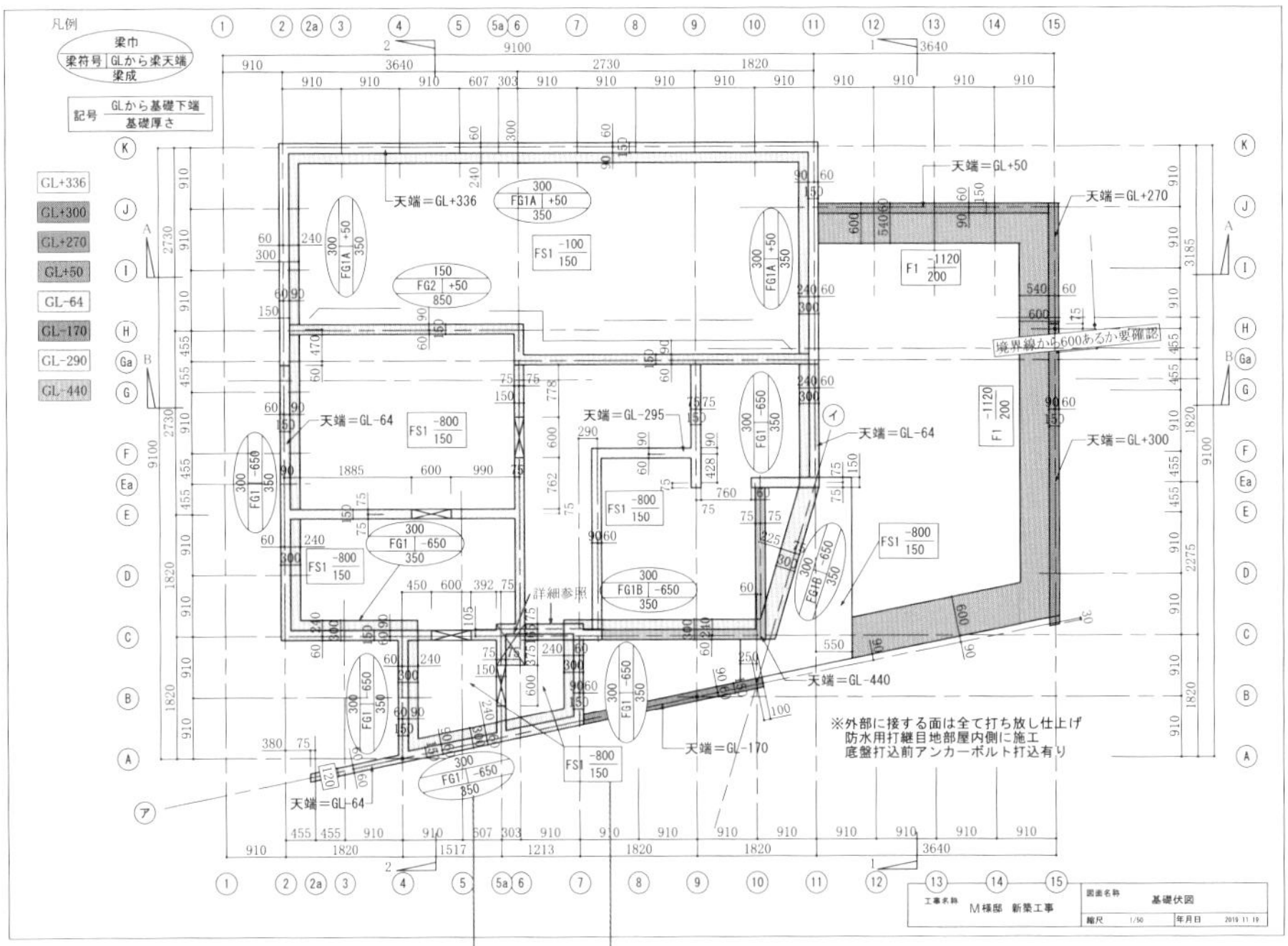

すべての基礎に符号が振られ、基礎梁の種類・幅・梁せい・仕上り高さが記されています。

底盤スラブも場所ごとに記号が振られ、種類と深さ（設計 GL からの底盤の下端）と厚さが記されています。

設計・構造・施工の三者で詳細まで確認

施工図は設計者が作図した実施設計図を元に施工者が作成する図面です。職人さんはこの施工図を元に現場で作業します。実施設計図より細かい寸法が指示されています。

監理者（設計者）は基礎施工図を施工者から受領すると、設計者が作図した意匠図（配置図・平面図・矩計図等）と構造事務所が作図した構造図（基礎伏図）を照合し、食い違いがないかチェックします。基礎の上に建物が載るわけなので、ここで間違いは致命傷。特に慎重に確認します。構造事務所とも情報を共有し、間違いがないか、複数の目で確認しながら進めます。

今回はスキップフロアのため、基礎天端高さが異なる場所が複数あり、特に注意が必要でした。基礎の上に敷く土台や下地材との関係を、詳細図を作図して現場監督と確認しながら基礎施工図の詳細寸法を決定しました。

← 内装工事 ← 仕上げ工事 ← 外構・造園工事 ← 完了検査 ← 引き渡し ← メンテナンス

施工図の確認・承認も設計者の重要な仕事です。施工図が意匠図や構造図と相違がないかをしっかりと確認してから承認します。現場監督との基礎施工図の打合せでは、プレカット図や詳細図も併せて話し合います。

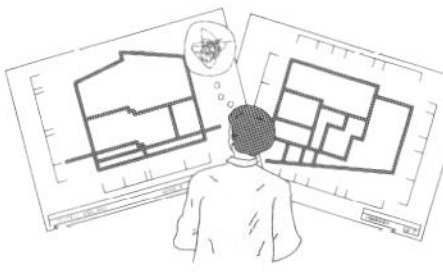

CHECK 1　事前にコンクリートの配合計画書もチェック

コンクリート工場の作成するコンクリート配合計画書（レディーミクストコンクリート配合書）も事前に確認が必要です。配合計画書と配合計算書、各材の試験報告書などが一式になっています。

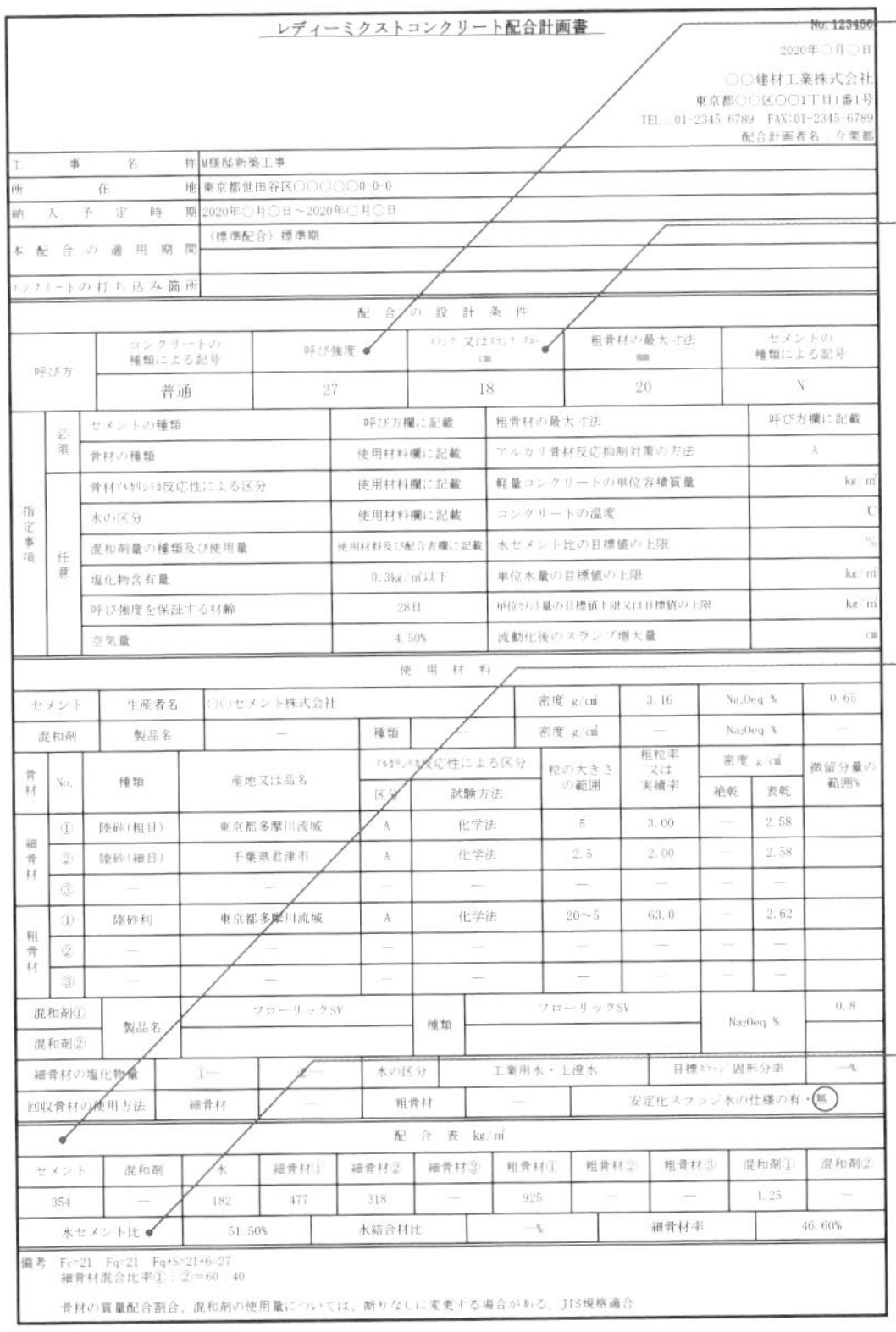

レディーミクストコンクリート配合計画書

No. 123456
2020年○月○日
○○建材工業株式会社
東京都○○区○○1丁目1番1号
TEL：01-2345-6789　FAX:01-2345-6789
配合計画者名　○○○○

工事名称	M様邸新築工事
所在地	東京都世田谷区○○○○○0-0-0
納入予定時期	2020年○月○日～2020年○月○日
本配合の適用期間	（標準配合）標準期
コンクリートの打ち込み箇所	

配合の設計条件

呼び方	コンクリートの種類による記号	呼び強度	スランプ又はスランプフロー cm	粗骨材の最大寸法 mm	セメントの種類による記号
	普通	27	18	20	N

指定事項					
	必須	セメントの種類	呼び方欄に記載	粗骨材の最大寸法	呼び方欄に記載
		骨材の種類	使用材料欄に記載	アルカリ骨材反応抑制対策の方法	A
	任意	骨材アルカリシリカ反応性による区分	使用材料欄に記載	軽量コンクリートの単位容積質量	kg/m³
		水の区分	使用材料欄に記載	コンクリートの温度	℃
		混和剤量の種類及び使用量	使用材料及び配合表欄に記載	水セメント比の目標値の上限	%
		塩化物含有量	0.3kg/m³以下	単位水量の目標値の上限	kg/m³
		呼び強度を保証する材齢	28日	単位セメント量の目標値下限又は目標値の上限	kg/m³
		空気量	4.50%	流動化後のスランプ増大量	cm

使用材料

セメント	生産者名	○○セメント株式会社		密度 g/cm³	3.16	Na_2Oeq %	0.65
混和剤	製品名	—	種類 —	密度 g/cm³	—	Na_2Oeq %	—

骨材	No.	種類	産地又は品名	アルカリシリカ反応性による区分 区分	試験方法	粒の大きさの範囲	粗粒率又は実績率	密度 g/cm³ 絶乾	表乾	微留分量の範囲%
細骨材	①	陸砂（粗目）	東京都多摩川流域	A	化学法	5	3.00	—	2.58	
	②	陸砂（細目）	千葉県君津市	A	化学法	2.5	2.00	—	2.58	
	③	—	—	—	—	—	—	—	—	
粗骨材	①	陸砂利	東京都多摩川流域	A	化学法	20～5	63.0	—	2.62	
	②	—	—	—	—	—	—	—	—	
	③	—	—	—	—	—	—	—	—	

混和剤①	製品名	フローリックSV	種類	フローリックSV	Na_2Oeq % 0.8
混和剤②					
細骨材の塩化物量	①—	②—	水の区分	工業用水・上澄水	目標スラッジ固形分率 —%
回収骨材の使用方法	細骨材 —		粗骨材 —		安定化スラッジ水の仕様の有・無

配合表 kg/m³

セメント	混和剤	水	細骨材①	細骨材②	細骨材③	粗骨材①	粗骨材②	粗骨材③	混和剤①	混和剤②
354	—	182	477	318	—	925	—	—	4.25	—

水セメント比	51.50%	水結合材比	—%	細骨材率	46.60%

備考　Fc=21　Fq=21　Fq+S=21+6=27
細骨材混合比率①：②=60：40
骨材の質量配合割合、混和剤の使用量については、断りなしに変更する場合がある。JIS規格適合

呼び強度

構造設計通りの強度か確認します。打設する季節に応じて、設計基準強度に加算されます。

スランプ

打設しやすさの目安です。スランプはスランプコーンの崩れる高さで計測するコンクリートの堅さの目安となる値。18cm以下とされています。きれいにコンクリートを打設するためには施工性のよさも重要です。

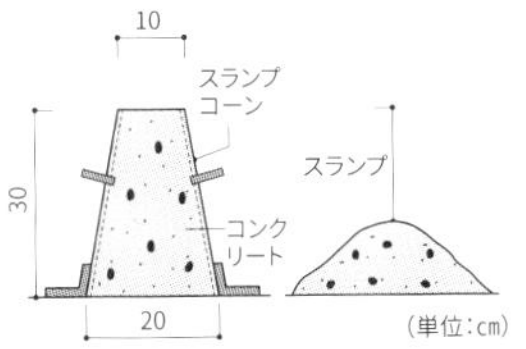

セメント・水・粗骨材・細骨材・混和剤

コンクリートはセメントと水と砂利や砂などの骨材のバランスが大切です。コンクリート中もっとも多いのが粗骨材で、次に細骨材、水、セメント、混和材料の順になります。強度を高くするため、セメント量を増やすと水も増える傾向がありますが、あまり水が増えるとひび割れが気になります。水を少なくしながら打設しやすくするために流動化剤など混和剤を入れる事があります。

水セメント比

コンクリート乾燥収縮ひび割れを抑えるには、水セメント比を低くすることが有効です。しかし、水が少なすぎるとパサパサのコンクリートになってしまい、型枠の中に隅々まで均等に流し込むことが難しくなります。国の指針では、普通コンクリートの水セメント比の最大値は65%と定められていますが、50%を目標にしています。

木造の基礎もRC造の建物と同じ基準で

一般に鉄筋コンクリート造（RC造）の建物は厳格な基準で設計されますが、木造の基礎もRC造の建物と同じように厳格な基準でつくられます。打設するコンクリートも現場で材料を混ぜるのではなく、必要な強度が出るようJIS認定工場でつくられたコンクリートを打設しなければなりません。

打設するコンクリートはセメント・粗骨材・細骨材・水・空気をバランスよく配合することが求められます。また、品質は強度のほか、作業性のよさも求められます。

水が少なく型枠に流し込む時に固すぎると型枠の隅々まで行き渡らず、基礎に「ジャンカ」と呼ばれる空隙が発生し、ひどいときは構造的な欠陥が生まれてしまいます。逆に水が多く施工性をよくし過ぎた水っぽいコンクリートは乾燥する過程でひび割れが起きやすくなってしまいます。このような不良を避けるため、施工者から提出されるコンクリートの「配合計画書」を十分チェックしておく必要があります。

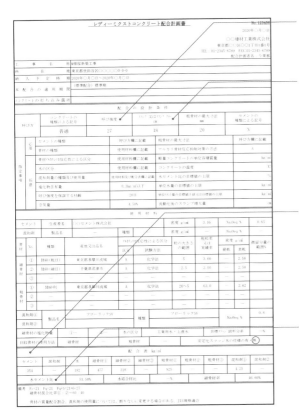

建物の強度や耐久性に関わる基礎の配筋

捨てコンの上に引かれた通り芯をもとに鉄筋が組まれます。それを一つひとつ細かくチェックしていくのが配筋検査です。今回の配筋検査は施工者の自社検査、瑕疵保証機関検査、外部インスペクター検査（第3者検査）、設計者（工事監理者）、構造設計者の5者で行いました。

型枠（外周部）
一般に外周部の型枠を先に組み、配筋とベース部分のコンクリートを打設。その後、内部の型枠を組みます［次項参照］。

ベース筋
基礎スラブに生じる応力を負担する鉄筋。

外周立ち上がり筋
建物の外周部に配置される鉄筋。基礎の配筋は外周部の立ちあがりから組んでいき、次にベース部分、最後に内部の立ち上がりの順で組んでいきます。

内部立ち上がり筋
建物の内部の柱や耐力壁などがくる場所などに配置されます。

見えなくなるからこそ重要な基礎の鉄筋

捨てコンが固まると、その上に設計図の通り芯を表示する「墨出し」を行います。遣り方で張った水糸をもとに、墨をつけた糸を弾いて線を書くものです。その後、外周部の型枠を組み、墨出しした通り芯を基準に鉄筋を組みます。基礎の鉄筋は複雑な形をしていますが、すべてを現場で加工し組み立てるのではなく、工場である程度、鉄筋の形状や太さや長さごと加工したものを現場に搬入し、組み立てることで工期短縮と高い加工精度を担保しています。

鉄筋が配筋されたら、コンクリート打設前に配筋検査を行います。まず鉄筋の種別・間隔・径・本数に間違いがないかを確認し、鉄筋同士の緊結がしっかりとされているか、かぶり厚、定着・継手長さ、立ち上がり筋の高さ、開口補強筋が図面どおりかを確認します。特に指摘事項が多いのがかぶり厚の不足です。鉄筋と型枠との距離を実測し、不足している所があれば是正指示を出します。

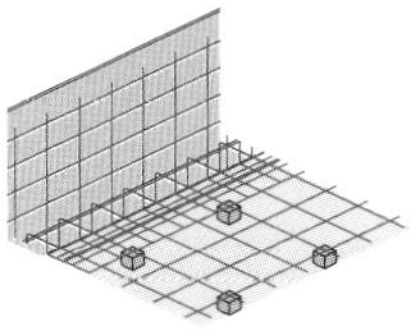

基礎は鉄筋とコンクリートが一体となることで高い強度が確保されるので、鉄筋が図面どおり正しく配筋されているのかを配筋検査で細かく確認していくことが重要です。

CHECK 1 鉄筋の劣化を防ぐ「かぶり厚」をスケールで確認

鉄筋コンクリートは鉄筋とコンクリートが一体となることで強度が保たれます。また、鉄筋は水と空気に触れていると錆び（酸化）てしまうので、アルカリ性のコンクリートに保護されていることで劣化が防げます。鉄筋を長期にわたって保護するコンクリートの「かぶり厚」は最も注意して確認します。

かぶり厚

部位によって必要なかぶり厚は異なり、外部側は40㎜、室内側は30㎜以上、土に接する部分は60㎜以上が必要です。

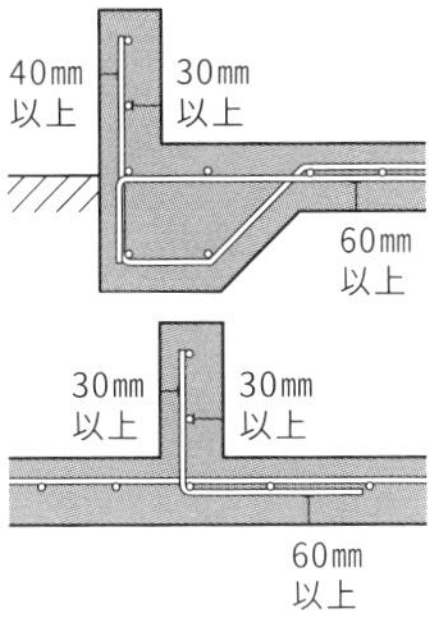

CHECK 2 鉄筋を継いでいく「継手」の長さを確認

建物は大きいので、1本の鉄筋で建物の端から端まで通すことはできません。何本かの鉄筋を継いでいきます。「圧接継ぎ手」という溶接で接合する方法もありますが、手間と時間とコストが掛かるので、木造住宅の基礎の場合、重ね継手が用いられることが多いです。鉄筋径を「d」とした時、「定着長さ」としてその40倍の「40 d」以上、鉄筋どうしを重ねる必要があります。

継手長さと定着長さ

2つの鉄筋は結束線という細い針金で結ばれているだけですが、その結束線だけでは力を伝えることはできません。2本の鉄筋はコンクリートの付着力を介して応力が伝わります。定着長さはこの必要な付着力から決まっています。

定着長さ

住宅の場合、径が13㎜の鉄筋が多く使われるので、40×13㎜＝520㎜以上、鉄筋が重なっている必要があります。

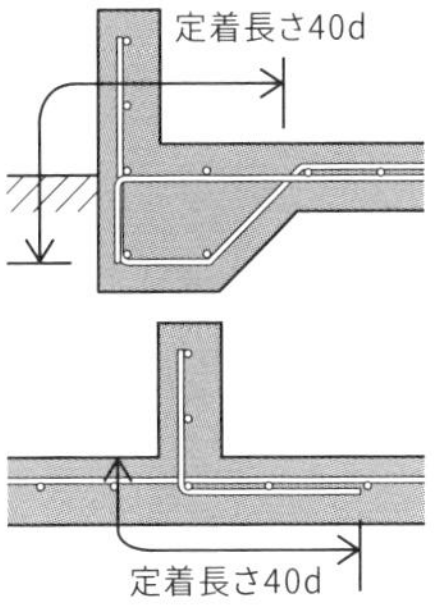

CHECK 3 開口部の補強筋を確認

人通口などの開口部の位置が正しく配置されているか、図面と照らし合わせて確認します。

竣工後、基礎の点検時などに使用する人通口などの基礎立ち上がり部分の開口部にきちんと補強筋が配置されているかを確認します。

品質管理の徹底で、基礎の強度を確保

雨はNG、天気が良すぎても注意

雨が降ったら打設は中止です。ただし、コンクリートは打設後、できる限りゆっくり乾燥すると綺麗なコンクリートになるので、気温が高く天気が良すぎる場合、コンクリート表面だけ早く乾燥してしまうので注意が必要です。打設前から当日の天気の確認は欠かせません。

工事はポンプ車から送られて来たコンクリートを筒先担当が型枠内に流し込み、バイブレーター担当がコンクリートに振動を与え、流動化させながら型枠内に隙間なくコンクリートが行き渡らせていきます。打設ではこの2人が共同して作業していきます。

打設し終わった部分はトンボやコテを用いて、表面を平らにならしていきます（タンピング）。

住宅の基礎は底盤と立ち上がりの2回に分けて打設するのが一般的です。打設前には型枠に十分散水しますが、コンクリート配合では厳しく水の量を規制しているのになぜでしょうか。これは、型枠を濡らすことでコンクリートの回りをよくする目的と、コンクリートが硬化するときに必要な水分を型枠が吸ってしまうため、コンクリート表面の硬化不良を防ぐ目的があります。また、底盤打設時に立ち上がり部の鉄筋にコンクリートがついてしまうことがあります。立ち上がり筋が汚れた状態では新しく打設するコンクリートと鉄筋との付着強度落ちてしまうため、底盤の打設後は速やかに立ち上がり筋をブラシで清掃してもらいます。

また打ち継ぎ部分も、底盤のコンクリートが硬化する過程で不純物（レイタンス）が浮き上がるので、立ち上がり打設前に除去しておく必要があります。2つの点に気を付ければ底盤と立ち上がりのコンクリートがしっかり一体化します。

外装工事 ← 内装工事 ← 仕上げ工事 ← 外構・造園工事 ← 完了検査 ← 引き渡し ← メンテナンス

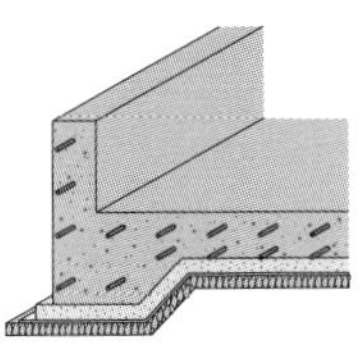

立ち上がりの型枠を組んで打設をします。コンクリートはバイブレーターで振動を与えて流動化させて全体に行き渡らせます。打設し、型枠を外したら、立ち上がり幅や高さに問題がないか、またジャンカやひび割れがないかを確認します。

CHECK 1

打設前に先行モルタルや受け入れ検査で品質確保

現場にポンプ車が到着したら、生コン車の到着を待ちます。生コン車からポンプ車に生コンをいきなり送ることはしません。これはコンクリートの水分が乾燥したポンプ車の配管内部表面に水分を取られてしまうため。先行してモルタルを送り、配管内をコーティングしてから生コン車からコンクリートを圧送するようにします。次に受け入れ検査を行い、いよいよコンクリート打設になります。

事前にコンクリート配合計画書を確認［129頁参照］し、現場では実際に納品されたコンクリートが計画通りか、納品書とあわせて確認します。

コンクリートの受け入れ検査はスランプ試験、空気量試験、塩化物含有試験、テストピースを、現場で採取して行います。

CHECK 2

立ち上がりの型枠と金物の設置

底盤の打設が終わり、立ち上がり部分の型枠設置が終わると、基礎の上に載る土台や柱を緊結するための「アンカーボルト」と「ホールダウン金物」を型枠内に設置します。設置忘れが起きないように基礎施工図にわかりやすく色をつけて現場に渡します。

基礎を貫通する設備配管のスリーブの位置や補強筋の確認をします。スリーブどうしの間隔が適当か(スリーブ径の3倍以上の間隔をとる)、スリーブの径が80㎜を超える部分は補強筋が正しく配置されているかなどを確認します。
また、土台と基礎を緊結するアンカーボルトは、基礎伏図をもとに設置する位置は正しいか、ボルトの埋め込み深さ、土台の天端からの高さが確保できているかを実際に測ります。

CHECK 3

打設が終われば養生→仕上がりの確認

金物やスリーブ、型枠の確認、配筋検査が終わったら立ち上がりの打設となります。流れはベースと同じ。打設後は養生が必要です。季節や天候により日数は異なりますが、今回は5日間を行いました。養生後、型枠を外したらコンクリートの仕上がりを確認します。

基礎ができあがったのを見た時は思っていたよりも小さくて驚きました。

ジャンカがあった場合はその程度により対処が異なります。程度が軽い場合は無収縮モルタルで埋めます。鉄筋が見えてしまっているような場合は一度不良部分をはつり取りグラウト剤の注入などを行います。

構造の要プレカット図のチェックは綿密に

プレカット図は4つのポイントをチェック

プレカット図には土台伏図、2階床伏図、小屋伏図、母屋伏図、1階・2階床合板伏図などがあります。プレカット業者から図面を受け取ったら、意匠図（平面図、矩計図）と構造図との整合性を確認します。ポイントは①材種、②梁せい、③架け方、④梁の高さを確認することです。

近年軸組を3Dでも確認できるプレカット業者が増えています。今回はプレカット図が上がってきた段階で、プレカット業者・施工業者・設計者・構造設計者の４者で打合せをおこないました。
軒先やケラバの納まりを検討したり、特殊な梁の架け方をしている耐風梁の施工方法を決めたりしました。それに合わせてプレカット業者が図面の修正を行い、再度確認してからプレカット図の最終承認を行います。

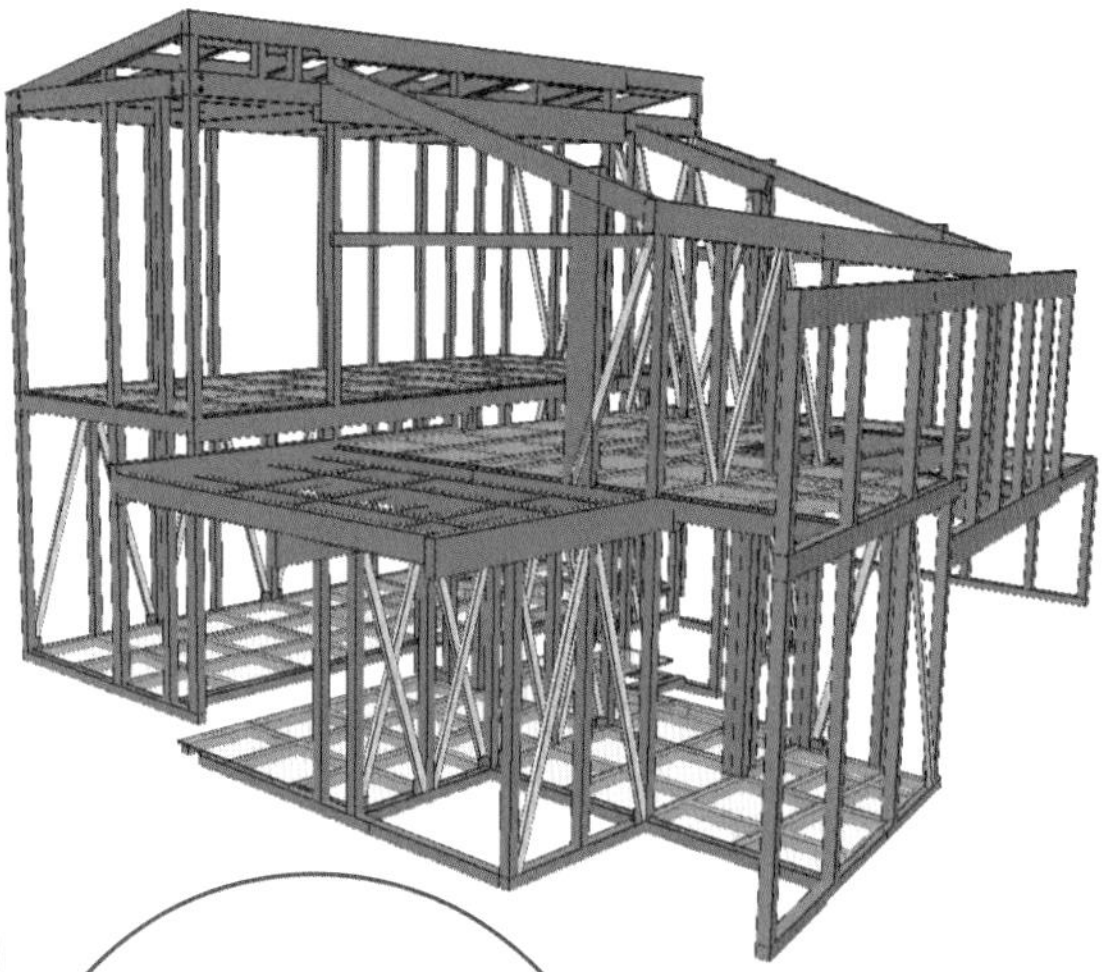

打合せの結果、登り梁は現場で大工が加工することに。施工精度を確保するため、梁を架ける正確な位置がわかるように工場で梁に印を付けた状態で現場に納品してもらいました。

今回の軸組で難しいところは、登り梁の高さと長さがすべて異なり、梁に対して斜めに取りついているところでした。打ち合せでは、プレカット工場で加工するのは難しいという話になりました。

プレカットとは、柱や梁などを大工が作業場で墨付けし、手刻みで材を加工する昔ながらの作業に対し、工場の機械で自動・半自動で加工するものです。プレカットのメリットは工期短縮と高い精度を出すところにあり、近年ほとんどの木造住宅はプレカットを採用しています。

着工時に現場監督がプレカット業者にプレカット図の作成を依頼し、土工事・基礎工事と並行して協議を進めます。プレカット図の打合せがスムーズに行くかどうかはプレカット業者のＣＡＤオペレーターの能力に大きく左右されます。今回はスキップフロアや不整形平面のため、事前に綿密な打合せが必要でした。

実施設計段階でも構造設計者が軸組の検討はしていますが、プレカット業者からも施工上の課題や納まり上の変更など、様々な検討事項がでてきます。これらを協議し、基礎打設前を目安にプレカット図の承認を行います。この図をもとに柱や梁などの部材が工場で製作されます。

木造住宅で一般的なプレカットでは、工場での部材制作前にプレカット図の承認が必要です。工場から提出され図面と意匠図・構造図との整合性や納まりを確認してから承認します。

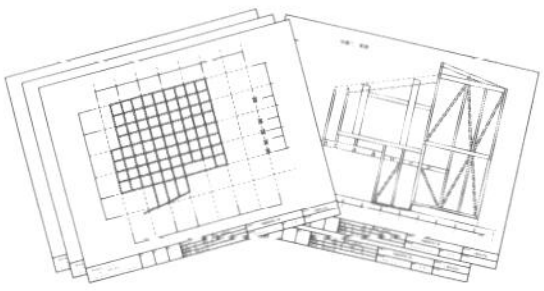

CHECK 1 各部位の材種を仕様書で確認

プレカット業者から上がってくる図面のなかには構造材の材種などの情報や各高さなどが記載された「仕様書」もあります。仕様書では、土台・柱・梁・間柱・筋違い・床合板・屋根野地板の材種や矩計図と高さが合っているかなどを確認する必要があります。

仕様書には、このほか各階の高さ情報やバルコニーや屋根まわりの仕様、金物の情報、屋根や筋かい周りの納まりなども記載されています。すべてに目を通して、納まり・仕様上問題がないか、他の図面との整合がとれているかを確認します。

(1) 基本仕様

物件名	M邸新築工事 ※全角半角問わず7文字迄で、記号は使えません。 機械で出ない特殊文字は、弊社で置き換えご連絡致します。						
現場住所	東京都世田谷区○○○（案内図後日）					住宅区分	一般
施工店	株式会社○○				TEL	01-2345-6789	
ﾒｰﾙｱﾄﾞﾚｽ	mail@mailmail.jp				FAX	01-2345-6789	
担当者様	○○様				携帯	01-2345-6789	
工法区分	在来		①	金物使用区分		—	
金物種類	—			スリバン		—	
ﾓｼﾞｭｰﾙ	910		—			御請求坪数	31.90坪
延床	31.90坪	ﾊﾞﾙｺﾆｰ	2.06坪	小屋裏	—	その他	—
①見積提出	2020年○月○日			初回搬入予定日		2020年○月○日	
②初回伏図提出	2020年○月○日			上棟予定日		2020年○月○日	
金物工法金物取付・搬入	—			上棟金物	有	上棟金物	有

(2) 構造材情報

部位		材巾	在成	材種	等級	
土台		105角		桧KD	特一等	
土台		105角		桧KD	特一等	
火打土台		—	—	—	—	
特記	—					
部位		材巾	在成	材種	等級	
梁（平角）	2・3階	105巾		米松KD	特1等	
				RW集成	E105-F300	
	小屋	105・120巾	混合	米松KD	特1等	
				RW集成	E105-F300	
	特記	※一部化粧梁有…米松KD				
桁（正角）	2・3階	105巾		米松KD	特1等	
				—	—	
	小屋	105巾		米松KD	特1等	
				—	—	
	合板	90×90		米松KD	特1等	
	受材	仕口形状		彫		
	特記	—				
火打梁	木製火打	—		—	使用箇所	小屋
	鋼製火打			Z火打	—	—
	化粧火打	—		—	—	—
部位		材巾	在成	材種	等級	
棟木		—	—	—	—	
棟木 梁		105巾		米松KD	特1等	
母屋		—	—	—	—	
母屋 梁		105巾		米松KD	特1等	
隅木・谷木		105巾		米松KD	特1等	
		加工／納材		加工		
部位		105巾		米松KD	特1等	
※振れ隅木はﾌﾟﾚｶｯﾄ加工不可の為、「納材」となります。						
部位		材巾	在成	材種	等級	
通柱（大壁）		—		—	—	
管柱（正角）	1階	105角		杉KD	特1等	
	2階	105角		杉KD	特1等	
	3階	—		—	—	
隅柱（大壁）		105角		杉KD	特1等	
小屋束	小屋束	105角		米松KD	特1等	
	妻側	105角		米松KD	特1等	
■真壁	—	←※真壁用有の場合は、別紙記載となります。				
特記事項	※1階2階平柱105×150有					

材種

土台は耐久性の高いヒノキ、柱は狂いの少ないスギ、梁はヤング係数の高いベイマツとしました。

化粧材

梁が見える仕上げの場合、プレカット図で「化粧材」として指示を出します。表面が綺麗に仕上げてあり、大きな節のない材になります。現場にも工事中の汚れや日焼けを避けるため紙で包まれた状態で納品されます。

乾燥の種別

「KD」とは人工乾燥材（キルンドライ材。釜に入れて人工的に乾燥させた材で、高温加熱乾燥・低温加熱乾燥・蒸気乾燥などの方法があり、短期間で乾燥させる）を示しています。

木造住宅ではKD材が使われるのが一般的です。AD材は大きめの材を3年ほど寝かせ、反りが出てから再度製材し真っ直ぐな材料をつくるので、時間と手間と材料のロスが多くなります。グリーン材は山から切ってそのまま製材になるのでコストはあまりかからないものの、構造材では通常使用しません。使うのは間柱や下他材くらいです。

なお、「AD材」は天然乾燥材、「グリーン材」は伐採されて天然乾燥過程がまだ十分でない木材を示す記号になります。木材は乾燥する過程で沿ったり割れたり縮んだりするので、きちんと乾燥した材料を使用します。

CHECK 2 梁せいと架け方は床伏図・小屋伏図で確認

梁せいと梁の架け方はプレカット図の「床伏図」などに書かれているので、矩計図・構造図との整合性を確認します。梁せいはスパンや荷重など構造的な理由で決まってきますが、それとは別に梁の納まりの関係で梁せいを構造計算より大きい材に変更したい場合がでてきます。その際は、構造設計者への確認はもちろんですが、梁を大きくしたことで設備配管と干渉しないかも確認します。

筋かい記号

筋かいが入る部分には三角形の筋かい記号が記載されています。耐力壁の位置と誤りがないか、構造図と整合性を確認します。

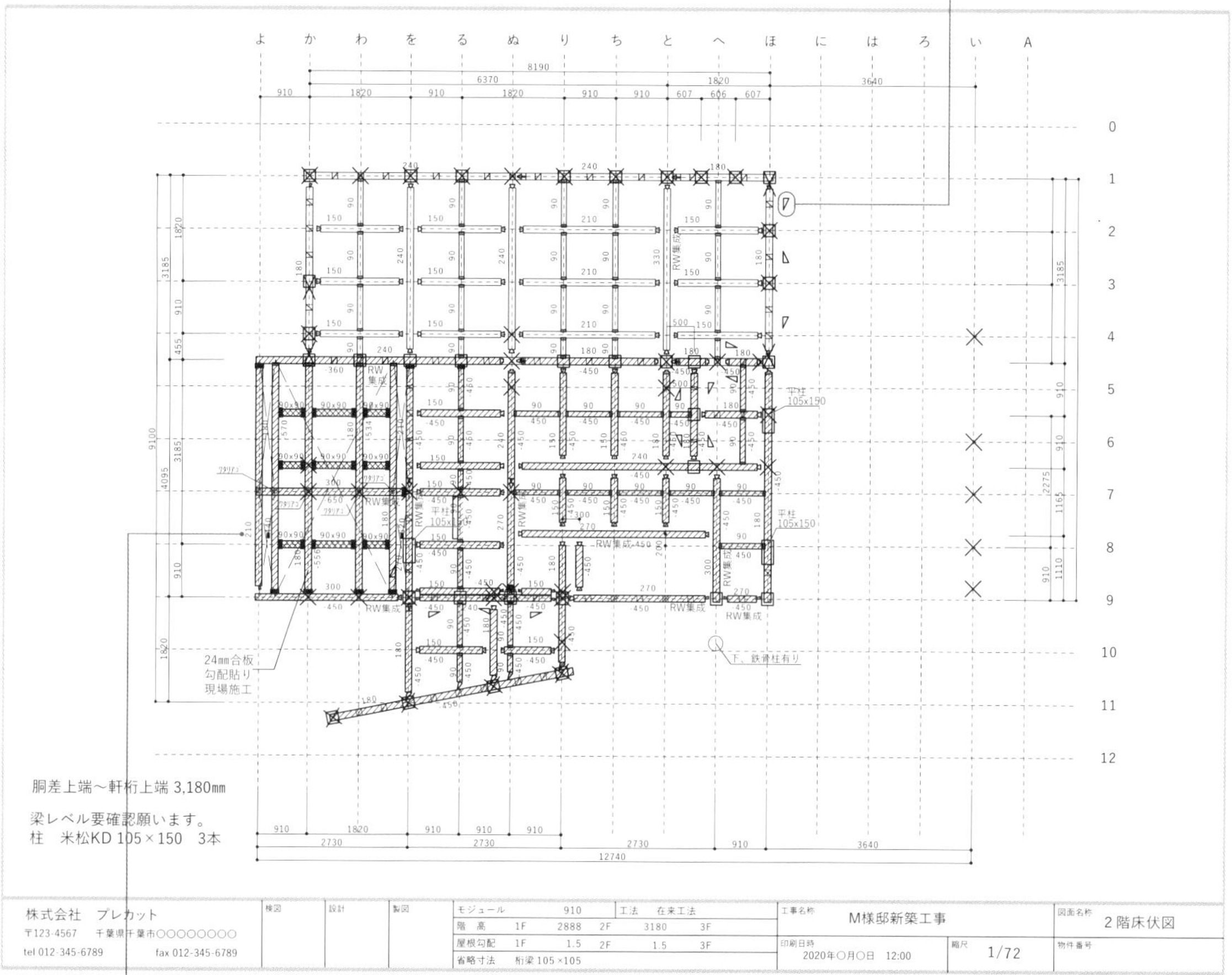
よ か わ を る ぬ り ち と へ ほ に は ろ い A
24mm合板
勾配貼り
現場施工
F、鉄骨柱有り
胴差上端～軒桁上端 3,180mm
梁レベル要確認願います。
柱 米松KD 105×150 3本
株式会社 プレカット
〒123-4567 千葉県千葉市〇〇〇〇〇〇〇〇
tel 012-345-6789 fax 012-345-6789
検図
設計
製図
モジュール 910
工法 在来工法
階高 1F 2888 2F 3180 3F
屋根勾配 1F 1.5 2F 1.5 3F
省略寸法 桁梁 105×105
工事名称 M様邸新築工事
印刷日時 2020年〇月〇日 12:00
縮尺 1/72
図面名称 2階床伏図
物件番号

納まりの確認

掃き出し窓がある場合、アンカーボルトの金物がアルミサッシと干渉してしまうことがあります。同様に梁下と天井まで距離がない場合、引き寄せ金物がアルミサッシやカーテンボックスに干渉してしまうことがあります。化粧材がある時は、引き寄せ金物が見えてしまわないかを確認します。

梁のかけ方は現場で梁を左側から組み上げるかなど、どこから建てていくかで多少変わります。現場監督・プレカット業者・構造設計者と打合せをしながら確認していきます。

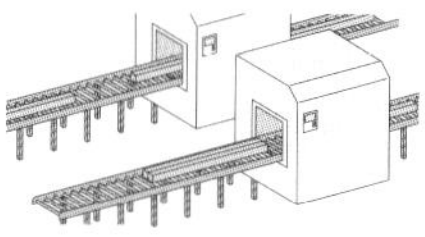

プレカット図には土台伏図、床伏図、小屋伏図、母屋伏図、軸組図などが含まれます。この図面をもとに工事監督・プレカット業者と打合せをして承認します。その後、工場では建方の日程に合わせて機械で加工が行われます。

CHECK 3 材の高さは軸組図で確認

梁の高さは間違いやすいため、「軸組み断面図」と断面の詳細がまとまっている「矩計図」との整合を確認します。また、2階床梁下と1階天井仕上がりまでの寸法をチェックし、給排水配管、空調機冷媒管、排気ダクトなどの設備配管ルートが確保できているかも確認します。

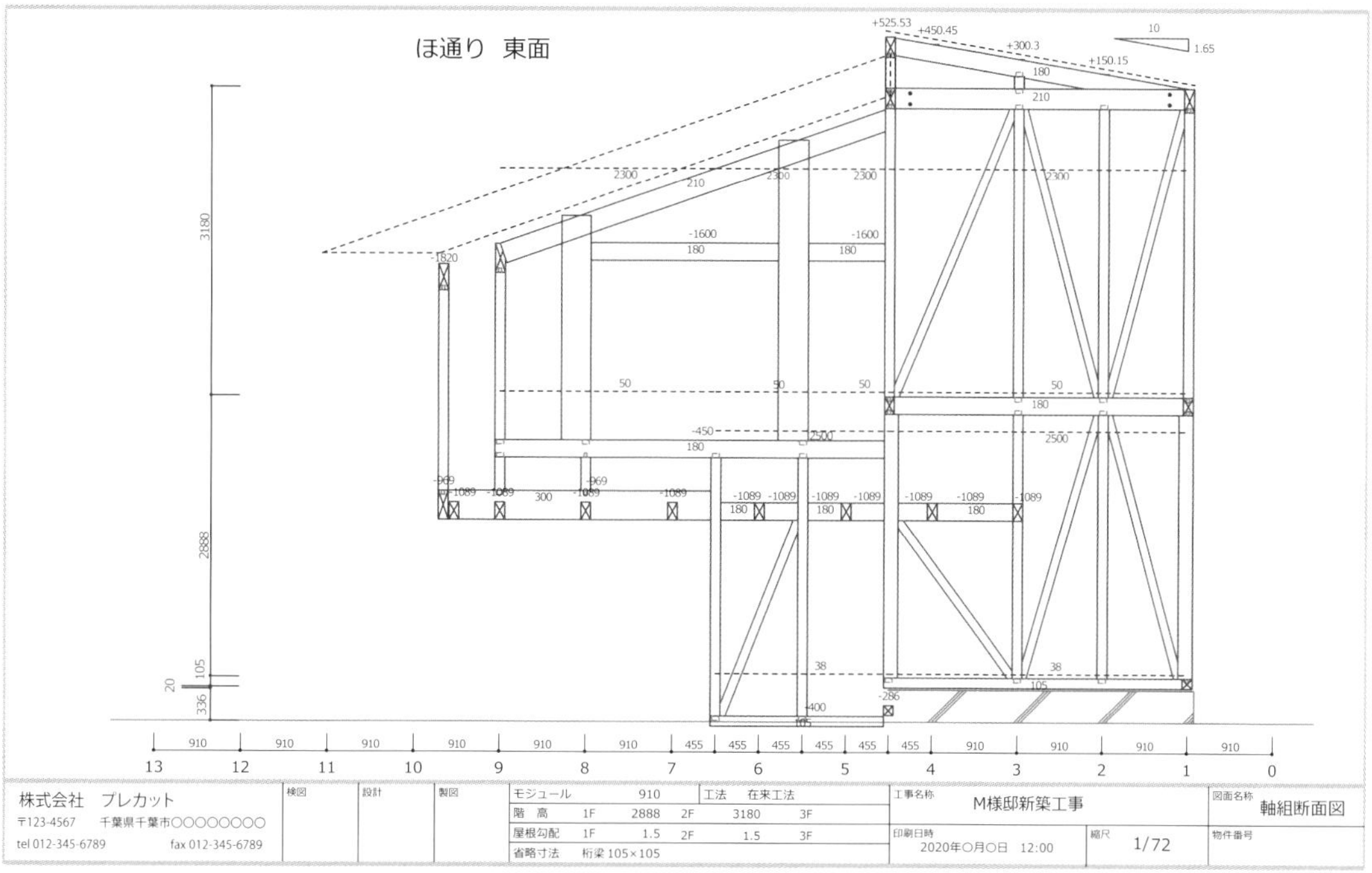
ほ通り　東面
株式会社　プレカット
〒123-4567　千葉県千葉市○○○○○○○○
tel 012-345-6789　fax 012-345-6789
検図
設計
製図
モジュール　910
工法　在来工法
階　高　1F　2888　2F　3180　3F
屋根勾配　1F　1.5　2F　1.5　3F
省略寸法　桁梁 105×105
工事名称　M様邸新築工事
印刷日時　2020年○月○日　12:00
縮尺　1/72
図面名称　軸組断面図
物件番号

プレカット工場ってどんなところ?

大工が1棟の住宅の構造材を手刻みで制作すると、規模にもよりますが大工2人でおよそ20日かかると言われています。一方、プレカットは大規模な工場で製作し、パソコンにデータを入力すると、2，3時間で1棟分の加工が終わります。しかも誤差0.1㎜以下の非常に高い精度です。こうした理由から、日本の木造住宅はほぼプレカット製に置きかわったのです。

プレカット工場は24時間可動。木材をラックに置くと、自動的に加工する機械の中に送られ、長さのカット、仕口の加工が次々と行われます。大工の手加工では、大工が材料に鉛筆で下書きを入れるため、この材をどこに使うかなどを考えながら作業しますが、プレカットでは材料番号順にラックに積まれた木材の順番に従って加工されます。

木材は1本として同じ材料がなく、同じ森から伐採してきた木材でも、材料の強度も違えば、反りやすい癖を持っているなど、様々です。大工が実際どこまでこうした違いを読み、考えて、大量にある構造材を加工しているかは懐疑的な部分もありますが、プレカットの機械による正確な加工と、大工による工夫や経験を生かした手刻みの加工のそれぞれに良し悪しがあると理解しておきたいものです。

左：データをもとに加工機が猛スピードで柱や梁を加工していく｜右：加工を終え、材番号がついた梁。検品を受けて出荷される

土台敷きから上棟へ一気に進む建方

耐力壁と接合金物は特に注意

基礎が終わると木造のハイライトともいえる建方になります。仕上げ材が張られると見えなくなるため、耐力壁の配置や仕様、ビスのピッチ、接合金物の設置状況など、しっかりと確認します。

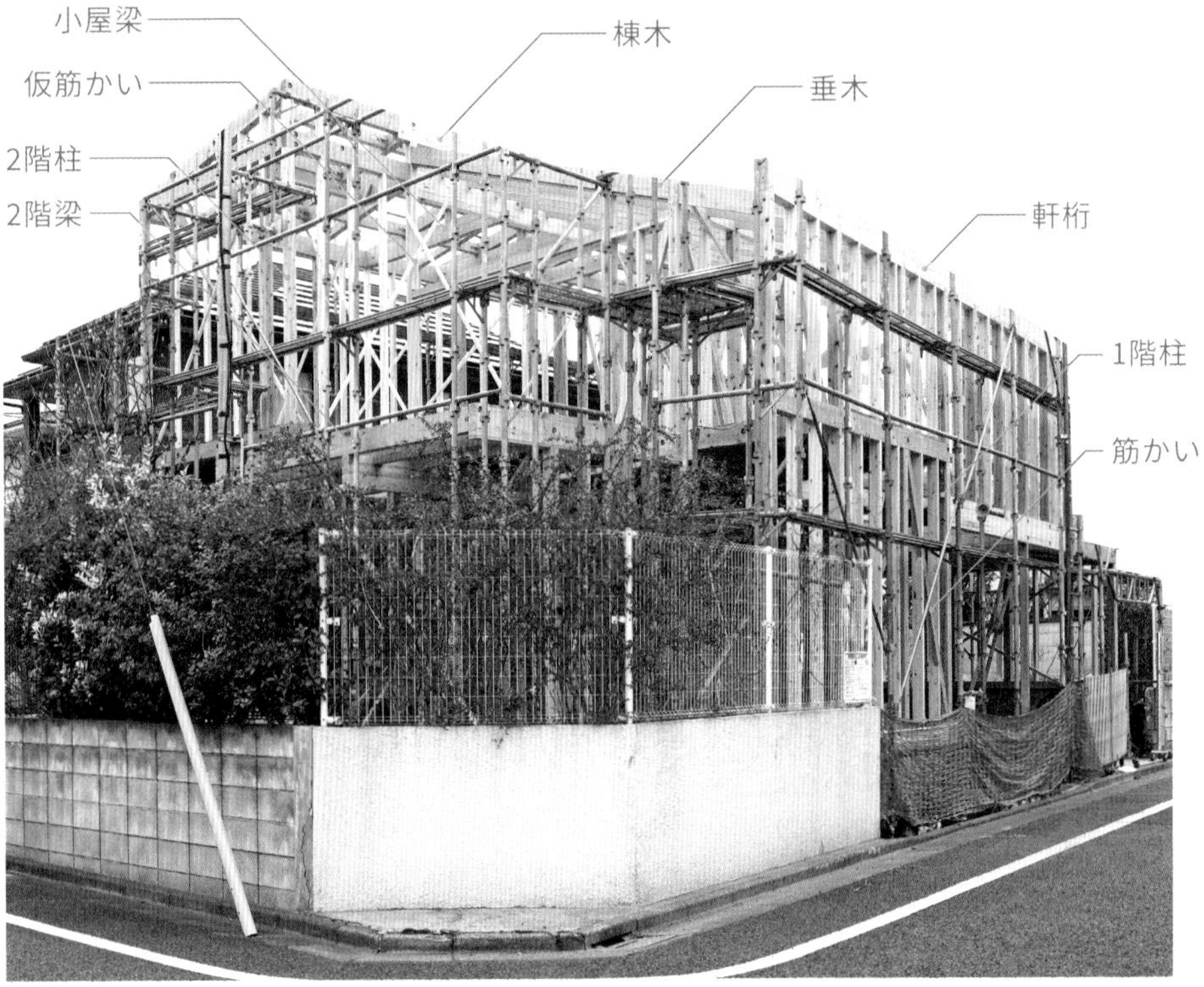
小屋梁
仮筋かい
2階柱
2階梁
棟木
垂木
軒桁
1階柱
筋かい

基礎の養生期間を経て型枠が外れたら、柱や梁などを立てていく「建方」となります。承認を行ったプレカット図をもとに部材が製作され、プレカット工場からまずは基礎の上に載せる土台が到着します。一度に大量の木材が現場に運ばれてくると、限られた敷地内で部材を探すことも大変です。そこで、どこで使うかがわかるように部材に通り芯の記号が印字されているので（「番付」という）、これをもとに部材を設置する場所の近くに配る「材料配り」を行います。

その後、アンカーボルトを通すために土台に穴あけを行い、気密パッキン・土台の順で基礎の上に載せます。基礎のないところには鋼製束を下に設けて大引を掛け渡し、土台を敷いていきます。土台・束・大引で建物土台が完成。

建物土台が終わると、安全に建方を行うために、建物の外周に足場を組み、その後、1階の柱、2階梁と、順番に建てていきます。

木造住宅のハイライト・建方は、プレカットされた部材を使用すると、土台敷きから上棟までは3,4日程度。登り梁は手加工になったため4,5日追加で時間がかかっています。

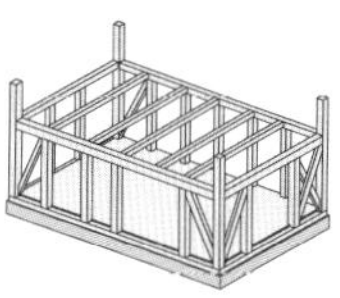

CHECK 1 柱を建てる前のステップ・土台敷き

基礎の上に気密パッキンを設け、その上に土台を敷きます。コンクリートは結露を起こすことがあるので、最近の住宅では土台とコンクリートが直接触れないようにパッキンを設けます。

大引

床を支える部大引は、材に印字されている通り芯（番付）をもとに掛け渡します。

束（鋼製束）

大引を支える鋼製束は、ターンバックルを回すことでレベル調整が簡単にでき、基礎コンクリート面の微小な不陸を調整し、大引を水平に架けることができます。

土台

基礎の上に設けるのが土台。基礎に打ち込まれたアンカーボルトやホールダウンは、コンクリート打設の際に若干ずれるので、それらを通す土台の孔はプレカット工場で加工せず、現場で行います。

気密パッキン

コンクリート天端は多少の凹凸があるので基礎と土台の間に隙間をつくらないためにも気密パッキンを挟みます。今回は基礎断熱のため基礎内の気密性を高める気密パッキンとしていますが、床断熱の場合は床下通気を確保できる通気パッキンを設けます。

CHECK 2 1階柱の建て込み・2階床梁の設置

土台敷きが終わると、建物の外周に足場をつくります。一定間隔で支柱の鋼管パイプを立て、そこに水平材や斜材を固定していきます。足場ができたら、一気に構造材の建て込みです。柱にも通り芯が印字されているので、これをもとにどこの位置の柱かを確認し建てていきます。次は2階床梁を架け、引き寄せ金物などの金物を設置します。

1階柱

1階の柱は、土台にあけられた「ホゾ穴」に柱のホゾを差し込んで建てます。

2階床梁

梁の組み方によって架ける順番が決まっているので、現場では監督と大工の棟梁がプレカット図を事前に確認し、スムーズに建方が進むように工夫しています。

羽子板ボルト

建方の最中、横架材を緊結する羽子板ボルトを加工された穴に差し込みボルトを締めて取り付けます。木造では、各ボルトはきつく締めすぎると木材にボルトがめり込んでしまうことがあるので、めり込まない・緩まない丁度よい強さでボルトを固定していかなければならず、大工さんの感覚が重要になります。

室内で表し仕上げとする場所は金物が室内から見えない位置に設置するようにします。

軸組の各部材は機械により高い精度でつくられているので、羽子板ボルトなどの金物用の孔はプレカット工場で加工され、現場に搬入されます。

CHECK 3 2階床設置と2階柱の建て込み

1階の柱の上に2階梁が架かったら、2階の柱にいく前に2階の剛床用の床合板を張っていきます。2階の床が施工できれば、安全に2階の柱を建てていくことができ、作業性が上がります。2階の床が貼り終わったら2階に材料を荷揚げし2階柱や小屋梁を組み上げていきます。

2階柱

2階床

近年、2階床は「根太工法」でなく24㎜以上の構造用合板を用いた「根太レス工法（剛床）」にする建物が多くなっています［104頁参照］。上棟作業中、足場を確保することができる、床剛性も高くできるなどのメリットがあります。根太構法の場合は、2階の床を張らずに2階の柱を建てていきます。

CHECK 4 軒桁と小屋梁、垂木などで小屋組を建てる

2階柱の上に軒桁をまわし、小屋梁を架けていきます。今回の小屋組みは、2階西側（キッチン側）を母屋で垂木を支える和小屋形式、東側（リビング側）を登り梁形式とし、東西で異なる屋根形式としています。

軒桁　小屋梁

仮筋かい

仮筋かいは、野地板、筋かい、構造用合板などを施工するまでの補強です。

垂木

露わしとなる化粧垂木は南に行くほど屋根が高くなるため部材ごと長さが異なりました。そのためプレカットすることができず、現場で大工が手加工しています。現場加工に1週間かかりました。

CHECK 5 間柱と耐力壁（筋かい・構造用合板）を設置する

土台、柱、梁を組み上げ上棟したら、壁下地になる間柱を455㎜ピッチに立てていき、その後、耐力壁になる筋かいや構造用合板を入れていきます。取り付けていない各金物もこの段階ですべて取り付けます。

筋かい

間柱を設置し、筋かいをいれていきます。金物で木材同士を緊結する事で、地震時に粘りが生まれ耐震性が向上します。逆に所定の金物を設置しなければ、必要な耐震性能が確保できなくなってしまうため、きちんと施工されているか確認します。

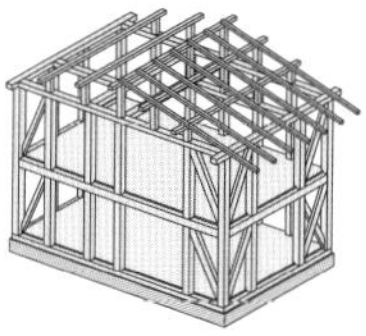

上棟が終わると、中間検査とは別に棟上げが無事終わったことへの感謝と残りの工事の安全を祈願する上棟式を建て主の主催で行います。現場の職人さんを慰労するよい機会です。

CHECK 6

金物・耐力壁すべての箇所を確認する中間検査

建築金物の設置が終わったら、検査になります。基礎配筋検査と同じく大切な工程になり施工者の自社検査、瑕疵保証機関検査、外部インスペクター検査（第3者検査）、設計事務所検査、構造事務所検査の5者で行われました。規模や地域によっては確認検査機関（または建築主事）による建築基準法の中間検査があり、中間検査合格証が交付されないと次の工程に進めませんが、木造の2階建てであれば一般的に中間検査は不要です。

構造図との照合

構造図と相違がないか、柱も梁も筋かいも1本1本、設置予定の金物が指示した位置に、規定の性能のものが適切に設置されているか、全数目視で確認します。

ホールダウン金物

ホールダウン金物のボルトは建物の水平垂直を確認調整しながら締めていくので、締め忘れがないか要チェックのポイントです。実際に触って確認します。

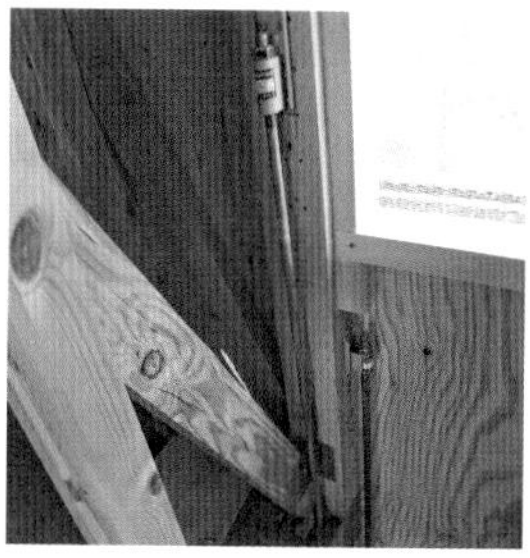

面材耐力壁

柱と梁に構造用合板を釘で打ち付ける耐力壁です。壁倍率で決められた種類・長さの釘を、規定の間隔で留められているかを確認します。釘は強く打ちつけ過ぎると合板に釘の頭がめり込んでしまい、想定した耐力を得ることができなくなるので、めり込みが起きないように施工することを現場に指示します。

筋かい耐力壁

柱と梁の間に筋かいと呼ばれる斜材で固定する耐力壁です。地震時、筋かいには圧縮力と引張り力の双方がかかるので建物の強度にも大きくかかわる重要な部材になります。筋かいの端部を柱と梁に筋かいプレートと呼ばれる金物で固定するので、プレートの設置忘れがないか、また釘の位置・個数が正しいかを確認します。

耐力壁は杭頭のめり込みに要注意

自動釘打ち機で打った釘の釘頭部分が面材の表面よりもめり込んで施工されることケースが増え、問題になっています。これはミシン目が入ってしまう「パンチング破壊」が起こっていることになるため、本来なら避けなければならないことです。そのため、現場監理の際は、杭頭にめり込みがないかしっかり確認しておくことが重要です。

1㎜めり込んだ場合

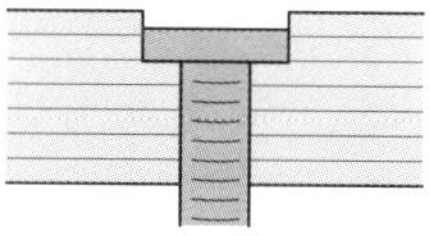

強度は10～20%落ちる

3㎜めり込んだ場合

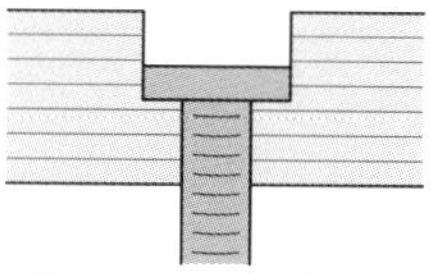

強度は30～80%落ちる

構造用合板に1㎜釘がめり込むと、強度は約10～20%落ちてしまうと言われています。さらに3㎜めり込むと30～80%落ちるとも。耐力壁としての性能（壁倍率）が確保できなくなってしまうため、こうしたことがないようにしっかりと現場監理を行いましょう。

本来は一番高い棟木が組み上がったら「上棟」ですが、最近は筋かいなどを入れ、安全な状態になってから上棟式を行うことが多くなりました。上棟式では家の四隅の柱の部分に、酒・塩・お米をまいて清めます。

今回は作業性を考慮して、進捗に合わせて材料を2回に分けて現場に届く計画に。朝8時頃に1階柱と2階床梁、2階床合板、2階柱までがトラックで届き、15時頃に残りの小屋梁、屋根合板が現場に届くようにしました。

建物への浸水防止のために屋根工事から

詳細図や矩計図で納まりと仕様をチェック

現場の屋根の施工に先立ち、軒先の納まりについて打合せをします。通気の考え方や、板金の細かい納まりを現場に伝えます。屋根の防水は板金だけでは完璧に防水することができません。そのため、2段構えで防水を行います。

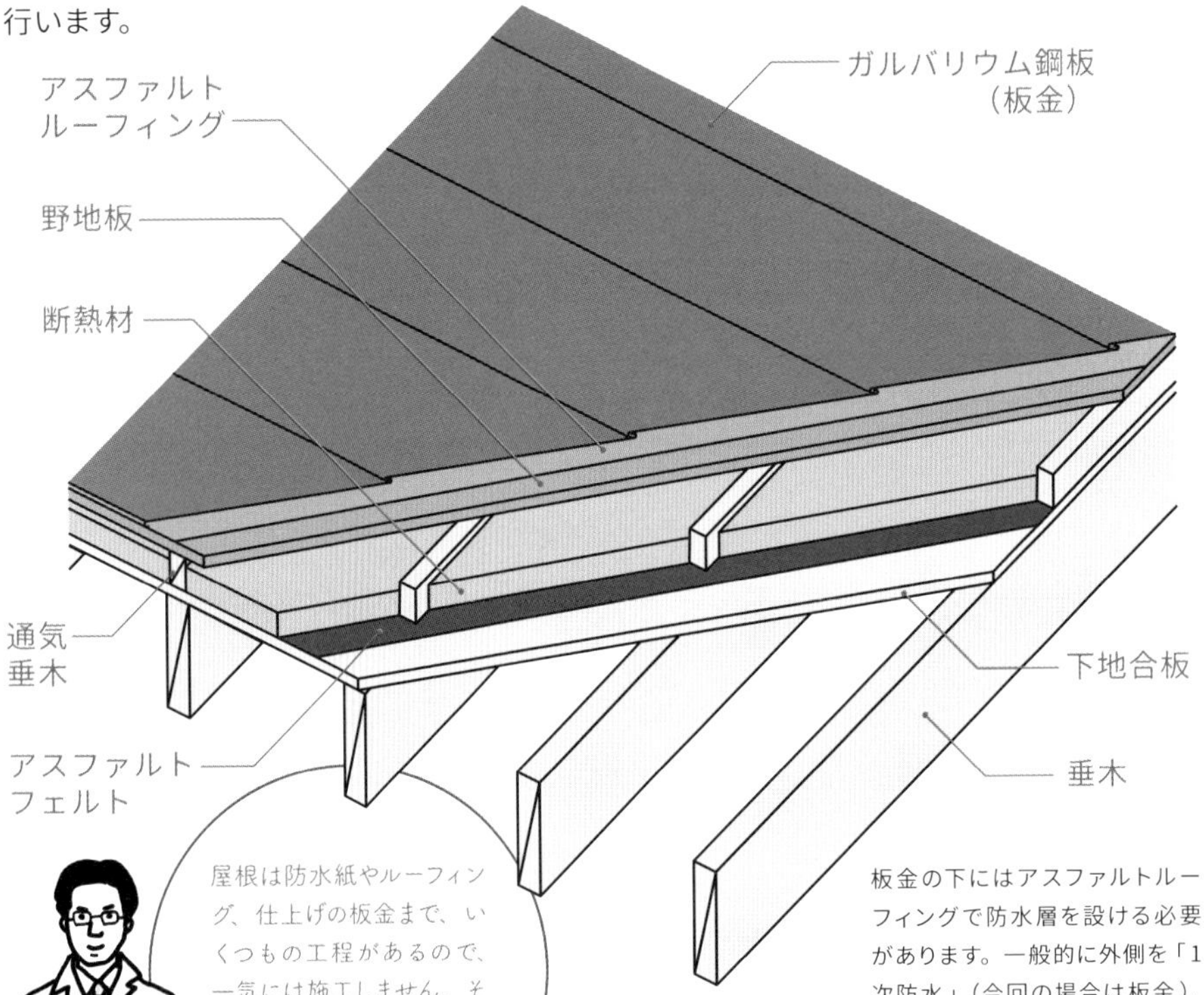
ガルバリウム鋼板（板金）
アスファルトルーフィング
野地板
断熱材
通気垂木
アスファルトフェルト
下地合板
垂木

板金の下にはアスファルトルーフィングで防水層を設ける必要があります。一般的に外側を「1次防水」（今回の場合は板金）、その内側を「2次防水」（今回の場合はアスファルトルーフィング）と呼びます。

屋根は防水紙やルーフィング、仕上げの板金まで、いくつもの工程があるので、一気には施工しません。そのため、完成するまでに工期がかかります。

建方が終わり建物の躯体ができあがったら、工事はまず外回り、雨が建物に入らないようにする作業を優先的に行います。

この建物は室内から小屋梁（垂木）を見せるデザインです。この垂木の上に構造用合板を留め、屋根面を固めます。その上に2次防水の役割をする防水紙（アスファルトフェルト）を敷設し、断熱材を施工。断熱材の上には熱がこもらないように換気用の通気層ができ、その上に屋根野地板が少し浮いたように設置されます。屋根野地板の上には1次防水となるアスファルトルーフィングが貼られ、建物の中に雨水が入らないようになっています。最後に屋根板金を被せ、屋根の完成です。

屋根はこのようにいくつもの工程を経て、地震時の水平剛性を確保する役割、室内への雨の侵入を防ぐ役割、暑い太陽の熱を遮り過酷な環境で何十年と建物を守る役割を担います。

上棟前までには、板金の色や軒先・妻側の納まり・ジョイント位置などを現場で打合せをして決めておく必要があります。

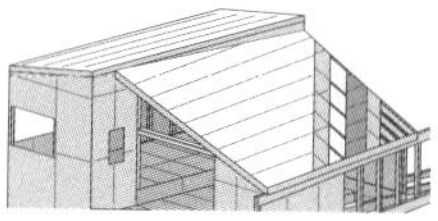

CHECK 1 構造用合板・防水紙を張り、通気層と断熱層をつくる

屋根面の水平剛性確保のために小屋梁・化粧垂木（登り梁）の上に構造用合板を規定の種類と長さの釘を決められたピッチで留め、地震時に屋根面がゆがまないように固めます。その上に防水紙（アスファルトフェルト）を敷き、雨から室内を守ります。室内から垂木が見えるデザインの時は、垂木の上に断熱材を施工します。

① 構造用合板＋防水紙

合板を載せると上から垂木が見えなくなるので、釘を留める位置（垂木の位置）に墨出しを行い、線に沿って釘を打って構造用合板を貼り、その上から防水紙を敷きます。防水紙は雨と通気層に生じる結露による水の浸入を防ぐ役割があります。

② 通気垂木

屋根に通気層を確保するため、室内の垂木とは別に通気垂木を施工します。今回は垂木を見せるデザインとしたため、通気用の垂木を設ける必要がありました。コストはかかりますが、作業性がよく、また隙間なく断熱材を敷き込むことができます。

③ 断熱材

通気垂木は木造の910モジュールの半分455ピッチで掛け、その間に断熱材を敷き詰めていきます。今回は薄くても高い断熱性能を確保出来るネオマフアオームを採用しています。通気垂木と断熱材の厚みの差の部分が屋根の通気層になります。

CHECK 2 防水層をつくる

通気層・断熱層の施工後は、雨の侵入を守る防水層の工程になります。防水層の品質確保のためにも、下地となる野地板は隙間無くきちんと施工する必要があります。

アスファルトルーフィングは必ず水下側を下に、水上側を上にして重ねます。十分な重ね代が確保できているのかを確認します。

① 野地板

野地板は厚さ12mmの合板が使われることが多いです。玄関坪庭に光りを落とすため、一部穴が空いています。

② アスファルトルーフィング

屋根の防水層になるアスファルトルーフィング。重ね代を確保しながらタッカーで留めていきます。

CHECK 3 仕上げの板金と雪止め金物で屋根仕上げが完了

最後に仕上げ材のガルバリウム鋼板を葺いていきます。リビング上部は3.5寸勾配屋根。3.5寸勾配は横の線が美しく出る横葺きが採用できます。屋根通気を換気棟までどう届けるのかも重要なポイントになります。

ガルバリウム鋼板屋根

ガルバリウム鋼板の端を折り曲げ、引っ掛け合わせて継いでいき屋根面全体を覆って行きます。板金屋根の葺き方は横線が出る横葺き、縦線になる立ハゼ葺きなど様々な方法がありますが、屋根勾配によって採用できない葺き方があるので注意が必要です。

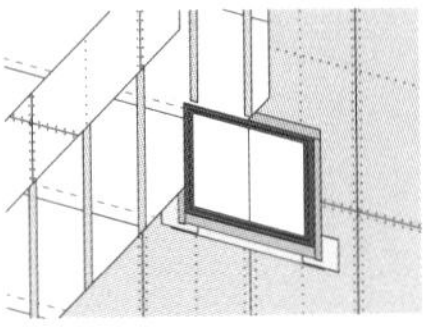

サッシは上棟時に建て主とはガラスの種類を、工事監督とは納まりや寸法の打合せを行ってから発注します。現場ではサッシの防水がしっかりと行われているかに注意します。

雨水の侵入を防ぐ外壁とサッシ工事

通気層・防水層の施工状況をチェック

上棟後、外装材の施工前にガラスの種類などの開口部の最終確認を行ってからサッシを発注してもらいます。現場では、しっかりと防水シートが張られ、室内に水が入り込まないように施工されているか、外壁の通気が確保されているかなど施工状況を確認します。

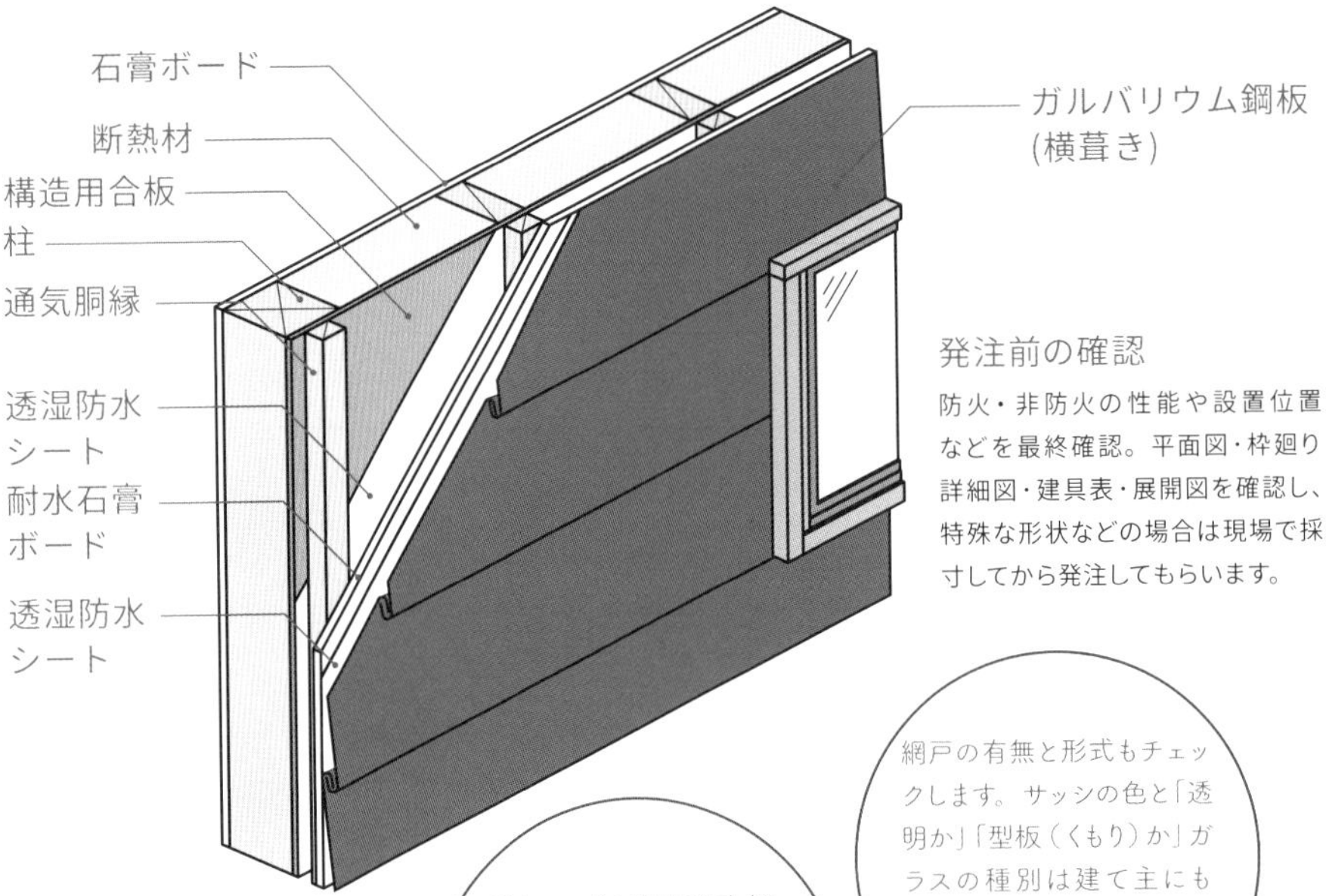
石膏ボード
断熱材
構造用合板
柱
通気胴縁
透湿防水シート
耐水石膏ボード
透湿防水シート
ガルバリウム鋼板(横葺き)

発注前の確認

防火・非防火の性能や設置位置などを最終確認。平面図・枠廻り詳細図・建具表・展開図を確認し、特殊な形状などの場合は現場で採寸してから発注してもらいます。

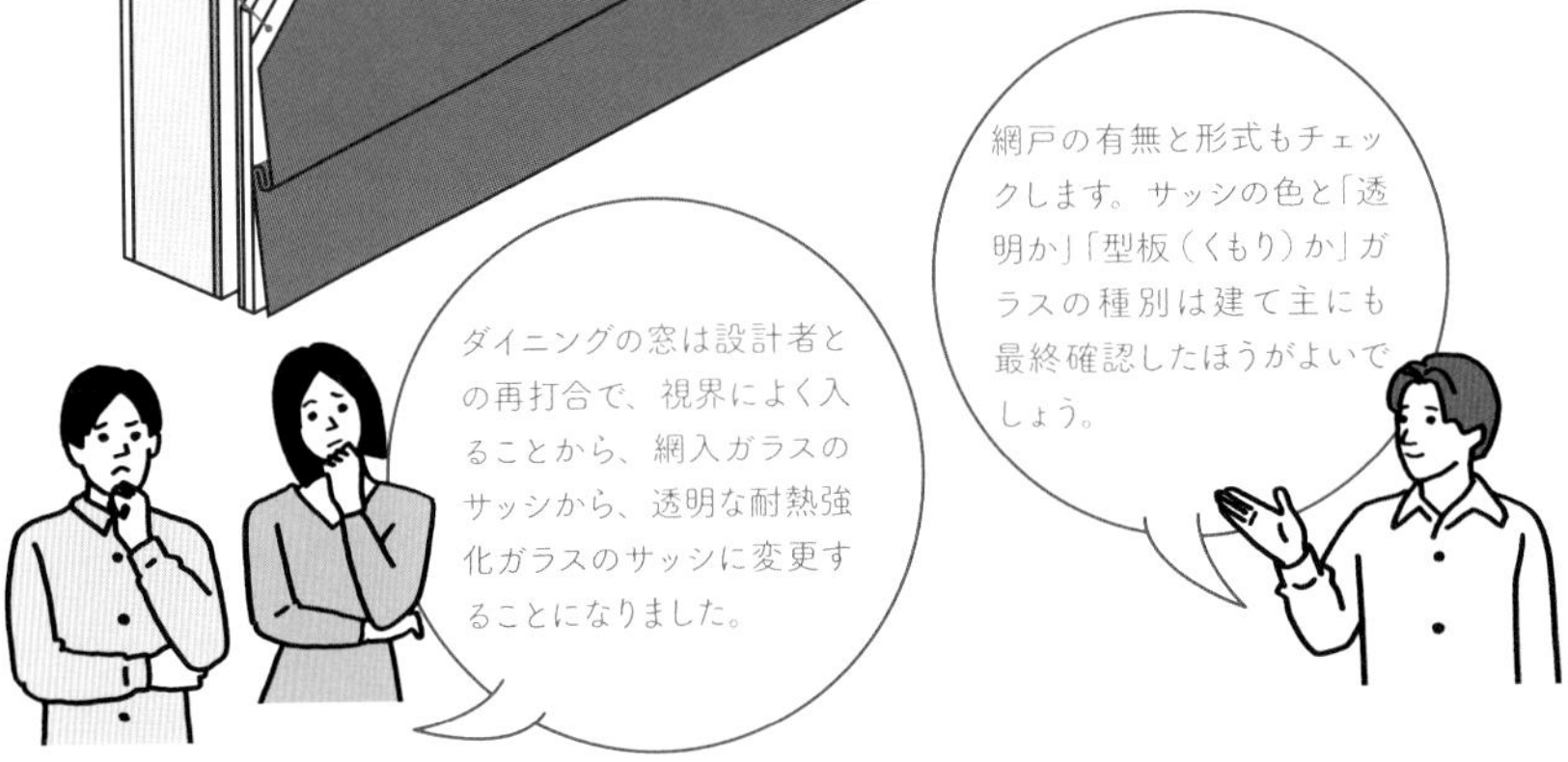
網戸の有無と形式もチェックします。サッシの色と「透明か」「型板（くもり）か」ガラスの種別は建て主にも最終確認したほうがよいでしょう。
ダイニングの窓は設計者との再打合せで、視界によく入ることから、網入ガラスのサッシから、透明な耐熱強化ガラスのサッシに変更することになりました。

屋根工事と同様にサッシ回りも漏水事故の多い部位になるので、正しい施工がされているのか入念に確認します。

サッシは比較的納期がかかる部材です。外周の構造用合板を張り終えたらすぐにサッシを施工できるようにするため、上棟までに発注をかけられるようにサッシの納まりを現場監督と打合せし、サッシ寸法を確定します。今回、リビングに設ける三角形のサッシは正確な大きさを知る必要があったので、上棟後、現場実測したあとに発注しています。

また、外壁の防水は外壁材だけでは完壁ではありません。最近では、水は外壁から中に入ってくると考えて、外壁通気工法で通気層を設けてそこを防水するのが一般的です。外周部に貼った構造用合板の上に透湿防水シートを張り、通気胴縁、外壁仕上げの順に施工します。この通気層は熱気や湿気を抜く役割と、外壁から侵入してきた雨水を排出するルートにもなります。

CHECK 1 サッシの取付け

外壁はまず右頁の手順でサッシとサッシ廻りの防水工事を行います。サッシ廻りは漏水が起こりやすいので注意が必要。きれいに透湿防水シートが張られ、穴や破れている箇所がないか確認します。

① 先張り防水シート

雨水がサッシに侵入しても、壁内には入り込まないように、窓台の下側に先張り防水シートを施工します。

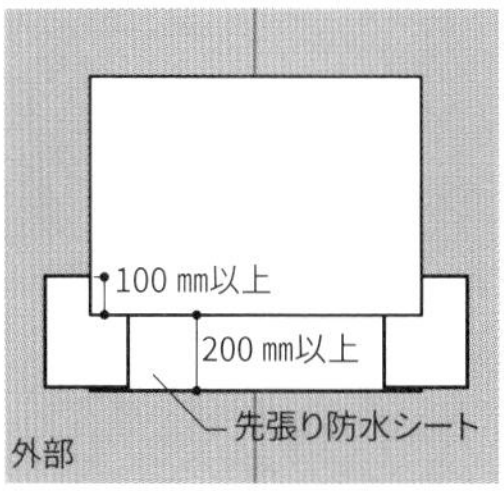
100 mm以上
200 mm以上
先張り防水シート
外部

② サッシ取り付けと防水テープ

サッシを窓台に取り付け、サッシのツバを覆うようにサッシの両側→上の順で防水テープを張ります。サッシの縁と透湿防水シートがブチルテープで張り合わされているかを確認します。

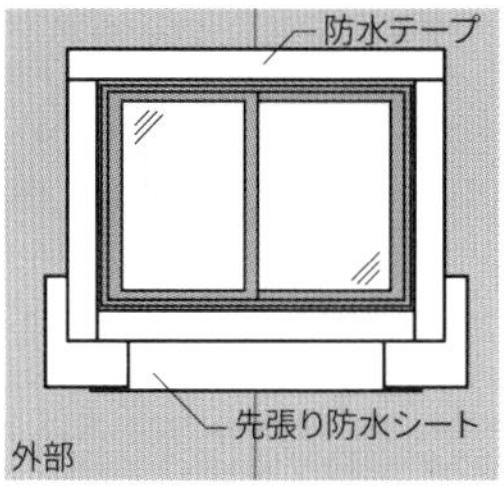
防水テープ
先張り防水シート
外部

③ 透湿防水シート

サッシ廻りを含む外壁全体に透湿防水シートを、下から上へと張っていきます。縦方向には90㎜以上の重ね代が必要です。重ね代が十分に確保されているかを確認します。

CHECK 2 外壁の下地工事

柱と柱の間に張られた下地（構造用合板）の上に、透湿防水シートを横張りしていき、その上から通気胴縁を455㎜ピッチで取付けます。通気胴縁の上に耐水ボードを張り付け、外壁の下地が完成します。

❶透湿防水シート

外壁の防水は透湿防水シートで確保されます。外装工事はここまで進んだら室内に雨水が入ってくることはないので、大工は一旦、内部工事の間仕切壁の施工に移ります。

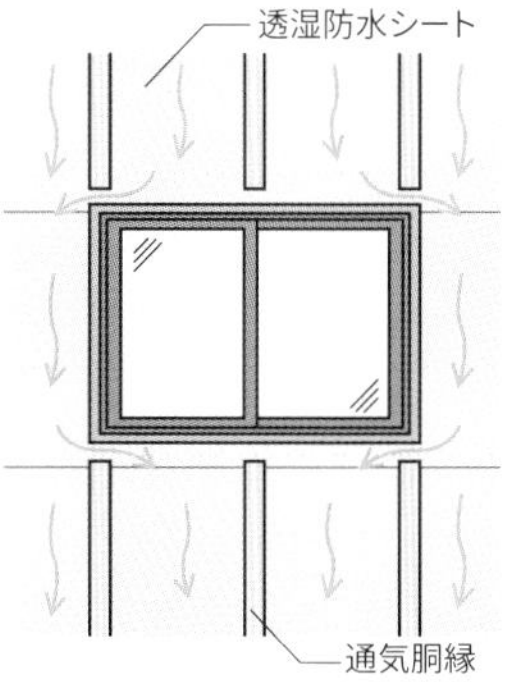
透湿防水シート
通気胴縁

❷通気胴縁と耐水ボード

よくある施工ミスは、通気胴縁がサッシ周りに隙間なく施工されていることです。しかし、通気層は雨水が入って来たときに流れ落ちるように、あえて隙間をつくり、水の流れ落ちるルートを確保しなければなりません。

ラス張り

外壁の仕上げ材をモルタルとする玄関まわりの下地はラス張りです。防水シートと通気胴縁を施工するまでは他の部位と同じで、今回は胴縁の上からそのまま留め付けができる裏打ち材つきのラスを使用しています。

ニシヤマラス

上下の重ねしろ（今回の場合は100㎜）が確保されているか、タッカーによる留め付けは千鳥で打ち付けられているかなどを現場では確認します。

壁・床・天井内の見えなくなる設備を確認

外装工事終了後、ほどなくして内装工事も始まります。まずは下地や、配線・配管などの設備工事です。

壁内には照明やコンセントの電気配線が、天井裏には給排水管や換気ダクトが納められます。設計では天井裏や床下スペースは空間的に無駄になるので、極力なくすように計画しますが、設備の配線・配管ルートが、機能的な面でも問題ないよう検討しておかなければなりません。配線・配管が立て込んだりする特に注意が必要な場所については、工事監督と現場で事前に打合せをしておいたほうがよいでしょう。

意匠的には外壁に出てくる給排気ダクトのベントキャップの位置も気になるところです。併せて納まりを現場で検討しておきます。

仕上げ後は見えなくなる配線・配管ですが、機能・性能に関わるため、きちんと計画し、監理する必要があります。

コンセントボックスや配管は柱や筋かいなどの構造材に欠損がないようにします。現場でも構造材の欠損がないか、また配線・配管・ダクトの勾配や経路が問題ないかを確認します。

配線は現場で位置を再確認

スイッチやコンセントの位置は展開図に書き込み、指示します。コンセントの位置は家具のレイアウトによって大きく左右されます。建て主とは図面で打合せを行っていますが、実際の空間の方が生活の様子をイメージしやすいので、現場で再度確認してもらってから、配線工事に入るとよいです。

照明

照明は天井下地施工前に大まかな位置まで配線をしておきます。ブラケットなどの照明器具は、位置や高さを竣工間際に調整しますが、位置が問題ないかこの時点でも確認しておきます。

スイッチ・コンセント

現場では高さを含めた位置が図面どおりか、図面どおりだとしても使い勝手に問題がないかを確認します。コンセントボックスや配線が間柱や筋かいと干渉していないかも確認します。

コンセントの追加などは、一般的に壁の断熱材の施工前までであれば対応がしやすいです。

コンセントの位置は実際に建物ができてくると室内の家具のレイアウトがイメージできていくつか追加しました。

CHECK 1 配管は納まりと勾配に注意する

浴室やキッチンなどの設備機器は、機種ごとに排水管の接続位置が異なるため、配管工事の着手前に建て主の最終承認を得ます。現場では、排水管の位置や管径、材質、排水経路、勾配を確認します。キッチンは現場で傷がつくことを避けるためあまり早く設置せず、内装工事がある程度進んでから現場に搬入し取りつけます。

排水管

設備配管立ち上げ位置は図面で指示します。配管の位置が正しく納まるか、配管ルートは問題なく構造材と干渉していないか、勾配は確保できているか（管径が75㎜以下の場合は1/50以上）などを確認します。洗面台などを製作家具とする場合は家具製作業者とも排水位置を確認しておきます。

給水管

現在は「ヘッダー方式」と呼ばれる給水・給湯を一元的に分配するユニットで給水を行う方法が一般的。断熱・結露防止の断熱材で包まれており、青が給水用、赤が給湯用の管です。必要な位置に給水・給湯管が配置されているか確認します。

点検口

基礎下を点検するために設ける床下点検口は、将来的な設備の更新を考えて位置を決めます。現場で問題なく点検が行えるかも確認します。

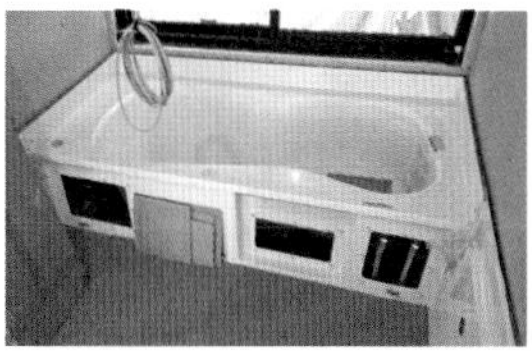

ユニットバス

ユニットバスの場合は設備配管と同時に設置します。一方キッチンや便器は工事の邪魔にならないよう、また現場で傷がつかないよう、給排水管のみ配管をすませ、設置は最後になります。

CHECK 2 ダクトは内部のルートとともに出口も確認

エアコンや24時間換気などの空調設備のダクトの配置位置、経路が正しいかを確認します。ダクトの出口となる外壁にはベントキャップを設けますが、外壁板金の割り付けや、配管が無駄に長くならないように考慮します。

エアコン

天井カセットエアコンとしたリビングは天井下地を施工する前、早い段階で設置します。エアコンの設置位置・配管位置、ダクトのルートが問題ないか確認します。

ダクト

ダクトの位置や配管経路とともに、梁などと干渉していないか、ダクトが扁平していないかなどを確認します。

内装の下地工事とともに承認ラッシュ

サッシの取付けが終わると天井や壁の下地組みを行い、必要な場所に断熱材を充填します。下地は石膏ボードが一般的ですが、棚などを設置する部分には合板を使用します。

断熱材など石膏ボードで隠れる部分も確認

配線・配管の設備工事の前後では床・壁・天井に仕上げを行う前段階、下地工事が行われます。

天井下地

天井下地組みは配線・配管工事後に行い、基本的には 455 ㎜グリッドで組みます。ダウンライトの位置と干渉することがよくあります。下地を避けてダウンライトを設置するのか、ダウンライト設置時に下地を補強するのか、打合せしておくとよいでしょう。

設備機器

天井カセットエアコンは天井下地前に吊り込みます。このほか、天井にダウンライトや換気扇を設置する場合は、他の器具の位置決定より早く確定する必要があるので注意が必要です。

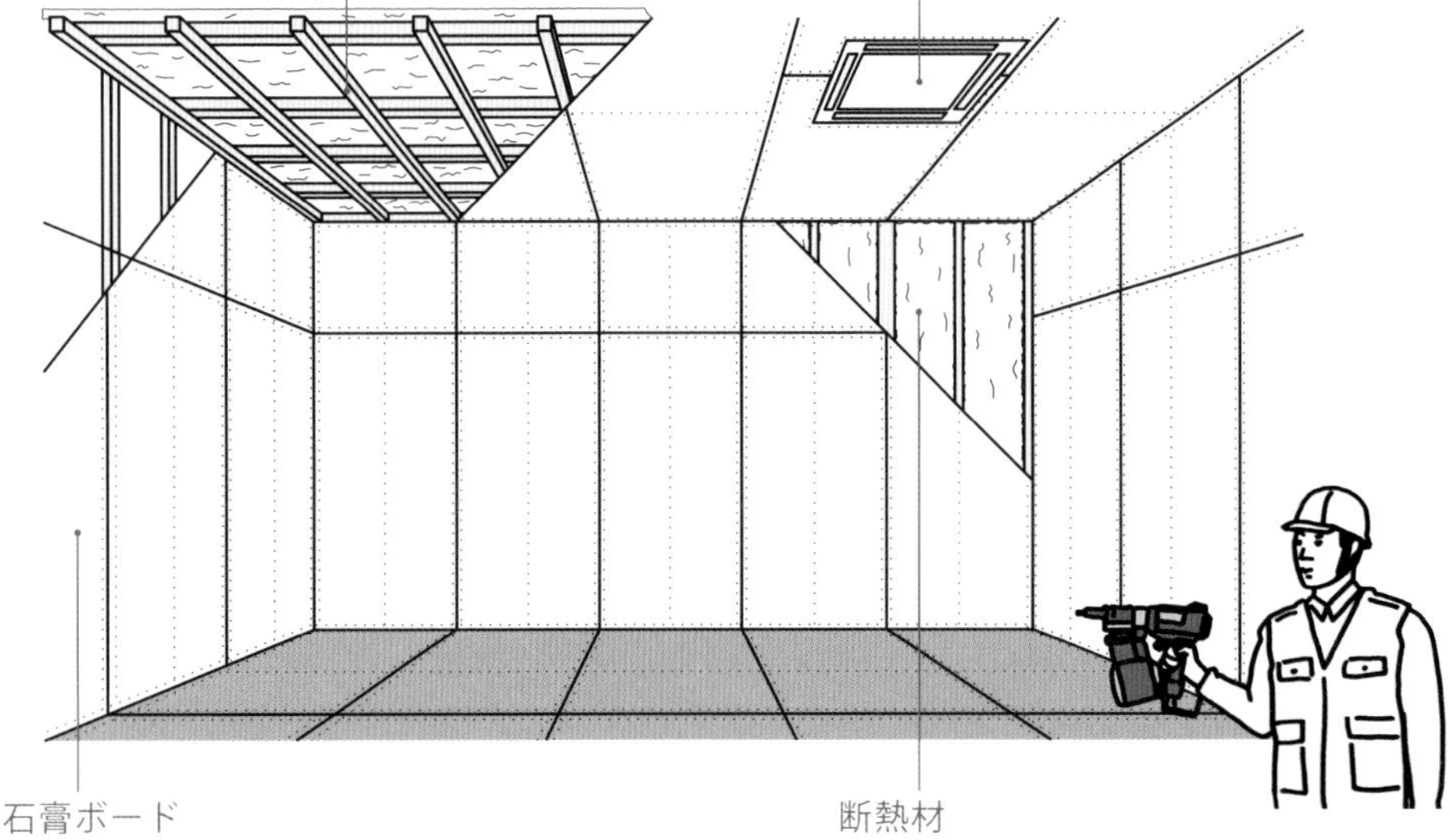

石膏ボード

建物の室内の壁は施工性がよく防火性能があることから、一般に石膏ボードが貼られます。このボードの上にクロスなど仕上げが施工します。壁には強度のある厚さ 12.5 ㎜の石膏ボードが、天井は壁ほど強度が求められないので、軽さを優先し 9.5 ㎜の石膏ボードが使用されています。

断熱材

外壁の断熱材は隙間無く充填されていなければなりません。断熱材をせっかく入れてもわずかな隙間でも本来の性能を発揮することができません。床（基礎）・壁・天井が指定した仕様で隙間なく充填されているか確認します。

　現場では、設備工事と同時並行的に内装の下地工事が行われます。天井の下地組や壁の断熱材の施工は、コンセントやスイッチ、照明の配線が終わった段階で行い、その上から下地材となる石膏ボードを天井・壁に張っていきます。

　内装の下地工事が進むなか、仕上げ工事に向けて各仕上げ材の最終決定を行う必要があります。仕上げ材は、実施設計の段階でサンプルを見ながら決めていますが、材料の発注前に現場で最終確認します。フローリングは早々に決めて発注する必要がある一方で、後の方に施工するタイルは発注のリミットまで余裕があるなど、素材や部位によって異なりますが、発注リミットが早い素材（フローリング）にあわせて、一堂に実際の空間で並べて最終確認を行います。建て主と現場ですべての仕上げ材を確認し、原則変更しないように打合せを進めます。打合せ時間が確保できるよう、前もって建て主・現場監督と調整をしておきましょう。

CHECK 1 鉄骨階段の承認

階段廻りはシビアな寸法が要求される場所です。鉄骨階段を採用する場合は、実施設計図をもとに鉄骨業者が鉄骨階段の製作図を作成します。意匠的な部材寸法や仕上げ寸法は設計図で確認できますが、下地との取り合いについては現場監督や設置する大工さんとも検討し、鉄骨加工業者の製作図を承認します。

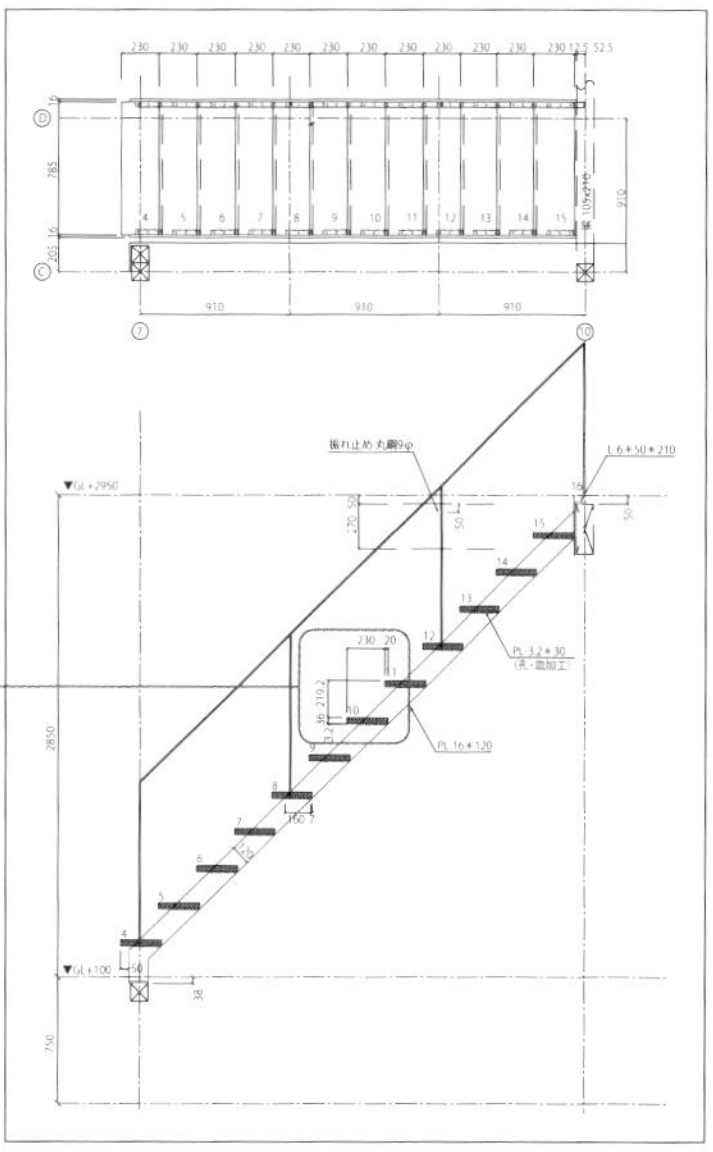

現場納まりを配慮しながら、階段廻りを最終決定する際、階段の幅、蹴上げ、踏面の寸法を変える場合は、建築基準法で求められている基準以下にならないように注意します(住宅の階段は蹴上げ23㎝以下、踏面15㎝以上、幅75㎝以上)。

鉄骨階段は建て主のこだわっていたポイントだったので、手摺りとササラ桁との納まりは事例写真などを参考にしながら慎重に検討し、最終決定しました。製作は2週間程度かかるので、工事の進捗状況に併せて早めに打合せを進めておくとよいでしょう。

CHECK 2 仕上げ材を現場で最終確認

フローリングなどの床仕上げや、クロスや左官などの壁仕上げに使う内装材は、発注前に現場で、建て主とともに最終確認します。現場でサンプルを見ると実際にその素材を使う面積がわかるので、どんな空間になるのかイメージしやすくなります。

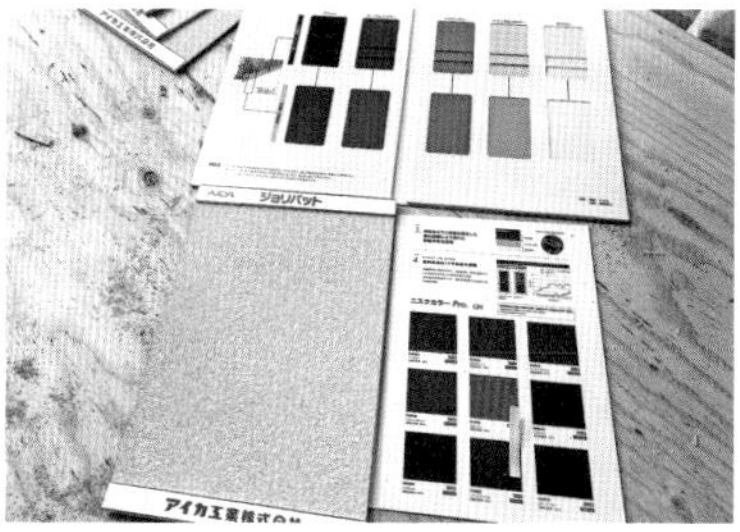

サンプル確認の際は、床材は床に寝かせて、壁材は建てて、実際に使用する角度で確認します。

CHECK 3 家具の承認

収納する物が決まっている場合は、その物に合わせて家具の寸法を決めていきます。しかし家電や椅子など、竣工後新たに購入するものは、工事中決まっていない場合が多いので、家具の寸法を決める際は「この商品を想定して、ちょうどよい寸法としています」など選定イメージを共有しておくとよいです。

書斎の机

高さは、竣工後に建て主が購入する椅子の座面高さをもとに検討し、コンセントホールの位置は机下のコンセントとモニターを置く位置を決めたうえで最終決定しています。吊り戸棚の大きさも使用するファイルボックスとパソコンモニターのサイズに揃えています。

室内木部の塗装はサンプルの製作を現場監督に依頼し、建て主と確認しました。特に木部への塗装は、材種によって発色や染み混み具合が異なるので、実際に現場で使う木材に塗料を塗り、色を決めます。

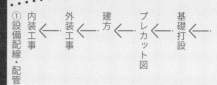

仕上げ工事では床・壁・天井のほか家具や建具、サッシ廻りの造作なども行います。床の張り方向や各部の納まりなど、現場監督や大工さんと打合せをしたうえで進めてもらいます。

現場は追い込み、スムーズに最終確認を

丁寧な下地処理が仕上がりを左右する

住まい全体のイメージを左右する内部の床・壁・天井廻りの仕上げ工事は、丁寧に下地処理をすることが重要。パテ処理がされているかなど、仕上げの施工直前の状態もしっかり確認しておきましょう。

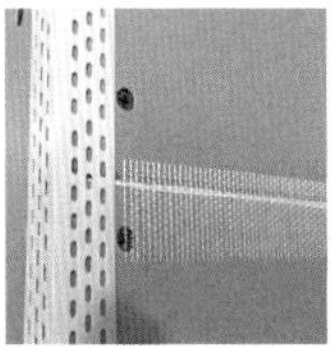

クロスと下地処理

壁や天井下地の石膏ボードは、継ぎ目で仕上げが割れないように寒冷紗で補強し、パテで平らな面をつくります。パテが乾燥してからサンドペーパーで余分なパテを削り平滑に仕上げます。石膏ボードのビスの頭部分も同様にパテで埋めます。パテ扱きの精度で仕上がりが変わるので、平滑になっているかよく確認します。

塗装

塗装工事と埃の出る工事は同時期に行うと塗装面に埃が付着してしまうので避けるのは当然ですが、人が歩くだけでも小さな埃は舞うので、可能であれば塗装業者以外の業者は現場に入れずに工程を組んでもらいたいものです。

フローリング

フローリングは内部下地工事が終わったタイミングで施工し、傷がつかないように合板などで養生します。

石膏ボード貼りなど、現場で下地工事が終わると、いよいよ仕上げ工事となります。仕上げ工事に入ると、建物の引き渡し時期が近づいてきて、現場は追い込みをかけたいところですが、十分な乾燥期間が必要な工事、塗装のように一切の埃を嫌う工事、キッチンや洗面台のように家具の設置業者と配線・配管をつなぐ設備業者など、複数の職方が同時に入る工事があるため、工程管理が難しく現場監督の力量が試されます。

設計者も仕様や納まりなど、現場で決めなければいけないことが増えるので、工程に合わせて現場に何度も脚を運びます。最終決定できていない塗装の色をはじめ、壁と床など詳細図では表現できない取り合い部分の納まりなどを現場監督や大工さんと打合せをして決めていきます。照明の高さや位置も、建物の広さや高さが明確になってくるこの時期に現場で建て主に立ち会ってもらい最終確認を行います。

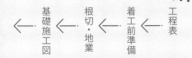

CHECK 1 フローリングとクロス・タイルの仕上げ

フローリング仕上げの場合、現場では張り方向や貼り方（乱尺かりゃんこ張りか）を指示します。床暖房パネルは傷をつけてしまうことがないよう、設置後速やかに床の仕上げ材まで施工できる設置のタイミングが重要です。また、建材はシックハウス対策がされたものが使われているかの確認も重要です。建材はJISまたは国土交通大臣の認定を取得し、ホルムアルデヒドの発散等級を明らかすることが求められています。一般に住宅では「F☆☆☆☆」の素材を使っていますが、現場でも表記を見て確認します。

フローリング

2階リビングには温水式床暖を設置。床暖房パネルとフローリングの張り方向は直交するように設置しなければならないので、床暖房パネルが敷かれた際に向きを確認し、フローリングが施工された際にも張り方向が正しいか確認します。

タイル

壁をタイル仕上げとする場合は、タイルの割り付け図を作図します。タイルの目地をどこにするか、どう揃えるのかで印象が大きく変わります。浴室の大判のタイルは、開口部がきれいに見えるよう、また半端なサイズが出ないように割りつけました。

シックハウス対策

近年、住宅の気密性能が高まり、建材から揮発する化学物質が問題になるようになりました。建築基準法では居室のシックハウス対策が義務づけられ、ホルムアルデヒドは規制されています。「F☆☆☆☆」と表示されている建材や内装材は使用量が制限されませんが、「F☆☆☆」や「F☆☆」になると条件付きの使用や使用量の制限があり、「F☆」は内装材としての使用が禁止されています。

日本壁装協会登録
シックハウス対策品
等級区分
F★★★★
日本壁装協会

CHECK 2 衛生設備機器の発注と設置

クロスなどの壁や天井の仕上げ工事の頃にトイレやキッチンなどの設備の取付けも行われます。給排水管などの位置が設備機器によって異なり、また納期も一定期間が必要なものが多いため、早めに承認を経て発注できるようにしなければなりません。

浴室も配管があるので上棟時には最終決定。ユニットバスとする場合は配管工事後すぐに設置します。壁掛けエアコンはトイレと同様に内装工事が終わってから最後に設置します。

トイレ

便器も配管があるので最終決定は上棟時です。発注は内装開始時に行い、クロスが貼り終わり、ほとんどの内装工事が終わった段階で設置します。

照明

照明の数や位置は配線があるので、変更は天井下地設置がリミット。ダウンライトは天井にあける穴の径が機器により異なるため、天井下地の石膏ボード設置までに最終決定し発注する必要があります。施工は天井のクロス施工後です。

キッチン

キッチンは排管があるので上棟時には最終決定し、内装工事開始前には発注したいところ。キッチンなど大きな機器は早く設置してしまうと現場で傷をつけてしまう恐れがあるので、できる限り最後に設置するのが鉄則です。

足場撤去前にしておくべき外部の確認

外壁の仕上げは細部まで美しく見えるように納まりや色味を確認してから進めてもらいます。雨樋やベントキャップの取付け、バルコニー廻りの工事なども足場解体前に行います。

外部足場を解体しないと外構工事ができないため、足場をいつ外すのかは工程を管理するうえで重要です。

建物の印象を変える外部の仕上げ

異なる素材を外壁に使う時、特にポイントになるのは切り替えの部分の納まりです。デザイン的に綺麗に切り分けたいという視点と同時に、防水的に問題が出ないように施工者とも協議しながら決めていきます。

ガルバリウム鋼板横葺き

サッシ廻りの防水処理をどうするのか、シーリングで壁の中への浸水を防ぐのか、多少入ってしまっても、入った水が外部に排水されるように納めるのかなど、納まりをよく検討します。

バルコニー

バルコニーは防水工事を行い、床の水勾配を 1/50 以上確保したうえで、床や手すりの仕上げを施工します。床と壁の取り合い部分など雨漏りをしないように、きちんと施工されているか確認します。

吹付け塗装

1階の玄関廻りなど、部分的に吹付け塗装としています。色味は現場で実際にサンプルを建て主とともに確認し決定します。ひび割れの防止のために、下地と仕上げ材の両方を丁寧に施工することが重要です。

内部の工事が進むと同時に外壁やバルコニーなどの外部の工事も進んでいきます。特に外壁の仕上げは建物の印象を左右するため、細部まで美しく仕上がるように配慮が必要です。今回はガルバリウム鋼板の平葺きとしたので、開口部とガルバリウム鋼板の高さをそろえたり、野暮ったくならないようにコーナーや開口部に役物を使わないようにしたりと、デザインにこだわったこともあり、現場で板金業者と納まりを打合せしたうえで進めています。

　外部の仕上げ工事が終わると外構工事に入るため、建方から設置していた外部足場を撤去します。足場がなくなると高い場所の確認ができなくなるので、撤去前に仕上がり具合など、外部の最終確認を行います。仕上げ材だけでなく、サッシや給排気口廻りの防水シーリングがしっかりとされているか、工事中についてしまった外壁の傷の補修や汚れの清掃が行われているかも確認します。

CHECK 1 ガルバリウム鋼板の施工

外壁の仕上げはガルバリウム鋼板としています。今回はガルバリウム鋼板の割り付けとサッシの位置と大きさをそろえているので、詳細図に職人が現場合わせで寸法調整できる場所と絶対に守るべき寸法などを記載し、慎重に現場を進めています。

今回はコーナーやサッシ廻りに役物を設けないスッキリした納まりを採用しています。コーナー部分やサッシ廻りがきれいに納まっているか、割り付けが意図した納まりとなっているかなどを確認します。

CHECK 2 吹付け塗装の施工

吹付け塗装とした外壁は、外壁通気胴縁の上にラス網を貼り、モルタル下塗り・上塗りを行い平滑に仕上げ、仕上げ塗り材（ジョリパット）を塗ります。

仕上げ

外壁は部分的に吹付け塗装の一種であるジョリパットは、ローラーで塗っていきます。ムラなくきれいに仕上がっているか確認します。

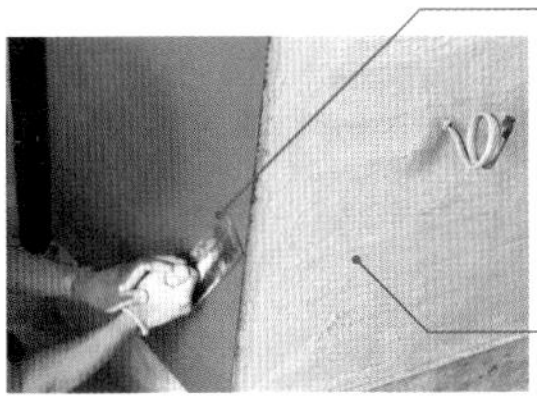

上塗り

ムラや不陸がないように平滑に仕上げます。上塗りよりも下塗りのほうが、セメント比率が高くなるようにします。

下塗り

ひび割れを起こしやすいため、下塗りは2週間以上できるだけ長く乾燥期間を設け、上塗りをしたいものです。

CHECK 3 シーリングの施工

外壁の仕上げが終わると、ベントキャップやサッシと外壁の取り合い部分などにシーリングを施工し、防水します。足場が撤去される前に、シーリングがきれいに施工されているか、剥がれがないかを目視で確認します。

最後に全体の仕上りを確認します。ガラスや外壁には足場で跳ねた雨汚れがついてしまっていることがあるため、足場を撤去する前に外壁廻りを清掃します。

シーリング

サッシのシーリングはきれいに施工されているか、4方向すべてを確認します。バルコニーとの取り合い部分やベントキャップ（カバーまわり）などもシーリングのし忘れているところがないか、くまなく確認します。

ブロック塀をはじめ、内部のように基準が定められている外構工事もあります。その都度施工状況を確認しておく必要があります。外構工事が終われば最後に植栽工事を行います。

外構・造園工事とともに設備工事も進む

足場が外れたら、工事の竣工まであとわずか。敷地内の設備配管工事や、残りの仕上げ工事・設備機器の設置などを行います。前面道路の水道本管から新規に給水管を引き込む工事を行ったり、下水道に繋がる最終升に建物の基礎まで施工しておいた雑排水管を接続したりといった水道業者による工事、ガスメーターを設置し道路に埋設されているガス本管に接続するといったガス業者による工事があります。現場では各種のメーターの位置や取付け状況を確認します。

その後、玄関ポーチや門扉・駐車場の土間コンクリートなどの外構工事と植栽工事を行います。今回は既存の樹木をいかす計画ですが、工事の際、足場を設けるため撤去した生垣の再生や、浴室前に目隠しの代わりに常緑樹を追加で植えたりしています。また、玄関前には坪庭を設けて緑を配置しました。坪庭は狭い空間なので、費用を抑えながらも緑を楽しむことができる玄関となりました。

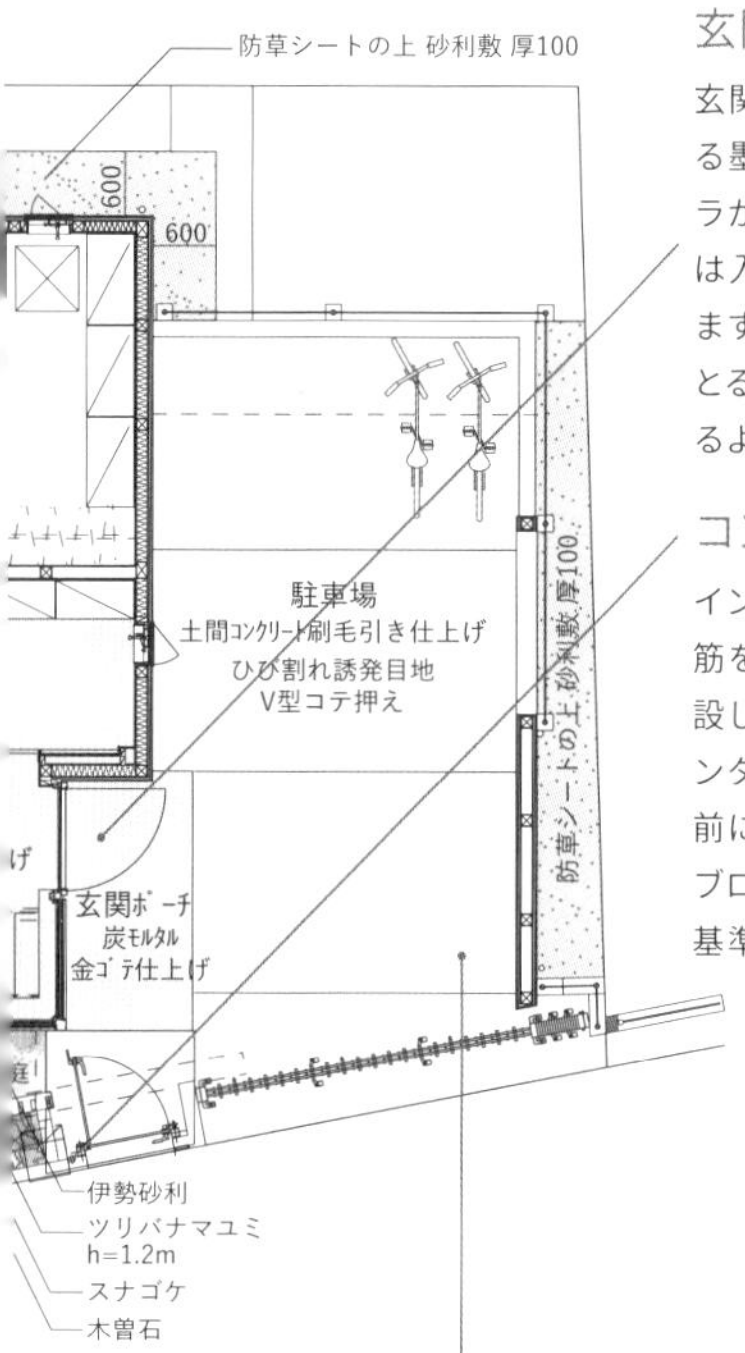

防草シートの上 砂利敷 厚100
600
600
駐車場
土間コンクリート刷毛引き仕上げ
ひび割れ誘発目地
V型コテ押え
防草シートの上 砂利敷 厚100
玄関ポーチ
炭モルタル
金ゴテ仕上げ
伊勢砂利
ツリバナマユミ
h=1.2m
スナゴケ
木曽石

玄関ポーチ

玄関ポーチはモルタルに炭を混ぜて色をつける墨モルタルとしました。金鏝の自然な色ムラが楽しめます。モルタルのため亀裂が多少は入ることをあらかじめ建て主に伝えておきます。外構の床仕上げは水勾配をどのようにとるかが重要です。玄関から駐車場側へ流れるようにつけています。

コンクリート塀

インターホンやポストを設置する塀です。鉄筋を組み、型枠を配置してコンクリートを打設します。配筋が正しく行われているか、インターホンやポストの位置が正しいかを打設前に確認します。なお、塀にはコンクリートブロック造もよく使われますが、建築基準法基準が定められているので注意が必要です。

インターホンやポストの位置は詳細図を書いて現場に指示します。インターホンはカメラがついているので、来客の顔がキチンと映るように高さを設定しなければなりません。ポストは道路からの見え方と郵便物の取り出しやすさを考慮して位置を決めます。

駐車場

砕石を敷いて十分に地面を転圧した上に、ワイヤーメッシュ(溶接金網)を全体に敷設してからコンクリートを打設しています。駐車場の水勾配は、玄関ポーチ部分との段差が大きくなりすぎないように気を付けています。道路の縁石と玄関ポーチの高さなど詳細な高さを現場実測し決定しました。

建物を引き立てる外構と植栽

外構や植栽によって外からの建物の見え方も変われば、中からの見え方も変わります。また適度に視線を遮るなど住まいの暮らしやすさにも関係するので、細かいところまで確認し、監理する必要があります。外構工事で気を付けるべきは、水たまりができないように適切な向きで水勾配を取ることです。勾配をつけすぎても使いづらいので注意が必要です。

外部ルーバー

玄関前の目隠しルーバーを設置しています。木材としているため、塗装の色味や保護塗料がしっかりと塗られているかなどを確認しました。

砂利敷き

建物の廻りに砂利を敷くと雨による土の跳ね返り汚れを防ぐ効果が期待できます。メーター類の位置などとともに敷設の範囲を確認します。

塀やフェンスの位置は道路・隣地境界線からはみ出していないかを現場で確認します。境界廻りは隣家と建て主の間などでトラブルになりやすいデリケートな部分なので、注意が必要です。

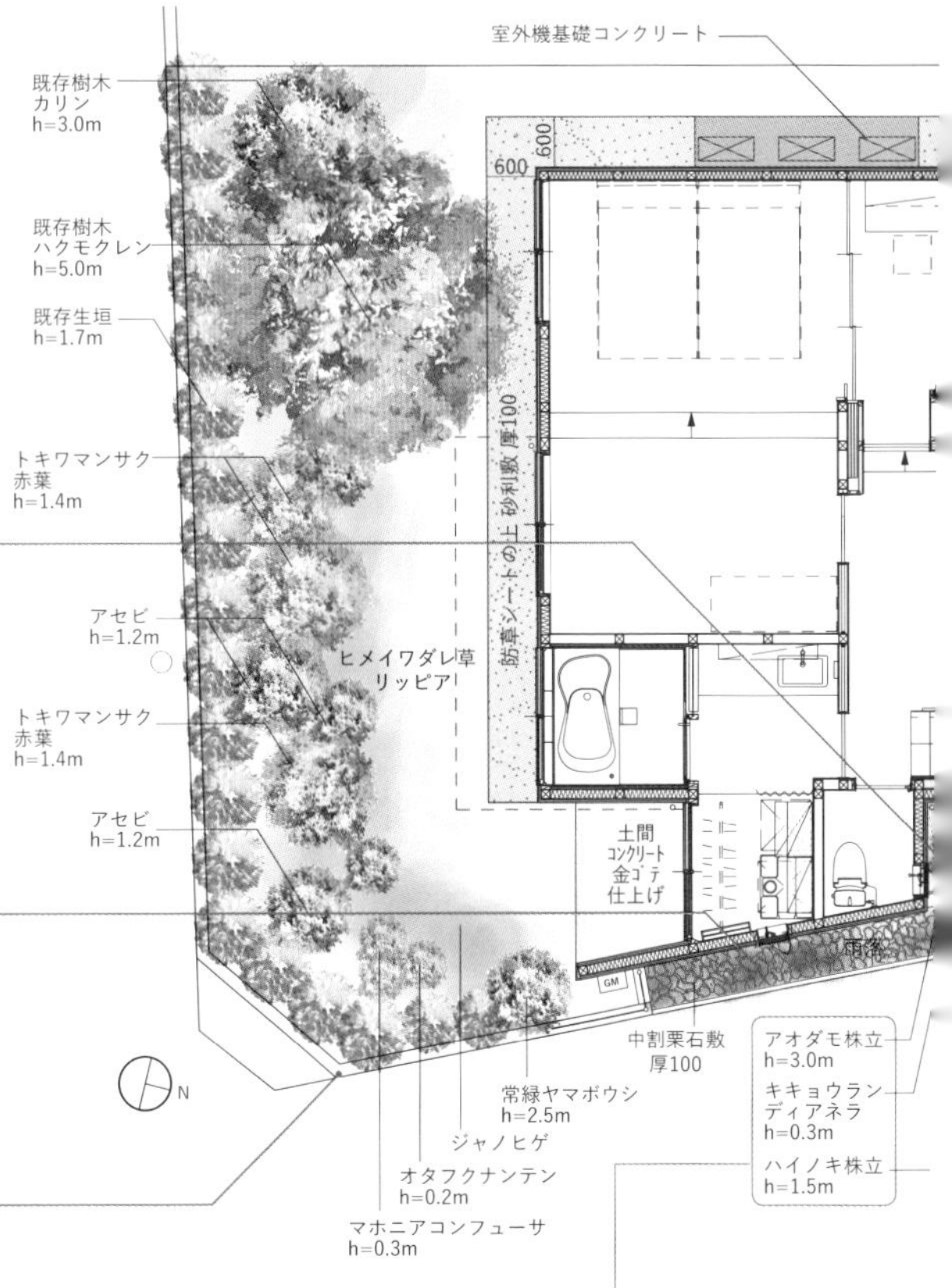

室外機基礎コンクリート
既存樹木
カリン
h=3.0m
600
600
既存樹木
ハクモクレン
h=5.0m
既存生垣
h=1.7m
トキワマンサク
赤葉
h=1.4m
防草シートの上 砂利敷 厚100
アセビ
h=1.2m
ヒメイワダレ草
リッピア
トキワマンサク
赤葉
h=1.4m
アセビ
h=1.2m
土間
コンクリート
金ゴテ
仕上げ
雨落
GM
中割栗石敷
厚100
N
アオダモ株立
h=3.0m
キキョウラン
ディアネラ
h=0.3m
ハイノキ株立
h=1.5m
常緑ヤマボウシ
h=2.5m
ジャノヒゲ
オタフクナンテン
h=0.2m
マホニアコンフューサ
h=0.3m

植栽を選定するときは、一本の茎から数本の茎が枝分かれする株立を指定しています。コストは割高になりますが、その分、見栄えします。

CHECK 1 植栽は適材適所で選ぶ

外構工事が終わると最後に造園工事が入ります。玄関前の坪庭は直接太陽光が当たらないので耐陰性の高い樹木を、南側の庭は既存の樹木を活かしながら常緑樹を増やしてプライバシーを高められるように樹木を選定しています。地面の土を覆うグランドカバーは踏まれても枯れにくい植栽を選定しています。

植栽イメージは図面と事例写真を見せながら、植木屋さんと相談しながら進めました。

坪庭

玄関前に坪庭を設けることで広がりが感じられます。道路からの視線を遮りプライバシーを守るため、1年中葉がついたままの常緑樹とし、アオダモや常緑のハイノキを植えています。

南庭

既存樹木を活かしながら南に開口部のある浴室は目隠しのために常緑樹を追加。グランドカバーは当初芝を植える予定でしたが、メンテナンスの手間が掛からず雑草に負けない繁殖力を持つヒメイワダレで地面を覆わせました。

設計検査で最終の仕上がり状況をチェック

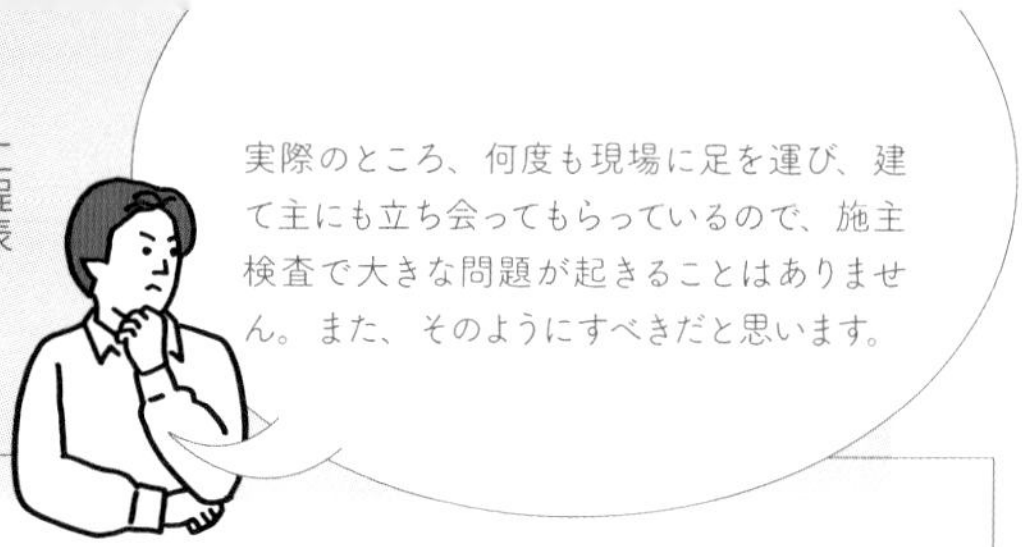
実際のところ、何度も現場に足を運び、建て主にも立ち会ってもらっているので、施主検査で大きな問題が起きることはありません。また、そのようにすべきだと思います。

建物のすべての工事が終わったら、指定確認検査機関（または建設主事）による建築確認申請の完了検査で法的なチェックを受けます。検査は施工者とともに設計者（工事監理者）も立ち会い、確認図書（図面）どおりに施工されているかを検査してもらいます。住宅性能評価の申請を行っている場合は同じ時期に受ける必要があります。

また、建物の仕上がり具合が問題ないか、施工者による自主検査を行った後、同様に工事監理者として設計検査も行います。傷がないかや納まりなどの細かい部分を確認していきます。その後、建て主による検査を受けて、仕上がりなど細かい部分の指摘がないかを確認していきます。指摘事項があった場合は、引き渡し日までに是正工事を行います。引き渡しまでに是正の完了が難しい場合は、残工事としてリスト化し、是正工事完了のスケジュールをたて、引き渡し後に工事を行い、すべての指摘事項を直します。

竣工前に必要な検査

引き渡しまでスムーズに進めるには、現場監督と連携して各検査の日程を調整していく必要があります。

建築確認の完了検査

申請

工事の進捗を確認し、現場監督と相談して、指定確認検査機関などに検査日の予約を入れます。

↓

検査

指定確認検査機関などの検査員による検査を受けます。検査で確認図書との不一致などがあった場合は「確認済証が交付できない旨の通知書」をもらうことになり、その場合は追加説明書を提出して、審査を受けます。

↓

検査済証

完了検査に合格すると「検査済証」が後日発行されます。検査済証がないと建物の使用も、引き渡しもすることができません。

↓

引渡し

各竣工検査

自主検査

工務店は社内検査を行い、問題箇所がない自主チェックします。ここで給湯や電気、床暖房などの設備動作に問題がないかなども確認します。

↓

設計検査

工事監理者として、また設計者として、細かく、各部屋・各部位を一つ一つ確認していきます。仕上がり具合や傷がないか、清掃状況などもチェックします。

↓

施主検査

建て主による検査です。気になるところがあったら、施工者・設計者に聞いてもらうようにしましょう。

↓

駄目工事

検査の結果、補修や手直し、追加工事が必要になった場合は引渡しまでに各工事を終わらせます。駄目工事には 1～2 週間ほど確保できるように検査のスケジュールなどを調整したいものです。

→ 引渡し

検査
済証

工事監理者として設計者の完了検査を行いますが、このほか施主にも検査をしてもらいます。また確認申請の完了検査を受けて、検査済証を交付してもらう必要があります。

CHECK 1 設計検査のチェックリスト

竣工検査では仕上り具合など細かい部分を確認します。工程ごとに現場に足を運び、問題があればその都度解決していくことが理想です。

全体	□ 図面どおりに施工されているか
内装	床や壁にに大きな傷や汚れはないか、壁際などに隙間はないか
	□ 床鳴りがしたり、床が浮いていたりしないか
	クロス仕上げの場合はよれがないか、ジョイント部分はスムーズ処理されているか
	□ タイル仕上げの場合は浮きがなく施工されているか
	床や壁にに大きな傷や汚れはないか、壁際などに隙間はないか
建具 サッシ	□ 建具の開閉はスムーズか、開き方向は問題ないか
	□ 建具の戸当たりが適切な位置にあるか
	□ 建具の施錠の有無は図面どおりか
	□ サッシの開閉はスムーズにできるか
	□ サッシのガラスに傷や汚れがないか
	□ サッシに指定したとおり網戸や雨戸がついているか、開き具合は問題ないか
	□ 玄関ドアのドアクローザーは速度は問題ないか
家具	□ 家具の扉や引き出しの開き具合は問題ないか
	□ 家具がしっかりと固定されているか
	□ 収納棚や飾り棚、ハンガーパイプがしっかりと固定されているか
水廻り	□ キッチンの扉や引き出しの開き具合は問題ないか
	□ キッチンのコンロは作動するか（ガスは開栓前となるのでガスが出ているかどうかまでは確認できない）
	□ トイレは問題なく排水できているか、漏水している個所はないか
	□ トイレの棚の高さは問題ないか
	□ トイレや洗面室のタオル掛けの位置は問題ないか
	□ 洗面室の収納扉や引き出しの開き具合は問題ないか
	□ 水廻りの設備機器などは取り合い部分にシーリングやコーキングが施工されているか

水廻り	□ 水栓はきちんと作動するか、タイムラグがないか
	□ 給湯機はきちんと作動するか（ガスは開栓前となるので給湯が行われるかまでは確認できない）
設備	□ 照明の位置・高さは問題ないか
	□ 照明のスイッチはつくか、スイッチと照明の連動は正しいか
	□ コンセントは通電しているか
	□ エアコンは作動するか
	□ 24 時間換気設備やキッチン・浴室・トイレの換気扇は作動するか
	□ 換気設備から異音がしないか
	□ 給気口からきちんと給気が行われているか
	□ インターホンやセキュリティシステムの位置は問題ないか、きちんと作動するか
	□ 火災報知器がついているか、きちんと作動するか
外部	□ 外壁やサッシなどに傷や汚れがないか
	□ 基礎に大きなクラックがないか
	□ 外壁廻りの必要な個所にシーリングがされているか
	□ 屋根やサッシまわりなどが適切に雨仕舞されているか
	□ 樋が正しく配置されているか、きちんと排水されるか（横樋は勾配がとれているか）
	□ バルコニーの排水ドレンからきちんと排水されるか
	□ 玄関ポーチなどは適切な水勾配が確保され、きちんと排水されるか
	□ 門扉の開閉は問題ないか
	□ ガス・水道のメーターの位置は問題ないか
	□ 汚水桝の位置が適切か、汚水ががきちんと流れていくか（流れが適正か）
	□ エアコン室外機の位置は問題ないか
	□ 給湯器の設置位置は・高さ・吹き出し口は問題ないか、火器から適切な距離がとれているか

CHECK 2 引き渡しの前に指摘の是正を確認

竣工検査で指摘をした部位（建て主から指摘された部位）はダメ工事（手直し）を行います。建て主から指摘を受けた部位などは引き渡し前に是正し、実際に確認してもらうか、写真提出など行い再確認を受けます。

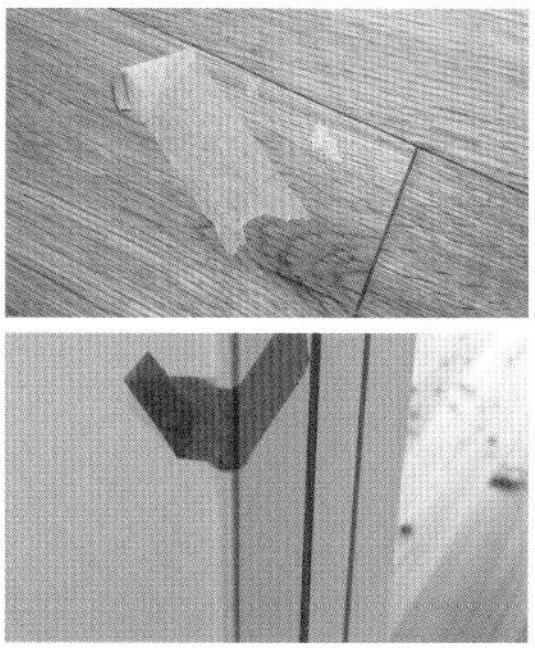

テープを貼って傷や汚れなどにしるしをつけます。これをもとに施工者は補修や手直しを行うので引き渡し前までにテープの貼ってあるところが直っているかを確認します。上写真は床のへこみ、下写真は壁の汚れ、どちらもよくある指摘です。

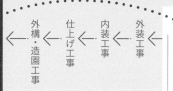

最後まで建て主に丁寧な説明と確認を

引き渡しでは取り扱い説明も

引き渡しの取り扱い説明では、工事監督のほか各設備のメーカー担当者に参加してもらい、より詳しい人から説明してもらうこともあります。今回はキッチンや床暖房、カセット型エアコン、セキュリティシステムのメーカーにも参加してもらい、詳しく使い方を説明してもらっています。

駄目工事の確認

竣工検査で指摘があった場所などで、補修が完了している場合は建て主に確認してもらいます。引き渡しまでに終わらない場合は残工事として、完了までのスケジュールを説明します。

取り扱い説明

工事監督主導のもと、設備や部材などの取り扱い説明を行っていきます。設備だけでなく、床や壁の仕上げの説明とメンテナンスの方法についても併せて説明していくとよいでしょう［メンテナンスの時期は160頁参照］。

瑕疵保障の説明

万が一瑕疵があった場合の補償についても今いちど建て主に説明しています。

【施工者が準備するもの】
- 引き渡し書
- 下請け業者一覧表
- 各機器などの保証書や取り扱い説明書
- 鍵引き渡し書（鍵リスト）
- 玄関をはじめすべての鍵

【設計者が用意するもの】（次頁参照）
- 確認申請書の副本
- 確認済証
- 検査済証
- 住宅性能評価やフラット35の適合証明書
- 工事監理報告書
- 竣工図

引き渡しに向けて、建て主は施主検査以外に様々な手続きが必要になります。住宅ローンを使わない場合は引き渡し日までに工事の最終金を施工者に支払って引き渡しになりますが、ローンを使う場合は銀行が抵当権の設定する保存登記の手続きが必要です。引き渡し時には確認申請書や完了検査済証などの書類をまとめておきます。設計者は引き渡し時に是正確認と残工事がある場合はその内容とスケジュールを確認します。

引き渡しでは、施主検査で指摘のあった事項の補修状況が完了したことを確認してもらいます。その後、施工者が設備機器類の取り扱い方法を簡単に説明します。電気・ガス・水道のメーターやアンテナの位置の確認も行います。24時間換気の使い方や給気口の位置はもちろん、24時間換気の意味（必要性）なども併せて説明しておくとよいでしょう。最後に「引渡書」にサインと押印をもらい、玄関の鍵を受け渡して引き渡し完了となります。

引き渡しでは図面や必要書類を渡し、取り扱い説明を行います。良い状態を長く保つためのお手入れのコツや、定期的に点検や掃除をしておくとよい場所なども併せて伝えます。

CHECK 1 引き渡しのために設計者が準備する書類

引き渡し日が決まったら、設計者は必要な書類を準備しておきます。

□確認申請書の副本

確認申請［118頁参照］を提出し「確認済証」が交付されると、提出した申請書や申請図書が1部戻ってきます（副本という）。工事が完了するまでは設計者が保管し、引き渡し時に建て主に渡します。

□確認済証

確認申請を提出して取得した確認済証も工事が完了するまでは設計者が保管し、引き渡し時に建て主に渡します。

□検査済証

確認検査機関等の竣工検査が終わり、検査に合格すると公布されます。

□住宅性能評価の適合証明書

住宅性能評価やフラット35に申し込んでいる場合は、最後の検査が終わり合格すると「適合証明書」が交付されます。住宅ローンの契約に必要となるなど、重要書類です。

□工事監理報告書

工事監理業務を行った建築士は建築士法20条3項で工事監理報告書をもって、建て主に監理報告を行う必要があります。決められた様式にしたがって記載し、工事写真などを貼りつけます。基礎コンクリートなどの検査結果も併せて提出するため各検査の書類などは引き渡しまで大切に保管しておく必要があります。データでの提出も可能です。

□竣工図

工事が始まると現場打合せによってなど、設計を変更することが多々あります。こうした現場での変更を反映させた図面「竣工図」も準備して、引き渡しに提出します。平面詳細図や矩計図、仕様書などの図面はもちろん、構造図や設備図も含みます。

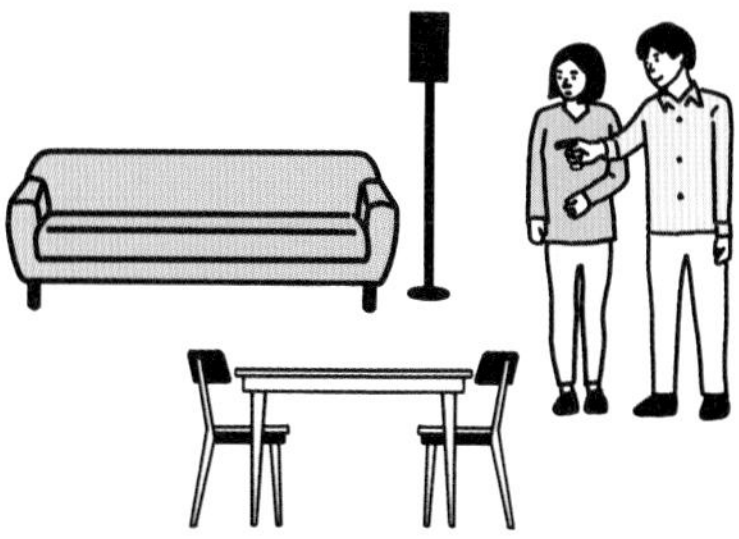

CHECK 2 引き渡しまでに建て主がしておくべきこと

建て主は引き渡しの前後に、新築届、所有権保存登記、表題登記、火災保険の加入など様々な手続きを行う必要があります。引き渡しの際、施工者から「引き渡し証明書」を受領し、建築確認申請書と検査済証を併せて司法書士に保存登記を依頼し、抵当権が設定されローンが実行され施工者に最終金が支払われます。

家具／家電の購入……………3カ月前／1カ月前

テーブルやソファなどの家具は受注生産品のことがあり、納期も1カ月以上かかるものが多くあります。そのため遅くとも竣工の3か月前を目安に購入・発注しておくようにします。新たに家電の購入がある場合は配送時期の調整が必要なため1カ月ほど前に購入しておくとよいでしょう。

引き渡しを受ける時に、建て主は工事費の残金を施工者に支払います。ローンを使っている場合は、建物の登記手続きを済ませる必要があります。建物の表題登記は引き渡しから1カ月以内に行うという決まりがあります。

カーテン・ブラインドの発注……………3週間前

カーテンやブラインドは早めに受注生産のことが多いため早めに購入してもらったほうがよいです。現場で実際の寸法を測ってもらいます。

電気・電話・ガス・水道の引っ越し手続き……1カ月前

開栓が必要なガスなど、立ち合いが必要な場合があります。引越し当日から暮らせるように、各手続きを行ってもらいます。引越し業者の手配も行います。

インターネット回線引き込み工事依頼……1カ月前

インターネットを有線で引き込む場合は、引っ越しの1カ月前には通信会社に連絡を取り、引き込み工事の日付を調整しておくとよいでしょう。会社によっては混雑しており時間が掛かる場合があるので早めに連絡することをすすめます。

新築届け……………1.5カ月前

役所に住居表示番号取得の届け出を行います。

住民票の移動……………1カ月前

登記書類提出までに住民票の移動もすませます。

登記……………1カ月前

司法書士に依頼して所有権保存登記、土地家屋調査士が表題登記の準備にはいります。

火災保険の加入……………1カ月前

引き渡し日から開始されるように契約します。

10年後、20年後を見据えた計画を

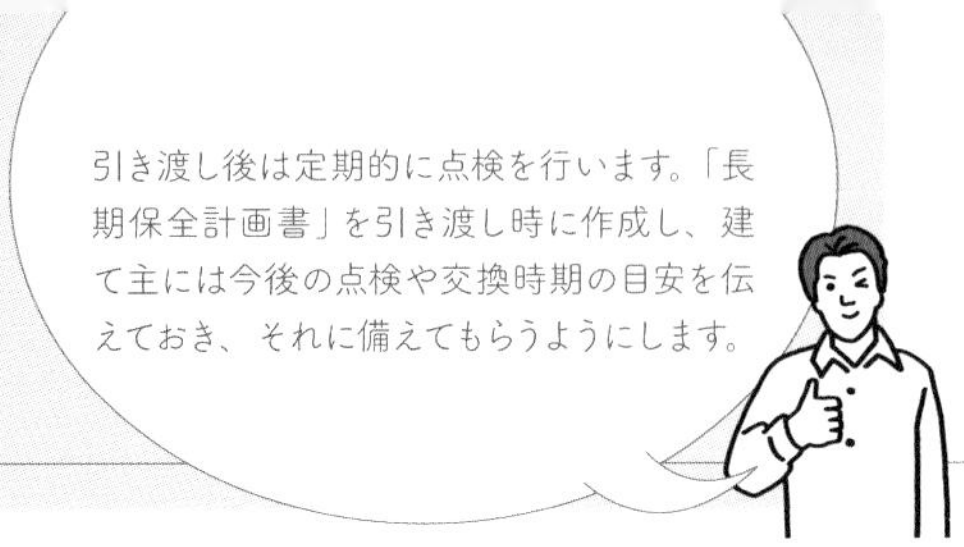
引き渡し後は定期的に点検を行います。「長期保全計画書」を引き渡し時に作成し、建て主には今後の点検や交換時期の目安を伝えておき、それに備えてもらうようにします。

定期点検のスケジュール

引き渡し後は少なくとも瑕疵担保の保証期間である10年までは、1カ月、半年、1年など定期的に点検を行うようにしたいところです。またその後も20年や30年などの折に訪れていくのが理想です。

1年点検では、西日の当たるダイニングのクロスが反っていたので部分的に貼り替え、1階のフローリングに床鳴りをする部分があったため、鋼製束で調整しました。

1カ月点検

竣工後して間もなくの点検は、傷やクロスの隙間など、竣工検査で気が付かず住み始めて気が付いたところなどの確認をします。指摘はクロスの汚れや建具の反り、傷がほとんどです。

1年点検

1年住んでみて、不便を感じているところはないか、問題が起きているところはないかなどを確認します。問題があれば是正工事をおこないます。コンクリートは2年ほどかけて乾燥しますが、その際に水蒸気が発生します。この水蒸気によって床下に湿気が溜まることがあるため、床下にもぐって湿気が溜まっていないか、通気が十分かも確認します。

5年～10年点検

長期保全計画をもとに、屋根や外壁などの状況を確認します。シーリングは必ず劣化するものなので、外壁と開口部の間に施工したシーリングなどの劣化状況を確認します。また、10年点検では防水保証が終わるので防水関係を集中的に点検します。

20・30年点検

長期保全計画をもとに外壁や屋根の張替えが必要かなどを点検していきます。修繕が必要な箇所はないか、また生活が変わってきてリフォームやリノベーションが必要ないかを提案するのもよいでしょう。

建物は完成して終わりではありません。何か問題があればその都度対応し、定期的に訪れては不具合がないかや暮らしぶりを確認し、長きにわたって建て主とよい関係性を築いていくことが大切です。

定期点検は施工者とともに1カ月後、1年後などに行います。特別な決まりはありませんが、その後は10年や20年30年と区切りのよい年に点検していきます。設備に寿命があることはもちろん、どんな建材も経年変化があるので定期的なメンテナンスが必要になることも、引き渡しまでに建て主に対して丁寧に説明をしておくべきです。また、どのようなタイミングでメンテナンスの必要が出てくるか「長期保全計画書」を作成して説明し、長持ちさせるには日々のお手入れをどうしたらよいのかも伝えます。20年後30年後、暮らしが変化したときにもリフォームやリノベーションの提案ができるような関係性を築いていきたいものです。

CHECK 1 「長期保全計画」でいつまでも快適な住まいを

マンションであれば「積み立て修繕金」などの項目で住民による管理組合が修繕時期に適切なメンテナンス工事が行えるように準備しています。しかし、戸建て住宅では建て主自身で準備しておく必要があるため、「長期保全計画」を作成して、いつ点検すればよいかや、修繕を検討する時期を明確にし、建て主にも説明しておく必要があります

建物に痛みがあったら、大きなダメージになる前に初期の段階で修理をしておくことが重要です。

長期保全計画書（戸建住宅）

工事名	桜上水の家	顧客名	M様	住所	東京都世田谷区○○○○○	電話	01-2345-6789
引渡日	2020年○月○日	現場代理人	施工太郎	設計事務所		プラスデザイン一級建築士事務所	

保全項目			修繕区分	メンテナンスサイクル（竣工後年数）																				備考
区分	部位	部材		1	2	3	4	5	6	7	8	9	10	11	12	13	14	15	16	17	18	19	20	
建築	屋根	露出防水	保護塗装塗替え					●					●			○		●					○	
		ルーフドレイン	取替え					○					○			○		●					○	
		葺屋根（金属）	補修・葺替え					○					○			○		●					○	
		笠木（金属）	補修					○					○			○		●					○	
		樋	取替え					○					○			○		●					○	
	外壁その他	コンクリート打放し	撥水剤塗替え					○		●			○			○		●					●	
			補修					○					○					●					○	
		外部鉄部	塗替え			○		●			○		●			○		○					●	
		外部木部	塗替え			○		●			○		●			○		○					●	
		モルタル・左官系仕上	補修及び洗浄			○		○		●			○					○					○	
		塗装	塗装塗替え洗浄					○		●			○					○					●	
	建具	アルミサッシ（外部）	網戸張替え					○					○					●					○	
			取替え					○					○					○					○	
		木製建具（内部）	取替え					○					○					○					○	
		シール（外部開口部まわり）	打替え					○		●			○			○		●					○	
	内装	ビニールクロス	貼替え					○					○					○					○	
		左官	補修・塗替え					○					○					○					●	
		フローリング	補修					○					○					○					○	
設備	電気	分電盤	取替え				○				○				○			○			●			
		照明器具	取替え						○				○					●						
	給排水衛生	給水管	取替え														○						○	
		排水管	取替え														○						○	
		ガス管	取替え														○						○	
		衛生器具（水栓金具）	取替え					○					○				○	●					○	
		給湯器	取替え					○					○				○	●					○	
	空調	冷暖房器	取替え					○					○				○	●					○	
		換気扇	取替え										○				○	●					○	
		床暖房	取替え										○				○	●					○	

【本計画書の見方】

1. 本書は一般的な目安です。環境・使用状況により年数は異なります。
2. 記号の意味は以下の通りです

○ 点検時期：主に専門業者及びお客様側による、、目視などによる点検時期を示します。
不具合があった場合はご一報下さい。（専門業者の診断は有償工事とさせて頂きます）

● 改修時期：改修時期を示します。全面的な改修や取替えを検討する必要があります。
ご要望により改修計画、提案をさせて頂きます。（有償工事とさせて頂きます）

屋根

ガルバリウム鋼板は比較的劣化しにくい素材ですが、アンテナなどからもらい錆をすることがあるので注意が必要です。スレートの場合はコケが生えることがあり、接着剤を仕様して固定する屋根材の場合は接着剤が劣化しやすいので注意します。

外壁

ガルバリウム鋼板の横葺き外壁は、シーリングを用いない納まりのためメンテナンスがあまり必要ありませんが、サイディングは金属系・窯業系ともに継ぎ手のシーリングの紫外線劣化は避けられないので、10 年程度でやり直しが必要になります。外壁のやり替えは足場が必要になるため屋根などとまとめて行うことが一般的です。

設備機器

給湯機やトイレのウォシュレット、24 時間換気設備、エアコンなど、設備には寿命があります。性能に問題がないかなどの確認が必要です。空調設備は 10 年、給湯器は7～12年で更新になります。配管では、キッチン廻りの排水管が、高温の油が流れていくこともあるため劣化がしやすい傾向にあります。

桜上水の家 物件概要

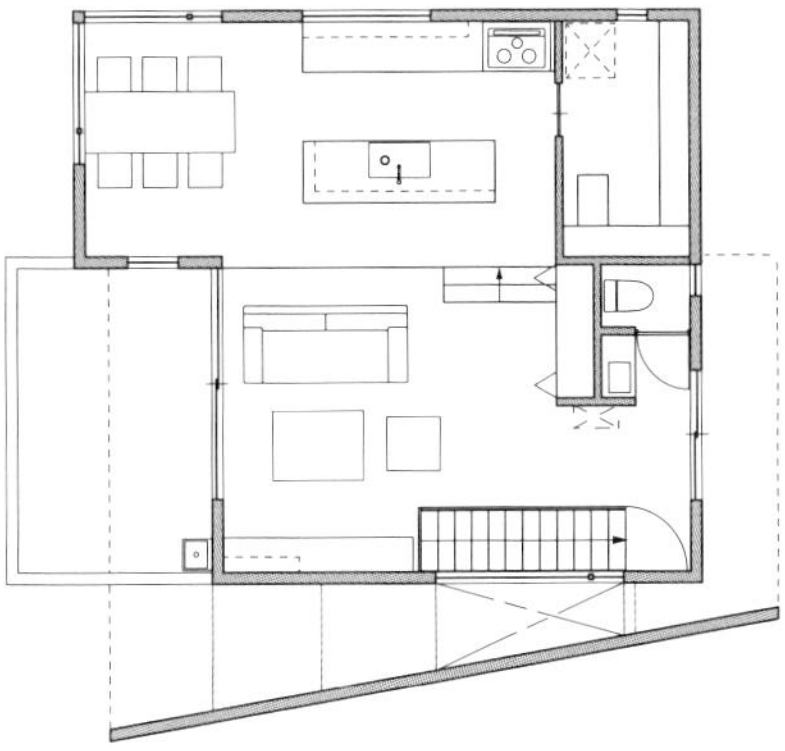

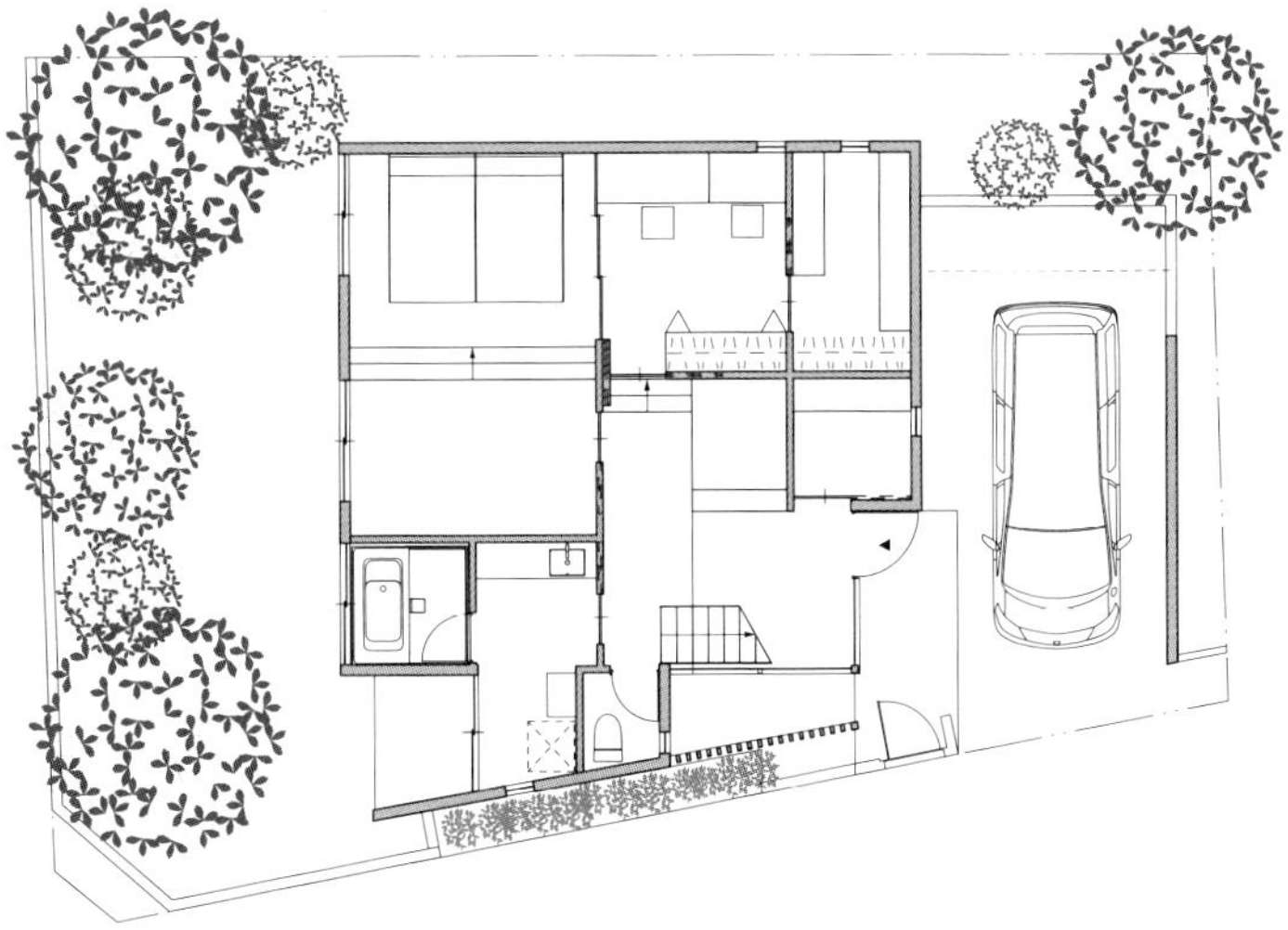

所在地

東京都

家族構成

夫婦＋子供1人

構造

木造2階建て

規模

［敷地面積］ 178.92㎡
［建築面積］ 87.96㎡
［建蔽率］ 49.16%
［1階床面積］ 85.68㎡
［2階床面積］ 52.17㎡
［延床面積］ 137.85㎡
［容積率］ 77.04%

敷地条件

［用途地域］ 第一種低層住居専用地域
［防火地域］ 準防火地域
［指定地域］ 土地区画整理事業
緑化地域・世田谷区
風景づくり計画区域
［高さ制限］ 絶対高さ10M、
第一種高度地区

設計

プラスデザイン1級建築士事務所
〒151-0071
東京都渋谷区本町1-28-15-101
TEL&FAX 03-6300-4339
MAIL mail@plus-design.net
WEB https://www.plus-design.net/
担当 萱沼宏記、木村優仁

構造設計

株式会社 MAY設計事務所
担当 杉山逸郎

施工

株式会社 匠陽
担当 勝又忠夫、山口直也
［大工］ 青木工務店 青木修二
［基礎］ 吉見工業 吉見正人
［プレカット］ シー・エス・ランバー 佐久間幸夫
［電気］ ニッパシ電業 庄子清
［水道］ 古川水管 古川龍司
［板金］ 鈴木板金 中野忠
［左官］ 福田左官工業 福田茂
［タイル］ 羽村タイル 羽村宗浩
［塗装］ 雨海塗装 長澤洋一
［内装］ 坪坂内装 坪坂正
［家具建具］ 横山建築工房 横山隆之
［スチールサッシ］ アイアンクリエイト 川鍋浩志
［防水］ ワイテクト 小倉豊
［外構］ 良和ブロック 根岸章哲
［植栽］ 高橋園 高橋博

工程

［設計期間］ 2019年2月～2019年11月
［工事期間］ 2019年12月～2020年7月

項目＼名称		H邸新築工事	I邸新築工事	J邸新築工事	K邸新築工事	L邸新築工事	M邸新築工事	N邸新築工事
建設地		山梨県	埼玉県	山梨県	東京都	山梨県	東京都	東京都
構造・規模		木造2階建	木造2階建	木造2階建	木造2階建	木造2階建	木造2階建	木造2階建
敷地面積㎡(坪)		704.66(213.15)	685.61(207.38)	260.96(78.93)	178.92(54.12)	725.41(219.42)	120.58(36.47)	265.45(80.29)
建築面積㎡(坪)		92.60(28.01)	190.95(57.76)	76.18(23.04)	87.96(26.61)	169.28(51.20)	70.18(21.23)	132.66(40.13)
延床面積㎡(坪)		118.52(35.85)	236.61(71.57)	143.92(43.53)	137.38(41.55)	277.14(83.83)	142.42(43.08)	238.77(72.22)
坪単価(延床)		99.58	93.15	89.59	89.95	59.49	105.50	83.08
工事金額合計(税抜)		3,570.00	6,667.00	3,900.00	3,737.24	4,987.00	4,545.00	6,000.00
消費税(10%)		357.00	666.70	390.00	373.72	498.70	454.50	600.00
工事金額(税込)		3,927.00	7,333.70	4,290.00	4110.96	5,485.70	4,999.50	6,600.00
A. 共通仮設工事			54.70			70.14	108.71	
B. 建築工事		2,076.85	4,897.71	2,658.20	2,564.93	3,480.29	2,570.51	3,948.53
仮設工事	仮設工事	93.30	99.42	129.90	103.65	55.40	60.19	196.35
躯体工事	基礎工事	226.60	407.89	203.70	353.24	399.78	237.74	401.90
	鉄骨工事		64.51		57.31	7.78	12.64	
	木工事	599.30	1,355.41	652.90	649.11	1,276.24	823.51	1,281.28
	大工手間		730.00		318.00	611.53	350.03	366.80
	組積工事							
小計		825.90	2,557.81	856.60	1,377.66	2,295.33	1,423.92	2,049.98
外装工事	外装工事	84.90	133.78	292.80	278.30	50.53		781.26
	屋根工事	68.90	253.18	116.60	89.79	74.99	53.08	114.34
	防水工事	23.70	82.50	42.10	26.18	48.10	45.97	
	板金工事		49.75		9.39	177.73	121.20	52.28
	金属工事	44.70	116.60			6.00	51.72	66.36
	タイル工事	52.80	88.96	15.20	13.36	48.24	9.84	
	左官工事		119.92		10.00	13.65	86.45	40.49
	その他工事							
小計		275.00	844.69	466.70	427.02	419.24	368.26	1,054.73
内装工事	内装工事	245.25		397.70	42.05	103.81	68.28	104.17
	塗装工事	79.60	223.35	142.30	68.00	69.69	83.83	24.00
	その他工事							
小計		324.85	223.35	540.00	110.05	173.50	152.11	128.17
建具工事	鋼製建具工事	65.10	88.07	91.30	197.81	167.19	277.50	314.10
	木製建具工事	198.60	369.81	141.90	61.34	213.20	130.44	143.37
	ガラス工事	180.80	204.42		45.57	21.63		
小計		444.50	662.30	233.20	304.72	402.02	407.94	457.47
その他工事	家具工事	36.60	442.70	390.30	176.83	133.80	129.30	
	雑工事	76.70	67.44	41.50	65.00	1.00	28.79	61.83
小計		113.30	510.14	431.80	241.83	134.80	158.09	61.83
C. 電気設備工事		211.50	441.63	206.70	144.47	301.94	245.65	280.40
D. 給排水衛生工事		380.95	300.20	564.30	327.94	511.46	472.74	687.73
衛生器具			98.34			306.17	259.24	360.73
設備工事			201.86			205.29	213.50	327.00
E. 空気調和設備工事		119.10	168.15	124.60	125.18	105.81	130.82	102.60
F. 床暖房設備工事		207.10	80.00	139.60	44.14		87.88	
G. ガス設備工事		16.30			16.00		23.08	80.00
I. その他			82.29				10.93	
J. 外構工事		190.50	145.82		104.58	362.35	168.83	237.00
H. 諸経費		495.00	500.00	400.00	410.00	155.70	753.61	720.00
K. 値引		-127.30	-3.50	-193.40		-0.69	-27.76	-56.26

実務で使える見積比較表

設計実務を行っていると予算は常に立ちはだかる問題と言っても過言ではありません。計画案が実現できるようコスト感覚を身に着け、また施工者から提出された見積が適正価格かを判断するためにも、過去の見積をまとめておくことをおすすめします。ここでは35頁の見積比較表の完全版を紹介します。社会情勢や年月によって価格は上下することを留意してください。また、見積の発行日も記載しておくとよいでしょう。

項目＼名称		A邸新築工事	B邸新築工事	C邸新築工事	D邸新築工事	E邸新築工事	F邸新築工事	G邸新築工事
建設地		長野県	長野県	千葉県	長野県	神奈川県	神奈川県	静岡県
構造・規模		木造1階建	木造1階建	木造2階建	木造1階建	木造2階建	木造3階建	RC+S造2階建
敷地面積㎡(坪)		373.83(113.08)	1,631(493.37)	630.00(190.57)	851.92(257.70)	235.59(71.26)	129.92(39.30)	1104.21(334.00)
建築面積㎡(坪)		158.13(47.83)	127.74(38.64)	69.24(20.94)	111.79(33.81)	46.11(13.95)	68.82(20.82)	203.83(61.65)
延床面積㎡(坪)		153.70(46.49)	125.12(37.84)	110.44(33.40)	111.79(33.81)	106.60(32.24)	165.52(50.07)	220.94(66.83)
坪単価(延床)		61.30	62.90	77.25	95.68	91.50	81.09	158.76
工事金額合計(税抜)		2,850.00	2,380.00	2,580.00	3,234.93	2,950.00	4,060.00	10,610.00
消費税(10%)		285.00	238.00	258.00	323.49	295.00	406.00	1,061.00
工事金額(税込)		3,135.00	2,618.00	2,838.00	3,558.42	3,245.00	4,466.00	11,671.00
A. 共通仮設工事		27.60	101.80			72.40		
B. 建築工事		2,106.70	2,097.00	2,148.06	2,847.32	1,898.94	2,473.91	8,531.40
仮設工事	仮設工事	47.40		78.96	114.62	99.10	51.80	558.91
躯体工事	基礎工事	234.80	288.30	189.05	398.51	220.02	180.22	2,008.47
	鉄骨工事						42.19	962.94
	木工事	580.80	795.10	741.65	871.03	669.60	663.50	860.18
	大工手間						331.50	460.00
	組積工事	53.40						
小計		869.00	1,083.40	930.70	1,269.54	889.62	1,217.41	4,291.59
外装工事	外装工事			135.48		116.30	267.10	
	屋根工事		141.80	125.36		55.04	32.14	261.89
	防水工事	25.00			91.70	24.98	13.20	135.24
	板金工事	436.90					10.86	
	金属工事			138.17				189.14
	タイル工事	32.00	141.60	10.68	108.41	44.50	39.40	106.99
	左官工事	85.00		28.33		49.40		282.00
	その他工事			20.49				
小計		578.90	283.40	458.51	200.11	290.22	362.70	975.26
内装工事	内装工事	30.80		19.68	16.20	67.70	55.78	169.71
	塗装工事	125.00	115.60	108.90	137.57	88.10	19.00	290.50
	その他工事	193.00						
小計		348.80	115.60	128.58	153.77	155.80	74.78	460.21
建具工事	鋼製建具工事	150.00		99.94		60.10	303.58	610.00
	木製建具工事	112.60	385.90	80.31	359.19	103.90	101.40	630.00
	ガラス工事			89.12	274.88	48.40		350.00
小計		262.60	385.90	269.37	634.07	212.40	404.98	1,590.00
その他工事	家具工事		98.40	183.90	263.76	76.60	306.00	420.00
	雑工事		130.30	98.04	211.45	175.20	56.24	235.43
小計		-	228.70	281.94	475.21	251.80	362.24	655.43
C. 電気設備工事		104.40	89.20	112.01	109.94	111.30	392.64	518.00
D. 給排水衛生工事		186.40	259.30	229.24	437.00	431.30	348.20	720.00
衛生器具							213.20	416.45
設備工事							135.00	303.55
E. 空気調和設備工事		252.90	4.30	109.56	70.00	94.80		185.00
F. 床暖房設備工事		172.00	195.10		211.11	43.40	25.00	140.00
G. ガス設備工事							52.68	
I. その他							190.00	120.00
J. 外構工事			30.10	116.07	31.14	104.90	265.57	464.50
H. 諸経費			272.60	200.00	278.42	242.20	312.00	852.00
K. 値引			-669.40	-334.94	-750.00	-49.24		-920.90

桜上水の家
全図面リスト

1棟の住宅を建てるためには、多くの図面が必要になります。本書では様々な図面を紹介してきましたが、実はそれは全体で見るとごく一部です。今回作成した（承認した）図面は以下のものがあります。ただし、特に重要な図面については本文で紹介しています。

●：設計者または構造設計者が作成した図面
○：施工者や業者などが作成し、設計者が承認した図面

意匠図

●	00	表紙	
●	01	図面リスト	
●	02	特記仕様書-1	66頁
●	03	特記仕様書-2	66頁
●	04	特記仕様書-3	66頁
●	05	特記仕様書-4	66頁
●	06	特記仕様書-5	66頁
●	07	案内図	
●	08	求積図	
●	09	外部仕上表・内部仕上表	66頁
●	10	屋根伏・配置図	
●	11	1階平面図（平面詳細図）	54頁
●	12	2階平面図（平面詳細図）	
●	13	立面図	68頁
●	14	断面図	
●	15	矩計図-1	56頁
●	16	展開図-1	74頁
●	17	展開図-2	74頁
●	18	展開図-3	74頁
●	19	展開図-4	74頁
●	20	展開図-5	74頁
●	21	展開図-6	74頁
●	22	展開図-7	74頁
●	23	展開図-8	74頁
●	24	展開図-9	74頁
●	25	展開図-10	74頁
●	26	展開図-11	74頁
●	27	2階天井伏図	80頁
●	28	1階天井伏図	80頁
●	29	建具キープラン	82頁
●	30	建具表-1（FIX,AW）	82頁
●	31	建具表-2（AW）	
●	32	建具表-3（WD,OWD）	82頁
●	33	家具図-1（KG）	78頁
●	34	家具図-2（KG）	78頁
●	35	家具図-3（KG）	78頁

設備図

●	A-01	1階空調換気設備図	86頁
●	A-02	2階空調換気設備図	84頁
●	A-03	空調・換気器具リスト	86頁
●	E-01	1階照明設備図	
●	E-02	2階照明設備図	88頁
●	E-03	照明器具リスト	88頁
●	E-04	1階弱電気設備図	90頁
●	E-05	2階弱電気設備図	90頁
●	P-01	1階給排水設備図	92頁
●	P-02	2階給排水設備図	
●	P-03	衛生設備器具リスト-1	
●	P-04	衛生設備器具リスト-2	
●	P-05	床暖房設備図	84頁

構造図

●	S-01	構造設計標準仕様	
●	S-02	木造基礎配筋仕様書	
●	S-03	標準仕様書（1）	
●	S-04	標準仕様書（2）	
●	S-05	標準仕様書（3）	
●	S-06	標準仕様書（4）	
●	S-07	凡例	
●	S-08	基礎リスト	
●	S-09	基礎伏図	
●	S-10	土台伏図	
●	S-11	2階梁伏図	
●	S-12	小屋伏図	
●	S-13	屋根伏図	
●	S-14	壁位置及び金物配置図1	103頁
●	S-15	壁位置及び金物配置図2	
●	S-16	軸組図-1	
●	S-17	軸組図-2	
●	S-18	軸組図-3	
●	S-19	軸組図-4	
●	S-20	高倍率壁仕様	

詳細図

●	D-1	鋼製建具AW-1詳細図	
●	D-2	鋼製建具AW-2詳細図	
●	D-3	鋼製建具AW-3詳細図	
●	D-4	鋼製建具AW-4詳細図	
●	D-5	鋼製建具AW-5詳細図	
●	D-6	鋼製建具AW-6詳細図	
●	D-7	鋼製建具AW-7,8詳細図	
●	D-8	鋼製建具AW-9詳細図	
●	D-9	鋼製建具AW-10-1詳細図	
●	D-10	鋼製建具AW-10-2詳細図	
●	D-11	鋼製建具AW-11-1詳細図	
●	D-12	鋼製建具AW-11-2詳細図	
●	D-13	鋼製建具AW-12詳細図	
●	D-14	鋼製建具AW-13詳細図	
●	D-15	鋼製建具AW-14詳細図	
●	D-16	鋼製建具AW-15詳細図	77頁
●	D-17	鋼製建具AW-16詳細図	
●	D-18	鋼製建具AW-17詳細図	
●	D-19	鋼製建具AW-18詳細図	
●	D-20	軒先詳細図-1	77頁
●	D-21	軒先詳細図-2	77頁
●	D-22	軒先詳細図-3	77頁
●	D-23	板金外壁割付詳細図-1	
●	D-24	板金外壁割付詳細図-2	
●	D-25	板金外壁割付詳細図-3	
●	D-26	バルコニー詳細図	
●	D-27	バルコニータイル割図	
●	D-28	浴室詳細図	
●	D-29	浴室タイル割図	
●	D-30	ガラス手摺り詳細図	
●	D-31	階段詳細図	76頁
●	D-32	家具図(キッチン-1)	
●	D-33	家具図(キッチン-2)	
●	D-34	家具図(洗面台)	
●	D-35	家具図(TV台)	
●	D-36	家具図(書斎本棚)	
●	D-37	家具図(2階手洗い)	
●	D-38	門扉詳細図	

プレカット図

○	PC-01	土台伏図	
○	PC-02	土台伏図(ｻﾌﾞﾚｲﾔ)	
○	PC-03	2階床伏図	136頁
○	PC-04	2階床伏図(ｻﾌﾞﾚｲﾔ1)	
○	PC-05	2階床伏図(ｻﾌﾞﾚｲﾔ2)	
○	PC-06	2階小屋伏図	
○	PC-07	2階母屋伏図	
○	PC-08	1階床合板伏図	
○	PC-09	2階床合板伏図	
○	PC-10	2階床合板伏図(ｻﾌﾞﾚｲﾔ1)	
○	PC-11	2階床合板伏図(ｻﾌﾞﾚｲﾔ2)	
○	PC-12	軸組断面図-1-16	137頁

その他の図面

○	基礎施工図-1	128頁
○	基礎施工図-2	
○	鉄骨柱製作図	
○	鉄骨階段製作図	
○	建具詳細図WD-1	
○	建具詳細図WD-2	
○	建具詳細図WD-3	
○	建具詳細図WD-4	
○	建具詳細図WD-5	
○	建具詳細図WD-6	
○	建具詳細図WD-7	
●	建具詳細図WD-8	
○	建具詳細図WD-9	
○	建具詳細図WD-10	
○	建具詳細図KG-6	
○	建具詳細図KG-18	
●	ブラインド図	
●	現況図	30頁
●	外構図	154頁

おわりに

大学では建築の様々な分野について学びますが、多くの学生はその講義が実務において役立つのか、不安を感じながら学んでいます。建築の中でも最小単位のプロジェクトと言える「住宅」においても、総合的な知識が求められます。本書を通して1件の住宅の出来上がるプロセスを疑似体験する中で、点と点の知識が一本の線、または一本の線から様々な分野とつながっていることに気がついてもらえるのではないかと思いました。例えば意匠設計者はデザイン以外の構造や環境や設備について興味や知識がないと自ら設計の可能性を狭めてしまうこと、構造設計者など専門家との協働がスムーズに進まないことなどです。実務の世界が見える事で、学生の間にどんな事を学んでおきたいか、新しい興味と学習意欲が沸いてくれることも期待しています。

また、設計事務所に入社した新人がどうしたら自分で考えて仕事に取り組めるようになるのかを考えた時に、仕事の全体がどの様に進んで行くのか俯瞰的に見られるようになることは大きな契機になると思います。このことは、私自身の経験でもそうであったし、私の事務所の若いスタッフにも当てはまります。

本書では1軒の住宅が竣工するまでの1年半を時間軸に沿って進め、その時々で設計者はどんなことを注意して設計を進めているのかを知ることで仕事の流れを掴み、実務で活かしてもらえることを期待しています。

最後に本書の出版にあたり、建て主のM夫妻に深く感謝申し上げます。私から家づくりの様子をまとめさせてほしいと依頼したのは設計契約直後でした。恐らくこれから家づくりを始める不安も感じていた頃だと思います。快く受け入れて頂きありがとうございました。重ねてお礼申し上げます。

リビングデザインセンターOZONEの小川ひろみさん、村松葉子さんには、コンペ当初から竣工引渡しまでコンサルタントとして大変お世話になりました。Mご夫妻も小川さんと村松さんのおかげで安心して家づくりができたと思います。また、コロナ禍で思う様に執筆が進まず担当頂いたエクスナレッジの筒井美穂さんには多大なご苦労をお掛けしました。何度も打合せを重ねて、何度も内容を見直しようやく出版まで漕ぎ着けることができました。ひとえに筒井さんのご尽力の賜物です。構造設計者の杉山逸郎さんにはお忙しい中、構造ページの執筆、その他監修をして頂きました。施工した株式会社匠陽の山口直也さんには工事中の写真撮影のために工程調整をして頂き、また本書の3章内容の確認も手伝って頂きました。弊社スタッフの木村優仁君には設計事務所の通常業務で忙しい中、出版のための資料整理や時に若手目線での内容の検証も手伝ってもらいました。そして鈴木敏彦教授には、このような機会を頂きありがとうございます。日々設計者として実務に追われていますが、本にまとめることはこれまで気にも止めていなかったような仕事のプロセスを客観的に検証することにつながり私自身も多くの学びがありました。皆様に心より感謝を申し上げます。

萱沼宏記

鈴木敏彦 すずき・としひこ

工学院大学建築学部建築デザイン学科教授。工学院大学建築学科修士課程修了、早稲田大学建築学専攻博士課程中退。黒川紀章建築都市設計事務所、フランス新都市開発公社EPA marne、東北芸術工科大学、首都大学東京を経て母校で教鞭を執る。株式会社ATELIER OPA設立。建築作品「みやむら動物病院」第十九回木材活用コンクール林野庁長官賞、2018年ウッドシティTOKYOモデル建築賞最優秀賞。「工学院大学旧白樺湖学寮 白樺湖夏の家」第18回JIA25年賞。『住宅・インテリアの教科書 –世界の巨匠に学ぶ建築デザインの基本–』（2014年、エクスナレッジ）、『黒川紀章のカプセル建築』（2022年、Opa Press）など著書多数。

萱沼宏記 かやぬま・ひろき

工学院大学建築学科修士課程修了。尾関建築設計事務所を経て独立。プラスデザイン一級建築士事務所主宰。2017年～工学院大学建築学部非常勤講師着任（建築プロセス論）。受賞歴に中部建築賞、グッドデザイン賞、DFA Design for Asia Awards、主な作品に「西伊豆の家」「深谷の家」「鳴沢の家」などがある

杉山逸郎 すぎやま・いつお（構造パート寄稿）

職業訓練大学校（現職業能力開発総合大学校）建築科卒業。東京建築研究所を経て、1988年にMAY設計事務所設立。1989年～職業能力開発総合大学校兼任講師。構造設計一級建築士。著書に『RC建築構造計算の実務』『一級建築士試験問題の徹底研』（ともにオーム社、共著）、『3階建ツーバイフォーの設計』（井上書院、共著）『地震に強い[木造住宅]マニュアル』（エクスナレッジ、共著）などがある

家づくり はじめからおわりまで

2022年 7月19日　初版第1刷発行
2022年10月 3 日　　　第2刷発行

著者　鈴木 敏彦
　　　萱沼 宏記
発行者 澤井聖一
発行所 株式会社エクスナレッジ
〒106-0032 東京都港区六本木7-2-26
https://www.xknowledge.co.jp/
問合せ先
編集　Tel 03-3403-1381
　　　Fax 03-3403-1345
　　　info@xknowledge.co.jp
販売　Tel 03-3403-1321
　　　Fax 03-3403-1829